U0865349

本书系国家社科基金项目（18XFX010）结项成果

建设现代化经济体系背景下的保险监管法律问题研究

Ius est ars boni et aequi

赛　铮——著

法律出版社 LAW PRESS · CHINA
——北京——

图书在版编目(CIP)数据

建设现代化经济体系背景下的保险监管法律问题研究/赛铮著. -- 北京：法律出版社，2023
ISBN 978－7－5197－8377－8

Ⅰ. ①建… Ⅱ. ①赛… Ⅲ. ①保险业－法律监督－研究－中国 Ⅳ. ①D922.284.4

中国国家版本馆 CIP 数据核字（2023）第 191662 号

建设现代化经济体系背景下的保险监管法律问题研究 **JIANSHE XIANDAIHUA JINGJI TIXI BEIJING XIA DE** **BAOXIAN JIANGUAN FALÜ WENTI YANJIU**	赛 铮 著	策划编辑 似 玉 责任编辑 似 玉 装帧设计 汪奇峰

出版发行 法律出版社
编辑统筹 法律应用出版分社
责任校对 朱海波
责任印制 刘晓伟
经　　销 新华书店

开本 710 毫米×1000 毫米 1/16
印张 23.25 **字数** 311 千
版本 2023 年 11 月第 1 版
印次 2023 年 11 月第 1 次印刷
印刷 唐山玺诚印务有限公司

地址：北京市丰台区莲花池西里 7 号(100073)
网址：www.lawpress.com.cn
投稿邮箱：info@lawpress.com.cn
举报盗版邮箱：jbwq@lawpress.com.cn
版权所有·侵权必究
销售电话：010－83938349
客服电话：010－83938350
咨询电话：010－63939796

书号：ISBN 978－7－5197－8377－8
定价：96.00 元

凡购买本社图书，如有印装错误，我社负责退换。电话：010－83938349

目录

导　论

一、目的和意义

如何使保险业获得充分、有效的监管？这是一个相当具有实践价值的问题。因为防范化解各种保险金融风险是目前保险监管最主要的任务，是实现保险业稳健发展，保险消费者利益最大化的根本目标。充分有效的保险监管不仅能保障保险机构的正常经营，还能提升保险消费者对保险市场的期望与信心，这种积极影响又能作用于整个保险业，对保险机构和保险消费者的促进最终会显现于制度层面，表现为充分、高效、有序的制度及其较低的制度实施成本，最终在整个保险业形成良性循环，这正是本课题所追求的目标。保险监管已然不是一个新问题，但将该问题放置于党的第十九次全国代表大会提出的“建设现代化经济体系”背景下，会发现现阶段保险系统性风险的滋生，保险消费者权益保护要求的增强，以及保险科技发展对监管提出的挑战，等等，使得保险监管又成为一个新问题。目前，立法机构对建设现代化经济体系背景下的保险监管缺乏系统性的认识，学界对该问题的关注也相对不够，诸多因素导致建设现代化经济体系背景下的保险监管法律制度存在较多问题,如制度路径不完善;原则性规定过多;制度体系的协调与整体功能的发挥不足等。在法律实施层面,除了法律自身存在问题而导致监管部门执法障碍外,法律实施的整体绩效较低,较多的法律规范未被遵循。如《保险法》第17条保险人说明义务实施已20多年,有关说明义务的司法解释、实施细则也很多,但保险人说明义务仍然是保险诉讼纠纷的"重灾区"。学界围绕该问题也提出了诸多方案,"在保险法领域,恐怕没有一个话题能像保险人说明义务一样引发如此多的关注",[1]但实务纠纷依然没有得到有效解决。

正因如此,本课题以建设现代化经济体系为背景,从三个方面着手保险监管的研究:第一,如何守住不发生系统性区域性金融风险的底线,此部分对应保险宏观审慎监管;第二,如何加强保险消费者合法权益保护,即坚持"以人民为中心"的习近平法治思想,此部分对应保险行为监管;第三,如何在法治轨道上推进监管体系和监管能力现代化建设,此部分对应保险科技监管。所以,本课题以保险宏观审慎监管、保险行为监管与保险科技监管为研究对象,对如何维护保险业稳健运营进行分析与思考。研究主要从立法、司法和执法层面展开,探讨如何运用制度使保险监管达致充分、有效,从而优化保险业整体金融环境,健全金融法治,促进保险业发挥长期稳健风险管理和保障的功能。本课题初步构建的制度框架体系和提出的制度创立或修改建议,旨在学理上,为学界提供资料素材,促进我国对保险监管的深入研究;在立法上,可为立法机关未来修正《保险法》及制定"保险业监督管理法"的相关规定提供参考;在司法上,为法院审理保险纠纷案件存在分歧时,提供化解分歧的法理依据;在执法上,为保险监管部门改进保险监管之实践方式、优化保险市场环境厘清方向。

[1] 马宁:《保险人明确说明义务批判》,载《法学研究》2015年第3期。

二、结构和方法

从结构上看，本课题由三大部分组成，第一部分即第一章，主要对建设现代化经济体系背景下保险监管的理论坐标与制度建构进路进行一般性研究，这部分是后续研究的基础；第二部分包括第二章、第三章、第四章，共三章，分别对保险宏观审慎监管、保险行为监管、保险科技监管的规制路径进行专门的研究，针对相关问题提出相应的建议与对策，这是本课题研究的主体，也是对特别问题展开的针对性研究，是一种更具体的应用研究；第三部分即第五章，该章主要归纳总结前三章中指出的监管问题，并在此基础上，对我国保险监管未来方案进行前瞻，并将前三章提出的建议与对策具体落实到法律法规条文的增订与修改之中（见图 1）。

研究方法上，对真实世界的探寻、现实问题的发现以及研究中较独特视角的采用均是一种创造。本课题一直力图遵循这点，笔者在进行写作时，采取的是问题导向型研究范式，将有效解决现实世界中的问题作为主要目标。因此，在研究过程中，并不局限于保险法，也不是到达保险法边界就停止研究，而是非常重视部门法学的超越；在对具体制度进行研究时，充分重视运用法经济学的分析工具。人类行为受到客观经济规律的制约，运用法经济学分析法律制度，能够发现其也受到经济理性的制约。保险监管的背后，存在坚实的经济学理论的支持。所以，需要运用法经济学分析方法，为保险监管法制之完善提供正当合理的分析与解释。在研究中，重视通过调查等方式的实证分析探究发现现实世界中的真实情况，而非基于想象进行研究。实证分析法主要是结合保险监管具体措施的实施情况，总结保险监管已有的经验，为未来完善保险监管之具体规定提供重要的现实基础。

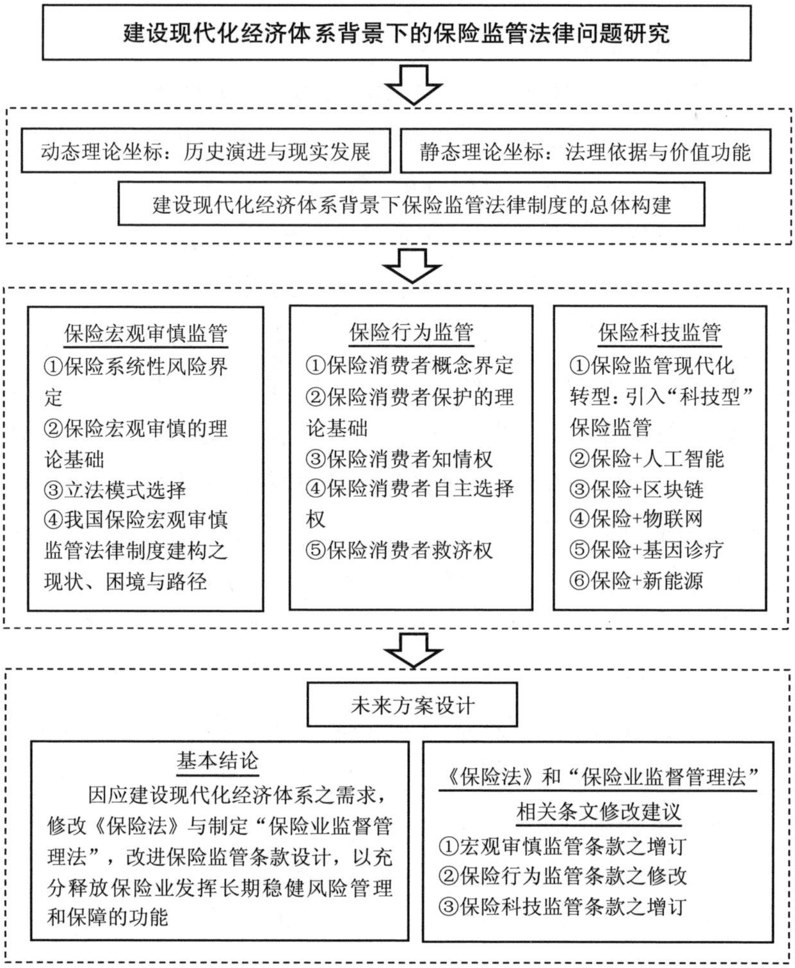

图1　本书研究框架结构

三、重难点与创新

本课题的重难点包括以下三个方面。

(1)保险系统性风险与宏观审慎监管问题近年来逐渐受到世界各国的重视。目前，我国的保险监管制度虽已逐渐将保险系统性风险纳入监管范围，但现有的监管措施过于简陋，难以有效地防范化解系统性风险。

为此，厘清保险系统性风险内生性根源与制度性根源，反思我国保险系统性风险既有的监管规则之不足、保险宏观审慎监管在保险监管中应有的地位与应然功能，以及我国建构保险宏观审慎监管体系之实现障碍及路径分析十分必要，但因保险系统性风险与保险宏观审慎监管的现有研究资料较少，且涉及较多经济学、金融学等跨专业知识，因此研究的展开也较为棘手。

（2）保险消费者这一称谓虽然在媒体、学界被广泛使用，但其并不是一个法定概念。换言之，保险消费者的法律概念尚未得以论证，因此，有必要对保险消费者的法律概念进行界定。此外，保险消费者保护监管的正当性基础，以及对我国保险监管条款中保险消费者保护规定进行精密的梳理与分析，存在一定难度。

（3）我国保险科技创新发展暴露出一系列问题和风险隐患，特别是对包括“保险＋人工智能”“保险＋区块链”“保险＋物联网”“保险＋基因诊疗”等新型保险产品的出现，使我国保险监管面临新的挑战。因此，对新型保险产品的法律规制探讨具有前瞻意义，但因保险科技的发展目前尚处于初期阶段，所以，建立一个相应的制度分析框架只是其中的一种尝试。

本课题的创新之处如下。

第一，对保险宏观审慎监管制度进行了体系化研究。首次梳理保险系统性风险的内生性根源与制度性根源，再针对我国保险系统性风险监管的不足，提出监管法律对策，即建立保险宏观审慎监管制度，主要从框架建构、职能确定、权力配置、权责法定4个方面着手。

第二，选取保险行为监管中的保险消费者保护视角展开对建设现代化经济体系背景下的保险监管的专门研究，从保险消费者的知情权、自主选择权与救济权保护着手，加强对保险消费者权益保护的监管。

第三，通过观点的创新，对保险科技监管进行分门别类的细致研究。提出引入“科技型”保险监管的理念，从而推进保险监管体系和监管能力现代化建设。对人工智能机器人责任侵权问题，提出实施人工智能机器人责任强制保险制度;对保险智能合约的法律构造进行了分析,并提出了风险防治的措施;对 UBI 车险标的转让的若干问题进行了阐述和反思;对保险消费者的基因信息保护路径进行了展望;对新能源汽车专属保险条款,从守正与创新的辩证关系视角,进行了规范建构。

第一章　建设现代化经济体系背景下保险监管的理论坐标与制度建构

萨维尼有言:“法学家必须具备两种素养:历史素养,以准确把握每一时代与每一法律形式的特性;系统眼光,以便在整体的生机勃勃的联系和相互影响中观察每一概念和规定。”[1]那么,我们到底应当以何种方式表达对保险监管法律制度的“历史素养”与“系统眼光”呢? 本书的观点是,只有通过对保险监管的“整体性解释”方可完成该项任务。因此,本章将析解出建设现代化经济体系背景下保险监管的历史演进、现实发展、法理依据与价值功能4个维度,以此构成保险监管“整体性解释”的4个象限,为我国建设现代化经济体系背景下的保险监管提供“理论坐标”,并从日渐增速的保险业发展所带来的保险监管现实需求以及与监管法律制度基础的关联中,试图寻求建设现代化经济体系背景下保险监管法律制度的合理定

---

〔1〕［德］弗里德里希·卡尔·冯·萨维尼:《论立法和法学的当代使命》,中国法制出版社2001年版,第37页。

位与制度进路。

第一节　建设现代化经济体系背景下我国保险监管的动态理论坐标:历史演进与现实发展

保险监管是和保险体系乃至金融体系一道发展演进的,而且都植根于具体的经济社会环境中。分析我国保险监管的现状和问题,有必要先回顾与梳理中国保险监管的历史变化与演进脉络,探索保险监管发展路径的起点与现状,以深化对我国保险监管的认知。

一、我国保险监管的历史演进

我国保险市场发展及保险监管始于 1978 年改革开放后,总体而言,综观我国保险监管的整个演进路径,可分为以下三个时期,如图 1－1 所示。

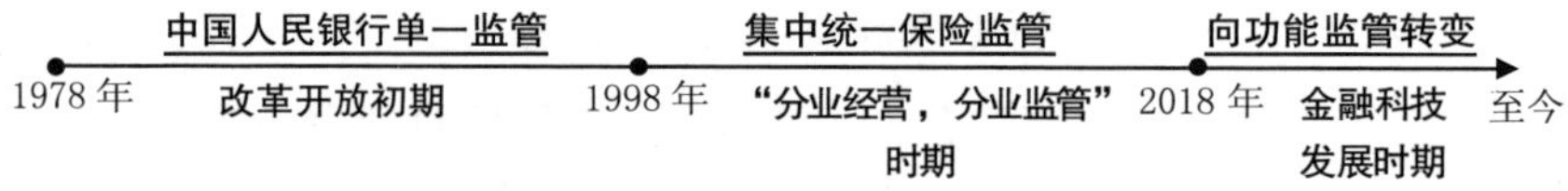

图 1－1　我国保险监管历史演变史

(一)改革开放初期的中国人民银行单一监管:1978～1998 年

1978 年改革开放以前,我国长期实行高度集中统一的计划经济体制,并不存在现代金融体系,因而金融监管也就无从谈起;改革开放后,金融机构的数量、种类开始逐步增多,快速发展。[1] 随着《关于恢复国内保险业务和加强保险机构的通知》于 1979 年 4 月由中国人民银行等部分发布,我国保险业迎来复苏。中国人民保险公司、新疆生产建设兵

〔1〕 参见吴晓求等:《中国金融监管改革:现实动因与理论逻辑》,中国金融出版社 2018 年版,第 135 页。

团农牧业生产保险公司、平安保险公司、中国太平洋保险公司如雨后春笋般纷纷成立,国内保险市场竞争格局基本形成。[1] 保费方面年年攀升,我国1980年保费收入2.9亿元,1990年保费收入150.5亿元,到了1997年,保费收入达到1117.41亿元,保险市场的蓬勃壮大,有效地提高了我国人民群众的生活质量,促进社会经济秩序的快速发展。[2]

随着市场竞争的加强,不同类型的金融机构尝试混业经营,业务开始出现交叉,需要具有更细化、更具专业性的金融监管机构介入。国务院于1983年颁布的《关于中国人民银行专门行使中央银行职能的决定》中将保险公司等金融机构的监管主体明确授权给中国人民银行。进而,在1986年颁布的《银行管理暂行条例》中,从法律上确立了中国人民银行作为金融监管者的地位,负责对保险公司履行一系列的业务监管职责。这个阶段中国保险业的监管职能由中国人民银行下属保险司行使。[3] 可见,中国人民银行代表政府集中统一管理金融业成为该阶段金融监管体制的显著特点。

(二)"分业经营,分业监管"时期的集中统一保险监管:1998~2018年

在中国人民银行单一监管金融业时期,银行广泛涉足非银行金融业务,以信托、委托和创设证券营业部等方式,介入信托、证券和投资业务,保险公司亦"打擦边球",开展众多与保险保单业务无关的类存款业务,其实质是非银行机构经营传统商业银行的存贷款业务,严重扰乱了金融秩序。为此,强化监管、实行分业经营成为必然选择。

1993年12月,国务院《关于金融体制改革的决定》,对银行业、证券业、保险业和信托业实施"分业经营,分业监管"。"大一统"的金融监管体制被打破,保险、证券业的监管职能逐渐从中国人民银行中剥离出来。

---

〔1〕 参见姚庆海、李连芬:《保险业历史性的跨越》,载《中国金融》2018年第21期。

〔2〕 参见寇业富主编:《保险蓝皮书:中国保险市场发展分析(2016)》,中国经济出版社2016年版,第81~82页。

〔3〕 参见孟昭亿主编:《国际保险监管文献汇编(专题卷)》,中国金融出版社2008年版,第7页。

中国保险监督管理委员会(以下简称保监会)于 1998 年正式成立,专门负责保险业的监管工作。其职能主要涵盖制定从宏观到微观的各项监督管理政策、措施等,从而有效防范化解金融风险,保障保险业的稳健运行,维护保险消费者的合法权益。2003 年 3 月,全国人大将保监会升级为国务院直属正部级事业单位。至此,由中国人民银行、保监会、银监会、证监会共同搭建起"一行三会"的金融分业监管体系,彻底贯彻落实分业监管的理念,以防止金融业之间的风险转移与扩散。[1] 客观地看,在这一时期的分业监管有利于金融业的整体发展。

(三)金融科技发展时期向功能监管转变:2018 年至今

随着 2013 年"互联网金融元年"的开启,金融科技的发展突飞猛进。2020 年我国互联网保费收入已达到 2900 亿元。[2] 相较于 2014 年全年的互联网保费收入 816 亿元,[3] 足足增长了 3 倍有余。传统的"一行三会"为主的金融监管体制对保障我国金融市场稳定发展发挥了重要作用。然而,随着金融技术的进步,金融业对外开放加深,金融业务不断交叉,跨机构、跨行业、跨市场的金融产品不断涌现,已经成为一种难以避免的客观趋势,以机构监管为核心的分业监管不断遭到挑战。对此,功能性监管能够较为有效地应对新的挑战,这种监管模式专注于金融产品本身,而不关注其所属于何种金融行业。[4] 相较于机构监管以金融机构的身份性质作为划分标准,功能监管采用的是金融业务的功能划分标准。

2017 年 11 月,经党中央、国务院批准,成立国务院金融稳定发展委

---

[1] 参见孙国峰:《金融科技时代的地方金融监管》,中国金融出版社 2019 年版,第 53 页。

[2] 参见前瞻产业研究院:《2021 年中国互联网保险行业市场现状及发展前景分析》,载证券之星 2021 年 6 月 17 日,https://baijiahao.baidu.com/s? id = 1702771297581320787&wfr = spider&for = pc。

[3] 参见吴晓求等:《中国金融监管改革:现实动因与理论逻辑》,中国金融出版社 2018 年版,第 71 页。

[4] 参见黄辉:《中国金融监管体制改革的逻辑与路径:国际经验与本土选择》,载《法学家》2019 年第 3 期。

员会。2018 年 3 月，作为政府机构改革的内容之一，国务院的机构改革方案提请第十三届全国人大第一次会议进行审议，将原银监会与保监会合并，成立中国银行保险监督管理委员会（以下简称银保监会），不再保留原有的银监会和保监会。银保监会的主要职责是监督管理银行业和保险业的经营活动，维持银行业和保险业的正常经营秩序，整合国家监管资源，提高对银行和保险等金融行业的监管效率和监管水平，以便适应我国金融市场的发展需要。至此，曾经的“一行三会”转变为现今的“一委一行两会”模式，银保监会与证监会虽依然是行业监管机构，但功能监管的理念已贯彻其中，不再将不同部门的业务视作泾渭分明的领域。尽管我国分业监管的大格局还未改变，但功能监管的改革思路已经有所体现。

二、我国保险监管改革的实践与发展

尽管中国保险监管的历史较短，但是，在短短的时间里，我国保险监管的体系与法律框架已基本形成。虽然我国的保险监管取得了很大进步，但它不可避免地还存在一些不足。面对瞬息万变的保险市场，各式各样的新型风险层出不穷，保险监管只有不断革新监管理念，积极应对，才能达成监管目标，有序维护保险业的稳健发展。

（一）新一轮保险监管的破题与启动

党的十九大报告将加快创新型国家建设作为现代化建设全局的战略举措，这使得“以科技创新引领全面创新”的要求更具有深远价值。在这样的背景下，金融科技迅速发展。保险与科技创新的合作得到加强，各类保险科技创新产品不断涌现，“保险 + 人工智能”“保险 + 区块链”“保险 + 物联网”等产品纷纷面世。[1] 同时，金融业的改革开放也是我国改革开放 40 余年的必然要求，在“改革再出发”的政策背景下，我国保

---

〔1〕 参见王绪瑾、王浩帆：《改革开放以来中国保险业发展的回顾与展望》，载《北京工商大学学报（社会科学版）》2020 年第 2 期。

险业面临从“做大”向“做强”转变。[1]

我国保险业的快速发展与转变,使得保险监管也应随之做出变革。根据党的第十九次全国代表大会提出的“健全金融监管体系,守住不发生系统性金融风险的底线”之精神,以及习近平总书记在2017年全国金融工作会议上强调“健全金融法治”“促进保险业发挥长期稳健风险管理和保障的功能”之要求,我国应对保险监管体制和行为做出相应调整。目前保险监管改革已经启动,具体表现为:保险监管理念方面,坚持“监管姓监”,从严监管。根据保险业发展特点,逐步由过去的机构监管向功能监管过渡。监管组织体系方面,不断健全完善,2017年成立国务院金融稳定发展委员会,并于2018年在机构改革中将保监会与银监会合并,优化监管机构各项职能配置,提升监管队伍专业素质与监管能力,形成当下的“一行一委两会”金融监管模式。保险监管框架方面,与时俱进的“偿二代”偿付能力监管、市场行为监管与保险公司治理结构监管“三支柱”的监管框架基本确立,较好地发挥了促进保险业长期稳健风险管理和保障的功能。保险监管法规方面,积极推动《保险法》的修订,颁布《保险公司偿付能力额度及监管指标管理规定》等多项部门规章和规范性文件,在保险业市场行为监管、偿付能力监管、公司治理监管三个方面形成了较为完善的监管机制,我国保险监管的法治化水平不断提高,初步建构了具有中国特色的保险公司监管法律制度。[2] 保险监管科技方面,具体的监管措施与时俱进,穿上科技的“外衣”,利用大数据、可视化图表等数据分析处理的能力,现场和非现场监管信息系统做到全面覆盖。不同险种之间建立信息共享平台,标准化的保险统计数据体系基本建成。

(二)保险监管改革的深化与发展

2018年4月银保监会成立以后,发布了一系列监管文件,从这些政策文件中不难看出,我国保险监管改革进一步推广和深化。

---

〔1〕 参见姚庆海、李连芬:《保险业历史性的跨越》,载《中国金融》2018年第21期。

〔2〕 参见吴晓求等:《中国金融监管改革:现实动因与理论逻辑》,中国金融出版社2018年版,第171页。

1. 监管兼具交叉性与穿透性

机构改革后的银保监会，先后发布与融资担保公司、保险公司关联交易有关的系列文件，由这些文件可知：一是保险监管呈现跨行业的交叉性。保险监管不只局限于保险业内部，还将目光投注于融资担保、融资租赁等不同金融领域，这种方式即为功能监管的体现，使银保监会可以对以往因混业经营而导致的监管真空地带进行有效监管，从而扫清“灰色地带”，弥补空白。二是监管方式更具穿透性。在《保险公司关联交易管理办法》中，根据“穿透管理，跟踪资金”的原则，对与保险资金相关的各类关联交易进行积极跟踪管理，掌握主动权。加强保险公司关联交易监管，防范利益输送风险，从而有利于保险监管穿透资金链底层，极大地提高了监管的力度与效力。[1]

2. 对内严改革和对外扩开放并重

保险监管的对内严改革主要体现在公司治理与保险资金应用两个方面。公司治理层面，银保监会先后发布《银保监会首次公开银行保险机构重大违法违规股东名单》《保险公司股权管理办法》等文件，重点针对公司治理监管、切实提升公司治理的有效性；推动保险公司落实主体责任；加强保险公司股权监管、规范保险公司股东行为；规范独立董事管理制度，落实董事在公司治理中的责任承担等方面进行了规范。保险资金应用层面，以《保险资金参与金融衍生产品交易办法》为代表的保险资金参与各类交易的规范文件出台，旨在深化保险资金运用市场化改革，赋予保险公司更多投资自主权，扩大保险资金的应用空间，实施差异化的审慎监管，有效防范风险。

与此同时，在外资保险公司的监管上，采取积极开放的态度。国务院金融稳定发展委员会与银保监会陆续发布包括《关于进一步扩大金融业对外开放的有关举措》在内的一系列激发外资保险公司参与中国保险

〔1〕 参见纪文芳：《从银保监会的政策文件看保险监管新动向》，载《中国保险》2018 年第 11 期。

市场发展的规定,从而进一步落实保险业最新开放举措要求。例如,允许经营保险代理业务 3 年以上的境外保险专业代理机构,在中国申请经营保险代理业务等,这些举措意味着外资保险公司在中国投资、发展将受到更少的限制,鼓励外资企业进入中国市场。未来我国保险市场将会是一个主体更加多元、竞争充满活力的国际性金融舞台。

由此可知,未来我国保险监管关注的重点将是对内健全公司治理结构、规范保险资金应用的严格监管与保险市场的对外开放并举,两者互相促进,共同为我国保险市场向优质化转变奠定基础。

3. 产品监管督促保险回归保障本质

保险制度的本质是保障风险。“保险已成为商品交换的参与者乐于接受并普遍适用的危险处理手段,有利于建立正常、稳定的商品交换秩序,故人们称其为社会经济活动的‘稳压器’。”[1] 此前我国万能险演变成短期高回报的投资理财产品、保险公司频频举牌包括万科、格力电器等在内的上市公司股票,保险资金在股市“兴风作浪”,保险公司不姓“保”,大玩资本游戏等行为,无不凸显出整个保险行业急功近利,通过高回报产品大力吸纳资金进行高风险投资,摒弃传统保险业务手段,背离传统保险行业保障民生、防范风险之本职的乱象。因此,银保监会陆续出台一系列包括《信用保险和保证保险业务监管办法》等在内的关于产品监管文件,涵盖意外险、医疗保险、人身保险、两全保险、健康保险、信用保险、保证保险等多个险种,从产品的申报主体、报送方式、备案材料、精算体系、价格回溯调整机制、信息披露机制等多个方面对各类保险产品进行监管。强调保险公司是各类保险产品的责任主体,要严格把控所有保险产品从开发、销售、理赔、售后各个环节的规范流程,切实落实“保险姓保”的风险保障功能。

---

[1] 贾林青、朱铭来、罗健主编:《保险法》(第 2 版),中国人民大学出版社 2020 年版,第 15 页。

4. 互联网保险监管有所涉及

伴随互联网的发展，互联网保费规模大幅提升，未来还将有广阔的市场前景。现阶段互联网保险表现出两大特色：一方面是互联网保险与保险科技联动，极具创新性与变革性；另一方面是基于大数据的应用背景，互联网保险致力于打造为保险消费者“量身定做”的专属保险。[1]因此，银保监会针对互联网保险，也颁发了包括《互联网保险业务监管办法》等在内的一系列文件规章，旨在规范和加强互联网保险销售行为可回溯管理，并对互联网保险消费者提出相应的风险防范建议，切实保障互联网保险消费者的合法权益。

新一轮的保险监管改革已日益成为金融业乃至全社会关注的焦点，新的保险监管举措正在接受实践和历史的检验。不容忽视的问题是，目前保险监管仍存在弊端：首先，对保险业可能出现的系统性风险，尚未引起足够重视；其次，在加强保险业的行为监管方面，尤其是保护保险消费者的知情权、自主选择权、救济权方面，由于法律条文存在漏洞与缺失，监管效果尚不理想；最后，目前保险监管还仅对互联网保险刚刚有所涉及，而包括区块链、人工智能、物联网、基因诊疗等在内的保险科技监管还处于缺位状态，我国保险科技创新发展已经暴露出一系列问题和风险隐患，特别是保险风险防控存在短板、保险消费者权益保护不足等问题较为突出，亟待监管者给予有力应对。

第二节　建设现代化经济体系背景下我国保险监管的静态理论坐标：法理依据与价值功能

如果将表现为模式更迭与内容深化的保险监管历史演进定位于保

〔1〕 参见武长海、涂晟、樊富强：《互联网保险的法律规制研究》，中国政法大学出版社 2016 年版，第 17～18 页。

险监管法治的动态理论坐标,那么其背后的法理依据与价值功能则贡献于保险监管法治的静态理论坐标。它们之间的关系是:建设现代化经济体系背景下的保险监管的法理依据是其变化与转型的线索,是“变”中的“不变”,我们可以从保险监管的历史演化样态中捕捉到、总结出相应的价值诉求。保险监管的价值功能是其法理依据的延伸,它们之间表现出“器”与“用”的辩证耦合。

一、建设现代化经济体系背景下保险监管的法理依据

保险监管作为一种制度安排,是出于社会公众利益的考虑,通过纠正保险市场的负外部性、信息不对称性、公共产品以及垄断性等造成的市场失灵,以及投保人行为和认知偏差导致保险市场风险问题,维护保险市场的安全与效率,保障保险消费者的合法权利,实现保险市场秩序的稳定。正义、安全、效率与秩序是法追求的永恒价值,只有建构完善的保险监管法律规则体系,保险市场和法律制度激励相容,才能促使法律制度与保险市场协调发展、相融共生。重新审视建设现代化经济体系背景下保险监管的法理依据,有助于进一步完善现有保险法制与保险监管的理论体系,为相应的制度建设提供理论依据。

(一)正义理论的实现

所谓正义,包含了自由、权利、平等、法治等各方面元素。诚如博登海默所言,正义是作为规范大厦组成部分的规则、原则和标准的公正性与合理性。[1] 以罗尔斯为代表的英美新自由主义和以哈贝马斯为代表的新法兰克福学派两大法哲学流派都曾对正义做了深入探讨。罗尔斯认为,每个人享有的自由内涵中都应包含平等,平等是正义的第一奥义。[2] 正义的第二个体现是即使社会与经济中存在不平等,也能通过法

〔1〕 参见[美]E. 博登海默:《法理学:法律哲学与法律方法》,邓正来译,中国政法大学出版社 2017 年版,第 266 页。

〔2〕 参见[美]约翰·罗尔斯:《正义论》(修订版),何怀宏、何包钢、廖申白译,中国社会科学出版社 2009 年版,第 60 ~ 62 页。

律制度加以调节，尽量使得社会大众对其达致满意。罗尔斯的正义观是建立在平等权利之上的，并衍生出弱者保护与各类主体机会均等的社会正义形式。[1] 哈贝马斯对罗尔斯关于正义理论的价值预设持保留态度，他认为正义的合法性应从社会交往理论加以论证，合法性与正义性相辅相成，达成某种形式的"共识"。[2] 可见，尽管两大学派对正义的解读有所不同，但都认可正义同合法性与法治密不可分，是法律之下社会自由与平等的状态，是微观与宏观意义上的公平。正义在保险监管领域，体现为两个方面：一是保险消费者能充分享有知情权、自主选择权、救济权等合法权利，在保险监管规则的运作下，实现保险公司与保险消费者的交易公平；二是良好的保险市场会促进整个社会经济的发展，有利于社会公共利益。

保险监管的核心就是对正义的追求并保障正义的实现。缺乏正义目标的保险市场绝非现代法治的金融市场，保险监管法制的安排必然保障正义的实现。建设现代化经济体系背景下的保险监管应当从以下几个方面确保正义理论的实现。

第一，通过合理的监管制度规范保险市场。只有有效地适用和执行监管法律法规，才能确保保险市场的违法行为得到合理的处置，进而实现解决保险领域内社会利益冲突时的正义。保险市场只有实行合理的监管，才能消除不公与乱象，确保其域内正义的实现。"一个完全丧失或基本上欠缺正义的制度无资格被称为法律。"[3] 在法律建设中，必须铭记的是："人们对非正义的感觉，就是对任何因专断行为而引起的不平等现象的憎恨。"[4] 若保险监管法律制度存在弊端，不能有效地调解保险

---

〔1〕 参见原凯：《金融正义视阈中的我国普惠金融立体规制研究》，载《暨南学报（哲学社会科学版）》2019 年第 7 期。

〔2〕 参见张二芳：《罗尔斯和哈贝马斯正义与合法性之争的深层解读》，载《理论探索》2012 年第 2 期。

〔3〕 黎四奇：《金融机构高管薪酬治理：基于公平性正义的立场》，载《法商研究》2021 年第 1 期。

〔4〕 Jean Piager, *The Moral Judgment of the Child*, The American Journal of Psychology, 47(3), p. 523 – 525(1935).

市场,防范金融风险,保险消费者权利受到侵害而监管制度却又无所作为,它将无形之中使保险消费者对保险制度“失去信心”,保险监管的目的也将落空,甚至最终导致保险监管背离正义之路。我国前几年的“宝万之争”,险企频频举牌,以及万能险“暴雷”等事件,都是最好的佐证。因此,建立合理的监管制度,及时规范保险市场,交易各方会因遵守监管法规而获得肯定,因违反法规而受到惩罚并承担法律责任,从而始终确保保险业不偏离正义轨道。

第二,保险监管是实现保险领域内真正平等的有效途径。为了确保正义的实现,事实相同或相似时,相同的人或相同的情况必须得到相同或相似的待遇。在保险监管中,体现为:一方面,随着保险科技的发展,监管也应将其纳入监管范畴。监管可以保障保险科技发展与传统保险的机会均等。目前保险科技依然是新生事物,缺乏明确的法律规制与相应的保护。如果对保险科技放任自流,将不利于金融稳定,但对其采取传统方式监管,又可能阻碍其创新。因此,只有及时对保险科技进行适当监管,才能实现保险领域内的机会均等。另一方面,监管实现了保险领域内的地位平等。对投保人、被保险人而言,只有通过监管才能解决信息不对称所带来的地位不平等问题;对传统保险市场与保险科技市场,只有通过监管法律的规范,确保二者在保险市场中经营相同业务时,拥有同等的权利,承担同等的义务,才能实现平等竞争,消除特权与监管套利。

第三,保险监管可以保障保险市场参与各方的自由权利。“法律的目的并不是废除或限制自由,而是保护和扩大自由。”[1]目前,我国保险监管还不到位,产生了一系列乱象。比如,部分保险公司夸大宣传,只提投资收益不提风险保障;巧立名目,设置噱头,欺骗保险消费者,甚至偏离保险分散风险的本质,一味追求销量。建设现代化经济体系背景下的

---

〔1〕 J. Locke, *Of Civil Government*, Everyman's Library ed., BK. Ⅱ. ch. vi. sec. 57(1924), p. 35.

保险监管旨在纠正这些偏差并解决问题,真正确保参与各方的自由权利,即每家保险公司、每位保险消费者,都能依法自由参与保险市场活动,保险公司在根据大数法则赚取保费的同时,保险消费者也能享有风险分散制度带来的便利。同时,正义论也要求人们的自由权利并不是无边界与无限制的,而是应保持在适度的空间。〔1〕 因此,只有监管法律明确规定参与保险市场活动的各方权利和不能逾越的边界,才能真正保障每一位保险市场参与者的自由权利。

(二)金融安全目标的维护

法律在维护国家、社会和个人的自由与平等方面功不可没。金融法即为此种意旨而设,目的在于维护金融业的安全稳定。"在现代社会经济安全目标的追求过程中,最突出的就是金融安全问题,这是由金融业的经营对象和方式决定的。"〔2〕金融安全是金融学中的术语,其含义着重于中央银行对金融系统的流动性支持,功能在于缓解相关机构的财务困境。〔3〕 我国金融安全是"总体国家安全观"下的衍生物,早在 2016 年 1 月,"金融安全事关经济安全和社会稳定的全局"这一观点在全国政法工作会议上被提及,随后,中共中央政治局以"维护国家金融安全"为主题进行集体学习,习近平提出"金融安全是国家安全的重要组成部分,是经济平稳健康发展的基础,维护金融安全,是关系我国经济社会发展全局的一件带有战略性、根本性的大事",并将"金融安全"纳入治国理政重要工作的范畴。〔4〕 该项工作强调要"着力完善金融安全防线和风险应

---

〔1〕 参见[美]E. 博登海默:《法理学:法律哲学与法律方法》,邓正来译,中国政法大学出版社 2017 年版,第 305 页。

〔2〕 岳彩申、盛学军主编:《金融法学》(第 3 版),中国人民大学出版社 2020 年版,第 34 页。

〔3〕 See Julien Bengui, Javier Bianchi & Louphou Coulibaly, *Financial Safety Nets*, National Bureau of Economic Research, Working Paper, September 2016, Revised October 2017, p. 1.

〔4〕 参见习近平:《金融活经济活金融稳经济稳　做好金融工作维护金融安全》,载《人民日报》2017 年 4 月 27 日,第 1 版。

急处置机制”。[1] 可见,“金融安全”并不仅关涉银行业,而是从国家层面强调包括银行、保险、证券等在内的金融体系的整体稳健。[2]

保险监管正是对金融安全目标维护的体现。建设现代化经济体系背景下的保险监管意图在确保保险交易安全的基础上,维护保险市场的安全,即形成良好的保险市场秩序,防范系统性金融风险和金融危机的产生。此外,在保险业中金融安全目标的维护,还包含在保险业经营发生危险时,保险监管机构应有危机处理的能力与准备。[3] 保险科技监管方面,在保险科技发展的背景下,虽然各种新型保险产品如 UBI 车险、保险智能合约等都属于金融创新,但仍然脱离不了保险风险以及科技创新所带来的特殊风险,保险风险和科技创新风险集中体现在系统性风险、操作风险、法律风险、信息安全风险等方面,一旦累积成系统风险,势必会引发金融危机,对经济造成巨大的破坏。因而,对保险科技进行监管对维护金融安全意义重大。一方面通过制定并实施保护保险消费者的法规,维护保险消费者的合法权益;另一方面通过颁布有关风险控制、信息披露与金融创新机构经营规范等规则,确保金融安全目标的实现。如果对当下保险科技不进行监管或监管不到位,保险科技创新机构在无风险控制、无业务规范和无责任承担的乱序中,很有可能只顾一己私利而放任风险的累积与爆发,最终将会引发金融安全风险。当下世界各国都在大力推广的“监管沙盒”制度即是针对金融创新而采取的监管措施,旨在对金融创新产品进行监管的同时又不会阻碍创新的发展,从而取得金融监管与创新之间的动态良性发展平衡。

保险行为监管方面,通过监管可以明确保险机构的权利和义务,从行为上对其监管进而促进公平竞争,防范金融风险。例如,在保险公司治理层面,当下许多科技公司都纷纷涉足保险,那么,对这类公司应设置

---

〔1〕 参见习近平:《深化金融改革 促进经济和金融良性循环健康发展》,载新华网 2017 年 7 月 15 日, http://www. xinhuanet. com//politics/2017 - 07/15/c_1121324747. htm。

〔2〕 参见黄韬:《“金融安全”的司法表达》,载《法学家》2020 年第 4 期。

〔3〕 参见郑济世:《保险监管之理论与实务》,台北,保险事业发展中心 2014 年版,第 37 页。

最低的保险业务准入门槛,按照审慎监管要求,建立注册登记制度,明确规定这些保险科技公司的信息披露义务;明确保险科技公司的业务范围、种类、内涵及监管边界。在保险消费者保护层面,应从法律上明确保险消费者的具体范围,确保保险消费者的知情权、自主选择权以及求偿权等权利的实现。在这些监管规则的基础上进行监管,才能使保险机构在交易中合法、合规、稳健经营,既能保障保险消费者的合法权利不受侵害,又能维护金融安全,防范金融风险与危机。

(三)效率价值的追求

建设现代化经济体系背景下的保险监管除了维护金融安全目标外,还需追求效率价值。在经济社会中,罔顾效率而一味追求安全是毫无意义的。〔1〕因此,在为安全调整留出的空间中进行创新,提升效率,反而能促进社会发展与安全。〔2〕这种最大化效率的逻辑与最大化收益相似。值得推崇的法律制度是既能保证社会整体利益的良好发展,同时社会效率也能持续提高。〔3〕“金融市场对安全和效率的诉求并重,决定了金融监管应当在安全与效率之间维持平衡。”〔4〕在一个竞争性的市场中,只有市场失灵导致社会产生明显低效或不经济,此时通过政府采取相应措施调整这种低效与不经济,这种情境下监管才有价值。事实证明“市场失灵”确实存在,因此政府监管实属必要,也已付诸实践。近年来,科技进步、资讯便捷、消费者权益高涨,政府在介入市场时,所扮演的角色已从过去的国家利益或公共利益视角的积极介入,逐渐转变为提供有效率的行政服务、确立公平的竞争环境,而非处处干预。换言之,政府要建立一套透明化的游戏规则,让企业可以遵循,而非自我解释,延误商机或造

〔1〕 参见[美]E. 博登海默:《法理学:法律哲学与法律方法》,邓正来译,中国政法大学出版社 2017 年版,第 321 页。

〔2〕 参见何剑锋:《互联网金融监管研究》,法律出版社 2019 年版,第 91 页。

〔3〕 参见[美]罗伯特·考特、托马斯·尤伦:《法和经济学》(第 6 版),史晋川等译,上海人民出版社 2012 年版,第 4 页。

〔4〕 冯辉:《金融整治的法律治理——以“P2P 网贷风险专项整治”为例》,载《法学》2020 年第 12 期。

成对立。所以,时至今日,保险监管也因应市场发展需要,在维护安全目标实现的同时追求效率的提高。易言之,保险监管对效率价值的追求,是对金融安全的延伸,亦是对正义理论的诠释。

在保险业中,效率体现为保险市场对保险风险的预估与防范,从而最大限度地保障保险消费者的权利,同时吸纳更多的保险消费者参与进来。保险在无监管的情况下,其效率低下有目共睹:保险业作为金融行业之一,不可避免地存在外部性、信息不对称性、公共产品等引起的市场失灵问题,商业保险机构的逐利性导致保险系统整体稳定性与效率不可兼容,背离帕累托最优,最终也将制约效率的发展,给经济社会造成巨大破坏。

因此,保险市场可通过监管追求效率价值。详言之,一是通过监管,可以实现保险市场资源的优化配置。保险监管的本质就是一种社会矫正。建设现代化经济体系背景下的保险监管包括保险科技监管,保险科技监管包含保险智能合约、互联网保险、UBI 车险、保险基因诊疗等在内的多种保险科技产品经营的市场规范,保障保险创新主体在市场机制中公平地实现利润最大化,确保市场中稀缺的资源得到有效的优化配置。二是通过监管,保护法律确认的各方参与主体的权利与义务,鼓励市场参与主体之间的保险交易,并为之提供专业的保障。建设现代化经济体系背景下的保险监管包含保险行为监管,尤其是对保险消费者合法权利的保护。保险消费者是保险业之“本”。唯“本”固,“业”方安。加强对保险业行为监管中保险消费者的保护,是贯彻习近平总书记新时代中国特色社会主义思想、践行“以人民为中心”的基本要求,是保险市场秩序得以维护的保证。三是通过监管,减少交易成本。有效的监管可以优化市场环境,减少市场参与主体的交易费用,使得市场主体在交易时能以最安全的方式、最低的成本达到预期的效果。例如,监管可对保险商品进行管制,保险公司的产品,应经过监管部门的许可备案才能进行销售。因为某些保险产品被视为公共领域范畴,对佣金和可支费用应有所限制。

综上,建设现代化经济体系背景下的保险监管能促进效率价值的实现。因为只有对保险进行合理监管,才能尽可能减少信息不对称并解决市场失灵问题,进而提升保险市场风险的防控及解决能力,降低交易成本,容纳保险创新。

(四)秩序状态的固守

完善的法律制度能兼顾社会正义与秩序之间的平衡。“秩序是维护利益的根本,通常用以描述法律制度的形式价值。”[1]法律正是通过把秩序与规则引入私人交往和政府机构运行,从而维持社会的稳定发展,保障社会中的主体正常生活与运行。[2] 同时,“经济秩序是经济效率实现的前提,没有良好的经济秩序就难以有较高的经济效率”。[3]

在保险业中,稳定的秩序意味着一个有效率的市场纪律,可以提供足够、准确、有意义、透明与及时的资讯,并有助于财务及风险管理,增进公众对保险制度的信心。[4] 保险市场秩序由已有的保险法律法规与其背后赖以存在的诸如效率、平等在内的法理价值共同组成。[5] 保险监管是维护市场秩序的重要保障,也是维护自由、效率与公平不可或缺的内容。建设现代化经济体系背景下的保险监管体现了法律制度追求一种自由、效率与公平的稳定秩序。如果保险市场长期乱象不断,保险消费者的权利就会大面积受到侵害,导致保险消费者对保险公司的信任消失,不再愿意购买保险,最终造成保险市场的萎靡。在保险业中,保险消费者由于专业知识、投保经验等方面的差距,权利较易受到侵害,在保险交易中处于弱者地位。如果缺乏监管法律制度,则会导致本已处于劣势

---

〔1〕 杜一华、尹鑫鹏:《金融监管规章影响合同效力的公序良俗通道研究》,载《河北法学》2020 年第 11 期。

〔2〕 参见孙天琦:《金融业行为监管与消费者保护研究》,中国金融出版社 2017 年版,第 65 页。

〔3〕 岳彩申、盛学军主编:《金融法学》(第 3 版),中国人民大学出版社 2020 年版,第 33 页。

〔4〕 参见郑济世:《保险监管之理论与实务》,台北,保险事业发展中心 2014 年版,第 36 页。

〔5〕 参见杜一华、尹鑫鹏:《金融监管规章影响合同效力的公序良俗通道研究》,载《河北法学》2020 年第 11 期。

地位的保险消费者进一步遭受严重侵害,造成保险市场紊乱。例如2008年的美国国际集团(AIG)在金融危机中受到重创濒临破产。一方面,AIG在美国国内的社会经济中占据非常重要的地位,其拥有众多的保险消费者,一旦破产,众多保险消费者的资产将化为乌有,其所产生的连锁反应,还将使美国金融市场遭受重创,严重影响美国的经济发展形势。另一方面,在国际上,AIG是拥有多种业务的超大型跨国金融集团,与全球经济联系紧密,它的破产将极大地撼动世界经济的稳定。有专业金融机构指出,受AIG破产影响,除引发全球股票大幅下跌外,各国金融机构市值将因此蒸发逾1800亿美元。[1] 保险业作为金融行业,风险必然存在,如果监管不到位,风险极易传播,最终将危害整个保险市场甚至金融秩序。世界各国不断出台保险监管法规的目的在于实现保险市场的发展与保护保险消费者二者的平衡,最终形成一个良性的保险市场秩序。因此,我国建设现代化经济体系背景下的保险监管,也正是为了追求以正义为核心,包含自由、安全与效率等价值的社会秩序,消除保险市场乱象,规范保险市场的发展,充分保障保险消费者的权益,实现保险市场秩序的稳定。

综上所述,一方面,正义理论、安全目标、效率价值与秩序状态作为建设现代化经济体系背景下保险监管的法理基础,证明了保险监管在保险业中的必要性与正当性;另一方面,保险监管的存在,有利于更好地贯彻与落实法律所追求的正义、安全、效率与秩序,促进保险业的良性稳定发展。

二、建设现代化经济体系背景下保险监管的价值功能

结合建设现代化经济体系背景下保险监管的法理依据,反思我国保险监管的价值功能,探寻我国保险监管存在何种法律问题的深层原因,

---

〔1〕 参见赵桂芹、吴洪:《保险体系的系统性风险相关性评价:一个国际视角》,载《保险研究》2012年第9期。

这有助于探明保险监管功能的实效性，亦有助于揭示保险监管制度及其实践存在的问题。

（一）我国保险监管现有制度的价值功能失衡

任何理论都必须扎根于其所指向的制度，反之，制度实施成效如何是检验理论正确与否的重要标准。保险监管是稳定金融秩序的一环，但必须有足够的“专业性”，否则无法胜任；保险监管应同时兼顾金融产业监督与发展的“平衡性”，否则金融产业将会萎缩；保险监管应与保险业保持良好的“协调性”，否则监管政策与产业文化将脱节。〔1〕目前我国保险监管制度已有较全面的立法，并均已付诸实践。其中，法律位阶最高的当属《保险法》，《保险法》第6章专门针对保险业监督管理进行了规定；此外，中国银保监会颁布了大量与保险监管有关的办法、条例、通知等文件。整体观之，结合现有各项保险监管法律法规、行政命令等，我国保险监管已形成规模与体系。前已述及，保险监管部门近几十年来也较好地发挥了监管职能，履行了监管义务。但是，保险作为金融机构，必然会产生金融风险，金融风险内生于人际关系与利益之间的较量，〔2〕所以保险监管不可避免地须对以上内容加以规制，保险监管的方法和技术亦直接受到保险风险的影响。目前，我国保险监管在应对保险风险时显然存在滞后，表现出规范价值功能失衡的特征，以下详述之。

第一，规范形式的失衡。我国保险监管规则，在形式上呈现出“法律条文少，规章及规范性文件多而散”的失衡局面。据笔者的不完全统计，涉及保险监管的专门法律是《保险法》，其他部门规章及规范性文件多达800余项，〔3〕保险监管要紧跟保险市场的步伐，因此，部门性的规章在保险业法规范体系中的比重较大，对保险监管而言有其合理性。但是，保

---

〔1〕 参见廖世昌、郭姿君、洪佩君：《保险监理实务》，台北，元照出版有限公司2014年版，序言第1页。

〔2〕 参见靳文辉：《金融风险预警的法制逻辑》，载《法学》2020年第11期。

〔3〕 参见中国银保监会官网，http://www.cbirc.gov.cn/cn/view/pages/index/index.html。

险监管法律的规范形式又与规范的效力位阶紧密相关。[1] 所以,以保险监管为内容制定的规范,会因表现形式不同而存在效力差异。实践中,往往是法律位阶较低的部门规章构成了监管部门监管执法的直接依据,而位阶较高的法律法规往往只发挥纲领性、原则性的作用,并无监管的细化规则,[2]这又与监管法律所追求的正义理论相违背。

第二,规范内容的失衡。为执行保险监管而制定的规范,在内容上多因协同性缺失而呈现互相割裂的状态,表现为多割裂型规范,少协同型规范。具体而言,一方面,横向割裂。不同金融监管部门之间缺乏沟通,各自为政,各部门制定的监管政策在混业发展模式下日益表现出局限性。金融的系统性风险通常是"牵一发而动全身"的,银行、保险、证券等都关涉其中,规范内容的横向割裂违背监管对安全目标的维护与效率价值的追求。另一方面,纵向割裂。纵向割裂表现在保险监管规范经常与上位法规定相背离,甚至可能"违法"。下位法与上位法应保持一致,是法律形式正当性的要求。[3] 但保险监管规范与保险法之间,曾出现下位法违背上位法的现象。例如,1995 年《保险法》第 104 条第 2 款明确,保险资金的其他运用方式由国务院规定。这可以保证保险资金运用实践的权威性,但也增加了保险资金运用规范出台的难度,并且实践中国务院并未对保险资金运用作特别规定。为此,保险监督管理机构经常先行制定保险资金运用规范,但就法定程序而言,保险资金的运用规范制定主体应是国务院,而不是保险监督管理机构,实践中却一度出现了程序颠倒。[4]

第三,规范目的的失衡。目前保险监管存在规范目的失衡的情况:

---

〔1〕 参见马驰:《法律认识论视野中的法律渊源概念》,载《环球法律评论》2016 年第 4 期。

〔2〕 参见刘志伟:《金融法中混业"但书"规定之反思》,载《法学研究》2019 年第 6 期。

〔3〕 参见曾祥华:《行政立法的正当性研究》,中国人民公安大学出版社 2007 年版,第 102 页。

〔4〕 2009 年修订的《保险法》已对此问题作出修改,在第 106 条第 3 款的规定中将保险公司资金运用的具体管理办法制定权交由国务院保险监督管理机构。

一是现有监管制度不完善,监管规范存在滞后、交叉、重叠甚至冲突等问题,无法适应快速变化的市场。例如,保险、银行、基金、理财产品等过度融合,即混业经营的模式已经展开,但监管机构还运用保险监管的传统分业手段处理这些问题,显然监管与市场无法有效匹配,最终将使保险监管的规范目的落空。二是在保险监管规范中,较之于管理性规范,经营性规范明显数量更多,保险机构在业务经营、资金运用层面的经营规范竞相迸发,而管理性规范则明显偏少。保险监管的目的在于维护竞争有序、规范运行的保险市场秩序,从规范目的看,经营性规范旨在促进保险业经营,而非保险业管理。管理性规范则旨在维护保险市场有序竞争,合规运行。只有两者互相配合,共同发展,而不是"一条腿走路",保险监管的规范目的才能得以实现。

保险监管制度的现有立法表明,保险监管的规范价值功能存在一定程度的失衡,无法对新形势下保险业面对的诸多问题形成有效指引。因此,有必要对建设现代化经济体系背景下的保险监管价值功能重新进行审视。

(二)建设现代化经济体系背景下保险监管价值功能的再认识

建设现代化经济体系背景下保险监管的价值功能蕴含于保险监管的制度本质当中,回溯到事物之本质探究蕴含在事物内部的价值秩序是理论研究的应有之义。[1] 换言之,保险监管的制度价值功能只能从保险监管的本质中导出。保险监管的本质为国家对保险业经营活动的监督规范,具有明显的公法性质。原则上虽不直接介入保险人与保险消费者之间的私权关系,但是因为监管规范与监管作为的一般性与普遍性,且有预先保护保险消费者的功能,所以对保险消费者权利的实质影响甚至高于保险合同法,因而保险监管具有重要价值与意义。[2] 重新审视保险

---

〔1〕 参见[德]魏德士:《法理学》,丁晓春、吴越译,法律出版社2005年版,第382~383页。

〔2〕 参见廖世昌、郭姿君、洪佩君:《保险监理实务》,台北,元照出版有限公司2014年版,推荐序第1页。

监管的价值功能必然要回归到保险监管的法理依据层面，从“器”与“用”的角度进行思考。

1. 维护正义与秩序：保险监管之价值功能要旨

诚如博登海默所言，“在一个健全的法律制度中，秩序与正义这两个价值通常不会发生冲突，相反，它们往往会在一较高的层面上紧密相连、融洽一致”。[1] 法律若不能满足人们对社会正义的要求，那么长此以往社会秩序也将荡然无存。此外，若法律不能做到实质公平，其追求的正义也会大打折扣。所以，法律的目的之一在于维持社会大众所希望的秩序，只有在合理的秩序状态下，法律所倡导的正义才能实现。[2]

在保险监管中，首当其冲的价值功能要旨即为维护正义与秩序。在此种监管价值功能要旨之下，意味着保险市场上的各类主体不因身份、地位、经济实力的差别而被差别对待。所有主体均能公平地购买保险产品，并作为保险消费者被一视同仁地保护，良好有序、稳健经营的保险市场就此形成。具体而言，第一，保险监管的首要目的，是维护公平、有序、合理竞争的保险市场环境，这是保险业能够持续发展的根本保证。在市场经济条件下，市场机制本身能发挥其提高效率的作用，但同时又存在市场失灵，导致大量资源配置效率低的问题，如保险行业存在一定的垄断与恶性竞争。保险监管应该为市场创造一种公平的竞争环境，让保险机构在公平、合理、公正的基础上实现合理竞争，发挥市场机制，提高效率，实现资源的最优配置。一方面，应保证参与公平，即在保险市场上，各类保险机构均能合法、公平地参与保险市场；另一方面，应保证交易公平。市场经济是诚信经济、法治经济，现代法治倡导市场经济条件下的公平竞争，即市场主体公平地进行交易活动。例如，保险监管要防止保险机构与保险消费者之间，尤其是在互联网保险中，制定不合理的交易

---

〔1〕［美］E. 博登海默：《法理学：法律哲学与法律方法》，邓正来译，中国政法大学出版社2017年版，第332页。

〔2〕参见［美］E. 博登海默：《法理学：法律哲学与法律方法》，邓正来译，中国政法大学出版社2017年版，第332～333页。

条款限制保险消费者的权利，隐瞒与交易有关的重要信息，以及误导消费者或者承诺收益、返现等欺骗消费者。第二，维护保险消费者的权益。在保险市场上，保险消费者保护的重要性不言而喻。2008 年国际金融危机后，世界各国纷纷加强对包括保险消费者在内的金融消费者的保护，以求最大限度地激发金融市场的活力。保险业所固有的市场风险、法律风险、技术安全风险等均会对保险消费者产生不利影响，因此，保险监管只有以保险消费者保护为价值取向，方能使保险市场充满活力与效率，更好地促进保险业发展，从而维护保险监管法律所追求的正义与秩序。

2. 平衡效率与安全：保险监管之价值功能彰显

前已述及，效率与安全都是建设现代化经济体系背景下保险监管的理论依据，而效率与安全同时又是保险监管法价值内的一对矛盾。金融业中的效率与安全问题，总是在金融危机前后相伴相生，互相较量。监管与创新之间的动态博弈，在一轮又一轮的金融危机中不断较量，彰显了安全与效率之间的平衡难题。[1] 因此，在 2008 年国际金融危机后，对保险监管反思的结果是重新加强保险监管，注重安全与效率并重。但是，效率与安全存在矛盾，保险市场效率永远都是保险市场发展的灵魂。如果强调保险效率，注重市场机制的发挥，必然会放松保险监管，因为保险市场主体过度创新或者滥用金融创新极易产生保险市场失灵问题，风险逐步累积到一定程度就会引发市场波动甚至崩溃，最终爆发金融危机；如果一味强调安全，就会扼制保险的效率，因为安全要求对保险市场加强管理和控制，这会扼制自由竞争，束缚保险市场主体的积极性和创造性，导致交易成本增加，从而影响效率。

建设现代化经济体系背景下保险监管的价值功能在于平衡效率与安全。保险监管既要提升保险效率，又要防控保险风险，达致二者的平衡。诚如中国银保监会主席郭树清所言："坚持金融创新必须在审慎监

---

〔1〕 参见杨东：《监管科技：金融科技的监管挑战与维度建构》，载《中国社会科学》2018 年第 5 期。

管的前提下进行,防范和化解各种风险,筑牢国家安全屏障,坚决维护法律秩序和主权尊严。”[1]保险监管如果能处理好效率与安全的平衡问题,那么就是解决问题的手段;反之便有可能是造成问题的制度性根源。保险安全是保险效率的基础,而保险安全的终极目的是提高保险效率,推动保险业的发展。实践中,已有国家将平衡效率与安全的价值功能付诸实践,在防控保险风险,保障保险安全的基础上,力求促进保险的效率发挥。例如,发端于英国的金融科技“监管沙盒”制度,即是安全与效率平衡后的监管产物。英国的“监管沙盒”包括金融科技创新产品可否进入监管沙盒的评价基准、监管沙盒运作流程、消费者保护措施、金融行为监管局对测试的终止权以及测试完成后的报告与协助机制。英国金融科技沙盒制度有三个核心目标:(1)减少进入市场的时间成本;(2)改善融资渠道;(3)鼓励创新。[2] 可见,“监管沙盒”制度即为安全与效率平衡价值取向下所采取的机制,其目的在于保护创新,同时又给予创新者一个合适的监管空间。换言之,即监管者创造一个安全空间,使金融科技创新企业可以测试其创新的产品、服务、商业模式等各方面的可行性,而又不需要承担一般违反金融监管法规的责任。目前我国“监管沙盒”试点项目集中于人工智能、区块链技术等在金融领域的应用。[3]

总之,建设现代化经济体系背景下的保险监管作为一种制度安排,要在确保一个国家经济金融安全的基础上提高整个保险系统的效率,即在保险监管的价值功能彰显下,保险安全与效率达到平衡。

3.包容创新与发展:保险监管之价值功能转向

法律的稳定性与创新发展之间经常产生矛盾。法律的稳定性具有

---

[1] 郭树清:《中国经济的新阶段与香港特区的新机遇——在第十四届亚洲金融论坛上的演讲》,载中国银行保险监督管理委员会网 2021 年 1 月 18 日,http://www.cbirc.gov.cn/cn/view/pages/ItemDetail.html?docId=960568&itemId=915&generaltype=0。

[2] Douglas W. Arner, Janos Barberis et al., *FinTech and RegTech in a nutshell, and the future in a sandbox*, CFA Institute Research Foundation, 2017, p.15.

[3] 参见胡滨主编:《中国金融监管报告(2020)》,社会科学文献出版社 2020 年版,第 3 页。

相对性。[1] 一方面,法律若缺乏稳定性,将使人们生活于惶恐之中,且不利于发挥法律的权威性;另一方面,法律的稳定性并不必然要求法律的一成不变,只有紧跟实践需求的法律制度,才能有效维护社会秩序,因此,法律的连续性与稳定性同等重要。这种观念体现在保险监管中,则表现为监管价值功能的转向,即包容保险创新与发展。

诚然,保险创新与保险监管是一对互相矛盾的概念。回顾过去可以发现,保险业的发展史就是一部不断创新发展的历史,保险业的重要发展都离不开创新。但是保险创新是一把“双刃剑”,一方面,保险创新大大降低了交易成本,促进了信息对称,提供了丰富多样的保险服务,还拓宽了保险市场的深度与广度,推动着保险市场的发展。总体而言,保险创新提升了保险市场效率。另一方面,保险创新造成了保险的脆弱性,容易放大保险市场危机,可能危及保险业甚至整个金融系统的稳定。对保险监管而言,放松监管,任由保险创新无节制地发展将会埋下风险隐患,最终导致金融风险,美国次贷危机就是最好的佐证;如果过度监管,又会压抑创新,影响保险市场的效率与活力。所以,建设现代化经济体系背景下的保险监管价值功能亟须转向,即在平衡效率与安全的同时,还须包容创新与发展。

创新是保险科技发展的永恒主题。保险市场现阶段依然主要体现在传统的财险和人身险两个方面,但其在交易的技术、渠道、服务等方面进行了创新。当下大科技金融[2]纷纷涉足保险业。最常见的操作是大科技公司与保险公司合作,利用自身强大的黏性用户数据基础,与保险公司的专业产品打通,一方提供用户,一方提供产品。这种模式有利于保险消费者基于运用场景,更加便捷地购买自身需求的保险产品。如用户通过手机客户端便能轻松购买,享受全方位的保险服务;大科技公司

---

〔1〕 See Jean Beetz, *Reflections on Continuity and Change in Law Reform*, University of Toronto Law Journal 129 (1972).

〔2〕 大科技金融可以定义为大科技公司(如阿里巴巴、百度、腾讯等)利用其客户、场景和技术等优势,通过自营或合作等方式开展的以线上服务为主的各类金融业务。参见胡滨主编:《中国金融监管报告(2020)》,社会科学文献出版社 2020 年版,第 3 页。

提供的机器人顾问、基因诊疗技术等也极大地提升了客户的使用体验。另一方面，大科技公司还有探索降低保险科技产品营销成本的实力，同时，积极对保险产品进行适当创新，优化保险服务，更好地解决保险消费者的需求痛点。总之，保险科技能够引领保险行业的创新发展，但也使得保险科技监管面临严重难题。为此，保险监管在应对以上挑战时，应转变以往只是追求安全的价值取向，而应在保证金融安全的同时，包容创新，即要找到风险与创新之间的平衡点。换言之，保险监管应当包容保险科技创新，不能因为其可能存在的风险和问题而过度监管或者过分限制，否则就会扼杀保险科技创新。保险监管机构应对保险科技创新持包容态度，在不触碰保险监管"底线"的情况下，允许保险机构"试错"。[1] 前文提到的"监管沙盒"就是一种很好的尝试。保险监管以功能监管的思路，给保险机构一个包容性的空间，在既不会影响保险业整体运行的大前提下，尽可能地发挥保险公司的创造力，而又没有担心违规的后顾之忧。

综上所述，保险监管本质上是一种社会矫正制度的安排，它需要法理依据支撑其监管的正当性、合理性和科学性。在建设现代化经济体系背景下，我国保险监管的价值功能在规范形式、规范内容、规范目的方面存在一定程度的失衡。所以，应当重新审视保险监管的功能价值。因此，应从维护正义与秩序、平衡效率与安全以及包容创新与发展三个方面，对保险监管的价值功能进行再认识。总之，在明确了保险监管的理论基础后，合理定位其价值功能并通过有效监管减少保险市场带来的不确定性，进而实现其价值功能的皈依，是本课题的重要内容。

---

〔1〕 参见胡滨主编：《中国金融监管报告（2020）》，社会科学文献出版社 2020 年版，第 25 页。

第三节　建设现代化经济体系背景下保险监管法律制度的总体构建

改革开放以来,一个初步的保险监管法制体系逐渐形成,前述保险监管法制的动静理论坐标不仅是穿透保险监管法理的核心位域,更是择取自改革开放以来保险监管法制体系制度基础的智识依据。因此,我们既要重视现有的保险监管法制体系的建设成果,将其作为建设现代化经济体系背景下保险监管法制建构的制度资源加以利用,也要注意其局限与不足,以便有的放矢地进行制度完善。

一、建设现代化经济体系背景下的保险风险再评估

习近平总书记在党的十九大报告中对我国建设现代化经济体系提出了一系列要求。[1] 在此背景下,保险业也亟待调整与创新。因此,我们需对保险业在建设现代化经济体系视域下可能产生的风险进行再评估。

(一)微观个体风险与宏观系统风险并存

保险业的本质是基于履行未来的支付承诺,要求对等的保险费率作为报酬,因此保险公司必须清楚评价所有未来的或有负债,并且确保有足够的资产能够承担负债支出。所以,传统的保险机构微观个体风险一直存在,即保险公司的偿付能力不足风险。保险监管机构必须强制要求保险公司即使停止新的业务,也要有资金应对以前签订保单所产生的合同责任。监管部门须同时考量保险公司的资产与负债,确保资产能够满足负债履行,资产必须在需要时能够立即变现,保费收入和资产收益的现金流量必须与现金支出流量互相匹配。通过有效的公司治理可解决

---

〔1〕 参见习近平:《决胜全面建成小康社会　夺取新时代中国特色社会主义伟大胜利——在中国共产党第十九次全国代表大会上的报告》,载中华人民共和国中央人民政府网2017年10月27日,http://www.gov.cn/xinwen/2017-10/27/content_5234876.htm。

以上问题,并使保险公司在追求高报酬经营绩效的同时,将风险掌握在可容忍的范围内。公司治理是现代保险业中不可缺少的一环,该制度旨在管理公司的各项事务,促进公司的绩效增长,维护公司的股东利益,落实公司的责任承担。“保险公司对于公司治理之相对效率,对企业表现经营绩效有直接影响。事实显示,经营良好且持续发展之企业,都能够有效治理内部之事务。”[1] 目前我国保险公司在治理监管方面,虽然近年来陆续颁布了《银行保险机构许可证管理办法》等一系列关涉公司治理方面的法规文件,但同样面临着不可小觑的风险。析言之,一是公司股权不透明问题;二是公司董事会运作不规范问题;三是公司信息披露不健全问题。[2]

系统重要性金融机构在 2008 年的国际金融危机中展现出巨大的“杀伤力”,其高关联性、高传染性、高负外部性为世界经济整体运行敲响了警钟。此后,防止“太大而不能倒”的监管政策一直处于主导地位。习近平在 2019 年中共中央政治局就完善金融服务、防范金融风险举行第十三次集体学习会议上的讲话提出:“防范化解金融风险特别是防止发生系统性金融风险,是金融工作的根本性任务。”另外,“防范系统性金融风险是深化金融供给侧结构性改革的核心内容”。[3] 二者相辅相成,一方面,金融供给侧结构性改革存在引发金融系统性风险的担忧,如房地产市场的金融资金剩余与实体经济发展滞后之间的矛盾,若处理不到位便会有引发系统性风险的可能;另一方面,系统性风险也反作用于金融供给侧结构性改革,如以加强保险产品监管控制非正规金融风险等。基于此,如何防止发生系统性金融风险是当下保险监管研究的重要内容。保监会于 2016 年制定了《国内系统重要性保险机构监管暂行办法》,并

---

[1] 张士杰、蔡政宪:《从学术理论到监理实务》,台北,保险事业发展中心 2009 年版,第 25 页。

[2] 因为公司治理不是本课题研究的重点,而行为监管中的保险消费者权利保护与公司治理中的信息披露不健全这一问题存在交叉,故后文仅对该问题有所关注,公司治理中的前述两个问题在今后的研究中再另外进行展开。

[3] 刘立新、李鹏涛:《金融供给侧结构性改革与系统性金融风险的防范》,载《改革》2019 年第 6 期。

面向全社会公开征求意见，足以说明保险业也存在系统性风险，需要保险监管部门采取相应措施积极应对。

总之，在建设现代化经济体系背景下，保险业面临着微观个体风险与宏观系统风险并存的局面，保险监管应结合当下保险市场的风险现状，切实将保险公司承受的风险掌控在合理最低限度。

（二）传统保险产品风险与保险科技风险共生

近年来，保险行业发展较快，根据银保监会的统计数据，2020年尽管受到新冠疫情影响，我国保险业依然保持稳中有升。保险公司总资产、保费收入与保险资金余额分别同比增长13.3%、6.1%与17%。[1] 在保险业快速发展的同时，传统保险产品的风险依然存在。在传统保险中存在的问题主要集中于：产品价格不合理；保险公司销售行为不规范；理赔纠纷多；保险服务差；不同险企间恶性竞争等。传统保险公司对存在的以上风险，如果处理不当，最终将会损害保险消费者的合法权益，不利于保险市场的稳定发展，因此，应该引起保险监管的足够重视。

另外，保险科技正在迅速融入人们的生活。保险科技在给人们带来诸如UBI车险、可穿戴设备保险等个性化保险服务的同时，也带来了网络安全、市场垄断、个人信息泄露等风险，使监管面临严峻挑战。详言之，一是网络安全风险。目前，互联网保险对网络的高度依赖性导致一旦网络出现安全隐患，如代码漏洞、黑客攻击、病毒侵染等，必然影响保险市场的稳健运行。这一情境要求监管部门在应对网络安全风险时应有更周全的监管措施。二是市场垄断风险。一些科技巨头公司，在参与保险业时，往往有着广大的黏性用户基础，它们利用数据垄断优势，进而在保险市场中形成保险科技的行业垄断，有碍竞争。若这种情况长久发展，不利于整个保险市场业态的良性循环。三是个人信息泄露风险。在保险业中，保险消费者的个人信息通常会直接关系到保险标的，尤其在

---

〔1〕 参见《银保监会国新办新闻发布会答问实录》，载中国银行保险监督管理委员会网2021年1月22日，http://www.cbirc.gov.cn/cn/view/pages/ItemDetail.html?docId=961829&itemId=915。

人身保险中,此种特征更加明显。被保险人的健康状况、驾驶习惯、职业地位等,都能被保险科技公司掌握,而目前法律对掌握了这些个人信息甚至隐私的保险科技公司应该如何进行规制,还未有较强的应对举措,这非常不利于保险消费者合法权益的维护。

传统保险产品一直是保险制度赖以生存发展的基石,部分公司在销售传统产品时无序竞争,这将会损害保险消费者的合法权益,不利于保险市场的稳定发展。与此同时,随着保险科技在保险业的不断深入与运用,保险科技将会深刻影响保险业态和保险监管。因此,建设现代化经济体系背景下的保险监管法律制度,应兼顾传统保险产品风险与保险科技风险,双管齐下,维护保险市场的稳健运行。

二、建设现代化经济体系背景下现行保险监管法律制度的困境

在建设现代化经济体系背景下,研究保险监管法律问题,应结合上文分析的保险风险,重点关注以下三个方面的内容:一是"健全金融监管体系,守住不发生系统性金融风险的底线"。二是加快完善社会主义市场经济体制,深化金融供给侧结构性改革,践行"以人民为中心"的基本要求,注重保险业行为监管中的保险消费者保护。三是高度重视"科技创新、现代金融"给保险监管带来的新挑战。然而遗憾的是,现有保险监管体制总体仍存在诸如只重视单个保险机构的风险监管、缺乏系统性风险监管意识;只强调对保险行业的监管,忽视保险消费者保护对保险业稳定发展的作用;只强调自由创新和提高效率、缺乏金融安全和有效监管意识等问题。[1]

(一)部分保险监管法律规则虚置,保险系统性风险监管机制缺失

我国现行保险监管体制下,监管机构更多的是关注单个保险机构的微观审慎监管,对保险系统性风险防范存在缺失。"系统性风险之于金

---

〔1〕 参见李国安主编:《国际金融监管法制现代化研究》,法律出版社2016年版,第51~52页。

融系统犹如免疫系统疾病之于肌体,一旦发病,必对人体的免疫系统造成系统性和全局性的破坏。”[1]目前我国虽然已基本搭建了一个保险监管法律框架,但是这个框架还缺少一些骨架,已有的骨架上经络也还不够发达。一方面,已有的保险监管法律规则存在虚置,如针对保险公司整顿、接管、破产等法律条文虽然已有规定,但大多粗糙,语焉不详,未能很好地发挥保险监管部门对保险公司发生重大风险处置权的效力;[2]另一方面,现有的保险监管法规已滞后于监管实践,如系统性风险最早是针对银行业提出的。但随着实践的发展证明,系统性风险也存在于保险业中,那么,保险系统性风险应该如何防范?现有的保险监管法律规则在系统性风险防范与监管上是处于缺位状态,亟待改进。

(二)保险行为监管失调,保险消费者保护存在疏忽

保险行为监管中对保险消费者的保护,是一个非常重要但又很“棘手”的问题。“棘手”的原因在于,保险消费者保护牵涉大量细致、零散的工作。监管部门的工作人员在与保险消费者沟通时,通常面对的是一群缺乏保险专业知识的社会大众,因而在接触时需要极大的耐心,既劳心又劳力。而与保险公司打交道时,因专业领域相近,沟通顺畅,效率较高。这也导致保险监管部门天然地更愿意在保险公司监管方面加大力度。这些情况造成了保险消费者保护成了“没人疼的孩子”,监管部门在保险消费者保护方面存在行为监管弱化的特点。具体而言,例如,在行为监管立法方面,保险消费者的知情权(说明义务)、自主选择权(保险合同犹豫期)、救济权(惩罚性赔偿)等法律保护条文虽然有所涉及,但都存在漏洞与瑕疵,使得保险消费者保护监管的效力大打折扣。长此以往,导致的结果是:保险监管部门主要监测保险公司运营的各项审慎指标,监管部门将审慎指标作为保险公司是否稳健运营的评判标准,这些标准若达成,那么保险消费者保护的监管要求亦自动达成。但是,此种做法

---

〔1〕 李国安主编:《国际金融监管法制现代化研究》,法律出版社 2016 年版,第 52 页。

〔2〕 参见赛铮:《我国保险公司破产法律制度完善研究》,武汉大学出版社 2019 年版,第 65 ~67 页。

的背后,却折射出保险消费者权益保护监管措施的缺失,如若发生保险消费者侵权事件时,审慎指标是无法体现的,而侵权事件的持续发生,从长远看必将会影响保险公司运营的各项指标评定。[1]

(三)保险科技监管缺位,应对新型风险缺乏明确规范和充分保障

伴随保险业的迅速发展,中国整个保险体系将面临巨大变革,全面提升我国保险能力是竞争的关键。在保险业发展的过程中,保险业务结构和保险市场结构将发生深刻变化。当下炙手可热的金融创新,大数据、云计算等技术的应用,使保险业也逐渐呈现数字化、智能化的发展趋势。“保险 + 人工智能”“保险 + 区块链”“保险 + 物联网”“保险 + 基因诊疗”等各种保险科技创新产品的出现,在为人们提供更加便利保险服务的同时,也为传统保险监管与风险防范带来巨大挑战。传统保险监管对保险科技带来的风险应对乏力,缺乏明确的规范。此外,随着各类金融衍生产品的出现,混业经营是今后发展的大趋势,不同金融机构间的壁垒越来越小,合作越来越多,综合性的大型金融集团随之出现,将会给金融监管带来巨大压力,同样将给我国保险业带来极大的挑战。[2]

三、建设现代化经济体系背景下保险监管法律制度的构建进路

建设现代化经济体系背景下保险监管法律问题研究,不应仅局限于对保险监管改革进行法律上的诠释,其最终目标是通过剖析建设现代化经济体系背景下的保险宏观审慎监管、保险消费者保护监管(行为监管)、保险科技监管中存在的问题,分析现有立法不足,结合学界的相关成果以及保险监管的实践经验,修正和增补现行《保险法》关于保险监管之规定,改进保险监管条款之设计,进而推动保险监管的法制化建设,发挥好保险的经济“减震器”和社会“稳定器”功能,以因应我国建设现代

---

〔1〕 参见孙天琦:《金融业行为监管与消费者保护研究》,中国金融出版社 2017 年版,第 96 页。

〔2〕 参见孟昭亿主编:《国际保险监管文献汇编(专题卷)》,中国金融出版社 2008 年版,第 13 页。

化经济体系之需求。

（一）建设现代化经济体系背景下保险监管的制度基础

我国保险监管的制度基础是法律赋予保险监管部门的保险监管权，具体包括规则制定权、市场准入权、监督检查权、采取监管措施权和重大风险处置权五项权力。它们主要由《保险法》进行规范，是保险监管机构开展监管的法律依据。

1. 规则制定权

银保监会具有对保险行业制定各项规则的权力。我国《保险法》第135条为保险监督管理机构的规则制定权提供了法律依据。《中国银保监会规范性文件管理办法》进一步从评估论证和起草、合法性审核、批准和公布、解释和清理等方面对银保监会规范性文件的制定程序作出明确规定。这些规定表明我国保险监督管理机构享有制定并发布有关保险业监督管理规章的权力。

2. 市场准入权

市场准入权是后续一系列保险监管的起点与门槛，是一项非常重要的监管权力。市场准入指的是市场主体经过申请，由监管部门审核批准其可以从事某项行为的权力。具体到保险业中，即指的是保险公司达到经营保险业务的条件后，向保险监管部门申请，由保险监管部门审核批准后，方可从事保险经营活动。[1] 具体而言，我国《保险法》第67条确定了保险公司的设立须经批准；第68条规定了保险公司设立应具备的条件；第69条对保险公司的注册资本进行了最低限额人民币2亿元的规定；第70条规定了设立保险公司申请应提交的文件与资料；第72条对保险公司的筹建期限和要求作了规定。此外，《保险许可证管理办法》《保险公司管理规定》等部门规章也为保险监管机构的市场准入权提供了法律依据。

---

〔1〕 参见孙国峰：《金融科技时代的地方金融监管》，中国金融出版社2019年版，第170页。

3. 监督检查权

监督检查权是保险监管部门履行监管职责中最主要的一种权力。保险监管部门通过行使监管权,督促保险公司合规经营,维持保险市场的良性运作,维护保险消费者的合法权益。保险监管机构的监督检查权包括审查、认定各类保险机构高级管理人员的任职资格(《保险法》第81~83条);对违法、违规保险条款和费率采取相应措施(《保险法》第136条);对保险公司偿付能力进行监控(《保险法》第137条)等。

4. 采取监管措施权

保险监管部门的采取监管措施权包括两种类型:一是禁止性措施;二是处罚性措施。禁止性措施通常是在保险机构有违反法定程序或违法经营的可能时,被监管部门采取强制性的禁止措施。这类禁止性监管措施通常旨在预防某类保险风险的发生,具有事前监管的属性。处罚性措施具有行政处罚的特征,保险公司的行为已经违法时,监管机构可采取罚款、停业整顿等处罚手段,并追究相应的行政责任,处罚性措施具有事后监管的属性。

5. 重大风险处置权

在保险公司出现破产危机,并有可能引发金融系统性风险时,监管部门可采取重大风险处置权。我国《保险法》中,对重大风险处置权的规定,主要包括整顿和接管两种。就整顿而言,保险监管机构可以选派保险专业人员组成整顿组,整顿组有权对被整顿的保险公司日常业务进行监督(《保险法》第140~143条)。就接管而言,保险监管部门有决定接管、组成接管组并进行接管的权力(《保险法》第144~147条)。此外,保险监管部门还有参与、组织保险公司破产与清算的权力(《保险法》第148~149条)。

(二)建设现代化经济体系背景下保险监管的模式定位

为了贯彻落实中央"防控金融风险"的战略部署,[1]保险监管部门

---

〔1〕《中央明确今后3年要重点打好三大攻坚战》,载新华网,http://www.xinhuanet.com//politics/2017-12/20/c_1122142798.htm。

按照中央防范化解金融风险的目标和要求，开展多项监管治理活动，有效地防控了金融风险，维持了金融秩序。[1] 建设现代化经济体系背景下的保险监管，防控金融风险依然是核心要义，防范化解金融风险，对促进我国经济平稳较快发展具有重要意义。

第一，防控金融风险，保险监管部门应“查漏补缺”，不留监管死角。习近平总书记指出：“金融是现代经济的核心，关系发展和安全，要遵循市场化法治化原则，统筹做好重大金融风险防范化解工作。”[2] 当前我国保险监管正处于防范化解金融风险的关键时期，随着保险改革与市场变化的加剧，一些风险与矛盾逐渐显现出来，保险监管应有针对性地解决各项潜在风险，尤其是可能引发系统性风险的重大风险，补齐监管短板，提升监管效能，从而有效防范化解金融风险。

第二，防控金融风险，保险监管部门必须严守监管底线，秉持从严监管的态度。从近年来的监管数据统计可以看出，银保监会对保险相关从业机构开出的罚单呈逐年递增趋势，处罚的理由包括资料造假，违规经营，隐瞒保险消费者等各项内容。[3] 可见，银保监会对保险机构违规经营采取的强势打压态度。未来保险监管部门应对保险机构加强风险及合规内控的管控力度，包括互联网保险在内的保险市场秩序整顿，从而为保险公司健康持续发展提供保证。

第三，防控金融风险，保险监管部门需引导保险业回归服务实体经济轨道。“金融是实体经济的血脉，为实体经济服务是金融的天职，是金融的宗旨，也是防范金融风险的根本举措。”[4] 一方面，防范金融风险是实体经济持续健康发展的重要前提；另一方面，服务好实体经济也是防

---

〔1〕 参见孙德超、高锐：《指标治理视角下“防风险”与“促发展”协同推进的路径探讨》，载《福建论坛（人文社会科学版）》2020年第12期。

〔2〕 习近平：《在高质量发展中促进共同富裕　统筹做好重大金融风险防范化解工作》，载《人民日报》2021年8月18日，第1版。

〔3〕 参见《110张保险罚单落地　2021年强监管态势延续》，载央广网2021年1月25日，https://baijiahao.baidu.com/s?id=1689825266392545362&wfr=spider&for=pc。

〔4〕 习近平：《服务实体经济防控金融风险深化金融改革　促进经济和金融良性循环健康发展》，载《人民日报》2017年7月16日，第1版。

范金融风险的根本举措。金融服务实体经济,有利于实体经济的繁荣发展,反过来实体经济的发展又有利于金融风险的防范。[1] 因此,保险等金融机构服务实体经济与防范化解金融风险相辅相成,彼此互为依托。保险服务实体经济是金融供给侧结构改革的要求,保险监管部门应积极引导保险服务实体经济,如拓宽保险保障基金的运用途径,大力发展普惠保险,助力小微企业等。

第四,防控金融风险,保险监管部门需重视保险科技等新业态。近年来,保险科技蓬勃发展,在带来众多创新产品与便利服务的同时,也为保险监管带来巨大挑战。未来在保险科技监管方面,还需制定相应的监管法规,强化人工智能、大数据、信息化技术等在监管手段中的应用,形成规模化的保险科技监管体制。[2]

(三)建设现代化经济体系背景下保险监管的合理体制安排[3]

1. 建构保险宏观审慎监管法律制度

2008 年国际金融危机的教训告诉我们:微观审慎监管仅关注个体性风险,不足以防范金融系统性风险,存在局限性。金融危机已经清楚地表明,"微观审慎监管机构缺乏足够广泛和灵活的权力,以实施可以有效遏制系统性风险积累的政策"。[4] 目前我国的保险监管制度虽已逐渐将系统性风险纳入监管范围,但现有的监管措施过于简陋,难以有效地防范化解系统性风险。因此,有必要建立旨在防范系统性风险的保险宏观审慎监管法律制度。为此,应重点关注以下问题。

(1)保险业系统性风险的界定

一是概念界定。在保险监管中,须"守住不发生系统性金融风险的

---

〔1〕 参见陈建奇:《习近平关于防范化解金融风险重要论述的核心要义》,载《理论视野》2020 年第 10 期。

〔2〕 参见陈建奇:《习近平关于防范化解金融风险重要论述的核心要义》,载《理论视野》2020 年第 10 期。

〔3〕 以下提出的体制安排只是总体方面的勾勒,具体的研究内容在本书第二章至第五章中详细展开。

〔4〕 鲁玉祥:《宏观审慎政策框架的制度模式研究》,载《新金融》2016 年第 3 期。

底线","系统性风险"一词始终在相关的政策文件中如影随形,但"系统性风险"却没有确切、统一的含义。法律概念的精准界定有助于后续法律规则的表达以及法律体系的效能发挥。[1] 保险监管法律制度体系中系统性风险概念的缺失,使得实践中与保险系统性风险有关的监管规则指向不明,理性不足。因此,有必要从法律概念及经济学特征出发,定义保险系统性风险的概念并分析保险系统性风险的特点。

二是风险溯源。目前国内对"保险系统性风险"这一概念采取的是普遍接受的态度,但现有的理论研究和政策实践都没有对其产生渊源进行严格推定,而径直讨论保险领域系统性风险的防范问题。对保险业系统性风险是否存在的回答虽然是肯定的,但背后的原因却不明确。这使得人们在认识上心存疑虑:系统性风险的特征是金融中介的脆弱性、对金融中介和市场普遍缺乏信心,以及在极端情况下支付系统受损。所以,系统性风险最早是针对银行业提出的。那么,保险业是否真的存在系统性风险呢?有必要对此问题作出分析。

三是内涵认定。对于保险业系统性风险的内涵,学界与实务界尚未达成一致意见。科学规范保险业系统性风险的内涵,是开展相关研究的前提。

(2)保险宏观审慎监管制度的建构路径

从世界范围看,为了防止保险业系统性风险带来的严重损失,大部分国家都建立了保险宏观审慎监管制度。其中,欧盟、英国、美国和日本的宏观审慎监管体系较为成熟,规定详细,针对性强,能有效地发挥对保险公司系统性风险的防范作用,为我国保险宏观审慎监管制度之构建提供了可资借鉴的经验。当前我国对保险系统性风险监管的框架和相关法律规定均存在不足,而保险系统性风险危害巨大,一旦发生将会造成不可估量的损失,因而建构与完善保险宏观审慎监管制度势在必行。基

---

〔1〕 参见宋亚辉:《营利概念与中国法人法的体系效应》,载《中国社会科学》2020年第6期。

于保险系统性风险的特点，可先以保险宏观审慎监管的理论基础为逻辑起点，再对比域外保险系统性风险监管需求的立法模式选择，以及其对本土化的启示，在分析我国保险宏观审慎监管法律制度建构之现状与困境的基础上，从建立金融机构协调合作机制的法制化路径、提高保险宏观审慎监管相关立法防范与化解系统性风险的能力、将现代科技手段运用与保险宏观审慎监管实践相结合三个方面确定保险宏观审慎监管的基本框架，以回应保险业可能产生金融系统性风险之危机，实现保持保险业稳定健康发展的监管目标。

2. 完善保险行为监管中保险消费者保护立法

保险消费者是保险业之“本”。唯“本”固，“业”方安。加强保险业的行为监管和保险消费者保护，是贯彻习近平总书记新时代中国特色社会主义思想、践行“以人民为中心”的基本要求，是保险市场秩序得以维护的保证，否则必失序，出乱象。我国对行为监管日趋严格，但仍然存在不足。基于此，在建设现代化经济体系背景下，立足于保险消费者保护，分析保险消费者保护的理论基础，深入探讨我国保险合同法、消费者保护法中针对保险消费者保护的缺陷，对我国《保险法》涉及保险消费者保护的具体法条进行分析并提出修改建议。明确保险行为监管的目标是规范保险市场秩序，促进保险市场有序竞争，切实维护保险消费者的合法权益。简言之，行为监管关注的重点是保险消费者。[1] 加强行为监管、建立有效的保险消费者保护体系，从而达到夯实保险业稳定与安全的监管目的。具体而言，应从以下方面展开研究。

(1)保险消费者法律概念的界定

保险消费者这一称谓虽然在媒体、学界被广泛使用，但其法律概念尚未得以论证，因此，有必要对保险消费者的法律概念进行界定。界定时应重点解决以下三个问题：一是保险消费者概念的法律依据；二是保险消费者概念的内涵界定：保险消费是否属于生活消费？保险消费者是

---

〔1〕 参见孟昭亿：《中国保险监管制度研究》，中国财政经济出版社 2002 年版，第 51 页。

否仅限于自然人？三是保险消费者概念的外延廓清，即哪些主体属于保险消费者？界定保险消费者的法律概念，能够更为准确地理解和把握我国保险行为监管中保险消费者权益保护的法律内涵，并为我国保险消费者保护监管的顺利推进提供必要的法律支撑。

(2)保险消费者知情权保护

消费者的知情权是其行使其他权利的基础，离开了消费者的知情权，包括自主选择权、公平交易权、救济权等在内的其他权利都无从谈起。[1] 因此，知情权是消费者最基础、最重要的权利之一。在保险业中，保险合同因条款的复杂性、专业性，常常使保险消费者理解起来"一头雾水"，甚至没有耐心从头到尾认真阅读。因此，实践中保险消费者常常仰赖保险销售人员的解释与推荐。此种情境下，保险消费者的知情权更应受到重视，应使保险消费者充分认识、了解自己购买的保险产品保障的是何种风险，可获得何种赔偿，以减少后续可能产生的理赔纠纷。

(3)保险消费者自主选择权保护

消费者自主选择权是消费者的一项基本权利。在保险实务中，由于保险消费者与保险人之间处于信息不对称的两端，保险消费者处于弱势地位，极容易因保险销售的误导而影响保险消费者的自主选择权，致使其作出错误的判断并最终损害自身利益。所以，世界各国均规定了投保人的合同解除权，以弥补投保人在合同缔结时不平等地位造成的不利影响。[2] 2015 年，国务院办公厅发布《关于加强金融消费者权益保护工作的指导意见》，明确提出要保障金融消费者的自主选择权，由金融消费者自行作出购买金融产品的决定，金融机构不得干预或诱导。本书重点分析了投保人冷静期内的合同解除权立法规制问题。

---

〔1〕 参见李华：《金融科技创新中保险消费者权益保护机制之完善》，载《南京社会科学》2018 年第 11 期。

〔2〕 王子晏：《保险合同解除权的规范性质和法律适用》，载《社会科学家》2012 年第 12 期。

(4)保险消费者救济权保护

保险消费者的救济权,是指保险消费者的权益受到侵害后,保险消费者能应用私力救济或公力救济来维护自身的合法权益。[1]《消费者权益保护法》规定了消费者救济权保护,具体而言,体现在第55条惩罚性赔偿的规定中。《消费者权益保护法》于2013年修订后,将保险等金融业纳入调整范围,已逐渐获得理论界与实务界的认可,但针对第55条惩罚性赔偿能否适用于保险业,在司法审判中却屡现分歧。惩罚性赔偿制度发端于美国,具体指"独立于填补性损害赔偿之外的额外负担,其目的在于通过加大赔偿力度,来警示行为加害人不得再作出此种不法行为。[2] 可见,惩罚性赔偿若适用于保险业中,有利于对保险消费者的权利尤其是救济权的保护。但是,司法实践中的审判分歧却体现出法院对惩罚性赔偿适用于保险业的正当性存在怀疑,在适用的具体操作中也存在障碍。为此,针对以惩罚性赔偿在保险业的适用情况,探讨保险消费者救济权保护的法律问题具有积极意义。

3. 规制保险科技监管法律路径

近年来,在以数字化、网络化、智能化为特征的信息化潮流推动下,保险科技通过保险与科技的深度融合发展,在保险领域表现出新的实现方式、服务形态、业务模式,迅速成为一个备受全球瞩目的热点议题。在我国,金融科技应用的广度、深度和精度不断增强,已在金融领域形成了独特市场优势和规模优势,为服务实体经济、防控金融风险、促进金融改革和开放提供了重要驱动力。[3] 与此同时,我国保险科技创新发展也暴露出一系列问题和风险隐患,特别是保险科技监管法律存在空白、保险消费者权益保护不足等问题较为突出。保险科技监管应坚持"立足风险

---

〔1〕 参见焦扬:《保险消费者保护:保险监管的定位与职能》,载《保险研究》2012年第7期。

〔2〕 参见于海纯:《保险消费者权益保护制度研究——以保险人说明义务规制为重点》,对外经济贸易大学出版社2015年版,第227~228页。

〔3〕 参见孙天琦等:《金融秩序与行为监管——构建金融业行为监管与消费者保护体系》,中国金融出版社2019年版,第131页。

保障”“维护金融安全”的原则,从保险科技对传统保险带来的变化与挑战的角度进行分析与阐释,探究保险科技监管之法律条款增订,从而推动建设现代化经济体系背景下保险科技监管法律路径之落实。具体法律路径可从以下方面展开。

(1)保险科技监管的制度设计

保险科技的蓬勃发展带来技术性风险、数据与信息安全风险甚至诱发系统性风险,迫使监管者必须予以有力回应。然而,传统保险监管存在监管理念滞后、技术匮乏、新型监管人才不足等弊端,无法有效应对保险科技创新带来的风险,具有局限性。因此,必须对保险科技监管进行制度设计,引入“科技型”监管维度,从而更好地应对保险科技带来的风险及引发的监管挑战。“科技型”保险监管突破传统监管的局限,创新监管方式,致力于以技术为核心的监管体系建构、优化数据监管制度、建立实验性监管机制,从而保护保险消费者的合法权益,促进保险业健康发展。

(2)“保险 + 人工智能”监管

随着人工智能如火如荼的发展,人工智能机器人若发生侵权责任,其责任承担与赔偿是立法应关注的重点,立法若不对此加以规制将会影响人工智能的发展前景。因此,确立人工智能机器人责任强制保险制度显得尤为重要,其可以妥当地解决机器人致人损害时的赔偿问题。[1] 然而,目前我国尚无相关法律文件规定人工智能机器人责任保险,传统的责任保险产品对人工智能机器人而言,在适用上已经捉襟见肘。因此,应通过合理的制度设计,实现人工智能机器人责任强制保险的推广与应用。

(3)“保险 + 区块链”监管

区块链技术的发展,使得“保险 + 区块链”应用也逐渐初现,保险智能合约是其发展下的产物,因具有提高商业效率、降低交易成本、促进透

---

〔1〕 许中缘:《论智能汽车侵权责任立法——以工具性人格为中心》,载《法学》2019 年第 4 期。

明度等特征，在未来具有巨大的应用空间与广阔前景。保险智能合约是“代码即法律”的构造方式：在合约成立时表现为代码；合约有效性表现为区块链验证；合约执行表现为自动执行软件。在“保险+区块链”运用中，区块链虽然是去中心化的、放权的技术，但其并非完全取代原有的中心化机构，而是促进各领域的多中心化机构达成联盟，由“从上至下的强制性”向“从上至下的协商性”转变。同时，作为“技术驱动”的监管科技，其使命不仅在于对主动的、动态的、分布式的保险智能合约法律风险防治目标的追求，更在于为强化我国保险科技监管，增强保险监管的专业性和穿透性提供合法评价和法治框架。

(4)“保险+物联网”监管

UBI 车险是保险科技发展背景下产生的新型车险，随着 UBI 车险的发展，其对保险法传统规则之变革值得检视。财产保险标的转让是保险合同法中的重要制度，车辆保险作为财产保险的主要内容，不可避免地会面临保险标的转让之情境。在 UBI 车险产品中，其构成的技术架构是什么？与传统车险产品相比，在进行保险标的转让时内涵的逻辑原理是否发生改变？在 UBI 车险中，保险标的转让的法律效果应该如何认定？《保险法》第 49 条规定的保险标的转让“自动变更”规则是否也可以适用于 UBI 车险中的保险标的转让？如果不适用，如何从法学视角分析 UBI 车险对保险合同法中保险标的转让传统规则的挑战，并设立有效的应对措施？这些问题都亟待解决。

(5)“保险+基因诊疗”监管

基因保险的出现，就个人角度而言，保险消费者可以依据基因信息提供的身体状况，更有针对性地选择保险产品。就保险人的角度而言，可积累保险消费者的基因信息，并依据这些信息数据，为保险消费者个体制定个性化、针对性强的健康管理服务与基因保险产品，从而提高保险公司的经营利润与市场竞争力。然而，基因保险是一把“双刃剑”，在为保险公司与保险消费者带来众多利好的同时，也使得保险消费者的基因信息保护面临严峻挑战。我国保险业中目前基因信息保护之路困难重重，将保险消费者基因信息保护置于《民法典》人格权的保护路径或许是充满希望之径。在保险科技发展背景之下，建构基因信息保护路径对于未来保险业发展及维护保险消费者权益具有重大意义。

（6）“保险＋新能源”监管

新能源汽车的发展，也将推动新能源汽车专属保险需求的提升。新能源汽车专属保险基于“三电”系统构造、保障新型潜在风险以及保费定价对数据信息的依赖等特征，构成了新能源汽车专属保险的创新属性。保险市场需要确立守正与创新的理念，在遵从保险法的现代性、公平性与规律性的基础上，从内容上明确新能源汽车专属保险的保障范围；方向上转向大范围扩容新能源汽车专属保险的保险责任；机制上构建新能源汽车专属保险保费定价机制；方法上重视设置突出新能源汽车专属保险保障特点的附加险4个维度，规范新能源汽车专属保险的构建。

总之，对建设现代化经济体系背景下的保险监管法律问题的研究，从本质上说应是建构符合现代化经济体系背景下保险市场需要的法制环境。现代化经济体系背景下的保险监管法制环境的建构，必然离不开对保险系统性风险的宏观审慎监管，对保险消费者保护的行为监管，以及对保险科技发展的现代化监管。因此，杜绝监管漏洞，消除保险市场不规范经营行为，防范保险产品创新带来的风险及其传导与蔓延，最终实现维护保险市场稳定和保护保险消费者权利，充分释放保险业发挥长期稳健风险管理和保障的功能，都是建设现代化经济体系背景下保险监管法律问题研究的应有之义。

第二章　宏观审慎视角下我国保险系统性风险监管的法制因应

习近平在2019年中共中央政治局就完善金融服务、防范金融风险举行第十三次集体学习会议上的讲话提出:“防范化解金融风险特别是防止发生系统性金融风险,是金融工作的根本性任务。”基于此,如何防止发生系统性金融风险是保险监管研究的重要内容。本章拟在建设现代化经济体系背景下,以法律规制为主线、以保险系统性风险防范为方向,结合域外保险宏观审慎监管措施,提出建构我国保险宏观审慎监管法律制度的具体建议,以有效促进保险业稳健发展,保障国家金融稳定与经济安全。

第一节　保险系统性风险之界定

一、系统性风险之定义

2008年国际金融危机后,对系统性风险的定义成为金融风险研究领域的核心问题。然而，无论是金融界还是学术界均未就系统性风险的界定达成共识。[1] 合理地界定系统性风险关系到未来金融监管政策的选择与安排。对系统性风险概念之界定，大致可从学者们的解释与国际金融组织的定义两个方面进行考量。详言之，第一，学者们对系统性风险定义的解释。巴塞罗那经济研究院的金融经济学教授泽维尔认为，系统性风险是指从金融机构内部产生，扰乱整个金融系统运作，最后对整体经济运行产生严重威胁的风险。[2] 该定义强调的是系统性风险首先在金融系统内部产生，然后逐渐从金融系统蔓延到整个经济社会，关注点是系统性风险所产生的负外部性作用。如果金融震荡没有对实体经济活动造成严重破坏，那么它就不是一次系统性风险事件。系统性风险必然是在相互关联的金融机构之间产生连锁负外部性的风险，具有极强的破坏性。德・班德认为，系统性风险是指发生在金融机构内部的一种风险，该风险的扩大会造成整体金融系统的机能失调，且极具传染性，若不及时加以防治将会导致整个金融系统的瘫痪。[3] 斯科特认为，"系统性风险是指对金融机构造成广泛损害并对实体经济产生连带溢出效应的风险"。[4] 杰米认为，系统性风险源于市场不景气、基础设置不完备等，当这些原因造成其他市场主体的负面影响时，系统性风险便形成了。[5] 系统性风险有两个维度。首先是纵向维度，表现为金融系统的顺周期性；其次是横向维度，表现为溢出效应的负外部性，

---

[1] 参见杨子晖、周颖刚：《全球系统性金融风险溢出与外部冲击》，载《中国社会科学》2018 年第 12 期；刘晓星、张旭、李守伟：《中国宏观经济韧性测度——基于系统性风险的视角》，载《中国社会科学》2021 年第 1 期。

[2] 参见[西班牙]泽维尔・弗雷克萨斯等：《系统性风险、危机与宏观审慎监管》，王擎等译，中国金融出版社 2017 年版，第 12 页。

[3] See De Bandt O. & P. Hartmann, *Systemic Risk: A Survey*, European Central Bank Working Paper, 2000, No. 35, p. 21.

[4] Scott E. Harrington, Ph. D., *The Financial Crisis, Systemic Risk, and the Future of Insurance Regulation*, A Public Policy Paper of the National Association of Mutual Insurance Companies, 2009, p. 5.

[5] See Jaime Caruana, *Systemic Risk: How to deal with it*, Bank for International Settlements, 2010, p. 2.

所以对金融系统的单个冲击能快速传播和繁殖并成为系统维度。无论是纵向维度的顺周期性还是横向维度的负外部性,都是系统性风险衍生的"温床"。该解释强调系统性风险强烈的负外部性和显著的溢出效应。由这些概念的表述可以看出,学者们对系统性风险的认识集中在金融机构的整体运作与宏观经济之间的联动中,注重系统性风险的整体性影响。

第二,国际金融组织对系统性风险作出的定义。国际货币基金组织将系统性风险定义为"在市场中,一个由部分或系统的金融体系受损,给经济带来严重的负面影响,将严重破坏经济发展与稳定的风险"。[1] 欧洲央行认为,系统性风险是会给金融稳定与社会经济增长带来负面冲击的风险。[2] 国际清算银行将系统性风险定义为"重大事件触发经济价值的损失和信心的丧失,伴随着不确定性的增加,金融体系的很大一部分受损严重,很有可能对实体经济产生重大不利影响"。[3] 这些国际金融组织对系统性风险的定义在表述上虽然有所差别,但核心内容是一致的,即都强调该风险使金融体系受损,而不是单个的金融机构受到损失,且足以对其他市场参与者造成负面影响,并最终危及实体经济。因此,金融监管部门意识到对系统性风险的监管,应从宏观审慎的角度切入,密切关注风险在纵向维度和横向维度上的积累,以防范系统性风险的进

〔1〕 International Monetary Fund, Bank for International Settlements & Financial Stability Board, *Guidance to Assess the Systemic Importance of Financial Institutions, Markets and Instruments: Initial Considerations*, Report to the G – 20 Finance Ministers and Central Bank Governors, 2009, p. 24.

〔2〕 International Monetary Fund, Bank for International Settlements & Financial Stability Board, *Guidance to Assess the Systemic Importance of Financial Institutions, Markets and Instruments: Initial Considerations*, Report to the G – 20 Finance Ministers and Central Bank Governors, 2009, p. 28.

〔3〕 International Monetary Fund, Bank for International Settlements & Financial Stability Board, *Guidance to Assess the Systemic Importance of Financial Institutions, Markets and Instruments: Initial Considerations*, Report to the G – 20 Finance Ministers and Central Bank Governors, 2009, p. 28.

一步传染扩散。[1]

综上定义，系统性风险在其概念界定上具有三个特点：一是系统性风险具有多元性，潜在的风险敞口既可能来自金融机构内部，也可能来自金融机构外部，彼此之间充满了复杂的联系；二是系统性风险的多脉络特征，在不同金融机构、金融系统、金融秩序乃至宏观经济中，都有对系统性风险的不同层次剖析；三是该风险会对整个金融体系造成负面影响，并最终损害实体经济，即体现了强烈的负外部性和显著的溢出效应。

二、保险系统性风险内涵之认定

保险业系统性风险指的是金融系统性风险在保险领域的具体表现。对于保险业系统性风险的内涵，学界与实务界尚未达成一致。科学规范保险业系统性风险的内涵，是开展保险系统性风险防范研究的前提。因此，本书试图对其进行归纳。

有学者将保险系统性风险分为广义与狭义两个层次，前者指的是在金融体系中保险机构丧失其分散风险的功能；后者指的是在保险业中造成风险传递，最后导致单个的保险机构陷入危机，并在整个系统内产生负外部性。[2] 保险系统性风险还可从静态和动态的角度分析，静态的保险系统性风险表现为一种保险业脆弱的、不稳定的状态，动态的保险系统性风险通过传染、释放、造成宏观经济体系的停滞、减损，强调的是阶段性的状态变更。[3] 有学者认为，保险系统性风险是“某家保险公司经营出现问题的坏消息传播后，随着系统组成部分之间的相互依赖和传染机制，引发连锁反应，在一段时间内对整个保险业甚至金融市场造成严

---

〔1〕 参见王向楠、王超：《保险系统性风险及其监管：文献述评》，载《金融评论》2018 年第 2 期。

〔2〕 参见王向楠、王超：《保险系统性风险及其监管：文献述评》，载《金融评论》2018 年第 2 期。

〔3〕 参见王超、王向楠：《保险系统性风险的宏观审慎监管体系探讨》，载《新金融》2016 年第 12 期。

重的消极影响，并导致实体经济受损”。[1] 还有学者认为，保险市场的系统性风险，是指“一家保险公司的经营危机容易在其他保险公司中出现连锁反应，进而造成各种利益主体的损失。除了最直接的保单持有人，还包括保险公司的股东、保险基金所投资的上市公司股东，连锁反应不仅仅在保险行业中蔓延，还会扩及证券市场和其他资本市场，直到把恐惧扩散到可能参与金融交易的所有投资者”。[2] 中国保监会认为，保险系统性风险是由内部向外部扩散，导致单个保险机构到整个保险系统难以维持经营，甚至影响实体经济发展的金融风险。[3]

结合以上学者和机构的观点，笔者认为，保险业系统性风险内涵必须具备以下三项要素：一是该系统性风险是自保险业内部引发，而非来自其他金融机构的传染；二是该风险引起大批金融机构的破产倒闭或者造成经济冲击乃至引起金融机构之间的恶性传染甚至引发金融动荡；三是该风险产生的损失后果还会对实体经济造成影响。

三、保险系统性风险之风险溯源

目前国内对“保险系统性风险”这一概念采取的是普遍接受的态度，但现有的理论研究和政策实践中都没有对其产生渊源进行严格推定，而径直讨论保险领域系统性风险的防范问题。从保险系统性风险被监管部门大量使用[4]及学界学者们的广泛研究与应用[5]可知，对保险业系统性风险是否存在的回答已然是肯定的，但背后的原因并不明确。这使

---

〔1〕 朱衡：《保险业系统性风险：根源、传染与监管》，西南财经大学出版社 2020 年版，第 43～44 页。

〔2〕 王萍：《保险公司接管制度的原理阐释》，载《中国政法大学学报》2021 年第 1 期。

〔3〕 参见中国保监会于 2016 年发布的《国内系统重要性保险机构监管暂行办法（第二轮征求意见稿）》第 3 条第 3 款。

〔4〕 例如《中国银保监会办公厅关于印发信用保险和保证保险业务监管办法的通知》（银保监办发〔2020〕39 号）、《中国银保监会关于印发银行保险机构涉刑案件管理办法（试行）的通知》（银保监发〔2020〕20 号）、《中国银保监会关于推动银行业和保险业高质量发展的指导意见》（银保监发〔2019〕52 号）等都提及保险系统性风险。

〔5〕 笔者将“保险系统性风险”作为关键词在中国知网上进行检索，共检索到 416 篇与保险系统性风险相关的论文和报道，检索日期：2020 年 8 月 8 日。

得人们在认识上仍心存疑虑：系统性风险的特征是多维度性、多层次性以及负外部性，这些特征最早是针对银行业提出的，[1]那么，保险业是否真的存在系统性风险呢？因此，有必要进一步对保险系统性风险的产生进行溯源。

（一）保险系统性风险的内生性根源

1. 保险公司的非传统业务存在系统性风险

保险公司的非传统业务即保险公司提供的除传统保险产品以外的业务，如金融中介服务以及经营的各类金融衍生品，包括财务担保、资产贷款、结构化证券投资以及短期融资等。在过去的十几年里，保险公司的业务范围已经从传统保险业务扩展到包括投资管理业务、涉及风险转移的保险业衍生业务、资本、基金以及流动性业务、出售信用保证保险业务等方面。保险公司的非传统业务存在系统性风险，AIG 的危机事件充分证明了这点。AIG 在非传统业务中，为与次级抵押贷款相关的结构性金融产品提供了金融担保，造成 AIG 在金融危机爆发时陷入破产困境。一方面，AIG 在美国国内的社会经济中占据非常重要的地位，其拥有众多的保险消费者，一旦破产，众多保险消费者的资产将化为乌有，其所产生的连锁反应，还将使美国金融市场遭受重创，严重影响美国的经济发展形势；另一方面，在国际上，AIG 是拥有多种业务的超大型跨国金融集团，与全球经济联系紧密，它的破产将极大地撼动世界经济的稳定。受 AIG 破产影响，除引发全球股票大幅下跌外，各国金融机构的市值将因此蒸发逾 1800 亿美元。[2] 易言之，在 AIG 破产风波中，若处理不当，其经济损失会转嫁给众多关联企业，最终导致风险在整个金融行业蔓延。学者巴支研究发现，保险公司的非传统保险业务销量呈现逐年上升趋势，非传统保险业务通常与银行之间关系密切，加强了两者间的合作。

---

〔1〕 因为银行具有金融中介的脆弱性、对金融中介和市场普遍缺乏信心，以及在极端情况下支付系统受损等特征。

〔2〕 See Baranoff E. G. & Sager T. W., *The impact of mortgage-backed securities on capital requirements of life insurers in the financial crisis of* 2007 - 2008, Geneva Papers on Risk and Insurance, 2009,34(1), p. 100 - 118.

这虽然能够有效弥补金融危机对保险和银行业造成的损失，但也加深了保险业本身的整体风险。[1] 学者们普遍接受了这一观点，即只有非传统保险业务才具有引发保险系统性风险的可能。[2]

2. 保险公司含有不可分散的综合风险

保险公司的风险并不都是可以分散的。第一，随着保险市场中非传统保险产品日益增加，保险公司提供的产品可能含有不可分散的综合风险。例如众多寿险公司，都积极地推出了具有投资功能的寿险保单，该类保单除了包含最低保额外，还含有其他金融投资产品的特征。因此这类保险产品与投资市场产生密切关联。保险公司的这些以市场为导向的保险产品转变将会使其在市场下跌时蒙受巨大损失。第二，保险公司的投资决策也可能包含市场风险。这些市场风险在金融危机和经济危机期间更容易爆发，从而使得保险公司遭受投资损失。[3] 第三，保险公司可能因无法及时通过合理成本获得充足资金以支付到期债务或履行其他支付义务，因而其也存在类似于银行的流动性风险。保险公司在资本市场主体之间具有相互依赖和高度关联，所以保险公司包括流动性风险在内的所有风险产生的负效应在保险市场间具有传染性。例如，某家保险公司的破产会引发保险消费者对自家保险公司履约能力的担忧。这种金融机构与生俱来的脆弱性，可能使得原本具有偿付能力的保险公司因遭受大量退保而陷入困境，从而影响金融稳定。

3. 保险业与金融市场间具有密切的互动性

随着经济的发展，保险公司和其他金融机构之间的界限变得越来越模糊。保险公司可以经营大型证券贷款业务，并在证券化债券市场上扮

---

〔1〕 See Baluch F. et al., *Insurance, systemic risk and the financial crisis*, *The Geneva Papers on Risk and Insurance-Issues and Practice*, 2011, 36(1), p.126 – 163.

〔2〕 See Eling M. D. Pankoke, *Systemic Risk in the Insurance Sector: A Review and Directions for Future Research*, Risk Management and Insurance Review, 2016, (19), p.249 – 284.

〔3〕 See Brewer E., Carson J. M., Elyasiani E., Mansur I. & Scott W. L. W., *Interest rate risk and equity values of life insurance companies: A GARCH-M model*, The Journal of Risk and Insurance, 2007(2), p.401 – 423.

演着越来越重要的角色。换言之,保险公司已不再是一个单独的金融服务机构,其与金融市场之间的联系日益密切。有学者通过空间传导测量的方法,研究系统性风险是否会在银行业与保险业之间相互传染,最终的结果表明,系统性风险不但在两者之间的传递非常密切,而且由保险公司传染给银行的可能性更大。[1] 还有学者运用实证方法检验了对冲基金、银行、经济公司以及保险公司之间的互联性,发现这四类机构之间的联系日益紧密,增加了包括保险公司在内的金融机构之间产生系统性风险的可能性。[2]

综上,保险公司的非传统业务存在系统性风险、保险公司含有不可分散的综合风险、保险业与金融市场间具有密切互动性是保险系统性风险产生的内生性根源。

(二)保险系统性风险的制度性根源

2008 年国际金融危机之前,保险机构和其他金融机构监管框架的主要问题在于,金融监管过多地关注金融机构个体的风险而忽略了金融体系作为一个整体的风险。因此造成审慎监管太过注重微观层面的局面。2008 年的国际金融危机清楚地表明,“微观审慎监管机构缺乏足够广泛和灵活的权力,以实施可以有效遏制系统性风险积累的政策”。[3] 保险系统性风险的制度性根源主要在于保险微观审慎监管自身存在的局限性,体现在以下方面。

1. 传统微观审慎监管对保险系统性风险的失位

第一,微观审慎监管的初始目标是防范单个保险机构破产倒闭的风险,难以达到监管保险业系统性风险的需求。保险微观审慎监管为了防止保险公司破产,一般将保险公司的偿付能力监管作为主要手段。换言之,偿付能力监管是保险微观审慎监管的基石。但是,在 AIG 破产事件

---

〔1〕 See Durante F. et al., *A spatial contagion measure for financial time series*, Expert systems with applications, 2016, 41(8), p.4023-4034.

〔2〕 See Billio M. et al., *Econometric measures of connectedness and systemic risk in the finance and insurance sectors*, Journal of Financial Economics, 2012, 104(3), p.535-559.

〔3〕 鲁玉祥:《宏观审慎政策框架的制度模式研究》,载《新金融》2016 年第 3 期。

中,其传统保险业务的偿付能力是符合风险基础资本(RBC)的风险指数要求的,AIG 产生系统性风险的正是其非传统保险业务。单纯针对保险公司偿付能力的监管已不符合现代保险非传统业务的监管要求,没能将保险系统性风险覆盖进来。

第二,微观审慎监管的最终目标是保护保险消费者的利益,确保微观经济主体的效用最大化而非控制社会福利总损失水平。[1] 保险监管部门在过去的传统监管中,其关注的重点不是保险公司如何化解偿付能力危机,而是保险公司偿付能力的评估是否通过,即无论采取哪种方式,都必须使保险公司的偿付能力标准达到监管红线,这才是微观审慎监管应关注的核心问题。保险监管部门这种"只注重结果,不注重过程"的监管态度,在防范单个保险公司破产时是足够的,但是,当保险公司大规模面临困难,同时需要采取诸如通过增资或者禁止配发保单红利、限制金额、变更新保单合同之保险费计算方式、限制资金运用种类等方式降低偿付能力不足的风险时,就会破坏保险业服务于保险消费者的基本保障功能,甚至影响社会稳定,这又与微观审慎监管的最终目标相违背。所以,偿付能力监管本身的微观视野无法防范系统性风险,具有局限性。

第三,微观审慎监管侧重关注个体保险公司的经营稳健,微观审慎视角下测度的风险是金融机构个体的风险价值,与其如何获得资本和流动性以及产生潜在的负外部性无关。[2] 因此,保险系统性风险不在传统的保险微观审慎监管视域之内。[3] 微观审慎监管存在的问题,在于其对各项指标采取的是一种静态监管形式,即通过调整单个保险机构偿付能力促使金融体系自我消化、化解外部或内部危机。事实上,对金融的监

---

〔1〕 See Clement P., *The term "Macroprudential": Origins and Evolution*, BIS quarterly review, 2010(3), p. 59 – 67.

〔2〕 参见[西班牙]泽维尔·弗雷克萨斯等:《系统性风险、危机与宏观审慎监管》,王擎等译,中国金融出版社 2017 年版,第 160 页。

〔3〕 参见王超、黄英君:《中国保险宏观审慎监管指标框架构建研究》,载《经济社会体制比较》2017 年第 5 期。

管需要基于持续的动态综合指标，并能通过各项指标识别潜在的金融风险，[1]而这些是微观审慎监管所不具备的。

2.“监管宽容”政策引发的弊端

在保险业中，资本市场中主体之间相互依赖和高度关联，使保险公司的破产具有传染性。例如，有些再保险公司的破产有可能引起原保险公司的破产。同时，保险公司破产会引发保单持有人对自家保险公司履约能力的担忧。保单是附条件的合同，属于一种或然债权，其约定的保险事故是否发生具有不确定性，保险事故发生后其保险理赔也存在时间差，这进一步加大了保险消费者的不安，易引发“羊群效应”。所以，一家大型保险公司破产，极易使其他正常经营的保险公司受到影响，从而产生个别保险公司破产带来的连锁反应，甚至引发整个保险业的退保浪潮，进而影响金融业的稳定与社会经济的发展。因而在实践中，保险公司“太大而不能倒”的现象使监管机构采取“监管宽容”政策，而“监管宽容”导致的最大问题便是道德危险滋生。

第一，就保险公司产生的道德危险而言，主要是加剧了其对政府的依赖，保险公司面对某些重大问题进行决策时，可能会出现短视行为，即潜在的政府担保行为使得保险公司决策者缺乏审慎考虑的耐心。同时，保险公司也乐于向保险监管者表现出保险行业的特殊性以及“太大而不能倒”的模板印象，一旦遇到困难，则习惯性地向保险监管部门求助，并认为是理所应当的。若监管部门没有认清此种做法的劣根性，而是继续鼓励保险公司保持这样的态度经营，那么其他保险公司只会纷纷模仿，从而最大限度上使自身在“监管宽容”的政策环境下受益。[2] 继续秉持“监管宽容”政策的监管者最后将会使政府陷入“无力承担救助成本与市

[1] 参见王向楠、王超：《保险系统性风险及其监管：文献述评》，载《金融评论》2018 年第 2 期。

[2] 参见黎四奇：《后危机时代“太大而不能倒”金融机构监管法律问题研究》，载《中国法学》2012 年第 5 期。

场秩序破坏殆尽的两难困境”。〔1〕

第二,就保险消费者产生的道德危险而言,在“太大而不能倒”的原则下,其在选择保险产品时,极易把价格因素作为唯一的判断标准,而罔顾保险公司的信用、经营状况、偿付能力等因素。“‘大而不倒’问题的根源就是债权人对政府援助的预期。”〔2〕换言之,“监管宽容”政策被保险消费者解读为国家对保险公司的信誉担保。显然,此种做法不仅不利于保险市场的健康发展,同时也会增加政府的财政负担。

除了“监管宽容”政策所引发的道德危险外,该政策本身也值得反思。首先,监管机构对金融危机的扩大化,是无法有效认识的,监管机构倾向于认定投保人对保险公司经营状况信心不足是金融危机产生或者扩大的主要原因,但并无证据表明这一观点成立。其次,一家保险公司对于金融系统的关键性作用,不一定取决于其规模大小。已有学者提出,当下的金融市场早已不再是早期的“太大而不能倒”,而是“太多连接而不能倒”。也就是包括保险公司在内的互联网金融市场包含数量众多的参与者与产品,具有“牵一发而动全身”的作用,某一节点的失败沿着纵横交错的网络连接点传递出去,可能引发严重的全球金融危机。〔3〕因此,仅凭保险公司的规模大小而对其进行监管差异化的处理,难免有失偏颇。“监管宽容”导致的结果便是当这类规模较大的保险公司触碰监管红线时,对其的干预过于拖延,或者根本没有作为,这对于有效预防保险系统性风险而言,显然是不利的。

3. 保险微观审慎监管风险覆盖面不足

保险微观审慎监管以偿付能力监管作为核心内容。虽然偿付能力的计算较为简便且易于操作,但是随着金融混业经营的发展,以及非传

---

〔1〕 王敏:《关于完善中国金融机构市场退出机制的思考》,载胡滨、全先银主编:《中国金融法治报告(2007)》,社会科学文献出版社 2007 年版,第 43 页。

〔2〕 [美]加里·斯特恩、罗恩·菲尔德曼:《大而不倒:如何让大银行建立有效的风险防范机制》(监管实践版),钱睿等译,中国人民大学出版社 2014 年版,第 23 页。

〔3〕 See Brian R. Brown, *Chasing the Same Signals: How Black-Box Trading Influences Stock Markets from Wall Street to Shanghai*, Singapore, 2010, p. 7.

统保险业务的兴起,以偿付能力为核心的微观审慎监管已无法适应新的监管要求。微观审慎监管没有覆盖一些可能对保险公司经营情况产生重大影响的风险,其中以流动性风险、集中度风险和系统性风险三类最为明显。系统性风险在前文已经论述,这里不再赘述。“流动性风险反映了保险公司在具有清偿能力的前提下由于无法变现对到期债务进行支付的风险。”[1]保险微观审慎监管只对保险公司整体偿付能力进行监管,忽略了资产结构及配置的因素,导致对流动性风险缺乏有针对性的监管措施。集中度风险,是指保险公司由于承保业务和投资业务过于集中而使得“大数法则”失效的一种风险。集中度风险包括交易对手集中风险、地区集中风险、行业集中风险、产品集中风险等。这种风险的暴露可能使得保险公司短期内出现巨额资金压力,但微观审慎监管的各项指标无法将此种风险涵盖进来。

此外,缺乏逆周期监管是目前保险微观审慎监管的另一重大问题。2008 年国际金融危机爆发,使得人们开始对金融机构顺周期性进行关注,保险公司存在顺周期性,主要体现在承保业务与投资业务两个方面。因此,监管机构通常都对这两方面进行严格的监管,从而最大限度地保护保险消费者权利。这种监管体系在一定程度上能够保障保险业的稳定经营,但随着保险市场发展水平的逐渐提高,此种监管模式呈现出缺陷:在承保业务方面,只能对其保险产品是否合规作出调整,却无法对保险规模实施有效措施;在投资业务方面,通常的措施是对各项投资项目设置严格的比例要求。该做法的弊端主要表现为保险公司的投资收益与市场经济状况成正比。因此,保险公司的投资经营存在顺周期性。这一特性使得保险公司的风险很有可能在经济危机时转移到其他金融机构,从而引发系统性风险。同时,在经济危机时,受到固定比例的监管限制,保险公司难以在投资业务方面有所作为。

---

〔1〕 黄溪:《保险公司与基金公司逆周期监管研究——基于宏观审慎监管框架》,中国社会科学出版社 2012 年版,第 33 页。

总之,传统微观审慎监管对保险系统性风险的失位、"监管宽容"政策引发的弊端以及保险微观审慎监管风险覆盖面不足成为我国保险系统性风险的制度性根源。

第二节 保险宏观审慎监管制度之理论基础

从世界范围看,为了防止保险业系统性风险带来的严重损失,大部分国家都建立了保险宏观审慎监管制度。"宏观审慎监管指的是一种金融监管方法,它填补了传统宏观经济政策与传统的单个金融机构'微观审慎监管'之间的空白。政策制定者的目标是管理可能危及整个金融体系的因素,即系统性风险。"〔1〕但是,有观点反对为保险或其他非银行金融机构专门设立宏观审慎监管制度。其理由是:第一,任何被认定为"具有系统重要性"的机构,都会被视为"太大而不能倒",从而降低市场流动性,加剧道德风险;第二,政府对任何被指定具有系统重要性的机构的债务提供隐性或显性担保,将使其具有重大的竞争优势,相较于其他未被指定的公司,还会降低其资本成本;第三,政治压力、银行资本监管的历史,以及监管套利的动机,使人们怀疑,更严格的资本要求能否抵销道德风险上升和竞争优势不平等的影响;第四,系统性风险监管机构可能有动机支持某一类保险机构被指定为具有系统重要性,尽管该类被监管机构的金融问题几乎没有产生系统性风险后果的可能性。〔2〕 那么,世界各国在为保险业或其他非银行金融机构设立系统性风险监管机构可能带来以上弊端的情况下,仍然选择建立宏观审慎监管制度,其背后的理论依据何在,实有进一步分析之必要。

---

〔1〕 Douglas J. Elliott, Greg Feldberg & Andreas Lehnert, *The history of cyclical Macroprudential Policy in the United States*, Office of Financial Research Working Paper, 2013, p. 11.

〔2〕 See Scott E. Harrington, *The Financial Crisis, Systemic Risk, and the Future of Insurance Regulation*, Journal of Risk and Insurance, 2009, 76(4), p. 785 - 819.

一、保险宏观审慎监管正当性之思辨

“任何科学的命题都可能遇到为什么之无穷追问的挑战。”[1]为了保证命题的正确性，我们有必要对保险机构采取宏观审慎监管的正当性进行分析。

（一）制度合理性的保证

1. 保险宏观审慎监管可以应对系统性风险

保险宏观审慎监管的两大主要原因，一方面是保险机构之间负外部性的存在，在经济繁荣时期促成了金融脆弱性的聚集，在经济崩溃时放大了负面冲击；另一方面保险部门的损失还会因负外部性进一步扩散到实体经济部门。宏观审慎监管能有效化解保险系统性风险的两个维度，即前述的纵向维度与横向维度。纵向维度主要指的是金融的顺周期性，即在金融形势大好时风险敞口亦增加，在萧条阶段则过度地延误风险。横向维度反映的是给定时间点风险在金融体系内的分布，这可能会引起风险传染、资产甩卖及其他溢出效应。宏观审慎政策可被分为两类：一类旨在减缓系统性风险在纵向维度的变化。时间维度反映保险体系的顺周期性，即在金融周期的高涨阶段具有增加风险敞口的倾向，在萧条阶段则过度地厌恶风险。有学者研究表明，我国保险公司的承保业务与投资业务存在明显的顺周期效应，而且这种情况随着我国保险业规模的扩大越发明显。[2] 这一状况为保险系统性风险的爆发提供了“温床”。另一类旨在抑制系统性风险在横向维度的传染。横向维度反映的是风险在不同时点的分布状态，这些彼此关联的风险之间随时可能

---

〔1〕 舒国滢等：《法学方法论问题研究》，中国政法大学出版社 2007 年版，第 295 页。

〔2〕 参见黄溪：《保险公司与基金公司逆周期监管研究——基于宏观审慎监管框架》，中国社会科学出版社 2012 年版，第 55 页。

互相传染。[1] 保险宏观审慎监管对于这两种系统性风险都会发挥作用：它在金融稳定时期发挥事前预防的功能，即抑制系统性风险的累积；在金融危机时期发挥事后处理的功能，即减少负外部性与传染性带来的损失，由此防范系统性金融危机。宏观审慎监管的核心使命便是事前防范过度的风险承担，而非事后的解决和危机管理。因此，宏观审慎监管对于系统性风险的防范具有"对症下药"的作用。[2]

2. 保险宏观审慎监管将保险体系视为一个整体，而非只聚焦于单个机构，有利于金融稳定

保险宏观审慎监管对维持保险业稳健发展具有举足轻重的作用。"与微观审慎监管相比，宏观审慎监管的目标是确保金融体系的稳健，而微观审慎监管的目标是确保单个金融机构的安全。"[3] 金融公司在危机期间搁浅时，它们造成了巨大的资金缺口，导致超出公司本身能承担的后果。企业没有管理系统性风险的动机，而与这些风险相关的负外部性意味着，私人市场无法有效地解决问题，一致需要政府干预。换言之，监管机构现在不仅需要关注一家金融机构自身的损失，还需要关注它们的失败将给金融体系带来的成本。[4] 严格执行保险微观审慎监管，会产生什么结果呢？——微观审慎监管旨在限制单个保险公司倒闭的频率和成本，其目的是保障债权人的利益。这种监管模式原则上处理的是机构个体层面的问题，无法解决金融业所产生的系统性风险。而宏观审慎监管旨在对系统性风险的防范，关注的是整个保险市场乃至金融业的健康

---

〔1〕 See Borio, Claudio & Matthias Drehmann, *Towards an operational framework for financial stability*: *Fuzzy measurement and its consequences*, In R. Alfaro and D. Gray, eds., Financial Stability, Monetary Policy, and Central Banking, 2009, Vol. 15. Central Bank of Chile Series on Central Banking, Analysis, and Economic Policies, p. 63 – 123.

〔2〕 参见[西班牙]泽维尔·弗雷克萨斯等：《系统性风险、危机与宏观审慎监管》，王擎等译，中国金融出版社 2017 年版，第 203 页。

〔3〕 廖岷、孙涛、丛阳：《宏观审慎监管：研究与实践》，中国经济出版社 2014 年版，第 50 页。

〔4〕 See Viral V. Acharya & Matthew Richardson, *Is the Insurance Industry Systemically Risky*? Modernizing Insurance Regulation, 2014(4).

运营,其目的是保护整个金融体系的稳定。[1]

3. 保险宏观审慎监管具备全系统视角

宏观审慎监管具备全系统视角,包括:需要更大的力度和资源以便有效地处理具有系统重要性的保险公司;必须将全系统的宏观审慎观点应用于对保险公司的微观审慎监督,以协助查明、分析和采取先发制人的行动,处理系统性风险;以及越来越多地关注有效的危机管理、复苏和解决措施,以降低保险公司破产的可能性和影响。[2] "合成谬误"是微观审慎监管中常见的"漏洞",有些政策对单个的保险公司有效,但却不利于整体的金融稳定。例如,"太大而不能倒"政策的付诸实践,政府为出现偿付能力危机的单个保险公司进行信用背书,阻止其正常的破产倒闭,对单个保险公司而言,避免了破产出局的险境,但从长远看,这种政策破坏了金融系统优胜劣汰的市场竞争,不利于金融资本的良性循环,更糟糕的是还可能导致"劣币驱逐良币"的悲剧。此外,不同金融机构还应对系统性风险的多种表现形式加以关注,如 AIG 保险公司在担保债务凭证(CDO)市场中起到了关键作用。表 2-1 概括了微观审慎监管与宏观审慎监管的主要区别:保险微观审慎监管考虑的是单个保险公司,属于局部均衡分析,关注的是个体的风险,因此将破产视为个体风险中的最高级别,绝对不能容忍;宏观审慎监管政策考虑了保险公司与其他金融机构、市场以及实体经济之间的联系,关注的是系统性风险,具有全系统视野。所以宏观审慎监管面临的主要问题是金融对实体经济造成的负外部性、金融内生性失衡的风险溢出以及过度的顺周期性。[3] 此外,微观审慎理论认为,整体金融体系的稳定是建立在每一个金融机构都稳定的基础之上的。但已发生的金融危机表明:仅对单个机构的审慎监管

---

〔1〕 See Freixas Xavier & Jean-Charles Rochet, *Microeconomics of Banking*, Cambridge: MIT Press, 2008, p. 47.

〔2〕 See Rosa M. Lastra, *Systemic risk and macroprudential supervision*, The Oxford Handbook of Financial Regulation, 2015, p. 11.

〔3〕 参见卜林、赵航:《宏观审慎政策的有效性与协调性研究》,载《金融理论与实践》2020 年第 4 期。

是不全面的,金融危机仍会发生。将监管目光集中于单个的利益,还可能会因"合成谬误"损害金融体系整体的稳定性。在宏观审慎监管框架下,贱卖金融资产、囤积流动性资产和结构性信贷紧缩等符合微观审慎的行为在某些特定的情境下都可能会产生系统性风险。[1]

表 2-1 微观审慎监管与宏观审慎监管之比较[2]

	微观审慎监管	宏观审慎监管
视角	局部均衡	整体均衡
风险	个体的风险	系统的风险
扭曲现象	损失的社会化	负外部性/溢出 扩散/内生风险 金融周期/顺周期性
结果	过度的风险承担 隐藏尾部风险 复苏博弈 多样化	过度的系统性风险 羊群行为/非理性范式 创造性尾部风险 差异性
合成谬误	资产贱卖是微观审慎的 去杠杆化以满足资本或流动性要求是微观审慎的 单个保险公司退保浪潮	资产贱卖对整体而言是非审慎的 建立资产变现及流动性风险管理机制 准确金不足和总流动性枯竭

总之,宏观审慎监管关注的问题是,为什么会出现系统性风险,系统性风险在何时升高(纵向维度)以及由谁造成(横向维度)。因此,保险宏观审慎监管是弥补微观审慎监管不足的监管方案,它更加强调对整体性、系统性的风险进行预防、评估、监测与处理,从而维护金融行业的稳健发展。[3]

---

〔1〕 See Helbing D., *Systemic Risks in Society and Economics*, Springer, 2012, p. 261 - 284.

〔2〕 本表根据 Brunnermeier 相关研究由笔者整理。See Brunnermeier, Markus et al., *Macroeconomics with financial frictions: A survey, In Advances in Economics and Econometrics*, Cambridge University Press, 2013, p. 113.

〔3〕 BIS, *Cycles and the Financial System*, 71st Annual Report, June 2001, p. 123 - 141.

(二)保险创新影响金融稳定性

保险创新有利于增添保险市场活力,但也带来一系列监管难题。任何事物都有两面性,保险创新在带来巨大经济红利的同时,也带来安全隐忧。[1] 随着保险创新的发展,很多新业务模式诞生,像国内 BAT 等互联网大科技公司,它们纷纷将目光转向包括保险在内的金融行业,虽带来技术优势,但也为传统保险公司带来冲击。这种新的跨界生态,将对风险防范和消费者权益保护带来全新的定义,如何防止大科技公司的数据垄断,如何对保险科技创新产品进行监管,如何防范金融衍生品产生的风险等,这些问题都对金融稳定性构成新挑战。互联网保险加大了系统性风险产生的可能性。[2] 在互联网保险中,跨行业、瞬时传播等特征都易导致风险传递的加剧,爆发系统性风险。

保险创新引发的实质问题是引发现有金融格局的改变,出现"边际监管"的真空现象。监管与创新历来是一对矛盾的统一体,保险监管部门如何一方面克服创新带来的风险,另一方面又积极鼓励创新,是一个需要审慎对待的问题。如果监管机构不能适应保险创新的步伐,让创新实践走在了理论的前面,监管政策若不及时调整,那么监管的功能将无法有效发挥,监管的滞后性还会反作用于保险业,导致风险的积累扩大,甚至在金融机构间传染,带来负面影响。如此一来势必会影响整体金融稳定性。保险宏观审慎监管便是针对系统性风险的"对症下药",专注于保险系统整体的运行稳定,旨在从系统性危机的出现,乃至实体经济运行造成的负面影响进行全流程的防控。[3] 故而加强保险宏观审慎监管,有利于严守保险创新的底线,促进金融系统健康稳定发展。

---

〔1〕 参见卓武扬、彭景:《金融创新、道德风险与法律责任——全球金融监管体制变革的一个理论维度》,北京大学出版社 2017 年版,第 36 页。

〔2〕 参见武长海、涂晟、樊富强主编:《互联网保险的法律规制研究》,中国政法大学出版社 2016 年版,第 22 ~ 23 页。

〔3〕 参见黄溪:《保险公司与基金公司逆周期监管研究——基于宏观审慎监管框架》,中国社会科学出版社 2012 年版,第 1 页。

(三)市场约束和政府监管之间的平衡

在公平竞争中,一家保险公司的偿付能力应能够反映其风险。因此信息披露对于市场有效约束保险公司,以及决定哪些保险公司会扩张、哪些会缩小或者破产而言十分必要。市场约束提升保险业的效率,如果在经济繁荣时期淘汰那些偿付能力不合格的保险公司,那么在经济萧条时期,危机就不会那么严重。另外,市场还能约束保险公司的经营者,在进行保险业务经营和保险资金运用时作出慎重决定。但是好景不长,金融业对市场约束的信心在金融危机中被彻底击碎了。实践证明,在经济繁荣时期,市场约束的结果使得不同金融机构之间存在差异,但是在经济萧条时期,保险消费者购买保险的欲望下降,完全不会区分保险公司之间的风险水平和能力。市场约束在好年景对淘汰"问题保险公司"有着积极作用,但在市场失灵时,这一切都将变为"空谈",市场约束将变得毫无效率。[1]

如果完全市场存在,会产生最优的资源配置。保险微观审慎监管的产生,恰恰是因为完全市场根本不存在,而且保险公司的破产极易导致金融传染而产生负外部性。因此,微观审慎监管的宗旨在于:(1)限制保险公司破产的概率;(2)限制保险公司破产的影响。一旦保险公司的负债变得安全(如通过保险保障基金),保险公司会变得大胆,可能进行更多风险大的投资,反而需要投入更多的监管成本。所以微观审慎监管的诸多措施最后却导致了金融不稳定,最典型的例子便是保险保障基金制度。保险保障基金制度具有弥补保险业金融脆弱性、保障被保险人弱势地位等一系列优势。[2] 通过保险保障基金制度,保险监管当局可以缓解问题保险公司的经济压力和当局的政治压力。但是,保险保障基金制度不可避免地会产生道德风险问题,从而又对金融稳定造成负面

---

〔1〕 参见[西班牙]泽维尔·弗雷克萨斯等:《系统性风险、危机与宏观审慎监管》,王擎等译,中国金融出版社2017年版,第175页。

〔2〕 参见赛铮:《我国保险公司破产法律制度完善研究》,武汉大学出版社2019年版,第102~104页。

影响。

此外,微观审慎监管还存在公共利益和私人利益两种观点。[1] 前者认为,保险监管是出于社会公共福利最大化的目的,通过监管措施提高保险公司的内部管理、外部运作。而后者恰恰与前者相反,认为保险监管主要是源于保险行业的需求,即为了行业利益而产生监管。行业利益与公共利益相比,更类似于私人利益,而保险公司作为资金拥有者经常具有话语权,因此,监管机构有时会被保险公司"俘获"。基于公共利益和私人利益的特点,这两种观点是共存的。尽管如此,仍需要考虑到:第一,公共利益和私人利益的视角是两种极端情况,现实极有可能是介于两者之间的某种状态;第二,监管是一个动态博弈的过程。利益集团的行为会随着时间而变化,他们可能通过打监管的"擦边球"以逃避监管,因而可能引发二次监管。正因如此,在市场约束与政府监管之间寻求平衡,显得至关重要。

政府监管应注重微观审慎监管与宏观审慎监管相互配合,两种监管模式共同发挥监管效能。微观审慎监管关注的是单个保险机构的偿付能力风险,宏观审慎监管则将目光投注于保险系统的整体稳健。因此,就系统性风险而言,市场约束与政府监管之间只有达致一种动态平衡,才能将这种风险遏制在"摇篮"中。为此,我们不仅应关注金融机构的个体风险,还要考虑所有可能的溢出效应、增强的循环效应和一般均衡效应,这些都会在市场失灵时促成系统性风险的爆发。只有寻求市场约束与政府监管之间的平衡,才能确保保险监管者更好地捍卫保险业的稳定,宏观审慎监管相较于微观审慎监管,其全局性的视野与调控手段,能相对较好地做到这点。

---

〔1〕 See Barth et al., *Rethinking Bank Regulation: Till Angels Govern*, Cambridge University Press, 2006, p. 43.

二、保险宏观审慎监管之本质

(一)保险宏观审慎监管体现“新凯恩斯主义”思想

20世纪30年代,凯恩斯主义盛行,其核心思想是:政府需加强监管,以促进经济与社会就业的协调发展,减小贫富差距。这些政策主张在20世纪50年代形成巨大的正面影响。然而,到了20世纪70年代,“凯恩斯主义”因不足以应对受石油危机影响而产生波动的社会与经济整体形式,逐渐被“新自由主义”取而代之。不过“凯恩斯主义”并未就此消亡,而是进行了一系列调整,逐渐形成“新凯恩斯主义”。表现为:一是宏观理论与微观基础的结合更加紧密;二是市场存在“失灵”,不能将经济稳定运行完全交由市场自身调节;三是对监管政策的细化,并根据市场的不完全性,对货币政策理论进行补充和完善。

保险宏观审慎监管因与加强政府干预一脉相承,旨在构建宏观监管体系,防范保险业的系统性风险,所以从政策主张上体现了“新凯恩斯主义”的思想。详言之,一是保险宏观审慎监管的出发点是保险业的系统性风险,系统性风险是“由内而外”的风险,始于内部,但最终在金融系统乃至实体经济间扩散传播。基于此,保险宏观审慎监管理论认为,微观审慎监管立足于单个的风险监管,无法涵盖系统性、整体性的金融风险,因此需要宏观审慎监管进行补足。二是保险宏观审慎监管专门从宏观层面进行监管,关注的是“牵一发而动全身”的金融风险,牢牢防范系统性的、全局性的风险隐患。三是对保险宏观审慎监管措施予以细化,权责明确,真正夯实保险体系稳定基础,防范系统性风险的产生。

(二)保险监管权介入私权的过程

首先,保险公司不同于其他企业,承担了一定的社会责任。因此,需要适当公权力介入私权之中。详言之,诚如学者所言,“保险者,为确保经济生活之安定,对特定危险事故发生所致之损失,集合多数经济单位,根据合理计算,共同聚资,以为补偿之经济制度”。[1] 因此,就经济效能而言,保险主要在于生活安定之确保。“保险所指确保经济生活安定之意义,即加入保险者由于危险事故发生而遭受损失时,得以金钱(保险金)提供以为补偿,使经济生活不致陷于困境”。[2] 换言之,保险所提供的损失补偿帮助投保人获得风险保障,免受财务上的损失。所以,保险还能使被保险人的担心和恐惧心理得以减少。正如美国学者所说,“保险对家庭和经济的稳定做出了极大贡献,也因此成为保险最重要的社会和经济效益之一”。[3] 此外,保险行业是资本投资和积累的一个重要资金来源。保险投资“增加了社会的资本存量,促进了经济增长和充分就业”。[4] 所以,一旦保险公司破产,个人、家庭经济生活之安定将失去保障,社会资本投资亦将失去重要来源,其对个人和社会造成的冲击力度不言而喻,产生的负面效应极大,危害极高,很有可能波及整个保险行业乃至其他金融机构,甚至影响社会的稳定与国家经济的发展。所以,保险公司不仅是单纯的企业,它还承担了一定的社会责任。保险公司的这种特质,使得政府公权力对其进行强制监管获得了正当性。

其次,保险公司作为金融机构,本身具有强大的负外部性。因为保险公司和保险消费者获得信息的难易程度大不相同,即信息的不对称性,致使保险公司的破产具有传染性。通常广大投保人因其对保险公司的信誉、口碑、资金运作、经营状况等信息获取渠道有限,在选择一家保险公司进行投保时,一个重要的参考标准就是各家保险公司对保险合同的履约情况。[5] 在保险消费者的观念中,往往视整个保险行业为一个整体,因此,如果某家保险公司经营不善导致破产,即使其他保险公司未牵

---

〔1〕 袁宗蔚:《保险学——危险与保险》,首都经济贸易大学出版社 2000 年版,第 52 页。

〔2〕 袁宗蔚:《保险学——危险与保险》,首都经济贸易大学出版社 2000 年版,第 56 页。

〔3〕 [美]乔治·E. 瑞达:《风险管理与保险原理》(第 10 版),刘春江、王欢译,中国人民大学出版社 2010 年版,第 39 页。

〔4〕 [美]乔治·E. 瑞达:《风险管理与保险原理》(第 10 版),刘春江、王欢译,中国人民大学出版社 2010 年版,第 39 页。

〔5〕 See Paul G. Roberts, *Insurance Company Insolvencies and Insurance Guaranty Funds: A Look at the Nonduplication of Recovery Clause*, Iowa Law Review, 1989, p. 927 - 950.

涉其中,但仍会引发保险消费者对自家保险公司履约情况的担忧,从而严重削弱其对保险行业的信心。在从众心理下,极易造成保险消费者的退保行为,使其他正常经营的保险公司受其影响,从而产生个别保险公司的破产带来的“多米诺骨牌效应”,甚至引发整个保险业的退保浪潮。就这一角度而言,也需要保险监管权介入其中。

最后,就法律的不完备理论角度而言,需要监管权的介入。作为经济学中的重要概念,法律不完备理论是分析监管必要性和合理性的重要工具。[1] 保险行业具有自身脆弱性和较强的负外部性,违法后果和成本极大。法律永远是不完备的,新的经济、金融和社会情况不断出现,会超越法律的规则与界限,很难进行有效的规制与治理。同时,法律需要时间来验证法律体系、规则和操作细则的有效性,法律监管需要事后审判才能矫正违法行为。审判矫正的迟滞性会导致保险违法行为得不到及时矫正,甚至导致法律失效或者犯罪行为泛滥。因此,法律的不完备需要保险监管者主动执法,通过日常执法的实践辅助完善相关法律制度,弥补法律的不完备性。[2]

(三)保险宏观审慎监管良性进化金融生态秩序

在保险与金融市场在全球范围内的一体化趋势下,市场竞争日趋激烈。市场竞争有利有弊,利在于能够促进企业的优胜劣汰,更好地服务消费者,创造社会价值;弊则体现为市场竞争下必然会带来企业的消亡,使债权人受到损失。体现在保险行业,就是保险消费者的风险无法再获得保障。布朗和霍依特的研究发现:市场中的保险公司越多,其破产的比例也就越高。[3] 市场竞争使各国破产的保险公司日益增多,正所谓物竞天择,适者生存,优胜劣汰是市场规律最直接的结果。经营不善导致

---

〔1〕 参见许成钢:《法律、执法与金融监管——介绍“法律的不完备性”理论》,载《经济社会体制比较》2001 年第 5 期。

〔2〕 参见霍学文:《不完备法律与互联网金融发展》,载许多奇主编:《互联网金融法律评论》(2015 年第 1 辑),法律出版社 2015 年版。

〔3〕 See Browne M. J. & R. E. Hoyt, *Economic and Market Predictors of Insolvencies in the Property-Liability Insurance Industry*, Journal of Risk and Insurance, 1995(62).

资不抵债,不能清偿到期债务的市场主体最终都将被淘汰出局。因此,在金融行业,也应遵守市场竞争规律,淘汰劣质的金融机构,让那些有应对风险能力的金融机构自然存续。微观审慎监管政策恰恰相反,强行干预保险公司的退市,阻止保险公司破产。实际上这是有违自然市场规律的,所以道德危险出现了。最终进化的底线是整个种群不能遭受毁灭性的打击,因此,进化的原则是维持整体族群的安全,而保险监管的底线就是保险业的整体系统性安全,这与进化的原则是一致的。

保险机构"太大而不能倒"是阻碍自然市场规律的外部性原因。"太大而不能倒"容易滋生问题,而且代价高昂,就债务人而言,他们会更倾向于进行高风险高回报的投资,而不衡量背后的风险成本,因为无论他们做了什么,政府都不会让其倒闭。就保险机构的债权人而言,他们不会承担保险公司破产的全部损失,所以其对监管和评估保险公司风险没有多大兴趣。他们在投保时不会慎重选择保险公司,而是由保险公司的保险报价决定他们的选择。换言之,传统的微观审慎监管将目光局限于单个保险公司的稳定。宏观审慎监管更多地关注其对整个经济的负外部性,其通过保险机构附加资本要求、有序清偿计划、前瞻性介入框架等监管工具,不仅最大化地避免单个保险公司的破产倒闭,还将整个保险行业的稳定发展列入监管范畴,使得市场规律能够起到基础性作用。保险宏观审慎监管权衡效率和安全,力求获取两者之间最大的稳定。有人认为宏观审慎监管便是"企业利益与金融稳定之间的平衡"。[1] 实质上,宏观审慎监管并不是为了杜绝一切风险(这在保险业也不可能做到),其旨在杜绝的是影响金融系统稳健运营的重大风险,保险宏观审慎监管力求维护的是优胜劣汰的保险市场环境,在该种环境下,任何保险机构的破产都不会引发负面连锁反应,从而维持金融体系良好的进化系统。

---

〔1〕 参见刘先良:《中国银行业宏观审慎监管法律制度研究》,江西财经大学 2015 年博士学位论文,第 23 ~ 24 页。

第三节 回应保险系统性风险监管需求的立法模式选择

考察国外保险业发达国家可以发现，它们都已将保险宏观审慎监管纳入监管体系，作为应对保险系统性风险的监管手段。[1] 其中，欧盟、英国、美国和日本的宏观审慎监管体系较为成熟，规定详细，针对性强，能有效防范保险公司的系统性风险，为我国保险宏观审慎监管制度之构建提供了可资借鉴的经验。

一、新探索：保险宏观审慎监管的全球化及其实践的多样性

（一）欧盟："网状"宏观审慎监管模式

1. 确立欧盟宏观审慎监管的主体

2009 年欧盟理事会通过了《金融监管体系改革》方案，该方案提出了建构宏观审慎监管模式的改革思路：建立一个新的机构——欧洲系统风险监管委员会（ESRB），由欧洲央行行长担任主席，并在欧洲央行的主持下运行。新的机构应汇集和分析与金融稳定、宏观经济状况和所有金融部门的宏观审慎发展有关的资料。该机构的主要任务是"就宏观审慎政策作出判断和提出建议，发出风险警告，比较宏观经济和审慎发展意见，并就这些问题作出指示"。[2] 换言之，ESRB 的主要工作包含三个部分：一是收集和交换信息；二是发布警告和建议；三是建议的跟进工作。传统的微观审慎监管则由欧洲金融监管体系（ESFS）负责。

2. 建构"网状"监管模式

ESRB 与 ESFS 两套监管体系之间相互保持密切的协作与沟通，形

---

〔1〕 参见青彤、岳彩申：《域外宏观审慎监管协调模式及其对中国的启示》，载《社会科学家》2019 年第 11 期。

〔2〕 Lucas Papademos, *Strengthening macro-prudential supervision in Europe, at the conference on "After the storm: The future face of Europe's financial system"*, organized by Bruegel, National bank of Belgium and the international monetary fund, Brussels, 2009, p. 36.

成了"网状"的监管模式。宏观与微观监管机构相互交流,有助于触发适当的政策措施。欧盟金融监管结构图如图2-1所示。

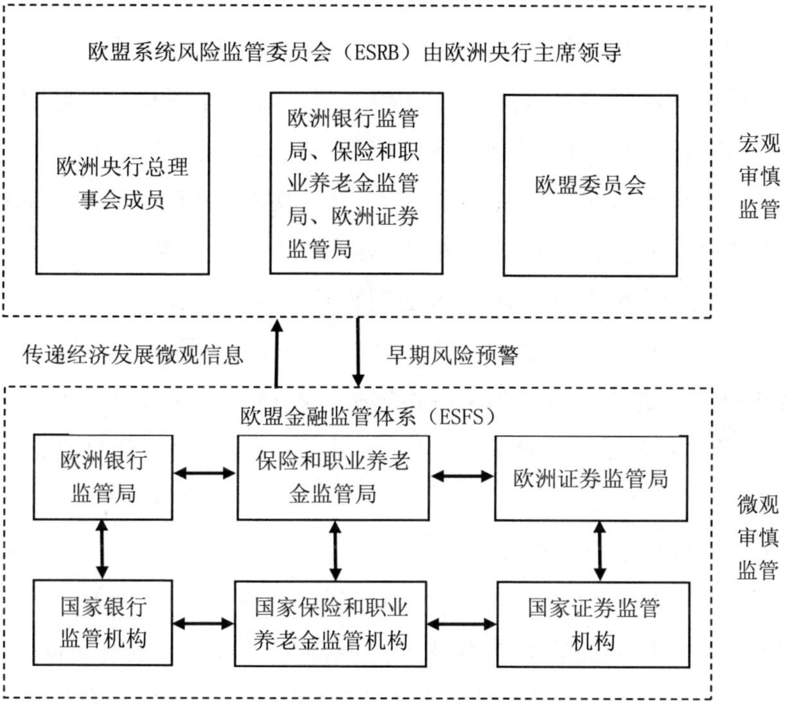

图2-1 欧盟金融监管的"网状"结构[1]

3.明确欧盟宏观审慎监管框架的职能

(1)判断和评估金融体系的风险;(2)作出提醒;(3)批准宏观审慎监管的相关政策;(4)提交金融机构的宏观审慎监管报告,以填补重大信息的空白;(5)针对有关宏观审慎监管相关的欧盟监管措施发挥咨询作用,这一角色还包括确定可能导致系统性风险的金融创新所造成的监管缺口。[2]

---

[1] See Jacques De Larosiere, *The high-level group on financial supervision in the EU: European Commission*, 2009, p.57.

[2] See Lucas Papademos, *Strengthening macro-prudential supervision in Europe, at the conference on "After the storm: The future face of Europe's financial system"*, organized by Bruegel, National bank of Belgium and the international monetary fund, Brussels, 2009, p.54.

4. 确立欧盟宏观审慎监管政策的工具

欧盟宏观审慎监管政策工具即信息处理分析工具。欧盟的宏观审慎监管部门执行以上这些职能任务时需要建立在对全面信息库的恰当分析基础上。欧盟内部金融机构和市场的互联性,还意味着对全球潜在系统性风险的监测和评估,应基于一组广泛的宏观经济和宏观财政数据指标,并结合微观审慎监管所提供的信息。提炼这些信息需要综合的分析能力、市场知识和监管的专业水平,并且对这些信息进行严格保密也是 ESRB 应履行的义务。此外,风险暴露的监测机构与银行、保险公司等金融机构在欧盟和全球实施宏观审慎的任务时所需要的分析,可以部分地基于中央银行制定的货币政策,同时还必须辅之以进一步的发展和使用宏观压力测试和金融稳定指标的措施。这些分析工具可以帮助监测和评估各机构的风险,并进一步推导出风险敞口对金融稳定的影响。

5. 明确欧盟宏观审慎监管的目标

(1)减缓和防止信贷过快增长和抑制杠杆作用;(2)缓解和防止过度的期限错配和市场流动性不足;(3)限制直接和间接暴露风险程度;(4)限制不当激励的系统性影响,降低道德风险;(5)加强金融基础设施的抗风险能力。上述目标被视为实现稳健金融的过渡步骤。ESRB 认为,确保这些目标的实现将使宏观审慎政策更具可操作性、透明度和可问责性。[1]

(二)英国:"双峰"宏观审慎监管模式

1. 拆分金融服务管理局(FSA)为三个独立机构

2008 年国际金融危机爆发前,英国的金融监管由金融服务管理局负责,由其对银行、保险、证券等 9 类金融行业进行统一监管。2008 年国际金融危机暴露出英国金融监管的一系列问题,亟待调整。2012 年英国颁

---

〔1〕 See Rosa M. Lastra, *Systemic risk and macroprudential supervision*, The Oxford Handbook of Financial Regulation, 2015(11).

布《金融服务法案》,将原来的金融服务管理局拆分为三个新的机构,分别是金融政策委员会(FPC)、审慎监管局(PRA)、金融行为监管局(PCA),三个机构之间彼此独立。[1]

金融政策委员会的监管职能主要包括:第一,判断和评估系统性风险;第二,指导审慎监管局与金融行为监管局的监管措施;第三,向英格兰银行等金融部门给出建议;第四,发布金融稳定白皮书。[2]

审慎监管局的主要职责是在机构层面维护金融安全。避免任何被监管公司以不利于英国金融稳定的方式运行。其中,审慎监管局的风险框架主要包括风险的潜在影响、外部环境、经营风险、管理与治理、资本金、流动性、可变性等方面。[3]

金融行为监管局的监管目标旨在:第一,消费者保护目标。消费者保护目标是基于消费者所拥有不同程度的金融知识而综合性确立的,确保消费者获得适当保护。第二,完整性目标。确保金融市场运行秩序的健全稳定性,以及市场价格形成机制的透明性。第三,竞争目标。旨在保护消费者权益的基础上进行有效竞争。[4]

2. 确立"双峰"宏观审慎监管模式

英国的金融监管政策改革最大的贡献在于确定了宏观审慎监管与微观审慎监管两套平行监管系统。其中,英格兰银行下设的 FPC、PRA、FCA 对宏观审慎监管与微观审慎监管负责,财政部主要履行宏观审慎监管的执行权。这种财政部与中央银行构成的监管被称为"双峰"宏观审慎监管模式。英国"双峰"宏观审慎监管模式如图 2-2 所示。

---

〔1〕 See *Financial Services Act* 2012, 9B. financial Policy Committee.

〔2〕 See *Financial Services Act* 2012, 9G. Functions of the financial Policy Committee.

〔3〕 See PRA, *The Prudential Regulation Authority's Approach to banking supervision*, Bank of England PRA Approach, 2013(4), p. 12.

〔4〕 See *Financial Services Act* 2012, Park 1A, Chapter 1, 1B 1C 1D 1E.

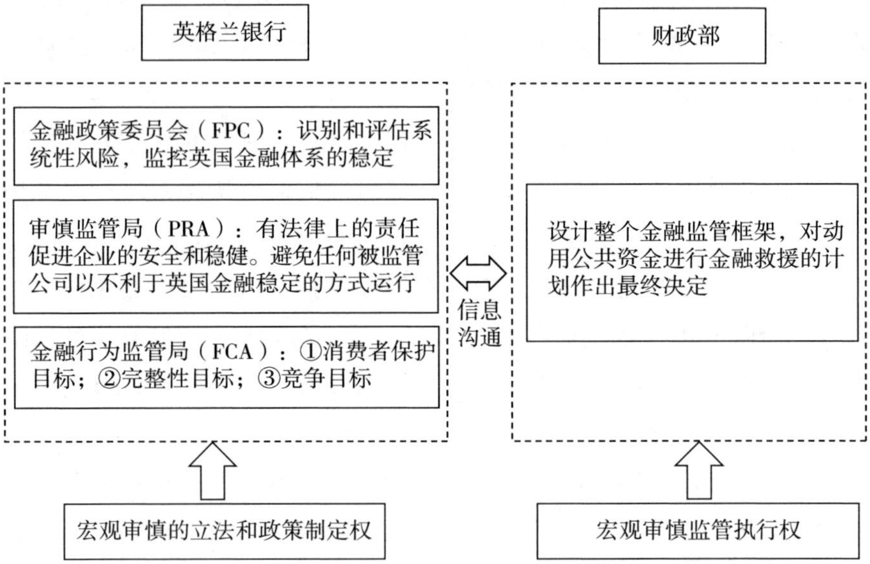

图 2－2　英国"双峰"宏观审慎监管模式结构〔1〕

英国"双峰"宏观审慎监管模式的优点在于：一方面宏观审慎监管的立法与执法主体分离，有效地避免了"监守自盗"的情况；另一方面是宏观审慎监管与微观审慎监管相互配合，有效地防范了金融系统性风险与金融个体性风险。〔2〕

3. 金融消费者得到重点保护

英国确立的"双峰"宏观审慎监管模式，将金融消费者保护放在了监管的重要位置。金融消费者由于信息不对称等原因，需要特别保护。所以，为了维护金融消费者的合法权益，英国专门设置金融行为监管局，加强对金融消费者权益的保护。"公平对待消费者"即为金融行为监管局在消费者保护监管方面秉承的监管原则和理念，金融机构若违反了该项原则，需要承担相应的法律责任。英国不但将"公平对待消费者"视为金

〔1〕 笔者根据英国 2012 年《金融服务法案》整理绘制。

〔2〕 参见张亮、周志波：《完善中国宏观审慎金融监管框架研究——基于德英日三国的比较分析》，载《宏观经济研究》2018 年第 2 期。

融消费者保护的基本原则,而且看作金融机构企业文化的核心,涵盖了金融产品或服务售前到售后的各个环节,不但要求信息披露方面的公平,而且要求申诉及救济阶段的公平。[1] 析言之,“公平对待消费者”的目标旨在:一是达成对金融消费者而言公平的过程与结果;二是满足特定金融消费团体的需要;三是对金融消费者履行详尽的说明义务;四是为金融消费者提供适当的个性化建议;五是为金融消费者提供的产品或服务应符合消费者的可能预期;六是金融消费者在改变产品、转换服务提供者、提交诉求等方面金融机构售后部门应予以配合。[2]

(三)美国:“伞状”宏观审慎监管模式

1. 组建金融稳定监督委员会(FSOC)

美国宏观审慎监管改革,始于2010年颁布的《多德—弗兰克法案》,该法案宣布组建金融稳定监督委员会,专门负责实施系统性风险的监管与协调,该监管机构的设立依然是内嵌于原来的传统监管“伞状”结构之下,因而,美国的宏观审慎监管模式呈现“伞状”的结构。整体而言,美国的宏观审慎监管改革没有颠覆原有的监管框架,而是在传统金融监管框架之下,创设了金融稳定监督委员会,协调原有的众多微观审慎监管主体,同时赋予其宏观审慎监管权,旨在防范系统性风险。除了新设立的金融稳定监督委员会外,还设立了消费者金融保护署,专门保护金融消费者的合法权益。原有的其他监管主体也作了适当调整:在保险监管领域,设立的保险监管主体是全国保险监管署,涉及保险业政策制定、信息收集、对各类保险公司进行全方位监管等内容。[3] 美国“伞状”宏观审慎监管模式结构如图2－3所示。

---

〔1〕 参见温树英:《国际金融监管改革中的消费者保护法律问题研究》,中国人民大学出版社2019年版,第138页。

〔2〕 See Financial Services Authority, *Treating Customers Fairly-towards Fair Outcomes for Consumers*, July 2006.

〔3〕 参见尹继志:《宏观审慎管理制度:理论与实践》,载《经济体制改革》2012年第1期。

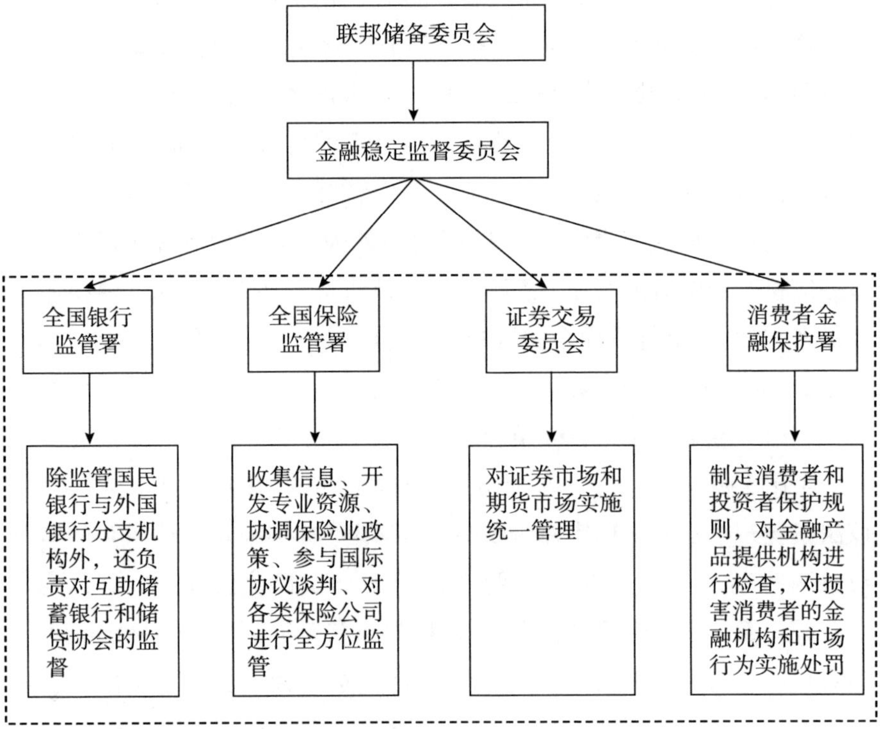

图 2-3　美国"伞状"宏观审慎监管模式结构[1]

2. 加强宏观审慎监管的标准

《多德—弗兰克法案》第 165 条要求美国联邦储备理事会为银行控股公司建立加强宏观审慎监管的标准，由金融稳定监督委员会将总资产超过 500 亿美元的金融公司指定为具有系统重要性的金融公司。加强宏观审慎监管的标准包括：(1)对资本、流动性、风险管理、决议计划和单一交易对手的限制。(2)标准的严格程度取决于规模、相互联系、信贷中介的作用以及法律规定的其他因素。(3)资产超过 500 亿美元的公司每年都要接受监管压力测试。此外，《多德—弗兰克法案》根据金融组织的规模或系统重要性进行了分类，它为各种审慎监管规定设定了资产规模

〔1〕 笔者根据美国 2010 年《多德—弗兰克法案》相关条例绘制。

分别为10亿美元、100亿美元和500亿美元的门槛。[1]

3. 确立两种旨在监管保险公司资本的框架模式方法

2016年6月,美联储提出对保险公司的监管资本框架主要采取两种模式:

(1)"搭积木"的方法。现有的州对保险公司子公司风险资本的规定,以及美国联邦储备委员会对银行、非保险及不在监管范围内的子公司的风险资本标准为:一家公司的总资本要求等于"每家子公司资本要求的总和,并通过对资本进行调整来解决如会计差异等问题,同时调整标准来回应不同监管目标和估值方法等其他跨司法管辖区的差异问题"。[2] 已发布的"搭积木"方法将实施"构建块"措施,即接受监管公司中的实体分组,这些"构建块"覆盖在相同的资本监管制度下,能用于计算合并的企业资本级别以及其他资金需求。例如,寿险业务板块内的子公司将按照"搭积木"方式下所规定的寿险资本要求执行,而存款机构业务板块内的子公司将受到银行监管资本要求的约束。一旦将企业的实体划分为"构建块",并计算出每个"构建块"的资本资源和需求,企业的资本状况就会通过对每个"构建块"的资本状况进行一定的调整。最后,"搭积木"方式下将对控股公司的总资本状况设定最低资本金要求,以确保企业的风险不会对存款机构的安全和稳健构成过度风险。[3]

(2)"合并方法"。用于指定具有系统重要性的保险公司,将"对整个保险公司的资产和保险负债进行风险分类,以合并的方式来对不同类别的风险应用适当的风险因素,然后设定一个最低资本要求的比例"。但目前对在"合并方法"下使用的具体风险权重、风险段和资本充足率等

---

〔1〕 See Turalay Kenç, *Macroprudential regulation: history, theory and policy*, Bis Papers Chapters, 2016(9), p. 37.

〔2〕 Diana Hancock, *Evolving Micro-and Macroprudential Regulations in the US: A Primer*, Nineteenth Annual International Banking Conference, 2016, p. 4.

〔3〕 See Hogan Lovells, *Federal Reserve previews forthcoming insurance capital rules*, Lexology(Jan. 11, 2019), https://www.lexology.com/library/detail.aspx? g = bb0d15d0 - 5664 - 4baa - 9598 - 4b8b4b8b436d.

方法中使用的具体比例,以及在这两种拟议框架下符合条件的资本的定义和潜在分层没有具体说明。同时,美国联邦储备委员会还提议,为具有系统重要性的保险公司制定审慎标准。例如,拟议的规则是指定具有系统重要性的保险公司建立董事会的风险委员会,建立并维护公司的风险管理政策和框架,并任命一名首席风险官和首席精算师。具有系统重要性的保险公司还需密切关注流动性资金。具体措施包括:第一,制定并定期更新企业短期和长期现金流量的全面评估报告;第二,建立、维护和定期测试应对流动性危机的应急资金计划,包括进行定量评估,以确定流动性压力事件和可用的资金来源;第三,建立并维护抵押品、法人流动性风险、单日内流动性风险的监控程序;第四,在 7 天、30 天、90 天、1 年这 4 个压力测试时间内,在正常和不利条件下进行"严格和定期"的流动性压力测试和情景分析;第五,维持一个流动性缓冲,即维持企业的"现金储备"与"一年内到期的债务加上利息"这两者间的差额水平,包括高流动性、无担保资产等,旨在足以应付 90 天内的现金净流出。[1]

(四)日本:"双层"宏观审慎监管模式

1. 建立了"双层"宏观审慎监管框架

日本金融宏观审慎监管框架由两个层次构成:一是由首相牵头的重大金融危机处置机制,该机制于 2001 年设立,官房大臣等多部门负责人参与其中。[2] 该机制采取"一事一议"原则,主要定位于解决国内金融机构出现连续倒闭等大规模金融危机问题,并非金融监管的常态化机制。二是部门间的平行协调机制,主要负责日常的监管工作,宏观与微观层面的内容都包含其中。主要的监管主体是金融厅、财务厅与央行。日本"双层"宏观审慎监管模式如图 2-4 所示。

---

〔1〕 See Diana Hancock, *Evolving Micro-and Macroprudential Regulations in the US: A Primer*, Nineteenth Annual International Banking Conference, 2016, p. 13.

〔2〕 参见傅钧文:《日本金融宏观审慎监管体制建设及其启示》,载《世界经济研究》2013 年第 12 期。

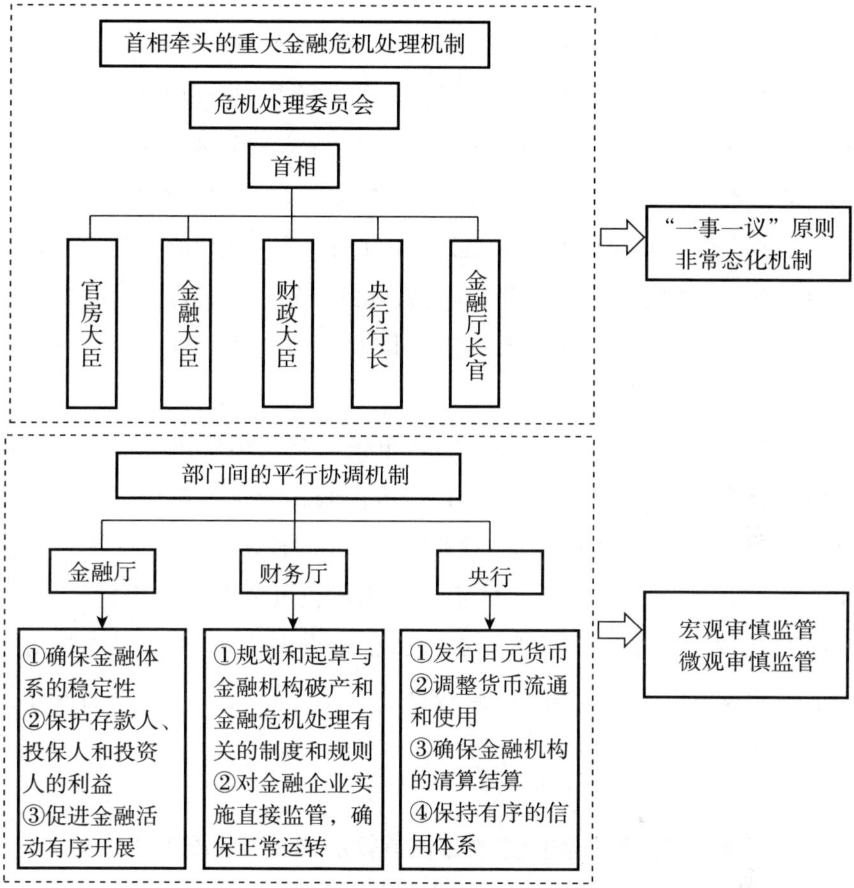

图 2-4　日本“双层”宏观审慎监管框架结构

金融厅在金融监管中具有主导地位，主要肩负三项职能：第一，确保金融体系的稳定性；第二，保护存款人、投保人和投资人的利益；第三，促进金融活动的有序开展。[1] 财务厅的监管职能主要体现为：一是针对金融机构偿付能力等破产危机采取行动，确保国家的金融安全；二是确保存款保险公司的运作正常、合规、有效。日本央行在金融监管方面的职

〔1〕 参见张亮、周志波：《完善中国宏观审慎金融监管框架研究——基于德英日三国的比较分析》，载《宏观经济研究》2018 年第 2 期。

责体现为:确保货币的发行、流通与使用,以及金融信用体系的稳定。

2. 实施金融稳定政策

日本采取一系列金融稳定政策。日本央行在遭受金融危机时,像其他国家一样,积极采取应对措施。《日本银行法》第 38 条俗称"特融政策",即针对日本国家的金融系统出现影响经济稳定的危险时,日本央行可充当最后贷款人的角色。[1] 此外,在首相牵头的重大金融危机处理机制中,《存款保险法》第 102 条对其可实施的措施范围进行了明确规定。

3. 金融厅、财务厅、央行在宏观审慎监管与微观审慎监管中共同发挥重要作用

日本金融厅、财务厅、央行对宏观审慎监管与微观审慎监管的工作特色主要体现在以下三个方面:第一,机构间的分工与协作有法律依据可循。《金融厅设置法》《日本银行法》都为其监管工作提供了明确的法律依据。第二,参加首相牵头的重大金融危机处理会议。金融厅长官、财政大臣、央行行长均是重大金融危机处理会议成员,参与日本应对金融危机的决策。第三,金融厅、财政厅和日本央行经常共同署名发布指导性文件。

二、逻辑路径:域外保险宏观审慎监管法律制度的改革抉择

以上国家或地区的宏观审慎监管体系制度,各具特点与优势,对我国保险宏观审慎监管框架的建构具有重要的指导意义。

(一)域外保险宏观审慎监管法律制度要素解构

1. 责任法定:明确保险宏观审慎监管主体

4 个国家或地区都从立法层面确立了保险宏观审慎监管的主体,但在主体的设置上存在区别,主要可以分为三种模式。

第一种模式将宏观审慎监管赋予央行或货币当局。其理念是,为了

---

〔1〕 参见于震、张超磊:《日本宏观审慎监管的政策效果与启示——基于信贷周期调控的视角》,载《国际金融研究》2015 年第 4 期。

更好地协调货币政策和其他目标(如价格稳定),以及金融稳定这一全局性的系统性广泛目标,央行应该发挥领导作用。[1] 这种模式的代表是上文提到的欧盟组织,欧盟将宏观审慎监管的主体确立为欧盟系统性风险监管委员会,该委员会由欧洲央行主席领导。这种模式的缺点是,相互抵销的政策目标和手段可能会产生摩擦。有学者指出,宏观审慎与货币政策之间可能存在紧张关系。[2]

第二种模式是第一种模式的变体,提出了一种新的制度安排。将宏观审慎政策分配给央行内部的一个委员会,与负责货币政策执行的委员会分开。这种结构可以提供将宏观审慎目标与其他政策目标分离的可能性。英国是这种模式的代表。2012 年《金融服务法》规定的英格兰银行内部的金融政策委员会(独立于货币政策委员会)是宏观审慎监管的主体机构。金融政策委员会的主要目标是"识别、监控和采取行动消除或减少系统性风险,以保护和增强英国金融体系的弹性"。[3]

第三种模式是建立中央银行以外的宏观审慎监管机构,但通常由中央银行进行部分监管,美国和日本采取的是此种模式。美国 2010 年《多德—弗兰克法案》规定设立金融稳定监督委员会作为金融宏观审慎监管的主体。金融稳定委员会的出现是正在进行的金融改革的一个特点,《多德—弗兰克法案》赋予金融稳定监督委员会权力,授予联邦储备机构负责监管任何根据该法案规定的标准被认为具有系统性风险的金融公司。日本将大藏省拆分为金融厅与财务厅,它们与日本央行一起实施宏观审慎监管。

以上三种模式体现了建构宏观审慎监管制度首先需要从法律上明确宏观审慎监管的主体,并确立它们的责任,从域外经验来看主要是设

---

〔1〕 See Rosa M. Lastra, *Systemic risk and macroprudential supervision*, The Oxford Handbook of Financial Regulation, 2015(11).

〔2〕 See Turalay Kenç, *Macroprudential regulation: history, theory and policy*, Bis Papers Chapters, 2016(9).

〔3〕 Rosa M. Lastra, *Systemic risk and macroprudential supervision*, The Oxford Handbook of Financial Regulation, 2015(11).

置独立的监管委员会。

2. 手段多元:多形式的保险宏观审慎监管职能

欧盟的宏观审慎监管职能包括:第一,识别系统性风险;第二,发出风险预警;第三,提出建议。英国的宏观审慎监管职能有:第一,识别和评估系统性风险;第二,作出指导与给出建议;第三,筹备并发布金融稳定报告。美国金融稳定监督委员会的宏观审慎监管职能在《美国金融稳定监督委员会组织规则》中有详细规定,其法定职能主要有三:第一,识别系统性风险;第二,促进金融市场自我约束;第三,增强企业抗风险能力。[1] 日本金融厅主要肩负三项职能:第一,确保金融体系的稳定性;第二,保护存款人、投保人和投资人的利益;第三,促进金融活动有序开展。

由此可知,域外对保险宏观审慎监管的职能安排,主要表现在:(1)对于系统性风险的识别和防范方面;(2)为识别和防范系统性风险提供配套的宏观审慎监管指导,并提供相应的建议或制定相应的措施;(3)增强企业的抗风险能力,维护金融系统的稳定;(4)促进宏观审慎监管与微观审慎监管协调。简言之,多形式的保险宏观审慎监管职能是各个国家或地区系统性金融风险监管与防治的共性特征。

3. 激励与约束:强化保险宏观审慎监管权力

无论是采取分业监管还是混业监管的国家,都曾在次贷危机中受到惨痛打击。正因如此,各国在反思传统监管力不足、监管懈怠等问题后,赋予宏观审慎监管主体强大而广泛权力的同时,也对其作出一定的激励与限制,以强化监管机构的监管权力。[2] 综合而言,域外在宏观审慎监管主体权力设置上存在一定差异。大致可分为两类:第一类是赋予宏观审慎监管主体实质性的权力,如美国、英国和日本。美国宏观审慎监管主体——金融稳定监督委员会——可以对严重威胁美国金融稳定的机

[1] 参见王刚、徐暮紫:《美国金融稳定监督委员会组织架构及运作情况介评》,载《金融法苑》2011年第2期。

[2] 参见唐波、李秦:《系统性金融风险监管主体制度改革的国际实践与借鉴》,载《湖南社会科学》2019年第6期。

构进行强制拆分。英国金融政策委员会具有制定宏观审慎监管政策的权力。日本金融厅具有业务废止命令、解除高管职务等权力。第二类是仅赋予宏观审慎监管主体建议权与指导权,并无实质性权力,如欧盟。欧盟系统性风险监管委员会的权力较小,受到较多限制。

综上,笔者将欧盟、英国、美国和日本4个国家或地区的宏观审慎监管法律制度要素解构对比表绘制如表2-2所示。

表2-2　欧盟、英国、美国、日本宏观审慎监管制度要素解构对比

	欧盟	英国	美国	日本
主体	欧盟系统风险监管委员会	金融政策委员会	金融稳定监督委员会	金融厅、财务厅、日本央行
职能	1. 识别系统性风险 2. 风险预警 3. 提出宏观审慎监管建议	1. 识别和评估系统性风险 2. 作出指导与给出建议 3. 发布金融稳定报告	1. 识别风险 2. 促进金融市场自我约束 3. 增强企业抗风险能力	1. 确保金融体系稳定 2. 维护金融消费者合法权利 3. 确保金融活动有序展开
权力	指导权、建议权	实际处置权、指导权、建议权	实际处置权	实际处置权

(二)域外保险宏观审慎监管法律制度安排的差异

1. 欧盟:实践转向央行与审慎监管

(1)欧洲央行具有举足轻重的作用。首先,就组织机构方面而言,欧盟保险业宏观审慎监管的主体是欧盟系统风险监管委员会,由欧洲央行领导,负责宏观审慎监管的事宜,从而奠定了央行在宏观审慎监管中的话语中心地位。[1] 其次,就宏观审慎监管的具体运作而言,欧洲央行在宏观审慎监管中具有以下三个方面的作用:第一,金融稳定授权。欧盟

〔1〕 参见陈玲:《国际金融危机后的欧盟金融体制改革改革研究》,载《上海经济研究》2010年第10期。

运行条约规定,欧洲央行包含的金融稳定职能的一项重要内容便是系统性风险分析,主要用于帮助欧盟系统风险监管委员会在早期对系统性风险做好预防措施。第二,信息收集、统计和分析支持。为了防范和监控系统性风险,欧盟系统风险监管委员会需要高质量的分析工作予以支持。因此,确定、收集和分析所有相关的信息是欧洲央行实现其目标的首要任务和日常工作。[1] 第三,政策制定权。欧洲央行可依据相关法律规定制定相适宜的监管政策,并发布风险提示。

(2)欧盟的宏观审慎监管体制建立在现有的监管框架基础之上。欧盟长期坚持的宏观审慎监管原则是均衡原则和辅助原则。因此,欧盟的宏观审慎监管体制采取的是一种保守而非创新的监管框架,即欧盟的宏观审慎监管是在原有的监管体系之上的补充,旨在进一步完善金融风险防范举措,而不是取而代之。[2] 欧盟的宏观审慎监管建立在欧盟成员国合作的基础上,因此,其监管结构与效能也具有建立在各欧盟成员国现有监管框架基础之上的特点。

2. 英国:强化监管权力,监管形式灵活

(1)强化英格兰银行的权力。英格兰银行对保险公司在内的金融机构进行监管,防范系统性风险,维护和增强金融体系的稳定性。英格兰银行的监管权限得到强化主要体现在以下三个方面:第一,被赋予宏观审慎监管权,对系统性风险进行全面的预测、评估及监控,监管权包括实际处置权与建议权。第二,宏观审慎监管与微观审慎监管高度契合。除了负责宏观审慎监管外,英格兰银行附属的审慎监管局主要承担微观审慎监管职责,负责对保险公司、银行等被认为具有系统重要性的金融机构进行审慎监督。金融政策委员会与审慎监管局之间具有协作关系,互

---

〔1〕 参见许均平、李孟来:《欧盟中央银行参与宏观审慎监管及对我国的启示》,载《金融与经济》2013 年第 4 期。

〔2〕 See Donato Masci, *Regulating the Regulators*: *The changing face of financial supervision before and after the crisis*, European Company Law, 2009(10).

相交换信息,使宏观审慎监管与微观审慎监管高度契合。[1] 第三,英格兰银行具有广泛的处置权。其处置权包括在认为有必要时可对问题金融机构实施国有化改革、设立"过渡"部门维持金融机构业务的持续经营等。

(2)监管程序灵活,授权性规则较多。英国宏观审慎监管理念注重从金融机构的授权标准、管理层素质、金融业务风险等方面进行多维度监管,这种监管标准并不拘泥于具体的规则,而是具有概括性的特征。监管机构对于系统性风险的防范也是依据金融机构的具体情形进行综合性的考量。例如,审慎监管局在对金融机构可能具备的破产原因进行分析时,需要考察诸多评估因素与标准进行综合判断。所以英国的金融监管更加注重结合实际,监管程序的形式灵活。

3. 美国:科技监管与资本监管双管齐下

(1)将宏观审慎监管与大数据技术相结合。美国在这方面的尝试主要包括:第一,提出与推广金融机构识别方案。为每一个金融机构颁发一个法人机构识别码,该识别码类似于身份证,能够精准定位到每一个金融主体。[2] 第二,研发金融产品识别方案。例如"住房抵押贷款识别码",该识别码中蕴含抵押贷款与银行金融衍生品等所有与该笔业务相关的金融信息。这一技术有效地提高了金融系统的透明度,有利于监管机构更好地开展各项宏观审慎监管活动。[3] 第三,开发与应用数据可视化分析技术。这种技术基于计算机对海量数据的处理,生成分类明确、重点突出的直观图形,结合人脑的分析判断,得出科学合理的监管决策。简言之,数据可视化分析技术与监管的结合,形成了辅助监管的科技手

---

〔1〕 See Paul Tucker, *Macro and Microprudential supervision*, British Bankers' Association Annual International Banking Conference, London, 2011, p. 6.

〔2〕 参见王达:《宏观审慎监管的大数据方法:背景、原理及美国的实践》,载《国际金融研究》2015 年第 9 期。

〔3〕 参见王达:《宏观审慎监管的大数据方法:背景、原理及美国的实践》,载《国际金融研究》2015 年第 9 期。

段，能更好地提高宏观审慎监管的效率。[1]

（2）专门制定清晰且严格的保险资本监管模式框架。前已论述，美国采取“搭积木”与“合并方法”两种模式对保险公司的保险资本进行严格监管。同时，美国联邦储备委员会还提议，为具有系统重要性的保险公司制定审慎标准，并采取包括制定并定期更新企业短期和长期现金流量的全面预测机制等在内的五项积极措施。

4. 日本：金融厅主导，行政干预多

（1）金融厅在日本宏观审慎监管中发挥了重要作用。主要表现为：第一，召开重大金融危机处理会议；第二，负责处理金融机构的破产倒闭。几十年的实践经验表明：金融厅在金融的重大危机应对与处理过程中，很好地起到了宏观审慎监管的作用，保证了日本金融体系平稳健康的发展。

（2）日本宏观审慎监管受到政治层面的干预较多。日本宏观审慎监管机构的组成人员均为政府高官，甚至直接由首相牵头，可见，日本政府对金融风险的重视。在实施监管政策的过程中，监管机构必然会带着执政党的风格与烙印。所以，日本宏观审慎监管受到来自政治层面的干预也是十分明显的。

三、本土化启示：保险宏观审慎监管的两类模式、五种职能与三项权力

从各国立法和实践来看，尽管保险宏观审慎监管立法不可或缺，但具体采取何种模式各国却各不相同，因此，中国在借鉴世界各国保险宏观审慎监管立法模式的同时，应注重与本土实际情况相结合，避免出现“淮南之橘淮北之枳”的现象。

（一）保险宏观审慎监机构可设置的两类主要模式

世界各国保险宏观审慎监管机构的设置模式可分为两类。

---

[1] See Bisias D. et al., *A Survey of Systemic Risk Analytics*, Office of Financial Research Working Paper, 2012, p. 14.

第一,单一机构负责制。该种模式指的是监管主体只有一个,该种模式具有权责分明的优点。监管主体可以是已有的机构,也可以是另外设立的机构。[1] 美国采用的是单一机构负责制。第二,多机构共同负责制。宏观审慎监管通常涉及多部门之间的协作,因此不同机构需共同承担审慎监管的责任,该模式的优点是各机构的专业性与针对性更强,日本、英国、欧盟采取的是此种模式。

不同国家或地区依据实际情况选择不同的主体负责实施宏观审慎监管。值得注意的是,宏观审慎监管政策应相对独立,不能成为微观审慎监管的附属品,我国在设置保险宏观审慎监管机构时应因地制宜,注意上述问题的应对。

(二)保险宏观审慎监管机构应具备的五种职能

参酌上述国家和地区的保险宏观审慎监管机构职能设置,本书总结了我国在设置保险宏观审慎监管机构时应赋予其以下五种职能,见图2-5。

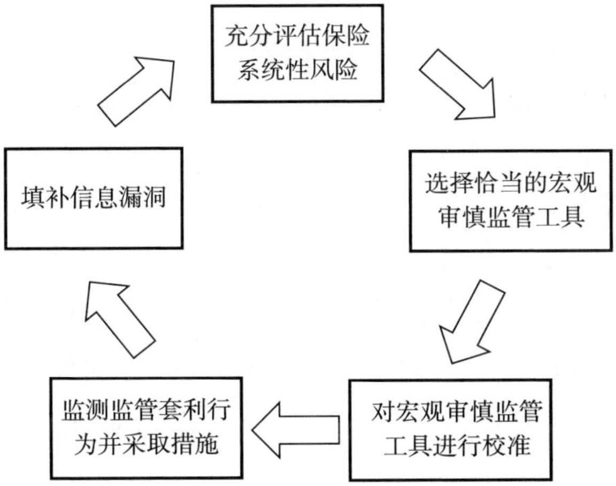

图2-5　保险宏观审慎监管机构的五种职能

---

〔1〕 参见廖岷、孙涛、丛阳:《宏观审慎监管:研究与实践》,中国经济出版社2014年版,第52页。

一是评估系统性风险的职能。保险宏观审慎监管机构的首要职能即检测系统性风险，并进行评估。二是根据实际情况选择恰当的监管工具。[1] 我国保险宏观审慎监管机构应从我国保险业的实际情况出发，针对性地选择宏观审慎监管工具。三是对监管工具进行校准的职能。鉴于系统性风险不断变化，在工具推出后，宏观审慎监管机构需要在监测风险的同时，及时对工具进行调整。此外，宏观审慎监管机构还需要与保险市场进行沟通，明确地传达推出这些工具的政策目的，从而引导市场行为符合监管的预期，这也有利于降低工具的非预期效果带来的成本。[2] 四是检测监管套利行为并采取措施的职能。保险宏观审慎监管机构需要监测推出宏观审慎监管工具后，引发的保险机构绕开监管的监管套利行为。五是持续填补信息漏洞的职能。信息漏洞将阻碍监管部门充分地判断系统性风险，以及评估监管工具的效果，但这一问题普遍地存在于世界各国。[3] 因此，保险宏观审慎监管机构需要重视这一问题，并注重加强对保险体系外部数据的收集，以及优质信息的筛选。

（三）保险宏观审慎监管机构应被赋予的三项权力

各国在面对保险系统性风险时，主要赋予宏观审慎监管机构以下三项权力。

一是信息收集的权力。保险宏观审慎监管机构需要检测与评估系统性风险，因此，赋予其信息收集的权力实属必要。信息收集的范围包括单个机构的偿付能力信息，整体周期性信息等。信息收集得越全面，宏观审慎监管机构评估与预测系统性风险的结果就越精准。

二是指定管辖范围的权力。保险宏观审慎监管机构需要拥有把所

---

〔1〕 参见廖岷、孙涛、丛阳：《宏观审慎监管：研究与实践》，中国经济出版社2014年版，第54页。

〔2〕 See Giese et al., *How could Macroprudential Policy Affect Financial System Resilience and Credit*? Lessons from the Literature, Financial Stability Paper No. 21, 2013.

〔3〕 See Heath & Robert, *Why are the G – 20 Data Gaps Initiative and the SDDS Plus Relevant for Financial Stability*? IMF Working Paper No. 13/6, 2013.

有单个具有系统重要性的保险机构纳入其政策管辖范围的权力，此外对于那些由于群体性的市场行为而可能引发系统性风险的个体机构，保险宏观审慎监管机构也有权对其市场行为进行干预。[1]

三是制定和调整规则的权力。允许保险宏观审慎监管机构根据系统性风险的来源和程度选择政策工具，这就凸显了保险宏观审慎监管机构需要有充分的制定规则和调校规则权力的重要性。但是，此项权力并不意味着把制定所有保险监管规则的权力都授予宏观审慎监管机构。

通过对域外国家或地区保险宏观审慎监管的归纳分析，应当明确：我国在建立保险宏观审慎监管制度时，无论是宏观审慎监管机构的设置、机构职能的履行以及权力的赋予都需要法律的支持，因此应修订保险监管的相关法律条款，并在法条中明确规定保险宏观审慎监管部门的主要政策目标，从而实现其在拥有恰当权力的基础上，充分履行保险系统性风险防范的职能。

第四节　我国保险宏观审慎监管法律制度建构之现状、困境与路径

一、实然应对：我国保险宏观审慎监管法律制度建构之现状与困境

国内外学者与监管者普遍认可针对保险系统性风险最有效的措施是采取宏观审慎监管。目前我国保险宏观审慎监管工作已经启动，展开了一系列保险监管改革，如图 2－6 所示。

---

〔1〕参见廖岷、孙涛、丛阳：《宏观审慎监管：研究与实践》，中国经济出版社 2014 年版，第 54 页。

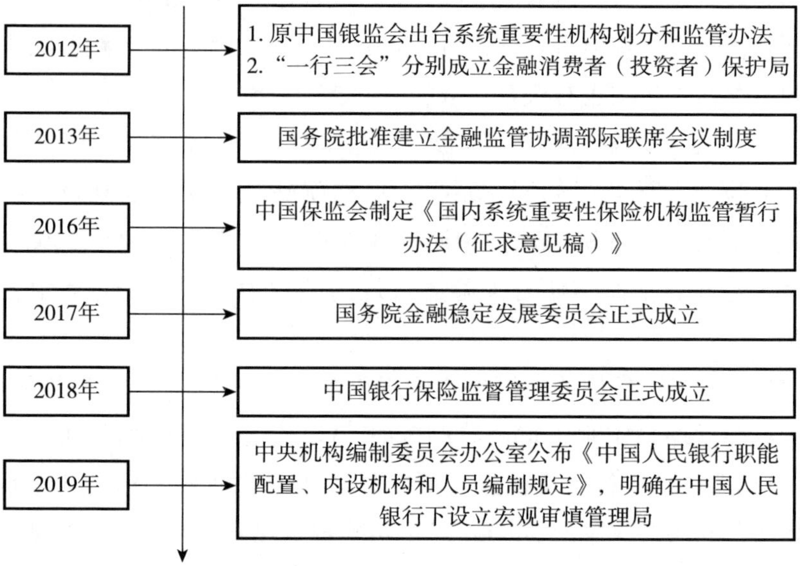

图2－6　我国保险宏观审慎监管改革演进

(一)跨市场监管主体的确立:国务院金融稳定发展委员会

国务院于2017年成立金融稳定发展委员会,该委员会由国务院副总理任主任,中国人民银行行长和国务院常务副秘书长任副主任,其成员由中国银保监会主席、证监会主席、国家外汇管理局局长、中央财经委员会办公室副主任、国家发展改革委副主任、财政部副部长组成。金融稳定发展委员会的成立标志着我国金融宏观审慎监管的框架已初步形成,防范与化解系统性风险的能力得到提高。目前金融稳定发展委员会尚处于刚刚起步阶段,因此在法定地位、职责、职权等方面还缺乏法律规定,这意味着其在开展工作时会遭遇法律障碍和缺乏强制力的困境。例如,当前金融稳定发展委员会只是议事协调机构,我国金融法律中并没有明确其作为系统性风险监管主体的法律地位。[1]

〔1〕 参见唐波、李秦:《系统性金融风险监管主体制度改革的国际实践与借鉴》,载《湖南社会科学》2019年第6期。

（二）监管立法的跟进：《国内系统重要性保险机构监管暂行办法（征求意见稿）》《中国人民银行职能配置、内设机构和人员编制规定》

保监会于2016年制定《国内系统重要性保险机构监管暂行办法（征求意见稿）》并面向全社会公开征求意见。《国内系统重要性保险机构监管暂行办法（征求意见稿）》从总则、监管要素、监管与信息披露、附则四个部分对系统重要性保险机构监管进行了规定，其中重点规定了并表风险管理、系统性风险管理计划、流动性风险管理计划、恢复计划和处置计划。《国内系统重要性保险机构监管暂行办法（征求意见稿）》的制定，对防范与化解保险系统性风险，促进保险宏观审慎监管的发展，具有举足轻重的作用。此外，我国在2019年以党内法规《中国人民银行职能配置、内设机构和人员编制规定》的形式，确立以中国人民银行为主体的宏观审慎监管模式。令人遗憾的是，《国内系统重要性保险机构监管暂行办法（征求意见稿）》于2016年3月与2016年8月先后两次面向社会公开征求意见后，其具体出台时间至今没有下文。而《中国人民银行职能配置、内设机构和人员编制规定》则主要是从人民银行职能配置的角度对宏观审慎监管管理框架作了勾勒式的简单规定，虽已于2019年2月明确设立宏观审慎管理局，但在具体宏观审慎监管制度建构，尤其是应对金融系统性风险威胁时其措施与手段等监管权实施方面语焉不详。

（三）监管方式的转变：尝试建立金融监管机构间的协调合作机制

我国最早于2002年第四次全国金融工作会议上提出建立金融监管机构间的协调合作机制，此后于2003年由当时的银监会、保监会、证监会共同签署了《在金融监管方面分工合作的备忘录》。2007年全国金融工作会议提到要“完善金融分业监管体制机制，加强监管协调配合”。2008年国务院建立“一行三会”金融工作旬会机制。2013年由中国人民银行牵头的金融监管协调部际联席会议制度正式确立。但是，总体而言，十多年的实践效果并不如意：一是初步建立的金融监管机构间协调合作模式仅是同级部门之间的合作，通常采用的是缺乏强制力的措施，如征求意见、合作备忘录等，因而这些措施大多没有落实到位。二是金融部际联席会议长期以来缺乏具体的法律规定,法制化程度不高。[1]

（四）监管模式的转型:机构监管转变为功能监管

从1992年起,我国采取的是分业监管中的机构监管模式,即根据金融主体的身份性质划分监管职能。在该种模式下,银行业、保险业、证券业的监管相互分离,不同金融行业间的监管界限分明,各司其职。[2] 纵观历史发展,传统的“一行三会”为主的金融监管体制对保障我国金融市场稳定发展起到了重要作用。然而,随着金融混业经营模式的出现,金融创新产品层出不穷,产生了许多跨行业的金融产品,传统的机构监管已不足以应对新形势下的金融市场风险,尤其是系统性风险。对此,功能监管理念悄然兴起,功能监管仅从金融业务的功能角度切入,而不论其金融产品是由哪个金融机构负责。[3] 相较于机构监管以金融机构的身份性质作为划分标准,功能监管则以金融业务的不同功能进行划分。2017年国务院成立的金融稳定发展委员会,2018年国务院机构改革将银监会与保监会正式合二为一,由过去的“一行三会”模式转变为现今的“一委一行两会”模式,改革后的“两会”虽仍然是行业监管机构,但强调监管理念要从机构监管转变为功能监管,“即根据金融机构的具体业务所发挥的金融功能,来判断其归属于何种金融服务序列或提供了何种金融产品,进而对照适用相应的监管制度”。[4] 尽管我国分业监管的大格局还未改变,但功能监管的改革思路已经体现。然而,从长远来看,无论是机构监管还是功能监管,并没有改变分业监管的本质属性,两者只是在界定行业监管属性时采取的标准不同,因此,未来在防范系统性风险等金融风险时,长足的监管模式应该如何,还有待进一步探讨。

---

[1] 参见徐玖玖:《协调与合作:我国金融监管模式选择的重估》,载《现代经济探讨》2018年第11期。

[2] 参见黄辉:《中国金融监管体制改革的逻辑与路径:国际经验与本土选择》,载《法学家》2019年第3期。

[3] 参见黄辉:《中国金融监管体制改革的逻辑与路径:国际经验与本土选择》,载《法学家》2019年第3期。

[4] 李敏:《金融科技的系统性风险:监管挑战及应对》,载《证券市场导报》2019年第2期。

综上,虽然我国金融宏观审慎监管制度已经初步确立,但实践表明,我国对金融宏观审慎监管还处于探索阶段,在保险宏观审慎监管方面的规则落实上更是寥寥无几,远未达到理想状态。保险系统性风险的存在给我国保险监管带来新一轮的监管压力,要求监管者必须在防范和化解系统性风险方面做到"高瞻远瞩,有备无患"。

二、应然诉求:保险宏观审慎监管法律制度建构之中国路径

当前我国对保险系统性风险监管的框架、宏观审慎监管机构的职能、权力及法定责任等方面的法律规定均存在不足,因而建构与完善保险宏观审慎监管制度势在必行。宏观审慎监管并非仅关注全局性的系统风险,对单个的机构风险不闻不问,而是将两种风险统筹兼顾,都纳入监管的射程范围。[1] 基于宏观审慎监管的这种特性,在讨论保险宏观审慎监管制度建构时,不可能将其独立于我国整体金融宏观审慎监管之外,而是需要将保险宏观审慎监管内嵌于整个金融监管框架之中。因此,本章探讨的保险宏观审慎监管法律制度建构问题,是建立在整体金融监管制度视域之下的。作为对保险系统性风险的回应,我国保险宏观审慎监管的建构路径应包含以下四个方面。

(一)框架建构:明确保险宏观审慎监管主体,实施"双峰"监管模式

我国已在原有机构监管的传统模式下引入功能监管理念,值得肯定。但从长远来看无论是机构监管还是功能监管,体现的依然是分业监管的本质属性。事实上,过去美国一度采取的是功能监管模式,然而实践证明功能监管这种在分业模式基础上的修补已经无法适应高度发展的美国金融市场需求。[2] 目前我国金融市场正处于高速发展的蓬勃时期,未来金融监管体制应当考虑更加根本性的变革,转变监管模式首当

---

〔1〕 参见李婧:《金融稳定视角下宏观审慎监管与货币政策协调制度研究》,载《国际经济法学刊》2020 年第 3 期。

〔2〕 See Elizabeth Brown, *E Pluribus Unum-Out of Many, One: Why the United States needs a Single Financial services agency*, University of Miami Business Law Review, Vol. 14, No. 1 (2005).

其冲,即分业监管转为混业监管。前述各国(地区)宏观审慎监管制度均已体现混业监管思维,结合我国国情,未来保险宏观审慎监管制度应采用“双峰”监管模式。我国目前已形成“一委一行两会”的金融监管架构,该结构为“双峰”监管模式打好基础,详述如下。

1. 中国人民银行宏观审慎管理局主导宏观审慎监管

2019 年 2 月发布的《中国人民银行职能配置、内设机构和人员编制规定》确立了中国人民银行下设的宏观审慎管理局为监管主体的宏观审慎监管制度。目前已设立综合处、宏观审慎处、系统重要性金融机构处、金融控股公司处、跨境人民币业务处、货币合作处。宏观审慎管理局负责金融系统性风险防范,维护我国金融体系的整体稳定及大型金融机构的稳健运营。我国在宏观审慎监管主体设置上采取的是单一机构负责制,即由一家行政机构(中国人民银行)新设立部门,专门负责系统性风险的监测和管理,制定和实施宏观审慎监管政策。可以说我国目前在中国人民银行下设宏观审慎管理处的思路是符合当下金融安全发展需要的,设立专门的宏观审慎监管局,其职责和责任被明确分配给单一机构,可减少数个机构共同担责的情况下产生的激励和问责问题,同时又能专注于宏观审慎监管,从而有效地预防与化解系统性风险。

2. 金融监督管理委员会主导微观审慎监管

现有的银保监会和证监会依然采取的是分业监管模式,该种模式存在监管漏洞、监管套利以及协作壁垒等突出问题。[1] 事实上,2016 年的“宝万之争”,已经充分显现出这种“分业而治”的局限性:在涉及保险公司、保险资金应用、银行理财资金股市投资等问题时,虽均在银保监会与证监会的监管射程范围之内,但因这些复杂问题交叉环绕在一起时,便不再只是某一家监管机构的职责。事实上,现有的分业监管模式在应对金融风险时已捉襟见肘,将来应将银保监会与证监会合并,成立金融监

[1] 参见曹凤岐等:《金融市场全球化下的中国金融监管体系改革》,经济科学出版社 2012 年版,第 126~127 页。

督管理委员会，以更好地实施全局性的监管。[1] 金融监督管理委员会主要负责微观审慎监管，其与中国人民银行下设的宏观审慎管理局形成“双峰”监管模式。在金融监督管理委员会下，进一步设置微观审慎监管委员会与金融行为监管委员会，打破银保监会与证监会的“分业而治”，实现混业监管模式。微观审慎监管委员会的主要目标是防止金融机构破产，维护金融企业的安全与稳健。金融行为监管委员会则旨在保护金融消费者，创造公平的金融环境。其实，现行的“两会”也为将来成立金融监督管理委员会奠定了基础。银保监会的监管对象主要是银行和保险公司，监管目标是通过审慎监管保障银行、保险公司的安全与稳定，证监会的监管对象包括证券公司以及上市公司的投资者等，在金融消费者保护方面卓有建树。因此，银保监会与证监会在微观审慎监管与行为监管方面均积累了大量实践经验。所以，未来由银保监会与证监会整合改革而成立金融监督管理委员会，并在其下设立审慎监管委员会与金融行为监管委员会是符合内在逻辑结构与我国实际情况的。

综上，在“双峰”监管模式中，宏观审慎监管的负责机构是中国人民银行，微观审慎监管的负责机构是金融监督管理委员会。结合目前我国已成立的金融稳定发展委员会，其设立宗旨是负责设计整个金融监管框架，识别系统性风险并进行风险预警，发布金融稳定报告，维护金融消费者合法权益以及增强金融机构抗风险能力等全局性的金融监管工作。换言之，金融稳定发展委员会的设立，有助于加强宏观审慎监管与微观审慎监管的相互协调。[2] 三者（“一委一行一会”）共同构成符合我国国情的“双峰”监管模式。基于以上分析，我国未来的宏观审慎监管体系框架建构如图 2－7 所示。

---

〔1〕 参见邢会强：《国务院金融稳定发展委员会的目标定位与职能完善——以金融法中的“三足定理”为视角》，载《法学评论》2018 年第 3 期。

〔2〕 参见邢会强：《国务院金融稳定发展委员会的目标定位与职能完善——以金融法中的“三足定理”为视角》，载《法学评论》2018 年第 3 期。

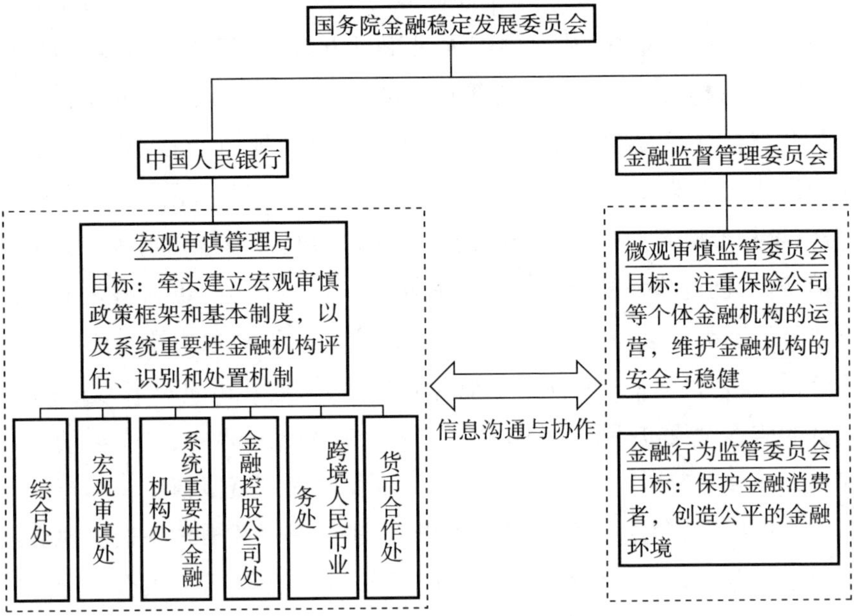

图 2－7　我国“双峰”宏观审慎监管体系框架

(二)职能确定：履行多样化的保险宏观审慎监管职能

金融创新产品层出不穷，若监管不能“与时俱进”，及时调整监管策略，紧跟创新步伐的话，便会无法达成监管目标，金融体系稳健发展的目的也会落空。[1] 因此，宏观审慎管理局在进行宏观审慎监管时，应紧跟金融创新的步伐，建立多样化的宏观审慎监管职能，以确保金融体系的安全与稳定。

1. 丰富保险宏观审慎监管政策工具箱

保险宏观审慎监管的职能发挥离不开选择和使用合适的宏观审慎监管工具。“宏观审慎框架的有效运行需要合理的宏观审慎政策工具与治理结构作为支撑。”[2] 事实上，各国都设立了符合各自国情的宏观审

〔1〕 参见[美]詹姆斯·R. 巴斯、小杰勒德·卡普里奥、罗斯·列文：《金融守护人——监管机构如何捍卫公众利益》，杨农等译，三联书店 2014 年版，第 136 页。

〔2〕 卜林、赵航：《宏观审慎政策的有效性与协调性研究》，载《金融理论与实践》2020 年第 4 期。

慎监管政策工具，但这些政策工具大多是针对银行业的，除了国际货币基金组织的金融稳健指标（FSIs）有少量专门针对保险公司系统性风险而设立的政策工具外，其他国家的宏观审慎监管机构均集中关注信贷业务、资金与流动性、总体财务风险、房地产风险等，在保险业领域采取的宏观审慎监管政策工具较少。前文已述，事实证明保险业也存在系统性风险且不容小觑，因此，我国在确定金融宏观审慎监管职能时，应建立保险宏观审慎监管政策工具箱，以采取多元的政策工具因应不同程度和形式的保险系统性风险。值得注意的是，保险宏观审慎监管是对整个保险体系的稳健发展的全局性监管，因此单个的微观个体风险也不容忽视。[1] 所以，保险宏观审慎监管工具箱中，还应将宏观审慎与微观审慎监管工具结合运用。

具体而言，保险宏观审慎监管政策工具箱可分为两部分：硬性工具与软性工具。硬性工具涵盖保险非传统业务、保险业稳健指标、保险系统性风险集中度、保险资本金、保险准备金以及流动性风险等方面。通过对衍生品交易量、股东权益、投资资产（资本保险公司）、保险费收入总额减去初级保险公司的保险费、总保费收入、资产回报率、股本回报率、保险公司之间的风险敞口、偿付能力标准、核心负债比等进行规定，从而使得宏观审慎监管机构能够及时检测和评估保险系统性风险。软性工具旨在微观审慎监管，配合硬性工具的系统性风险监测，以便减少风险的溢出和传染。软性工具可分为事前措施与事后措施，事前措施主要包括限制竞争的管制、资产负债表监控、保险机构现场、非现场检查、考核行业自律管理等；事后措施包括保险保障基金及政府救助等手段。系统性风险主要在于事前的预防，而非事后的危机管理。因这种内生性的风险一旦爆发，将造成不可逆的后果，对整体金融系统都带来极大的负面

〔1〕 参见青彤、岳彩申：《域外宏观审慎监管协调模式及其对中国的启示》，载《社会科学家》2019 年第 11 期。

影响。[1] 所以,在保险宏观审慎监管政策工具箱中,硬性工具是主要手段,目的在于及时发现与防范系统性风险,使监管部门掌握"主动性"。软性工具作为辅助手段,使监管机构具备在微观上进行事前控制与事后管理的能力。

基于上述分析,保险宏观审慎监管政策工具箱如表2-3所示。

表2-3 保险宏观审慎监管政策工具箱

类别		名称
硬性工具	对非传统业务的规定(保险风险证券化、债务保险、信用违约掉期产品等)	衍生品交易量规定
	保险业稳健指标	股东权益、投资资产(资本保险公司)、保险费收入总额减去初级保险公司的保险费、总保费收入(风险保留比率保险公司)、资产回报率、股本回报率
	对保险系统性风险集中度的规定	保险公司之间的风险敞口
	对资本金、准备金的规定	偿付能力标准
	对流动性风险的规定	核心负债比规定
软性工具	事前措施	限制竞争的管制
		资产负债表监控
		保险机构现场、非现场检查、考核行业自律管理
	事后措施	保险保障基金
		政府救助

2. 建立金融机构协调合作机制的法制化路径

系统性风险是对所有金融机构造成广泛损害并对实体经济产生连

[1] See Goodhart C. A. & Perotti E., *Preventive Macroprudential Policy. Journal of Financial Management*, Markets and Institutions, 2013, 1(1), p. 115-123.

带溢出效应的风险。[1] 因此,保险监管者并不能将眼光仅局限于保险领域,还应该将保险宏观审慎监管置于整个金融监管系统内进行考量,充分重视各金融机构间的联系并分析整体金融环境。这也是保险宏观审慎监管应具备填补信息漏洞职能的题中应有之义。所以,当务之急应尽快建立金融机构协调合作机制。

(1)建构不同金融监管机构间的主动性和互享性的信息沟通协调机制。就主动性而言,首先,由金融稳定发展委员会牵头,宏观审慎管理局与金融监督管理委员会之间建立信息沟通渠道,宏观审慎管理局应主动将其收集到的关于系统重要性金融机构的监管信息,汇总编制监管数据报表,统一上报。其次,金融稳定发展委员会作为最高级别的金融监管者,应当从全局角度出发,将上报的信息重点落脚于宏观审慎监管与微观审慎监管的相互协调,形成各监管部门之间定期的意见征集和讨论座谈。就互享性而言,第一,各金融监管机构之间可以共享所上报的监管数据报表,彼此可通过该数据报表监测金融系统性风险以及其他金融风险,并针对自己负责的监管特点进行提炼与分析。第二,形成规范化、制度化的常态沟通协调机制。前已述及,我国金融部际联席会议因长期以来缺乏具体的法律规定,使得该会议制度形同虚设。为此,应将金融监管机构协调合作机制的职责履行、义务承担、组织分工等各方面法制化,以此为该机制形成规范化、制度化的法律保障。

(2)加强金融机构与政府监管部门之间的协调合作。在原有监管者—被监管者上下层级关系的基础上,建立监管者与被监管者之间的合作关系。一方面,使监管者及时了解金融机构的最新发展动态,分享其信息并鼓励、支持金融机构创新;另一方面,使被监管者熟悉、掌握监管部门的各项监管规章、制度,自觉规避违规违法行为。双方合作完成信

---

〔1〕 参见王春丽、李琪:《宏观审慎监管体系的国际比较与启示》,载《江汉论坛》2019年第9期。

息收集、数据分析等风险监测工作,提升监管效率。

3. 将现代科技手段运用与保险宏观审慎监管实践相结合

将现代科技手段运用于保险宏观审慎监管的实践中,是对复杂的保险系统性风险和监管挑战的回应,是选择恰当宏观审慎监管工具职能的体现。它对我国保险系统性风险监管应然诉求的实现将发挥重要作用。主要表现在以下方面。

第一,现代科技手段为金融机构之间、金融机构与监管部门之间的信息、数据共享提供了技术支持。如前所述,建立金融机构协调合作机制的法制化路径是我国保险系统性风险监管的一项应然诉求。随着金融科技的迅猛发展,大数据应用、人工智能分析等新科技手段为实现金融全行业的数据实时共享提供了可能,从而打通了金融机构之间、金融机构与监管部门之间的数据孤岛,充分发挥金融机构协调合作机制的功能。

第二,探索现代科技手段运用于保险宏观审慎监管的具体模式。首先,随着科技的发展,保险业正加快进入新兴科技时代。例如,如火如荼进行的“保险 + 人工智能”“保险 + 区块链”“保险 + 物联网”“保险 + 基因诊疗”等大量新型保险产品的研发,都迫切要求利用大数据等新技术,通过对海量的信息数据进行自动处理和分析,帮助被监管者生成日渐增多的报告,履行保险公司配合保险监管部门监管的义务。这些自动化处理若由人工进行监管其工作量之大,难以想象。所以,在金融科技发展之下,传统的人力监管模式逐渐向自动化监管模式转变已是大势所趋。其次,建立“金融科技监管沙盒”试点,取得经验后再推广。详言之,“金融科技监管沙盒”制度由英国率先建立,该制度是指监管机构允许适格的金融科技创新企业于特定期间、特定环境中进行金融新产品或新服务的测试实验。换言之,即政府创造一个安全空间,使金融科技创新企业测试其创新的产品、服务、商业模式等各方面的可行性,而又不需要承担一般违反金融监管法规的责任。[1] 该制度模式下，通过豁免其设立及遵守相关监管法规义务的方式，创造监管弹性空间与较低的法令遵循成本优势，使被监管者的测试产品于测试期间取得相关的实证经验，并进行调整，以协助其成长并发展完善。这种模式的主要目的是加强监管当局与金融科技创新企业的沟通交流，提早介入，全程了解金融科技的信息并进行政策辅导，使监管者与被监管者之间建立可信赖、持续性的良性监管互动，提高监管部门的监管效率。[2] 最后，可参照美国经验，为各类保险科技产品进行数字化编码，并制定一套规范的数据报送和分享标准，从而为日后防范保险产品的衍生链条风险打下基础。[3]

总之，在保险宏观审慎监管实践中，利用大数据、云计算、人工智能等现代科技手段对可能导致保险系统性风险的相关信息进行持续跟进和更新，开发符合中国保险业发展阶段和实际情况的新科技手段，从而有效提高保险宏观审慎监管的效率。

（三）权力配置：强化保险宏观审慎监管权力，赋予其实际处置权

次贷危机已经证明传统监管存在权力不足、监管懈怠等问题，因此，在设立宏观审慎管理局的同时，还应赋予其实际处置权，以强化宏观审慎监管的权力。诚如哈罗德·拉斯韦尔和亚伯拉罕·卡普兰所言，“权力乃是参与决策”。[4] “毫无疑问，参与决策构成了立法者或执法者的职能中的一个重要组成部分。”[5] 只有让宏观审慎管理局充分行使参与决策的权力，才能保证其宏观审慎的监管职能得到充分发挥。

---

〔1〕 参见张冠群：《自金融监理原则与金融消费者保护观点论金融科技监理沙盒制度》，载《月旦法学杂志》2017 年第 7 期。

〔2〕 参见许多奇：《互联网金融风险的社会特性与监管创新》，载《法学研究》2018 年第 5 期。

〔3〕 参见王达：《宏观审慎监管的大数据方法：背景、原理及美国的实践》，载《国际金融研究》2015 年第 9 期。

〔4〕 Harold Lasswell & Abraham Kaplan, *Power and Society*, New Haven, 1950, p. 75. 转引自[美]E. 博登海默：《法理学：法律哲学与法律方法》，邓正来译，中国政法大学出版社 2017 年版，第 371 页。

〔5〕 [美]E. 博登海默：《法理学：法律哲学与法律方法》，邓正来译，中国政法大学出版社 2017 年版，第 372 页。

1. 赋予宏观审慎管理局信息收集权、监管指定权、规章制定权、决策权等权力

宏观审慎管理局必须能够灵活应对保险市场可能发生的各种变化和风险,因此,需要赋予其实际处置权,否则宏观审慎管理局将因缺乏权力配置而无法掌握话语权,最终可能形同虚设,监管效率也将大打折扣,无法发挥宏观审慎监管应有的功能。详言之,首先,赋予宏观审慎管理局信息收集权。制定保险宏观审慎监管政策首先需对整个保险业的系统性风险进行周期性的评估,而风险评估需要大量数据和信息支持。因此,宏观审慎管理局应具有信息收集权,从而可定期获得微观审慎监管数据以便评估单个保险机构破产可能引发的系统性风险,以及评估整个保险体系内积聚的风险程度。此外,还应给予宏观审慎管理局直接获取保险市场各类参与者信息的权力,以评估不受直接监管的各类企业或个人对保险系统性风险的影响。其次,应赋予宏观审慎管理局监管指定权。宏观审慎管理局需要享有把所有单个具有系统重要性的保险机构纳入其政策管辖范围的权力,此外那些由于群体性的市场行为而可能引发系统性风险的个体机构,保险宏观审慎监管机构也有权对其市场行为进行干预。再次,应赋予宏观审慎管理局规章制定权。允许宏观审慎管理局根据系统性风险的来源和程度选择政策工具,这就凸显了宏观审慎管理局需要享有充分的制定规则和调校规则的权力。2018 年国务院机构改革中,将银保监会合并,并将针对银行与保险颁布监管行政法规的权力赋予中国人民银行,[1]本书的思路也恰好与此举相契合,宏观审慎管理局是中国人民银行下设的专职机构,这就为宏观审慎管理局享有制定规章的权力提供了内在的通畅逻辑。最后,赋予宏观审慎管理局决策权。例如,宏观审慎管理局可对严重威胁金融稳定的保险机构进行强制拆分,发布业务废止命令、解除高管职务等。

---

〔1〕 参见《国务院机构改革方案》,载央广网 2018 年 3 月 18 日,https://baijiahao.baidu.com/s?id=1595229908151897852&wfr=spider&for=pc。

2. 授权金融稳定发展委员会解决争议以及最终裁决的权力

宏观审慎监管措施与微观审慎监管措施不可避免地会存在部分重合，致使监管效率大打折扣。例如，微观审慎监管委员会注重保险公司的经营风险，旨在防止单个保险公司的破产倒闭，如果可能破产的保险公司是大型保险金融集团时，因其与金融市场之间具有密切互动性，它的破产有可能引发保险系统性风险。此时，宏观审慎管理局也将采取若干监管措施以防范风险。这两类监管主体的措施执行效果有可能产生冲突或者过度叠加的情况，从而影响监管目标的实现。为了及时有效防控与解决来自宏观审慎监管与微观审慎监管的不同金融风险，并实现监管效率的“最大化”，设立争议的最终裁决机构十分有必要，否则可能会使宏观审慎监管与微观审慎监管的相关部门发生龃龉，不利于监管的职能发挥。对此，可从以下方面进行规制：当宏观审慎管理局和金融监督管理委员会面对金融风险，在采取监管措施等方面发生分歧时，金融稳定发展委员会经过分析后，作出最终决议，各部门负责执行。[1]

(四)权责法定：提高保险宏观审慎监管相关立法防范与化解系统性风险的能力

为落实第五次全国金融工作会议有关“以防范系统性金融风险为底线，加快相关法律法规建设”的要求，应尽快启动保险宏观审慎监管的立法工作，切实提高保险宏观审慎监管相关立法防范与化解系统性风险的能力。

1. 通过法律明确监管目标、监管职能和权力边界

按照依法行政的要求，金融管理部门不宜自定职责、自设权力，而应在法制框架下行使职权，确定管理界限，实施行政许可和行政处罚。[2]因此，我国需从立法层面对宏观审慎监管的目标、职责和权力边界进行

---

〔1〕 参见李婧：《金融稳定视角下宏观审慎监管与货币政策协调制度研究》，载《国际经济法学刊》2020 年第 3 期。

〔2〕 参见朱小川：《我国金融市场基础设施管理：现状、难点和立法路径》，载《西南金融》2020 年第 4 期。

明确规定,使宏观审慎监管有明确的法律依据。

一方面,未来应制定“国务院金融稳定发展委员会条例”。通过立法的形式明确金融稳定发展委员会的目标定位、法定地位与职能安排等。由域外经验可知,美国通过《多德—弗兰克法案》成立金融稳定监督委员会;欧盟根据《欧盟金融监管体系改革》成立欧盟系统性风险监管委员会;英国通过《2012年金融服务法案》设立金融政策委员会,并且这些国家和地区都在法律上明确规定了金融宏观审慎监管主体的监管职能。我国于2017年年底成立的金融稳定发展委员会确立了委员会成员,并召开了数次全体会议,但金融稳定发展委员会的目标定位、组织架构、职责划分、职权安排等在法律层面上还未确定,因此,需由国务院法制办尽快起草制定。详言之,在目标定位方面,应明确金融稳定发展委员会的目标是确保我国金融的稳定与发展,从金融稳定发展委员会的名称上也能看出“稳定”与“发展”是金融稳定发展委员会的两大关键词。并且,“稳定是前提,发展是目的。二者相辅相成,没有主次之分”。〔1〕毕竟只有稳定没有效率的市场是没有价值和意义的。〔2〕所以,稳定与发展都应是金融稳定发展委员会的监管目标。在法定地位与组织架构方面,金融稳定发展委员会要统筹金融监管,协调宏观审慎管理局与金融监督管理委员会的宏观审慎与微观审慎监管工作。对金融系统性风险的各项数据开展收集、分析、比对、识别等一系列工作。完成这些工作,仅靠召开定期会议委实难以完成,因此需要一个常设机构进行日常运行,并设立稳定的财政预算与人员编制,专门负责金融系统性风险的监管。此外,为了金融稳定发展委员会目标的更好实现,该常设机构应独立于中国人民银行,而不是采取现今将金融稳定发展委员会办公室依托设立在中国人民银行的方式。在法定职责方面,“国务院金融稳定发展委员会条例”应对金融稳定发展委员会的职责予以细化。例如,在防范金融系统性风

〔1〕邢会强:《国务院金融稳定发展委员会的目标定位与职能完善——以金融法中的“三足定理”为视角》,载《法学评论》2018年第3期。

〔2〕参见宋晓燕:《论有效金融监管制度之构建》,载《东方法学》2020年第2期。

险方面，应详细规定金融稳定发展委员会研究防范处置系统性风险和维持金融稳定的职责，包括金融稳定发展委员会有义务收集、分析、比对、识别和最终确定系统性风险，编制金融稳定调查报告等。在法定职权方面，应赋予金融稳定发展委员会解决争议以及最终裁决的权力。

另一方面，建议修改《中国人民银行法》和《保险法》。在修改《中国人民银行法》方面，增设金融稳定发展委员会的目标定位以及法律地位条款。"金融监管目标属于立法首先应对公众回应的问题，因此必须在一国的基础性立法中予以反映。"[1]详细的金融稳定发展委员会职权、组织架构、运行机制和法律责任等内容则在"国务院金融稳定发展委员会条例"中进一步细化规定。此外，针对中国人民银行下设的宏观审慎管理局，应对其相关职能与权力边界进行明确规定。宏观审慎管理局只有获得明确的法律授权，才能在下一步的监管工作中充分发挥职能。[2]所以，修法时，应规定宏观审慎管理局的监管职能与法定职权。在监管职能方面，应对宏观审慎管理局合理合法使用宏观审慎监管政策工具、与其他金融监管机构建立协调合作机制、将现代科技手段运用与宏观审慎监管实践相结合等方面进行规定。在法定职权方面，应赋予宏观审慎管理局信息收集权、监管指定权与规章制定权等权力，从而确保宏观审慎管理局具备充分履职的前提以及履职时的权威性与强制性。《保险法》方面，将保险监管部分的内容独立，单独制定专门的"保险业监督管理法"，增加金融稳定发展委员会中关于保险监管职责以及金融监督管理委员会涉及保险监管的相关内容，确保"保险业监督管理法"与"一委一行一会"的"双峰"监管模式有序衔接，从而提高我国保险监管防范与化解系统性风险的能力。

2. 有效衔接其他法律规定

金融监管中，若各部门缺乏有效衔接，极容易出现"监管套利"的现

---

〔1〕 宋晓燕：《论有效金融监管制度之构建》，载《东方法学》2020 年第 2 期。

〔2〕 参见宋晓燕：《论有效金融监管制度之构建》，载《东方法学》2020 年第 2 期。

象。因此,在宏观审慎监管中,有必要将相关法律进行有效衔接。法律是金融监管的有力后盾与保障。[1] 首先,银保监会应尽快将"国内系统重要性保险机构监管暂行办法"颁布实施,作为《保险法》的补充。其次,保险公司等金融机构,还需要与《企业破产法》中涉及金融机构破产的相关内容进行衔接,因为包括保险业在内的金融市场有着不同于普通企业的恢复与处置要求。[2] 因此,可在《企业破产法》中专章作出金融机构破产规定,或制定同等效力层级的特别法。

党的第十九次全国代表大会提出"健全金融监管体系,守住不发生系统性金融风险的底线"要求,为我国保险监管体制改革指明了方向。"因为金融部门失衡会引起系统性危机,所以如何事前防范过度风险承担行为与规避过度金融失衡的形成才是宏观审慎政策的关键目标。"[3] 所以,我国应尽快建立长效、动态的保险宏观审慎监管机制,将宏观审慎监管法律制度付诸实践。针对保险行业的特点,通过多元监管治理并用的方式,构建一个以系统性风险防范为基础的更为合理的宏观审慎监管框架,以实现保险业持续稳定健康发展的监管目标。

---

〔1〕 参见宋晓燕:《论有效金融监管制度之构建》,载《东方法学》2020 年第 2 期。

〔2〕 参见赛铮:《我国保险公司破产法律制度完善研究》,武汉大学出版社 2019 年版,第 14~23 页。

〔3〕 [西班牙]泽维尔·弗雷克萨斯等:《系统性风险、危机与宏观审慎监管》,王擎等译,中国金融出版社 2017 年版,第 221 页。

第三章　我国保险行为监管中的保险消费者保护立法完善

行为监管指的是监管部门对金融机构经营行为的监督管理，包括信息披露要求、反欺诈和误导、个人金融信息保护、反不正当竞争、规范广告行为与合同行为、促进弱势群体保护、提升金融机构和消费者的诚信意识、消费争议解决等。[1] 行为监管是系统性风险监管中的重要一环，对防范化解金融系统性风险具有重要作用。[2] 本章对保险行为监管的研究，主要集中于保险消费者保护方面。保险消费者是保险业之“本”。唯“本”固，“业”方安。加强保险业行为监管中保险消费者保护，是贯彻习近平总书记新时代中国特色社会主义思想、践行“以人民为中心”的基本要求，是保险市场秩序得以维护的保证。“全面依法治国最广泛、最深厚的基础是人民，必须坚持为了人

---

〔1〕 参见孙天琦：《金融业行为监管与消费者保护研究》，中国金融出版社2017年版，第87页。

〔2〕 参见任碧云、许高庆：《关于强化行为监管完善我国金融监管体系的若干思考》，载《经济纵横》2020年第3期。

民,依靠人民。"[1]体现在保险业中,即表现为"有效的消费者保护在保护消费者个人的同时,也在促进保险业的长期和稳定发展"。[2] 基于此,本章拟在建设现代化经济体系背景下,立足于行为监管中的保险消费者保护,从保险消费者保护的理论基础、保险消费者知情权、自主选择权、救济权保护等方面分析在立法方面的完善问题。加强行为监管,建立有效的保险消费者保护体系,从而夯实保险业稳定与安全的微观基础。

第一节 保险消费者法律概念的释义:法律依据、内涵分析与外延廓清

保险消费者这一称谓虽然在媒体、学界被广泛使用,但其并不是一个法律概念。换言之,保险消费者的法律概念尚未得以论证,因此,有必要对保险消费者的法律概念进行界定。界定时应重点解决以下三个问题:一是保险消费者概念的法律依据;二是保险消费者概念的内涵界定,即保险消费是否属于生活消费?保险消费者是否仅限于自然人?三是保险消费者概念的外延廓清,即投保人(含投资型投保人)、被保险人、受益人、财产保险中保险标的物所有权转移的受让人与继承人、人寿保单中保险金继承人、人寿保单转让后或出质后的持有人、责任保险的受害第三人等是否都属于保险消费者?因此,本节拟对上述问题进行探讨。

一、我国保险消费者概念的法律依据

(一)人民法院的相关裁判

近年来,最高人民法院及各级法院在司法实践中,频繁使用"保险消

[1] 习近平:《以科学理论指导全面依法治国各项工作》(2020 年 11 月 16 日),载习近平:《论坚持全面依法治国》,中央文献出版社 2020 年版,第 2 页。

[2] 世界银行:《金融消费者保护的良好经验(2017 年版)》,中国人民银行金融消费者权益保护局译,中国金融出版社 2019 年版,第 71 页。

费者”一词。在“石田某敏、阳光人寿保险股份有限公司吉林分公司人寿保险合同纠纷再审案”(以下简称“石田某敏案”)、[1]“中国太平洋财产保险股份有限公司滁州中心支公司、魏某山责任保险合同纠纷再审案”、[2]“贺某英、安邦财产保险股份有限公司黔西南中心支公司机动车交通事故责任纠纷再审案”、[3]“邵某梅、中国人寿保险股份有限公司山东省分公司保险纠纷再审案”、[4]“蒲某刚、泰康人寿保险有限责任公司四川分公司劳动争议再审案”[5]等案件的裁判文书中,都使用的是“保险消费者”这一表述。在“石田某敏案”中,原告石田某敏认为,根据《消费者权益保护法》第55条第1款的规定,保险公司存在欺诈行为,应当以保险费67万元人民币作为被告阳光人寿保险3倍惩罚性赔偿的计算基准。阳光保险公司认为本案不应适用《消费者权益保护法》,其理由为原告购买的保险是储蓄返还型保险产品,故投保人缴纳的保险费不是服务费,且石田某敏作为专业投资人,其购买保险产品的行为是投资行为,并非为生活消费需要。最终最高人民法院认为自然人消费者为生活消费购买保险产品,应当适用《消费者权益保护法》的规定,该法未规定的,应适用保险法律法规的相关规定。[6]

自2014年我国修订《消费者权益保护法》后,各级法院采取了基本一致的态度,即认定投保人属于消费者,可以受《消费者保护法》的相关

---

[1] 石田某敏、阳光人寿保险股份有限公司吉林分公司人寿保险合同纠纷再审案,最高人民法院(2017)最高法民申1462号民事裁定书。

[2] 中国太平洋财产保险股份有限公司滁州中心支公司、魏某山责任保险合同纠纷再审案,安徽省高级人民法院(2020)皖民申3256号民事裁定书。

[3] 贺某英、安邦财产保险股份有限公司黔西南中心支公司机动车交通事故责任纠纷再审案,贵州省高级人民法院(2019)黔民申4394号民事裁定书。

[4] 邵某梅、中国人寿保险股份有限公司山东省分公司保险纠纷再审案,山东省高级人民法院(2019)鲁民申5421号民事裁定书。

[5] 蒲某刚、泰康人寿保险有限责任公司四川分公司劳动争议再审案,四川省高级人民法院(2019)川民申2871号民事裁定书。

[6] 最高人民法院依据的法律条文为《消费者权益保护法》第28条规定:“采用网络、电视、电话、邮购等方式提供商品或者服务的经营者,以及提供证券、保险、银行等金融服务的经营者,应当向消费者提供经营地址、联系方式、商品或者服务的数量和质量、价款或者费用、履行期限和方式、安全注意事项和风险警示、售后服务、民事责任等信息。”

规定调整与保护,因此,在关涉保险纠纷的裁判文书中随处可见"保险消费者"的文字表述。

(二)《保险法》第三次征求意见稿

"保险消费者"这一表述曾出现在《保险法》第三次征求意见稿中,但遗憾的是,在最终修正的《保险法》未被采纳。因此,保险消费者仍然不是我国《保险法》中的法定概念。但从中可看出立法机关在意识上是承认保险消费者主体的,只是由于其他方面的原因在具体的法律中未能落实。

(三)银保监会发布的规章及规范性文件

原保监会在2003年发布,现已废止的《关于加强投资型财产保险产品管理的通知》中就已提及:"……损害了保险公司和保险消费者利益。"这是"保险消费者"第一次出现在原保监会发布的规范性文件中。随后,"保险消费者"一词逐渐在各类银保监会发布的规章及规范性文件中出现。在《中国银保监会办公厅关于印发信用保险和保证保险业务监管办法的通知》《中国银保监会办公厅关于加快推进意外险改革的意见》《中国银保监会办公厅关于强化人身保险精算监管有关事项的通知》等规章及规范性文件中,都出现了"保险消费者"这一称谓,并将保护其合法权益作为监管目标之一。可见,"保险消费者"这一概念已经被银保监会等行政管理部门接纳并大量使用。

(四)我国台湾地区的"金融消费者保护法"

我国台湾地区于2011年专门为金融消费者制定了"金融消费者保护法",从而为金融消费者合法权益的保护确立了法律依据。[1] 根据该"法"对金融消费者的界定,引申至保险消费者,可归纳为"接受保险服务业提供保险商品或服务者"。台湾地区"金融消费者保护法"明确规定了金融消费者的法律概念,从立法上使"金融消费者"成为一个法定概念,

〔1〕 参见李游:《台湾地区投资型保险的保险定性与投资权益的保护进路》,载《台湾研究集刊》2019年第3期。

进而对金融消费者的倾斜性保护变得“名正而言顺”。

综上所述，目前我国大陆地区虽已普遍使用“保险消费者”这一称谓，但其并非法律概念。2014年修订的《消费者权益保护法》第28条中虽将包括保险业在内的金融业纳入规范范畴，但仍未正面定义何为保险消费者。目前学界对保险消费者法律概念的界定尚未达成共识。因此，本书拟对保险消费者法律概念做一辨析。

二、保险消费者法律概念的内涵解析

（一）“保险消费属于生活消费”观点存在的障碍与排除

在面对保险消费是否属于生活消费这一问题时，曾出现过质疑的观点，[1]其质疑的核心围绕《消费者权益保护法》第2条中“消费者为生活消费需要”这一规定展开，即“为生活需要”是构成消费者必不可少的条件。但是，就保险产品而言，很难证明投保人购买保险是为了生活需要。一方面，保险产品可分为消费型保险产品和投资型保险产品。前者如消费型定期寿险、消费型意外伤害险等，如果在约定时间内发生保险事故，保险公司负责理赔，若未发生保险事故，保费也不退还。后者包括万能险、分红险、投资连结险等，这类保险产品往往带有储蓄兼具投资的性质。例如，在分红险中，每一保单年度届满时，保险人依据该年度的出险情况计算实际死亡率，以及实际投资报酬率与费用率，然后计算保单在当年度的实际保险成本。当保险人的实际死亡率、利率与费用率等经验较原先与其水准有利的情况下，保险人必将这些利差返还给予投保人。[2] 此外，投资连结险中还专门设置独立的投资账号，委托专业的投资人进行管理，由投保人一方自负盈亏。就此类保险而言，难以判定其具有“为生活需要”的性质。另一方面，投保人购买保险的目的具有复杂

---

〔1〕 参见曹琦：《论“保险消费者”概念的不合理性》，载《时代金融》2012年第3期；邢楠：《对保险消费者概念的商榷——兼论保险相对人权益保护范式的选择》，载《上海商学院学报》2012年第1期；任以顺：《“保险消费者”概念质疑——以“保险相对人”概念取代“保险消费者”的合理性》，载《法学论坛》2015年第6期。

〔2〕 参见陈彩稚：《保险学》，台北，三民书局2012年版，第269～270页。

性。投保人的投保目的不仅限于“为生活需要”,例如,私家车主购买车险后,在日常生活中除因家庭需要驾驶汽车外,也偶尔参与“网约出租车”此类带有营利性质的商业活动。此时,投保人的性质不能简单归类于“为生活需要”。因此,质疑者认为,保险消费者的概念不足以将保险所有类型涵盖,故采取这一称谓有失妥当。

对以上质疑产生的“保险消费者概念认定”障碍,本书认为应明确何为“为生活需要”,以此为基础探讨保险消费是否属于生活消费。依据我国《消费者权益保护法》,学界通说认为应将“生活消费”作为消费者身份确定的前提,其具体判断标准可分为三类。第一类是目的标准。经济学理论将消费分为生产性消费和生活性消费,两者的消费目的不同,生产性消费的目的是社会的生产与发展,而生活性消费的目的旨在人类生活质量的提高。[1] 因此,“消费目的直接决定了购买者的身份”。[2] 此类标准凭借社会一般人的日常生活经验判断个人购买商品或者接受服务的行为是否是消费行为。这种标准会导致消费关系变得过于狭隘,因为消费者购买商品的内在目的很难被外人准确知晓。[3] 并且“社会一般人的日常生活经验判断”不够精确,还需进一步界定何为“社会一般人”以及“日常生活经验”,不利于作为法律上的判断标准。第二类是消费对象标准,即根据所购买的商品或者接受的服务是否具有生活消费品的性质来判断。该类标准存在模糊性,因为不同的商品在不同的情境下,可能具备消费与生产的双重身份。例如,汽车可以自用也可以运营。第三类标准是转售标准,即根据其购买商品和接受服务的目的是生活需要还是获利再次转售来判断。该类标准易于操作,具有一定的合理性,但弊端是忽视了经营者和消费者角色重合和转换的

---

〔1〕 参见[美]理查德·伊波利托:《给精英律师的12堂经济学课》,刘启译,法律出版社2009年版,第43页。

〔2〕 白彦、张怡超:《保险消费者权利保护研究》,中国法制出版社2016年版,第19页。

〔3〕 参见王利明:《消费者的概念及消费者权益保护法的调整范围》,载《政治与法律》2002年第2期。

现象。[1]

综上所述,目前学界尚未对“生活消费”达成一个科学合理的判断标准。笔者认为,对“生活消费”的理解,不应局限于购买者的目的、产品性质,而应做更广义的解释。有学者提出生活消费始终是一个发展中的概念,不应局限于“生活消费”的具体范畴,而是可以“另辟蹊径”,重新定义消费者的概念。[2] 还有学者认为生活消费包含的内容很多,既有为了生存的消费,也有为了精神生活提升等方面的消费。[3] 因此,就保险而言,投保人购买保险,其目的在于保障生命和财产安全,是一种满足自身安全需要的消费活动。虽然以此作为判断标准,在判断购买投资型保险的投保人是否属于消费者问题上,还有待斟酌,但无法将所有的保险消费都排除在“生活消费”之外。随着社会的发展,各类风险层出不穷,保险产品的种类也不断推陈出新,投保人购买保险产品,既可以用于个人生活保障,也可以用于企业的生产经营,还可以用于社会管理,但最终的目的都是获得对风险的保障和心理上的安全。通过保险理赔,保险消费者既可以获得物质上的赔偿,也可以获得精神上的慰藉,属于发展型消费或者广义解释上的消费者。因此,保险消费并非完全被冠以“生活消费”之名的消费者概念所排斥,而应当将保险消费视为一种生活消费行为。

（二）保险消费者是否限于自然人

在判定保险消费者是否限于自然人之前,首先应分析作为保险消费者上位概念的消费者是否限于自然人。从比较法视野观之,在 1978 年的日内瓦会议上,国际标准化组织(ISO)将消费者定义为“为个人目的购买或者使用商品和服务的个体社会成员”。[4] 《牛津法律大辞典》将

---

〔1〕 参见白彦、张怡超:《保险消费者权利保护研究》,法律出版社 2016 年版,第 20 页。

〔2〕 参见屈茂辉、胡蕾薇:《我国消费者权益保护法调整范围的修正》,载《湖南师范大学社会科学学报》2013 年第 2 期。

〔3〕 参见温世扬、范庆荣:《“保险消费者”概念辨析》,载《现代法学》2017 年第 2 期。

〔4〕 郭丹:《金融服务法研究——金融消费者保护的视角》,法律出版社 2010 年版,第 37 页。

消费者定义为“购买、获取以及使用所有种类的商品与服务(包括住宅)的人”。[1] 美国《布莱克法律词典》认为消费者“是指那些购买、使用、持有、维护以及处理的商品或服务是用于个人、家庭,而非商业目的的自然人”。[2] 此外,德国、[3]日本[4]和欧盟[5]都认为消费者仅限于自然人或个人。该规定的理论基础在于,消费者保护应注重弱势群体,自然人的财力、物力都无法与各类组织相提并论,因此,应将消费者限定于自然人。

由此扩展到保险消费者,有学者认为保险消费者仅限于自然人,将法人与其他组织排除在外。其理由有三个方面:一是因为法人中的成员都是自然人,“自然人”可以以其身份作为保险消费者,获得《消费者权益保护法》的保护;易言之,法人或组织的保险消费行为最终都要落实到个人,而个人已被纳入《消费者权益保护法》的保护范畴,因而无须再将法人和组织纳入保险消费者范畴。二是法人和其他组织购买保险的行为不属于“生活消费”。三是法人和其他组织不具有普通消费者弱势地位的特点,因此不符合《消费者权益保护法》的立法精神。[6]

本书认为,以上理由都难以成立。首先,根据我国《消费者权益保护法》第2条可知,我国并未将消费者限定于自然人,这就为作为法人和组织的投保人属于保险消费者预留了法律适用的空间。尽管法人和其他组织为雇员等自然人购买的保险最终落实到个人,可以由《消费者权益保护法》调整适用,但是法人和其他组织不仅要为雇员等自然人购买保

---

〔1〕[英]戴维·M.沃克:《牛津法律大辞典》,李双元等译,法律出版社2003年版,第255页。

〔2〕Bryan A. & Garner, *Black's Law Dictionary*, Eighth Edition, West Group, 2004, p. 335.

〔3〕德国2000年修订的《民法典》将消费者界定为:消费者是为一定的目的作出法律行为,而该一定的目的既不能归属于自己的营利视野活动,又不能归属于自己独立职业活动的任何自然人。

〔4〕2000年《日本消费者合同法》第2条将消费者限定为个人。

〔5〕欧盟《EC指令》中规定消费者是“指在本指令作为对象的合同中,为自己的营业、事业或者专门职业以外的目的而实施行为的所有自然人”。

〔6〕参见温世扬、范庆荣:《“保险消费者”概念辨析》,载《现代法学》2017年第2期。

险,也要为自然灾害、意外事故等造成的商业风险投保。此时作为投保人的法人和其他组织并没有从保险消费者中排除,都是购买了保险产品的消费者。

其次,作为“生活消费”标准的消费者要件,已逐渐被各国和地区立法所打破。详言之,日本2001年颁布的《金融商品销售法》改变了《消费者合同法》的立场,将消费者的定义修改为“本法保护的对象为资讯弱势之一方当事人”,日本将消费者定义为“资讯弱势一方”,表明不再将消费者局限于“生活需要”这一传统要件中;此外,采用“当事人”代替“个人”的概念表明其既包含自然人又包含法人和组织。我国台湾地区的“金融消费者保护法”第4条对金融消费者进行了规定,〔1〕由该条规定可知,凡是不能满足一定的财力或专业能力条件的非专业投资机构同样属于“金融消费者保护法”的范畴。另外,前已述及,对“生活消费”的理解,不应局限于购买者的目的、产品性质,而应做更广义的解释。保险是“一种对危险分散的安排,借由汇集多数不确定危险,重新分配意外损失的成本,并以法律契约之方式,约束危险对价(保费)与损失补偿之支付,以达成分散危险之目标”。〔2〕因此,在购买保险时,只要投保人不是专业的保险公司(再保险),那么其无论是出于何种目的购买保险,都应被看作是保险消费者,受到《消费者权益保护法》的保护。〔3〕作为法人和组织的投保人,通过购买保险获得对风险的保障和心理上的安全,符合发展型消费特点,应属于保险消费者。

最后,将法人和其他组织排除于保险消费者之外,不符合保险立法和消费者权益保护的立法宗旨。第一,保险产品具有特殊性。保险合同

---

〔1〕 我国台湾地区“金融消费者保护法”第4条规定:“本法所称金融消费者,指接受金融服务业提供金融商品或服务者,但不包括下列对象:一、专业投资机构。二、符合一定财力或专业能力之自然人或法人。前项专业投资机构之范围及一定财力或专业能力之条件,由主管机关定之。”

〔2〕 Greene M. J. Trieschmann & S. Gustavson, *Risk and Insurance*, 8th ed., South-Western Publishing Co., OH, 1992, p.44.

〔3〕 参见范庆荣:《新〈消保法〉对保险领域的影响》,载《保险研究》2015年第3期。

多属于格式合同，通常由保险公司事先拟定，投保人完全处于“要么接受，要么走开”的被动地位，没有讨价还价的余地。此外，保险消费者对保险产品的辨别能力较弱，常有可能买到与自己预期不相符的保险产品；再加上保险合同条款往往设计复杂，极难读懂。此时，无论是自然人抑或法人和其他组织，都有可能被这种精巧、专业、晦涩难懂的保险产品设计所误导。第二，信息的不对称性。广大投保人对保险公司的口碑、资金运作、经营状况等信息的获取渠道有限，因此通常是根据保险公司的以往履约情况进行投保。也就是说，投保人基于对保险公司的信誉选择保险公司。诚如美国的斯凯博教授所言，“保险的购买是建立在最大诚信的基础上。消费者依赖于与之交易的保险人的诚实可靠。这种复杂的关系使得消费者很容易受到损害”。[1] 法人和其他组织与个人一样，与保险人相比，具备保险专业知识的法人和其他组织寥寥无几，在保险合同关系中，也是处于弱势地位，符合《消费者权益保护法》保护弱势地位的消费者的客体身份，应受到《消费者权益保护法》的保护。因此，判断消费者是否处于弱势地位，不应采取主体身份标准，而应根据行为性质标准进行判断。所以，“法人和其他组织并不处于明显弱势地位，有时其地位甚至优于保险人”这一观点是经不住推敲的。

在市场经济条件下，掌握信息的多少是决定交易双方地位的关键因素。在保险交易中，由于保险产品具有特殊性，保险人与投保人之间的信息不对称更加明显，无论是个人抑或法人和其他组织，均处于相对弱势地位。因此，有学者认为，保险消费者“接受保险公司提供的保险商品或服务者”，无论其接受保险服务的目的是为生活消费抑或投资需要。此外，在保险交易中，只要在专业知识、信息等方面处于弱势地位，无论其是自然人抑或法人，都属于保险消费者；反之，均不是保险消费

---

〔1〕［美］小哈罗德·斯凯博等：《国际风险与保险：环境—管理分析》，荆涛、高蒙等译，机械工业出版社1999年版，第180页。

者。[1] 原中国保监会课题组在对保险消费者的定义中，也将自然人、法人、其他组织都纳入保险消费者范畴。[2] 学者们与原保监会课题组对保险消费者的定义体现了消费者权益保护应注重保护弱者的宗旨，即在保险交易中，只要投保人与保险人之间存在信息不对称，处于信息的弱势地位，那么投保人便具备保险消费者的身份，应当获得倾斜性保护。此外，原保监会课题组所作的定义还兼顾了保险消费者内部之间的差异性，将不具备弱势地位的法人和组织排除在外，以实现保险消费者和保险人的利益平衡，[3] 具有合理性。综上所述，本书认为，保险消费者的法律概念，应作广义上的解释：为获得保险保障而购买保险产品或接受保险服务的自然人、法人和非法人组织，均应被认定为保险消费者。

三、保险消费者法律概念的外延廓清

在解析保险消费者法律概念的内涵后，还须对保险消费者法律概念的外延即所指定的对象范围予以廓清。传统观点认为，消费者并不限于商品和服务的直接购买人，还包括其他最终的消费者和使用者。那么，在保险领域，保险消费者应当涵盖“哪些人”，有必要作出分析判断。

（一）保险消费者与保险合同主体的关系

保险消费者与保险合同主体之间存在何种关系，是厘清保险消费者法律概念外延的前提。因此，应结合保险法中保险合同主体的原有概念进行分析。

与普通法中将保险人的相对人分为保单持有人与被保险人的“二分法”不同，我国《保险法》采取的是大陆法系的“三分法”，即投保人、被保险人与受益人。此外，保险合同订立过程中还存在保险代理人与保险经

〔1〕 参见白彦、张怡超：《保险消费者权利保护研究》，中国法制出版社 2016 年版，第 30 页。

〔2〕 参见中国保监会保险消费者权益保护局课题组：《保险消费者权益问题的思考》，载《保险研究》2012 年第 9 期。

〔3〕 参见胡文韬：《保险消费者概念的法律厘定》，载《华侨大学学报（社会科学版）》2017 年第 6 期。

纪人,统称为保险辅助人。由于保险标的转让、继承等各种法律关系变动形成的当事人等,是否都可纳入保险消费者范畴?此时应回归保险消费者定义,前述保险消费者指为获得保险保障而购买保险产品或接受保险服务的自然人、法人和其他组织。投保人通常是与保险人签订保险合同的当事人,是保险合同签订的主体,[1]也是保险产品的直接购买者,因此,投保人毋庸置疑属于保险消费者。被保险人是享有保险金请求权的人,[2]保险分散的其实是具有保险利益的被保险人的风险,因此,被保险人是保险服务的实际接受人,理应属于保险消费者。另外,财险中保险标的物所有权转让的受让人与继承人,均受让或继承了原被保险人的权利义务,属于保险合同中新的被保险人,因此,也属于保险消费者。受益人同样是享有保险金请求权人,[3]人身保险的主要目的在于保障家人的经济安全,减轻意外事故造成的经济损失的打击。换言之,受益人是人身保险合同中保险服务的实际接受者,理所应当也属于保险消费者。此外,人身保险合同的继承人依据《保险法》第 42 条的规定,有权向保险人请求保险金给付,因此其也是保险服务的实际接受者,应属于保险消费者。

人身保险合同转让或质押后,其受让人与质权人是否应列入保险消费者范畴?笔者认为,人身保险合同转让,分为两种情况。第一种情况是保险事故未发生时的转让,其实质是保险合同的变更,因为只涉及投保人与保险人,受让人是合同变更后的投保人,是保险产品的直接购买者,属于保险消费者。第二种情况是保险事故发生后的转让。此时被保险人与受益人可以将保险金的请求权予以转让,转让后受让人享有保险金的请求权,即保险合同变更后新的受益人,受益人属于保险消费者,所以,人身保险合同转让后的受让人应属于保险消费者。在保单质押的情况中,通常是由投保人将保单质押给保险公司或者银行,由保险公司或

---

〔1〕 参见樊启荣:《保险法》,高等教育出版社 2010 年版,第 37 页。
〔2〕 参见樊启荣:《保险法》,高等教育出版社 2010 年版,第 38 页。
〔3〕 参见樊启荣:《保险法》,高等教育出版社 2010 年版,第 39 页。

者商业银行处置保单的某些权利来偿还债务。无论是以上哪种情况，质权人是保险公司或商业银行，都具备丰富的金融知识，不属于权益需倾斜保护的弱者，不应纳入保险消费者的范畴。

保险辅助人中，保险代理人代表的是保险人的利益，当然不属于保险消费者。保险经纪人是基于投保人的利益，为投保人与保险人订立保险合同提供中介服务，并依法收取佣金的机构。保险经纪人具有丰富的保险专业知识与投保经验，[1]因此，保险经纪人也不属于保险消费者保护立法宗旨所强调的弱者，故应排除在保险消费者之外。

（二）投资型投保人是否属于保险消费者

《消费者权益保护法》第2条将"生活消费"作为消费者定义的必要条件，根据前文提及的"生活消费"的三种判断标准，似乎都已将投资人排除在消费者身份之外。就属种概念的角度而言，作为"属概念"的消费者不包括投资人，那么"种概念"的保险消费者应该当然也不包括投资人，投资型投保人当然不应属于保险消费者。但是，判断投资型投保人是否属于保险消费者，不能仅从属种概念的逻辑推理得出论证结论，这样难免武断，还应结合投资型保险产品的特征以及投保人的目的综合地加以分析。

1.投资型保险产品的特征。投资型保险是将保险与储蓄分开，保险的部分仍由保险人根据保险精算结果提供保障，但是对于储蓄的部分，则改为投资形式，并赋予被保险人投资的选择权及自负投资之损益，保险人的角色则转为投资服务机构。目前我国的投资型保险主要有分红险、万能险与投资连结险。其中分红险的"分红"主要来源于保险公司经营成果与资金投资的分配，从而使受益人获得一定程度的回报。"投资型保险商品实为结合保险与投资之商品，但其本质上仍属保险商品。"[2]也就是说，分红险与万能险的主要目的依然在于获得保险保障，

---

〔1〕　参见陈彩稚：《保险学》，台北，三民书局2012年版，第94～95页。

〔2〕　苏文斌、林宏诚、陈明国：《保险学》，台北，华立图书股份有限公司2015年版，第451页。

投资只是附带功能。这两类险种均设有最低收益风险保障，易言之，分红险和万能险的投资风险较低，并未为投保人设立单独的投资账户，投保人不必自负盈亏。投资连结险中，由于投资型保险的被保险人有权选择投资标的，因而产生的任何投保人之投资利益均与保险公司不相干，所以有必要为投保人设立专门的投资账户。这些账户的投保人与证券公司的投资人无异，由投保人自负投资盈亏，承担投资风险，保险公司不承诺任何投资收益，只收取账户管理的费用。简言之，投资连结险是具有高风险的投资类保险产品。[1] 这类险种具有明显的投资属性，保险保障的性质偏弱。投资连结险的保险费结构如图 3－1 所示。

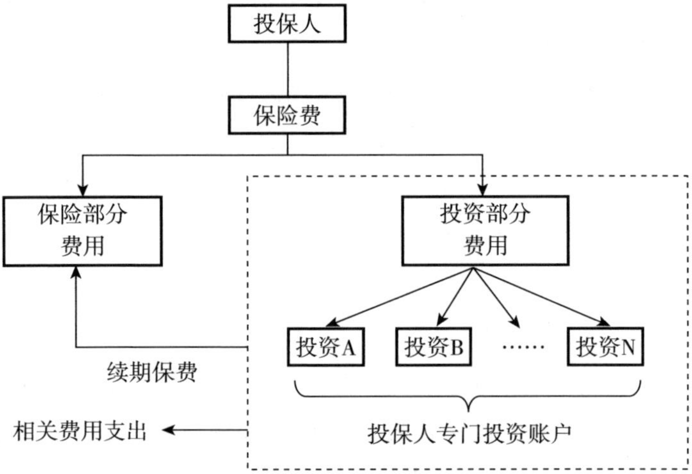

图 3－1　投资连结险的保险费结构

2. 投保人的目的。投保人在购买保险产品时，其目的很有可能是复杂或者混合的。例如，投保人在购买万能险时，万能险保单的保费可随投保人本身的意愿而变动，除了在购买保险合同时，必须缴纳一些基本保费以使保单生效，往后投保人可视本身的经济预算，随时增减保费的缴纳，只要保单所累积的保单价值准备金是正数，则保单就依然有效。

---

〔1〕 参见温世扬、范庆荣：《“保险消费者”概念辨析》，载《现代法学》2017 年第 2 期。

可见，万能险的投保人的主要目的仍然是获得家庭经济保障，在获得保障之余才是获得部分投资收益。此外，随着互联网的发展，网约出租车蓬勃兴起，许多私家车也参与其中。私家车车主为自家车辆投保的主要目的是分散家用车的风险，但同时也能保障车主偶尔从事网约出租车的营利行为的安全。此时，车主的投保目的就具有“生活需要”与“投资营利”双重性质。

购买投资型保险产品的投保人，或者投保目的带有分散投资风险的投保人，是否属于保险消费者？笔者认为应该结合投资型产品的性质与投保人目的综合分析并加以区别对待。详言之，第一，前文已经论证购买保险的行为属于消费行为，是一种广义上理解的“生活消费”，是发展中的消费。而分红险、万能险虽属于投资型保险产品，但其主要功能依然是保险保障。正如有学者所言，“万能险的发展，主要目的在于配合要保人（投保人）之人生各阶段的经济负担，而非在于追求投资报酬”。[1]因此，购买分红险、万能险这类主要以获得保险保障为目的的投资型保险产品的投保人，应属于保险消费者。投资属性更为明显的投资连结险的购买者，不应纳入保险消费者的范畴。可见，判断投资型投保人是否属于保险消费者，应结合投保人购买的保险产品是偏向保险保障性质还是投资性质，而不是将该类型的投保人全部排除在保险消费者范畴之外。第二，非投资型保险产品交易中，在投保人目的复杂的情况下，只要交易的相对人不是专业投资人，在获取相关交易信息、具备专业知识经验上居于劣势，那么，无论他是为了“生活需要”还是为了“投资营利”，其最终都是旨在分散风险而进行投保，从而获得对未知风险的保障和心理上的安慰，符合前述的发展性消费特征，因此，应界定为属于保险消费者。

综上所述，笔者认为，保险消费者的法律概念可界定为：为获得保险保障而购买保险产品或接受保险服务的自然人、法人和非法人组织。保

[1] 陈彩稚：《保险学》，台北，三民书局2012年版，第263页。

险消费者主要包括投保人、被保险人、受益人、财险合同转让标的物所有权的受让人与继承人、人身保险中保险金的继承人与合同转让后的受让人。在判断投资型投保人是否属于保险消费者时,应综合考量其购买保险产品的属性,如果投保人购买的保险产品偏向保险保障性质,则投保人属于保险消费者;如果投保人购买的保险产品偏向投资性质,则投保人不属于保险消费者。此外,在非投资型保险产品交易中,投保人的目的不是判断其是否属于保险消费者的依据,只要在专业经验上处于弱势地位的投保人,均应纳入保险消费者的范畴。

第二节　保险消费者保护的理论基础

对保险消费者法律概念进行界定后,还应考察保险消费者保护的理论基础。在保险交易中,自由竞争、优胜劣汰的市场机制可以为消费者提供保护,那么,为何在保险行为监管中还需专门强调对保险消费者的保护呢?对这个问题,或许从市场失灵、信息不对称以及立法思想地转变三个方面能寻求到答案。

一、市场失灵:导致单纯依靠市场机制调节的保险消费者无法得到安全有效的保护

(一)市场机制为保险消费者提供保护

市场机制下的自由竞争、优胜劣汰可以为消费者提供保护。[1] 在18世纪亚当·史密斯提出国富论,提倡自动化效率及供需决定价格理论后,伴随19世纪的工业革命,市场价格竞争主导了企业技术提升与规模发展,看不见的市场经济力量引导消费者选择合适的商品。自由市场顾

---

〔1〕 *Improving Consumer Mortgage Disclosures: An Empirical Assessment of Current and Prototype Disclosure Forms*, Bureau of Economics Staff Report, Federal Trade Commission, 2007.

名思义,即指完全交由市场规律调节控制的市场,政府不参与其中,买卖双方之间靠的是自由竞争。[1] 在自由市场中,保险人与保险消费者之间维持一种微妙的平衡关系,保险人为了提高自身的信誉也愿意在保险消费者保护方面付出适当努力。[2]

(二)市场失灵使得保险消费者依靠市场机制调节的保护受到干扰

自由市场中,企业竞争将产生两种不同的结果。其一是企业间达成协议,减少佣金费用支出,即自律规范的良性竞争策略;其二是佣金增加,即恶性杀价竞争。若企业彼此不信任对方,无法良性竞争,杀价竞争成为经营策略时,企业将陷入无止境的价格大战,百害而无一利。在现实市场交易中,要互相竞争的企业达成协议较为困难,也不符合公平交易原则,因此,多数价格战都会陷入恶性竞争,从而导致市场失灵。由于市场失灵,市场机制无法从根本上解决保险消费者保护的问题。保险消费者合法权益受到侵害,长此以往将不利于保险业的长期稳健发展。[3] 市场失灵具体包括以下内容。

1. 外部性。外部性又称为溢出效应,指的是对第三方或“陌生人”产生的经济影响,第三方或“陌生人”与主要交易事务无关。[4] 例如,消费者买票乘坐航空公司的飞机,从某地飞到另一地,消费者和航空公司都从该交易活动中获得了收益。然而第三方或“陌生人”——机场附近的居民,因受到飞机起飞和降落的噪声影响,事实上也承担了机场的部分营运成本。飞机起飞和降落的噪声产生了负面影响,而飞行协议的主要签订方(航空公司和旅客)没有激励,采取措施来降低这种负面影响。机场周围产生的噪声太多了,而附近居民不是飞行协议的签订方,但他们

---

〔1〕 参见张士杰、蔡政宪:《从学术理论到监理实务》,台北,保险事业发展中心 2010 年版,第 157 页。

〔2〕 参见孙天琦等:《金融秩序与行为监管——构建金融业行为监管与消费者保护体系》,中国金融出版社 2019 年版,第 3 页。

〔3〕 See Gabriela Gheorghiu, *Consumer Protection-Worth lessness or Necessity*, Lap Lambert Academic Publishing, 2012, p. 50.

〔4〕 参见[美]理查德·伊波利托:《给精英律师的 12 堂经济学课》,刘启译,法律出版社 2009 年版,第 199 页。

受到了负面影响。因此,外部性偏重指向负外部性。负外部性涉及的第三者或“陌生人”越来越多,而又不能进行有效的协商时,政府就应当发挥作用。[1] 外部性在保险领域同样存在,如果保险公司破产,其负外部性尤其明显。详言之,广大投保人因对保险公司的信誉、口碑、资金运作、经营状况等信息的获取渠道有限,在选择保险公司进行投保时,一个重要的参考标准是各家保险公司对保险合同的履约情况。[2] 在保险消费者的观念中,往往视整个保险行业为一个整体,因此,如果某家保险公司经营不善导致破产,即使其他保险公司未牵涉其中,也仍可能会引发保险消费者对自家保险公司履约情况的担忧,从而严重削弱其对保险行业的信心。在从众心理作用下,个体保险公司破产极易造成保险消费者的退保行为,使其他正常经营的保险公司受到影响,从而因个别保险公司的破产导致“多米诺骨牌效应”,甚至引发整个保险业的退保浪潮。从这个意义上讲,处于破产境地的保险公司好比保险业的恶性经济肿瘤,具有负外部性。日本的日产生命保险公司在1997年宣布破产,成为日本战后首家破产的保险公司。日产生命保险公司的破产引发了日本保险业的信用危机,其他公司的保险消费者纷纷要求退保,造成日本保险业的退保浪潮。此后又有包括东邦生命保险、第百生命保险在内的7家保险公司破产。[3] 虽然日本保险公司的相继破产与这一时期的经济危机和日本经济泡沫密切相关,但保险公司破产的外部性也加剧了其破产风潮。

2. 垄断。垄断者是市场的唯一供给者,所以他们能够控制价格,进而控制消费者的选择权。垄断在保险领域体现得较为明显,具体表现在:第一,由保险本质决定。保险制度发源于人群团结力量,以共同对抗

---

〔1〕 See Ronald Coase, *The Problem of Social Cost*, Journal of Law and Economics 3,1960, p. 1 –44.

〔2〕 See Paul G. Roberts, *Insurance Company Insolvencies and Insurance Guaranty Funds: A Look at the Nonduplication of Recovery Clause*, Iowa Law Review,1989, p. 927 –950.

〔3〕 参见孙立娟:《保险公司破产与危机预测问题研究》,经济科学出版社2016年版,第8页。

意外危险的损失。保险必须预测损失,并分析保险库中个别参与者的损失机会等。理论上,只有损失可于事前正确估计时,保险制度才适合采用。因为损失预测正确,表明非预期的意外损失消失,危险才得以降低。这种以保险库汇集个别危险,从而降低整体危险不确定性的运作方法,依据的是一项数学原理,即“大数法则”。因此,保险是理性且科学的制度,并无任何人为的神秘操作,亦非凭借赌博的运气等。所以,概率与预期损失是保险制度的基本要素,根据“大数法则”原理,参保人数越多,规模越大,其风险分担产生的分配金额基数越大,每位参保人的投保成本就越小,越有利于每个参保人。另外,也会推动保险人自然垄断的形成。第二,现有规则制约。我国《保险法》对保险公司的设立规定了一系列条件,包括净资产、章程、注册资本、管理人员、管理制度、经营规则等,保险公司设立的门槛明显高于其他市场主体。此外,我国早期的保险市场大多是由国家扶持的保险公司占据,这些保险公司发展到现在均已成为保险行业内的翘楚,众多的中小型保险公司在市场份额、公司实力等方面都处于劣势,生存压力堪忧。以财险公司为例,2019 年财险市场份额排名前三的分别是人保股份、平安财产、太保财产,其市场份额分别是33.0%、21.05%、9.98%。可见,虽然我国保险公司已有 100 多家,但排名前三位的保险公司占据了 3/5 的市场份额。在这种经营结构下,经营者很容易损害保险消费者的福利。

除了自然垄断外,保险业更多地表现为“政府干预形成的行政垄断”。任何机构都趋向机构自身利益的最大化,[1]监管机构和立法者也不例外。保险监管机构的命运同保险公司的发展以及整个行业的稳定息息相关,其会因为保险公司经营导致的负外部性和金融不稳定性而受到社会各界的指责。在这种情况下,保险监管机构更愿意制定特殊的保险公司监管制度,以防止由于保险公司不规范经营而造成的损害社会公

---

〔1〕 See W. A. Niskanen, *Bureaucracy and Representative Government*, *Aldine*, Atherton, 1971, p. 36 -41.

共利益行为,以实现自身利益的最大化。同时,基于保险领域的专业性,立法者和社会大众难以全面了解保险公司的“游戏规则”,因此,保险监管机构的行为难以得到有效监督,使得监管机构相对容易操纵舆论导向。保险机构在监管中常常处于主导地位,其强大的财力甚至能够左右监管政策的方向,即形成“监管俘获”。总之,垄断对保险消费者的选择权和谈判权都构成巨大影响,在这种情形下,对保险消费者提供力所能及的保护十分必要。

综上所述,市场失灵主要表现为外部性与垄断,使单纯依靠市场机制调节的保险消费者无法得到安全有效的保护,因此在行为监管中需要注重对保险消费者权益的保护。

二、信息不对称影响的嬗变:对保险人不利转变为对保险消费者不利

(一)信息不对称最初对保险人造成不利影响

保险合同具有射幸性,即不同于一般双务性合同之给付,射幸合同之相互给付为不对等,其决定于未来的偶然因素。保险合同是保险人于特定不可预料,或不可抗力之偶发事件发生时,对被保险人履行补偿或给付之义务的合同,故保险合同为射幸性合同。保险合同的射幸性体现在保险事故是否发生不确定,即保险费与保险金额处于悬殊状态。[1] 保险合同的射幸性,使保险制度自海上保险发展时起,即存在信息不对称。信息不对称的优势方可利用自身的信息优势,获得潜在的利益,甚至有可能欺诈保险人获得非法利益。[2] 因此,由于当时科技与通信设备不足,处于信息劣势的保险人欲通过获得足够信息来决定是否承保以及计算保险费率,进而预测经营成本,其目的实际上难以达成。此时处于信息优势主体的被保险人掌握保险标的的相关信息,而保险人却一无所

---

〔1〕 参见施文森:《伤害保险:示范条例及判决例之研析》,台北,三民书局1992年版,第77~78页。

〔2〕 参见应飞虎:《信息、权利与交易安全:消费者保护研究》,北京大学出版社2008年版,第12页。

知。所以最初英国海上保险法基于最大诚信原则规定对于被保险人的要求重于保险人的要求。[1]

信息不对称极易导致被保险人的逆选择与道德危险等危害，为解决此问题，保险人遂要求被保险人就保险标的的相关信息依诚信原则主动告知借以控制风险。如被保险人未尽主动告知义务，无须探究其主观意图为何、与保险标的间是否有因果关系，一律赋予保险人解除合同的权利，即"全有或全无"的法律效果。

（二）信息不对称现今造成保险消费者弱势地位

20 世纪末，保险业经由百年累积的经验与统计资料，且辅以先进科学技术，过往对保险人信息不对称的不利影响情况已转变。随着保险业的快速发展，保险消费者做出正确理性决定的前提，是掌握足够且有效的信息。[2] 现今的保险合同往往包含复杂且专业性极强的格式条款内容，保险消费者通常无法完全理解其中的含义，且保险合同大多是格式合同，投保人只有"签与不签"的权利，因此，保险消费者处于极端的信息不对称的弱势地位。[3] 现今在保险领域因信息不对称造成保险消费者弱势地位主要体现在两方面。一是在保险交易市场中，保险消费者相较于保险公司，处于弱势地位。"就本质而言，保护消费者需求源于消费者和金融服务提供商之间的权力、信息和资源的不平衡，这常常使消费者陷入困境。"[4] 在保险业中，保险人与保险消费者之间存在专业知识上的信息不对称。为因应众多保险消费者的需求，保险人即先行拟定保险合同的内容便于与众多投保人交易，此时投保人仅有同意与否的选择。某些大型企业与保险人的实力或不相上下，与保险人或有洽谈合同内容

---

〔1〕 参见罗俊玮：《论保险人资讯提供义务》，载《财产法与经济法》第 24 期（2010 年）。

〔2〕 See Iain Ramsay, *Consumer Protection: Text and Materials*, Weidenfeld and Nicolson, 1989, p. 41 – 42.

〔3〕 参见冯果、袁康：《社会变迁视野下的金融法理论与实践》，北京大学出版社 2013 年版，第 48 页。

〔4〕 Rodney Lester, *Consumer Protection Insurance*, primer series on insurance issue 7, 2009, p. 1.

的空间。然而多数中小型企业与自然人于保险智识与交易能力方面仍难与保险人抗衡,因而以保险人事先拟就之定型化合同条款作为交易之用。现今保险业的运作趋于专业、技术与复杂化后,保险消费者难以理解保险合同条款,且未能确切知悉保险运作原理,因而导致保险消费者资讯不对称的情况出现。诺贝尔经济学奖得主阿卡洛夫认为这是经济学上所称"柠檬市场",即买方因掌握的产品信息少于卖方,故常购得与其期望有所落差的产品。[1] 正因如此,国际保险监督管协会(IAIS)于2003年制定的供各国保险监管机构参考的《保险核心原则与方法》第25条,要求各国监管机构规定保险人必须于保险合同订立之前,为保险消费者提供完整的订约信息。[2] 欧洲也倾向于将保险消费者认定为"脆弱的消费者",理应受到保护,特别是在增加消费者的信息数量以及透明度方面加大监管力度;此外,消费者还应最大限度享受公共服务。[3] 二是投保人、被保险人之间也存在强弱之分。在发生保险事故而保险公司无法赔偿时,财力雄厚的大型企业与普通家庭的应对能力与接受程度完全不同。详言之,在互联网技术突飞猛进的现代社会,大数据信息爆炸在一定程度上减少了信息不对称,使投保人、被保险人有多种渠道获取信息。但是,大量的信息也会造成保险消费者的负担,考验保险消费者的信息甄别能力。这些信息真假难辨、质量良莠不齐,主流媒体和自媒体发布的各种信息中充斥着大量垃圾信息。面对此种情景,信息接收者需要谨慎甄别信息的真伪与有效性,这不仅需要耗费一定时间而且需要

---

〔1〕 参见罗俊玮:《论保险监理与保险消费者之保护》,载《万国法律》第6期(2013年)。

〔2〕 国际保险监管协会(IAIS)于2003年制定的《保险核心原则与方法》第25条原文:The supervisory authority sets minimum requirements for insurers and intermediaries in dealing with consumers in its jurisdiction, including foreign insurers selling relevant information to consumers both before a contract is entered into through to the point at which all obligations under a contract have been satisfied。

〔3〕 See Meinrad Dreher, *Insurance Supervisory Law and Consumer Protection*, Published by Springer-Verlag Berlin Heidelberg, 2015, p. 93.

具有相应的专业知识。[1] 此时,普通家庭的投保人、被保险人的信息甄别能力显然不及财力雄厚的大型企业。在浩如烟海的信息洪流中,拥有法律顾问、专业技术人员的大型企业能够较高效地捕捉真实有效的信息,而普通投保人则难以做到,这就又造成了新的信息不对称。

正因如此,各国法律对被保险人应为主动告知义务主体的规定加以修改,借以保障保险消费者的权利。例如英国保险法,在 2009 年 12 月由英国法律委员会提出消费者保护法草案,对消费者保护就最大诚信原则与先合同信息提供义务变更了 1906 年海上保险法的规定,以此加大对保险消费者的保护力度。该草案送英国国会审议后,于 2012 年 3 月 8 日经国会三读通过,被定名为消费者保护法。[2] 随着社会的发展,保险业中信息不对称已由过去对保险人造成不利影响转变为对保险消费者造成不利影响。

三、法律的社会化运动:立法思想不断向保护弱势消费者倾斜

早期市场交易中,买方与卖方之间的地位差距不大,对消费者的单独保护并不十分必要,市场机制自由调节,政策取向也相对自由。在保险领域,前已述及,信息不对称的不利影响最开始是及于保险人,直到 20 世纪末,保险人积累了百年的经验与统计资料,且辅以先进科学技术,使信息不对称的不利影响发生逆转,完全改变了保险消费者与保险人博弈的地位。基于此,需要"看得见的手"对包括保险在内的一切经济活动进行调控与管理,来维护公平市场的竞争,即国家通过法律手段,对处于弱势地位的消费者予以特别保护。[3] 法律从保险合同法与保险业法等方面作出特别安排,对保险消费者进行倾斜保护。

---

〔1〕 参见冯果、袁康:《社会变迁视野下的金融法理论与实践》,北京大学出版社 2013 年版,第 61 页。

〔2〕 参见罗俊玮:《英国 2012 年消费者保护(告知即说明)法之立法例评析》,载《中正财经法学》第 5 期(2012 年)。

〔3〕 参见孙天琦:《金融业行为监管与消费者保护研究》,中国金融出版社 2017 年版,第 68 页。

(一)社会公共利益论要求体现秩序、正义的法律保护保险消费者

保险市场因保险公司与投保人之间的信息不对称性,常易引发道德危险,若不加以管理可能会危及保险业的发展,前已述及,此即“柠檬市场”,指的是“品质的不确实性和市场机能失灵”。[1] 因此,为纠正市场失灵,需要政府对经济进行适当的干预。社会公共利益论就是在此背景之下产生的。法律作为秩序、正义的综合体,其通过构建秩序实现社会运行的稳定性,并注以正义作为价值内核,从而实现法律的社会职能。因此,作为秩序、正义综合体的法律理所应当将保护消费者纳入调整范畴。

社会公共利益论认为,一方面,保险公司作为金融机构,需要遵循市场规律,所以也会出现市场失灵,通过国家对保险公司的监管,包括对保险公司的准入资格、业务范围、市场退出等方面的限制规定,可以有效地避免市场机能失灵,从而保护保险消费者的合法权利;另一方面,保护保险消费者合法权利是维护保险市场秩序的重要保障。在保险消费中,由于知识结构、交易经验等方面的影响,消费者较之保险人处于劣势地位,其权利易受侵害。若保险消费者的权利长期遭受侵害,保险市场的稳定秩序将不复存在,引发保险消费者对保险人的不信任风险,最终导致保险市场的崩塌。从分配正义的角度看,保险人和保险消费者都是市场活动的参与者,都有自身应享有的权利。分配权利时应当符合分配正义的核心要求,即应把权利按照比例原则公平分配给双方。现实中一些保险人往往利用己方在信息、财力方面的优势,侵夺本应属于保险消费者的权利。这时,即使表面上形成了保险市场的秩序,这种秩序也是建立在牺牲弱势利益的基础上的,违背了正义原则。因此法律应从维持正义的角度出发,对保险人课以与其经济实力相当的义务,如履行说明义务、保障保险消费者的知情权、选择权、公平交易权与求偿权等。

---

〔1〕 George A. Akerlof, *The market for lemons*: *Quality*, *Uncertainty and Market Mechanism*, Journal of Economics, 1970.

因此,建立保险消费者权利保护体系,是立足于社会整体利益,维护市场秩序、正义的体现。客观而言,在公平交易的市场中,只有对消费者给予公平的保护,才能确保市场的正常运行,使得秩序与正义井然有序的衔接,这也正是法律的宗旨与使命。

(二)“形式平等”向“实质平等”转变的公平观要求保护保险消费者

近代民法与现代民法的价值追求发生了转变,从过去的“形式平等”转变为现在的“实质平等”。平等原则是民法的基本原则之一,是指民事主体无论是在法律地位还是受法律保护方面均是平等的。[1] 近代民法上的平等,强调的是形式上的平等,即不论民事主体在个体上的差异,统一规定每个人的民事权利始于出生,终于死亡,民事权利一律平等。进入 20 世纪后,社会生产方式发生了巨大变化,交易中的卖方不再是小商人和手工业者,而是具有强大经济实力的大企业、大集团。普通消费者在经济实力、专业知识水平等方面都处于弱势,近代民法中的平等原则受到很大挑战。在这一社会背景下,如果仍按照近代民法的“形式平等”对交易双方进行保护,势必会使平等的真正价值目标落空,损害处于弱势方的消费者的权利,因此,需要从近代民法意义上的“形式平等”向现代民法意义上的“实质平等”转变。

实质平等指的是基于对民事主体个体差异上的考量,有针对性地对不同主体给予不同保护。相较于形式平等,实质平等是一种更合理的平等形式。[2] 诚如有学者指出,人人平等的社会只存在于人们的理想之中,现实中总会由于个体差异及制度安排等各种原因造成某些人或群体与另外的人或群体相比居于弱者地位。[3] 一般而言,社会弱势群体除了自身条件的弱势外,主要原因在于他们在社会经济制度上处于弱势。因此,需要对弱势群体进行特别保护。这也是现代民法“实质平等”的必然

---

〔1〕 参见王利明、杨立新、王轶、程啸:《民法学》(第 5 版),法律出版社 2017 年版,第 24 页。

〔2〕 参见郑成良:《法律之内的正义　一个关于司法公正的法律实证主义解读》,法律出版社 2002 年版,第 40 页。

〔3〕 参见吴宁:《社会弱势群体权利保护的法理》,科学出版社 2008 年版,第 13 页。

要求。一方面,实质平等旨在公平与公正,公平与公正包括多种含义:自由的权利、为人而应享有的权利、动态有序的社会状态等,其最终目的是保护人类的各项基本权利。[1] 在法律中对弱势群体的保护进行特别立法,旨在保障人权与确保人的尊严,是实质平等的体现。另一方面,弱势群体在社会中通常处于底层,与其他群体相比各方面均处于弱势。因此,弱势群体需要法律对其进行特别保护,从而防止其因地位的不平等而被其他群体再度"借机伤害"。[2] 正因如此,英国学者彼得·斯坦认为,法律应对才能、性格、需求等个体的特征差别看待,而不是毫无目的性的一视同仁。[3] 由于社会中的不同个体间差异明显,如果只注重形式上的平等,极有可能造成实质上的不平等,也将有违法律追求的公平正义精神。

基于此,各国通过法律对"实质平等"作出规定,并以保护保险消费者为宗旨,强调保险人应说明保险合同内容,以保障保险消费者的权利。"消费者保护已然演化为现代保险立法的方向之一。"[4] 保险人亦应尽迅速、即时调查与理赔义务。保险从过去以商人保护为主的交易市场转变为现今以消费者保护为主的交易场景,"历史地看,重视消费者保护是社会文明进步的表现"。[5] 政府积极以各种方式对保险业进行监管,借以维持保险业的顺畅运作,并求取保险人与保险消费者之间的利益平衡。所以,随着法律的社会化运动,对社会公共利益论的遵守,以及立法价值追求从"形式平等"向"实质平等"的转变,都要求将保护保险消费者的合法权益纳入保险行为监管。

---

〔1〕 参见余少祥:《弱者的权利——社会弱势群体保护的法理研究》,社会科学文献出版社 2008 年版,第 305 页。

〔2〕 参见覃有土、韩桂君:《略论对弱势群体的法律保护》,载《法学评论》2004 年第 1 期。

〔3〕 参见[英]彼得·斯坦、约翰·香德:《西方社会的法律价值》,王献平译,中国人民公安大学出版社 1990 年版,第 85 页。

〔4〕 马宁:《消费者保险立法的中国愿景》,载《中外法学》2019 年第 3 期。

〔5〕 孙天琦:《金融业行为监管与消费者保护研究》,中国金融出版社 2017 年版,第 167 页。

第三节 我国保险消费者知情权保护的检视与展望——以保险人说明义务规制为中心

我国《消费者权益保护法》第8条规定了消费者的知情权。消费者的知情权是其行使其他权利的基础，离开了消费者的知情权，包括自主选择权、公平交易权、救济权等在内的其他权利都无从谈起。[1] 因此，知情权是消费者最基础、最重要的权利之一。保险消费者的知情权，指的是保险消费者有获知与其自身利益相关的一切信息的权利。[2] 保险合同是一种专业性极强的复杂法律合同，保险消费者阅读起来障碍不小。保险消费者对自身购买的保险产品信息获取的欠缺，常常导致对保险制度的“误解”。因此，如何强化投保人在保险合同签订前取得必要的商品信息的机会，是与维护保险消费者权益保护息息相关的重要课题。本节首先阐述加强保险人说明义务规制的现实意义，在此基础上进一步分析我国现阶段保险人说明义务制度存在的不足，最后围绕以上不足，从理念层面、技术层面和制度层面提出未来保险人说明义务的规制路径。

一、加强保险人说明义务规制的现实意义

金融在现代经济社会中的重要性不言而喻，金融消费者保护是法律对金融发展的有力保障后盾，[3]而加强保险人说明义务规制又是保险消费者保护的重要内容，具有现实意义。

（一）有利于减少保险人说明义务的诉讼纠纷

近年来，保险机构与保险消费者之间的信息获取差距日趋明显，保

---

〔1〕 参见李华：《金融科技创新中保险消费者权益保护机制之完善》，载《南京社会科学》2018年第11期。

〔2〕 白彦、张怡超：《保险消费者权利保护研究》，中国法制出版社2016年版，第55页。

〔3〕 [美]罗伯特·希勒：《金融与好的社会》，束宇译，中信出版社2012年版，第12页。

险机构与保险消费者之间的纠纷数量呈明显递增的趋势。以 2021 年前三季度为例,中国银保监会收到的保险消费投诉中,财产保险的消费投诉共计 51851 例,人身保险的消费投诉共计 73695 例。其中第一季度、第二季度、第三季度保险消费投诉同比增长分别为 129. 73%、31. 43%、18. 35%,投诉反映的问题集中在保险销售环节与理赔环节,且多集中在机动车辆保险与普通人寿保险这两类险种中。[1]

从银保监会公布的数据来看,保险产品的销售和理赔环节,是保险消费者投诉的"重灾区"。实践中,保险产品的销售和理赔纠纷,往往围绕保险人说明义务有无履行而争议不断。"长期以来,说明义务是司法规制格式条款的首选工具。"[2]保险人的说明义务有助于保险消费者更好地理解其欲购买的保险产品,并充分理解保险合同中各自所享有的权利与须履行的义务。[3] 笔者在中国裁判文书网以"保险人、说明义务"作为关键词输入搜索,截至 2020 年 1 月 18 日,共显示 137627 件对应案件。这些纠纷案件,涵盖了财产保险、人身保险、雇主责任险、机动车交通事故责任险、海上保险等多种保险类型,且均是围绕保险人是否履行说明义务进而合同是否有效这一问题展开的。可见,关于保险人说明义务的司法纠纷多如牛毛。从如此庞大的保险人说明义务司法案例数据中可窥视出其本质:无论法院最终认定保险人是否履行了说明义务,都从侧面反映了目前我国在保险人说明义务履行方面存在问题,导致保险人与保险消费者对说明义务条款"常常感到疑惑",进而造成双方之间的"扯皮"。[4] 事实上,我国对保险人说明义务的法律规定在说明义务的履行方式、判断标准以及说明范围方面均存在不足,以致现今我国保险

[1] 笔者根据中国银保监会官网披露的 2021 年前三季度保险消费投诉情况通报数据整理得出。数据来源:中国银保监会官网,http://www. cbirc. gov. cn/cn/view/pages/index/index. html。

[2] 马宁:《消费者保险立法的中国愿景》,载《中外法学》2019 年第 3 期。

[3] 参见叶启洲:《保险消费者权益保护之新发展》,台北,元照出版有限公司 2015 年版,第 158 页。

[4] 参见王家骏:《互联网保险明确说明义务问题研究——基于司法判例争议的分析》,载《保险研究》2017 年第 8 期。

诉讼中关涉保险人说明义务的案例如此之多。因此,有必要对保险人的说明义务进行完善,真正使保险人说明义务落到实处,从而维护保险消费者的合法利益。此外,加强对保险人说明义务的规制,还能减少关于保险人说明义务的诉讼纠纷,使保险人与保险消费者双方都免受诉讼之困扰。

(二)有利于解决保险人说明义务履行的实际困境

为了更好地掌握保险人履行说明义务的实际情况,以及保险消费者对保险人说明义务的理解状况,笔者对保险消费者进行了问卷调查(调查问卷见附录3),以期探讨保险人说明义务对保险消费者知情权保护的实际效能。[1]

问卷调查的受访对象是不特定的社会群体,问卷采取"问卷星"的网络问卷调查形式,共收集到有效问卷调查样本305件。受访对象中,18~50周岁的人占92.78%,大学及以上学历的占97.7%。问卷内容主要分为对保险人说明义务的认知情况以及保险人说明义务的适用状况两个方面。现将问卷调查结果总结如表3-1所示。

表3-1　问卷结果及数据分析

组成	问题设置	"是"选项人数小计	占比
认知状况	向保险公司投保时,会仔细阅读保险合同	213	69.84%
	通过对保险合同的阅读,充分理解保险条款的确切含义和各种保险术语的含义	78	25.57%
	知道保险公司与投保人在签订保险合同之前,对投保人须履行说明义务	206	67.54%
	《保险法》第17条规定保险人的说明义务,是必要的	283	92.79%

[1] 桂林电子科技大学法学院2018级本科生郑月琪、甘滨鸿、易丽媛、赵霜、贾铮、蒋昱对问卷调查进行了收集与整理工作,在此表示感谢。

续表

组成	问题设置	"是"选项人数小计	占比
适用状况	与保险公司代理人签订保险合同时,保险公司代理人能主动说明保险条款,尤其是保险公司责任免除条款的含义及后果	120	39.34%
	目前保险公司销售人员能做到向投保人明确说明保险条款,并使投保人达到充分认识、了解、明白保险条款真实含义的程度	123	40.33%
	保险公司与您订立保险合同时,对保险条款向您进行说明的实际效果好	90	29.51%

从表 3 – 1 中可知,在保险消费者对保险人说明义务的认知方面,69.84%的保险消费者在购买保险时会仔细阅读保险合同,67.54%的保险消费者明确知道保险人负有说明义务,并且92.79%的保险消费者肯定《保险法》第17条对保险人说明义务的规定。但是,仅有25.57%的保险消费者能够充分理解保险条款的确切含义和各种保险术语的含义。以上数据说明,保险消费者由于自身对保险合同的理解有困难,具有通过保险人履行说明义务,使其充分理解保险合同条款的迫切愿望。值得注意的是,问卷调查的受访者大部分都是18～50周岁的中青年人群,并且受教育程度较高,这类人群在理解保险合同条款时尚存在如此大的困难,更遑论受教育程度较低、年龄较大的群体在保险条款理解上的窘境。在保险消费者对保险人说明义务的适用状况方面,保险公司代理人履行说明义务职责的仅占39.34%;保险消费者对保险公司的销售人员在说明义务履行方面的信任度占40.33%;保险消费者与保险公司订立保险合同时,认为保险人说明义务的实际效果好的仅占29.51%。可见,保险人履行保险说明义务的实际状况并不理想,保险消费者的满意程度较低。因此,必须加强对保险人说明义务的规制,以便有效地解决当下保险人说明义务履行呈现困境的局面。

（三）有利于保险消费者对保险人声誉之期待

加强对保险人说明义务的规制，有利于保险消费者对保险人声誉之期待。一方面，这是保险法最大诚信原则的要求，保险人与投保人之间产生信赖关系，才能达成缔约保险合同的真实意思表示，保险消费者才能成功投保；[1]另一方面，是对保险合同特殊的格式合同条款的要求，从而体现契约自由与实质公平的协调。[2] 保险合同是由保险公司事先拟好的格式合同，专业性较强，保险消费者很难理解，这也在上文的问卷调查结果中充分地体现出来。此外，保险消费者面对格式合同，只有“签与不签”的权利，与保险公司商量的余地较小。因此，鉴于格式条款的特点，法律对其设置特殊调整规则，平衡双方利益。所以，保险人在保险交易中尽职履行说明义务，既是法律规制的要求，也是保险制度得以健康发展的基础。保险消费者投保时，看中的往往是保险公司的声誉，试想一家积极履行保险人说明义务的保险公司，营造良好的口碑环境，是否会更易打动保险消费者，向其投保？综上所述，积极履行保险人说明义务，既有利于保险消费者知情权的保护，又有利于保险消费者对保险人声誉之期待，促进保险市场良性循环发展，具有重要的现实意义。

二、我国保险人说明义务易引发纠纷的制度反思

从《保险法》第 17 条可知，保险人对保险消费者履行说明义务的主要内容是格式合同以及保险合同中的免责条款。保险人的说明方式包括两种：一是口头方式；二是书面方式。说明义务的判断标准是“形式判断标准 + 实质判断标准”。司法实践中，法院在审理保险人说明义务的纠纷时，往往会出现截然相反的审理结果。析言之，一种审理结果是从保险人利益出发，只要保险人的合同条款中采用了足以引起投保人注意的文字等形式标注出免责条款，并经投保人签字确认，法院就认定保险

---

〔1〕 参见李玉泉：《〈民法典〉与保险人的说明义务》，载《保险研究》2020 年第 10 期。

〔2〕 参见王泽鉴：《债法原理》（第 2 版），北京大学出版社 2013 年版，第 119 页。

人履行了说明义务,即一种以既存规则为依据的法律形式主义解释方法。例如,在"玉柴船舶动力股份有限公司、美亚财产保险有限公司深圳分公司海上、通海水域保险合同纠纷案"[1]中,投保人玉柴公司认为保险人美亚财险深圳分公司未就锈蚀免责条款向玉柴公司作出任何解释说明,法院最终认为涉案保险单就该免责条款以加粗字体予以提示,且锈蚀免责条款为玉柴公司在协商过程中愿意接受的投保条件,双方当事人也已就该条款达成合意,玉柴公司再主张美亚财险深圳分公司未尽到提示义务与事实不符,驳回诉讼请求。又如,在"重庆市夔峡船务有限责任公司、中国人民财产保险股份有限公司奉节支公司海上、通海水域保险合同纠纷案"[2]中,原告认为,在签订保险合同时,人保奉节支公司未就免除保险责任的条款进行提示或说明,事故发生后才让夔峡船务公司在保险资料上盖章,因此主张保险合同中的免责条款无效。法院裁判认为由夔峡船务公司盖章的《保险条款免责事项明确说明告知书》这一书证,能够证明人保奉节支公司于2014年10月20日履行了保险人对免责事项的提示说明义务。

另一种审理结果是从保险消费者利益出发,尽管投保人在用黑加粗字体标出的特别说明的保单上签字确认,法院仍然认定现有证据不足以证明保险人履行了提示说明义务,即采取的是尊重被保险人合理期望的法律功能主义解释方法。[3] 例如,在"中国人民财产保险股份有限公司长乐支公司、福建省长乐金沙港纺织有限公司保险纠纷案"[4]中,保险人认为,人保长乐支公司2009版投保单一直使用至今,其投保人签章处载明的内容均以黑体印制,依据《最高人民法院关于适用〈中华人民共和

〔1〕 玉柴船舶动力股份有限公司、美亚财产保险有限公司深圳分公司海上、通海水域保险合同纠纷案,最高人民法院(2018)最高法民申5832号民事裁定书。

〔2〕 重庆市夔峡船务有限责任公司、中国人民财产保险股份有限公司奉节支公司海上、通海水域保险合同纠纷案,最高人民法院(2017)最高法民申2847号民事裁定书。

〔3〕 参见夏庆锋:《保险合同条款争议的中间立场解释方法》,载《保险研究》2019年第11期。

〔4〕 中国人民财产保险股份有限公司长乐支公司、福建省长乐金沙港纺织有限公司保险纠纷案,最高人民法院(2018)最高法民申2906号民事裁定书。

国保险法〉若干问题的解释(二)》(以下简称《保险法司法解释二》)第13条第2款的规定,本案应认定人保长乐支公司已尽明确说明义务,并认定案涉火灾属于保险合同约定的责任免除范围。法院经审理认为,人保长乐支公司认定金沙港公司已提交投保单,就应同时认定投保单中约定了自燃免责条款,且人保长乐支公司已履行明确说明义务的主张,不能成立。又如,在"中国人寿保险股份有限公司河北省分公司、苏某芹人身保险合同纠纷再审案"中,再审申请人就免责条款没有履行提示及说明义务,依法不发生效力。法院裁定认为,说明义务是主动义务,保险合同中存在免责条款,并不必然证明保险人履行了说明义务。保险人应对是否履行说明义务承担举证责任。结合本案,再审申请人提供的证据不能充分证明其已向投保人履行了说明义务。可见,法院采取的解释方法不同,对裁判结果影响甚大,这极不利于法律的权威性,同时也无法形成具有一致性及可预测性的裁判结果。究其缘由,与《保险法》第17条规定不甚严谨有很大关系,以下详细讨论。

(一)说明义务履行方式的困惑

由《保险法》第17条规定可知,保险人的说明义务有"说明"与"明确说明"两个层次的要求。那么,这两种说明要求,是否存在本质区别?针对这一问题,有学者指出,此乃《保险法》的立法本意,旨在有意将二者加以区分。[1] 明确说明应理解为提示与说明义务相结合。因此,明确说明比说明的要求更高。[2] 还有学者认为,我国《保险法》规定保险人须对免责条款尽到明确说明义务,是因为免责条款更关乎投保人的切身利益,更需要对保险人滥用免责条款的行为进行有效规制。[3]

笔者认为,"说明"与"明确说明"并无实质区别。"说明"在《现代汉

---

〔1〕 参见温世扬:《保险人订约说明义务之我见》,载《法学杂志》2001年第2期。

〔2〕 参见陈群峰:《保险人说明义务之形式化危机与重构》,载《现代法学》2013年第6期。

〔3〕 参见张海棠主编:《保险合同纠纷》,法律出版社2010年版,第119页。

语词典》中指的是“解释明白”。[1] 既然是解释明白,应已包含“明确”之意。“说明”在法律用语中的解释为,用言简意赅的语言对客观事物或情况以及法律的适用进行介绍和解释,使人了解事物的性质、特征、情况、内在的规律性以及法律后果。[2] 《保险法》中引入说明义务,其目的旨在帮助保险消费者更加清晰地理解保险合同条款,从而维护保险消费者的知情权,弥补其在保险合同签订过程中的天然弱势地位。[3] 既然保险人负有说明义务,就应当使保险消费者完全理解其所说明的合同性质、内容等。因此,“明确”本应是“说明”的应有之义。此外,保险合同中的免责条款只是确认保险人责任范围的一种法律方式,其功能与其他保险合同条款并无太大差异。保险人滥用其他条款侵犯保险消费者利益的情形在格式条款中亦可能出现,因此认定免责条款更关乎投保人的切身利益这一观点值得商榷。

所以,《保险法》第 17 条规定的“明确说明”一词有叠床架屋之嫌,应将“一般说明义务”与“免责条款说明义务”中的“说明”进行统一。“一般说明义务”与“免责条款说明义务”的两个层次,则可以从说明义务的判断标准进行区分。

(二)说明义务适用范围的局限

根据我国《保险法》第 17 条和《保险法司法解释二》第 9 条的规定可知,我国保险人说明义务的范围仅限于关系到保险消费者切身利益的与理赔相关的内容,因此该范围又称为“限制说”。[4] 笔者认为,判断保险人说明义务的范围,应以其条款内容是否产生部分或全部免除保险人保险金给付责任的法律效果为标准。因此,在保险关系中,凡是会对保险消费者行使保险金给付请求权造成影响或限制的条款内容,均应列入保险人说明义务范畴。目前我国《保险法司法解释二》第 9 条的规定,显然

---

〔1〕 参见中国社会科学院语言研究所词典编辑室编:《现代汉语词典》,商务印书馆 1983 年版,第 1083 页。

〔2〕 参见潘庆云:《中国法律语言论衡》,汉语大词典出版社 2004 年版,第 21 页。

〔3〕 参见江朝国:《保险法基础理论》,中国政法大学出版社 2002 年版,第 39 页。

〔4〕 参见范庆荣:《新〈消保法〉对保险领域的影响》,载《保险研究》2015 年第 3 期。

不足以涵盖所有影响保险消费者保险金请求权行使的条款类型。

从比较法视野观之,我国台湾地区“金融消费者保护法”第10条第1项规定,金融服务业于订约前,应向金融消费者充分说明及揭露者,应为该金融商品、服务及合同中的“重要内容与风险”。对于合同中的“重要内容与风险”,由台湾地区主管机关另外以行政命令的方式规定。“重要内容与风险”包括金融消费者的权利行使与限制、保险保障基金制度的保障范围、金融纠纷的申诉渠道等与金融消费者权益密切相关的内容。此外,“金融消费者保护法”第10条第2项规定,金融商品或服务契约之重要内容,包括“交易成本、可能之收益及风险”。对保险合同而言,交易成本应指保险合同的费用率。[1] 保险中介人员的佣金率,应包含在前述费用率范围内。“可能之收益”,解释上包括人寿保险及其他长年期保险关系中的保单预定利率与保单分红,以及投资型保险的可能收益。财产保险的目的为填补被保险人的具体实际损失,应无“可能之收益”的问题。“可能之风险”,在保险合同中,只投资型保险有此问题,若保险人所销售者是投资型保险,自应于订约前将可能风险向投保人说明之。

可以看出,我国台湾地区在规定保险人说明义务时,采取的是“强化说”,即保险人与保险消费者之间签订的保险合同涉及重要内容与风险,以及交易成本、可能之收益及风险的,均须由保险人履行说明义务。此种做法更有利于保险消费者的倾斜性保护,具有合理性,值得大陆地区借鉴。《消费者权益保护法》第26条中“与消费者有重大利害关系的内容”这一说明规定无疑为“强化说”提供了法律依据,可以作为我国《保险法》第17条和《保险法司法解释二》第9条关于说明义务规定的细化与补充。[2] 在判定“与消费者有重大利害关系的内容”的范围时,可借鉴台湾地区的做法,将投保人对保险合同的变更权、解除权;保险人对保险合同的义务及责任;投保人应负担的费用及违约金;保险合同有无受

---

〔1〕 参见叶启洲:《从德国保险人资讯义务规范论要保人之资讯权保障》,载《政大法学评论》第4期(2012年)。

〔2〕 参见范庆荣:《新〈消保法〉对保险领域的影响》,载《保险研究》2015年第3期。

保险保障基金或其他相关保障机制保障以及因保险合同所产生纠纷的处理渠道等，均列入保险人说明义务的范围。

(三)说明义务判断标准的纠结

我国在规定保险人说明义务的履行标准方面，经历了一系列演变。整理如表3－2所示。

表3－2　我国保险人说明义务判断标准内容

年份	名称	说明义务判断标准内容
1997	《中国人民银行关于在机动车辆保险业务经营中对明示告知含义等问题的复函》	保险公司在机动车辆保单背面完整、准确地印上经中国人民银行审批或备案的机动车辆保险条款，即被认为是履行了《保险法》规定的说明义务。投保人在保险单上签字，即投保人对保险单即保险条款的有关内容表示认可并接受约定义务的行为
2000	《最高人民法院关于对〈保险法〉第17条规定"明确说明"应如何理解的问题的答复》	"明确说明"是指保险人在与投保人签订保险合同之前或者签订保险合同之时，对于保险合同中所约定的免责条款，除了在保险单上提示投保人注意外，还应当对有关免责条款的概念、内容及其法律后果等，以书面或者口头形式向投保人或其代理人作出解释，以使投保人明了该条款的真实含义和法律后果
2003	《最高人民法院关于人民法院审理保险纠纷案件若干问题的解释(征求意见稿)》	保险人应根据《保险法》第17条第1款的规定，向投保人说明保险合同条款内容时，应当以普通人能够理解的程度为限，但是可以根据投保人的投保经验作出不同程度的解释："明确说明"，是指保险人与投保人签订保险合同时，对于保险合同中所约定的有关保险人责任免除条款，应当在保险单上或者其他保险凭证上对有关免责条款作出能够足以引起投保人注意的提示，并且应当对有关免责条款的内容以书面或口头形式向投保人作出解释

续表

年份	名称	说明义务判断标准内容
2009	《保险法》(2009 年修订版)	订立保险合同,采用保险人提供的格式条款的,保险人向投保人提供的投保单应当附格式条款,保险人应当向投保人说明合同的内容。对保险合同中免除保险人责任的条款,保险人在订立合同时应当在投保单、保险单或者其他保险凭证上作出足以引起投保人注意的提示,并对该条款的内容以书面或者口头形式向投保人作出明确说明;未作提示或者明确说明的,该条款不产生效力
2013	《保险法司法解释二》	保险合同订立时,保险人在投保单或者保险单等其他保险凭证上,对保险合同中免除保险人责任的条款,以足以引起投保人注意的文字、字体、符号或者其他明显标志作出提示的,人民法院应当认定其履行了《保险法》第 17 条第 2 款规定的提示义务。保险人对保险合同中有关免除保险人责任条款的概念、内容及其法律后果以书面或者口头形式向投保人作出常人能够理解的解释说明的,人民法院应当认定保险人履行了《保险法》第 17 条第 2 款规定的明确说明义务

保险人说明义务的判断标准,有形式标准说与实质标准说两种,前者是指只要保险人形式上履行了说明义务即可,保险消费者是否完全理解说明内容在所不问;后者是指将保险人履行说明义务的实际效果作为判断保险人是否履行说明义务的依据。从表 3 - 2 中可以看出,我国保险人说明义务的判断标准,经历了由形式判断标准到实质判断标准,最终演变为 2013 年最高人民法院发布的《保险法司法解释二》中规定的"形式判断标准 + 实质判断标准"模式。详言之,保险人在履行说明义务时,首先必须符合形式上的各种规范要求,如用文字、字体、符号等作出提示;其次必须符合实质性要求,即保险人需主动作出说明,使保险消费者能理解合同条款的真正含义以及法律后果。"我国保险人说明义务判断标准的此种演化结果,更加符合保险消费者权利倾斜保护的原则,更

有利于确保保险消费者知情权的实现。"[1]

在"形式判断标准+实质判断标准"的说明义务履行标准模式下，形式判断标准已演化为举证责任问题，[2]实质判断标准则演化为证明程度问题。形式判断标准上，一方面，保险人为了证明自己履行了说明义务，通常在保单上以醒目的方式，标注出保险人的免除责任条款。例如，在"中国人民财产保险股份有限公司长乐支公司、福建省长乐金沙港纺织有限公司保险纠纷案"中，人保长乐支公司在其保单上投保人签章处载明的内容均以黑体印制。另一方面，保险人通常让投保人在"投保人声明"处签字，以证明保险人履行了说明义务。[3] 实质判断标准在学界有三种判断标准：主观、客观与"理性外行人"。主观标准通过保险人的自我理解和主观感受进行判断。此种判断标准忽视了合同双方当事人即保险人与投保人在专业知识、经验、技能等方面的差异，忽略了保险经营者与保险消费者之间的实质不平等，不利于保险消费者权利的保护。客观标准是以保险消费者是否真正理解保险合同条款的内容作为判断保险人说明义务的履行标准。但是在实务中，投保人的知识水平、理解能力等各不相同，对保险合同条款的理解也存在差异。对保险人而言，要证明投保人已经完全理解所有条款几乎是不可能的。毕竟是否已正确理解条款内容是投保人的主观认知，一旦发生保险纠纷，投保人可以基于自身利益考量而完全否认。"理性外行人"标准是将通常情况下具有一般知识经验的人对保险合同条款的理解作为判断标准。该项标准能较好地弥补主观与客观标准的不足，[4]但依然具有局限性。因为具备一般知识和经验的人也会因自身智商、教育背景、理解能力等方面的差异而存在巨大区别。因此，出现了"修正的一般标准说"，该观点认为应适当考虑特殊的投保人群体，[5]如文化程度较低、缺乏保险知识的农民、工

[1] 白彦、张怡超：《保险消费者权利保护研究》，中国法制出版社2016年版，第69页。

[2] 参见马宁：《保险人明确说明义务批判》，载《法学研究》2015年第3期。

[3] 参见王静：《保险人明确说明义务的司法审查》，载《法律适用》2013年第1期。

[4] 参见梁鹏：《新〈保险法〉下说明义务之履行》，载《保险研究》2009年第7期。

[5] 参见温世扬：《保险人订约说明义务之我见》，载《法学杂志》2001年第2期。

人等投保人，此时，保险人则须以更大的勉励和耐心予以解释说明；反之，如果投保人是文化程度较高、具有金融、法律知识的高校教师、律师等，则相应减轻保险人的说明义务。实务中，“形式判断标准 + 实质判断标准”往往不能达到使投保人真正理解合同内容之目的，而是流于形式。具体而言，一方面，在形式判断标准中，保险人为了举证方便，在保单中设置“足以引起投保人注意的提示”，而投保人在“投保人声明”处虽已签字但鲜有真正阅读免责条款内容的人；另一方面，在“实质判断标准”中，除非以录音、录像等手段保留，否则举证困难，因而在成本上过于高昂。再者哪怕有音频、视频资料作为证据，也很难证明投保人实质上已经对保险合同条款正确理解了。例如，在“阳光财产保险股份有限公司温州中心支公司、温州鸿达海运有限公司海上、通海水域保险合同纠纷再审案”中，虽然保险公司已将合同中涉及免责的条款加黑、加粗，但最终法院依然认定阳光保险公司在“实质判断标准”上证据不足，因此判定阳光保险公司未履行说明义务。综上，我国说明义务的判断标准在实施过程中陷入两难境地。

三、未来我国保险人说明义务的规制路径

保险人说明义务在实务中造成如此多的保险纠纷表明，我国保险人说明义务在加强保险消费者保护方面的制度供给不足。从前文反思的原因出发，我国应当从理念层面、技术层面和制度层面加以规制完善。

（一）理念层面：说明义务履行方式应从标准化转向个性化

对于保险人履行说明义务的方式，《保险法》第 17 条作了规定。从该条可知，保险人对格式合同的一般条款以及免责条款都负有主动说明的义务。诚如有学者所言，“保险人通常只需遵循法律规定的特定格式，如风险告知说明书，投保人签字确认即可”。[1] 至于保险消费者是否完

---

〔1〕 杨心忠等：《保险合同纠纷裁判精要与规则适用》，北京大学出版社 2016 年版，第 12 页。

全理解说明之内容不在其考虑范围之内。因此,保险人的说明义务在实务中体现为以一种统一的模式标准对应所有的保险消费者。这会导致以下问题:第一,对所有保险消费者进行无差别说明,不利于商事交易效率,长此以往必然导致保险公司的惫懒。此外,保险消费者的认知水平存在巨大差异,[1] 如对有法律背景的保险消费者,向其说明可能多此一举,而向文化水平较低的保险消费者作出说明,若缺乏针对性,而是泛泛而谈,对方可能依旧不能理解。第二,保险消费者无法对保险合同信息进行适当处置。[2] 对消费者而言,多数格式条款和免责条款的内容繁杂,真正理解内容十分不易,如果标准化说明的格式合同条款信息量过大,保险消费者理解起来有困难。第三,不利于保险消费者主动阅读合同条款。保险消费者应对合同中的内容、权利、义务等有明确的认知,虽然对格式合同,保险消费者一般只有"签与不签"的权利,但保险消费者依然有充分理解合同内容的权利与义务。可是在"主动说明"的背景下,却反向促使保险消费者过于依赖保险公司的说明,而自己却对合同的具体内容"不甚关心"。[3] 实务中,保险公司为了便于操作与取证,通常都在保险合同上列明"投保人声明",言明保险人已尽到说明义务。投保人很少真正认真阅读合同的具体内容。众多保险纠纷的案例,都与实务中这种简单粗暴的说明方式有关。保险交易的当事人各有差异,说明义务的履行方式采取标准化模式,即对所有保险消费者视为一体同等对待,如此立法是否能获得预期之实效,是否有违实质公平,司法实践中大量关于说明义务的保险纠纷已经告诉我们答案。有研究表明,信息披露的同一性必然导致在不同保险消费者面前遭遇滑铁卢,个体的差异性与信息披露的同一性之间的矛盾,在现有保险人说明义务的标准化模式下已

---

[1] 参见范庆荣:《新〈消保法〉对保险领域的影响》,载《保险研究》2015 年第 3 期。

[2] 参见蔡大顺:《论大数据时代保险法上信息义务履行方式的改进——由标准化转向个性化》,载《湖北社会科学》2019 年第 6 期。

[3] 范庆荣:《新〈消保法〉对保险领域的影响》,载《保险研究》2015 年第 3 期。

无法有效化解。[1] 为此,说明义务履行方式的未来立法应从现今对保险消费者一视同仁的标准化模式转向注重个体差异性的个性化模式。

第一,引入保险人信息提供义务。充分落实保险人说明义务履行方式个性化的转变,可借鉴德国保险法对保险人信息提供义务的规定。《德国保险合同法》第7条第1项为保险信息义务的核心规定。由该条规定可知,保险人在投保人为订约的意思表示之前,将与保险合同相关的一切内容以书面的形式告知保险消费者。其立法目的,在于使投保人能在缔约之前有机会充分了解、比较其所购买的保险商品,具体包括投保人对保险合同的变更权、解除权;保险人对保险合同的义务及责任;投保人应负担的费用及违约金;保险合同有无受保险保障基金或其他相关保障机制保障以及因保险合同所产生纠纷的处理渠道等内容,从而结合自身实际情况选择最适合的保险产品。[2] 此外,保险人的信息提供义务不仅限于合同缔结前,在合同存续的整个阶段,应投保人的要求,保险人均需履行信息提供义务。这是因为保险消费者的知情权,应贯穿保险合同的始终,因此有必要拓展消费者信息需求的时间维度。

第二,《消费者权益保护法》第26条第1款为说明义务履行方式的"个性化"提供了法律依据。依该条规定,经营者对消费者的说明方式为"按消费者的要求予以说明",其实质即为"个性化说明"。尽管《消费者权益保护法》与《保险法》是一般法与特别法的关系,在法律适用时理应适用《保险法》的规定,但本书重在讨论"标准化说明"与"按需供给的个性化说明"何者更科学合理的问题。按照《消费者权益保护法》中"个性化"的规定,可有效解决上述"标准化说明"带来的弊端。首先,"个性化说明"能使保险人作出的说明更具针对性,这些内容通常是消费者的"盲区",便于保险消费者真正理解那些他们看不懂的条款,从而提高商事交

---

〔1〕 参见蔡大顺:《论大数据时代保险法上信息义务履行方式的改进——由标准化转向个性化》,载《湖北社会科学》2019年第6期。

〔2〕 参见沈小军:《从明确说明义务到信息提供义务——保险消费者自主决定权保障制度再造》,载《法商研究》2021年第2期。

易的效率。其次,“个性化说明”有助于保险消费者密切关注保险合同内容,选取自己不甚明白的部分让保险人重点说明,并进行有针对性的解释。再次,保险消费者在对合同内容有正确的理解后,作出的意思表示更符合其内心真意,从而减少将来因保险合同理解偏差而产生的纠纷。最后,“个性化说明”既能节省保险公司的时间成本,又能直击保险消费者的需求痛点,使保险公司的说明义务履行与保险消费者需求“同频”,事半功倍,一举两得。[1]

(二)技术层面:大数据技术助力个性化说明义务履行方式

保险业本质上是一个高度数据集合的行业,保险人基于对数据的分析,进行了解和有效的评估风险。大数据的发展,催生了海量、高速度、多样性的信息资产。利用大数据技术,保险业中的数据可以被视为一个有大量未开发业务的领域,具有极大的商业价值。“通过利用数据信息,银行、保险等金融公司可以全面了解市场、客户、渠道、产品、法规、竞争对手和员工,从而更好地竞争。因此,大数据的发展和使用有望带动全球金融服务大数据市场的增长。”[2]

大数据在保险业中的有利影响主要体现在:第一,保险机构可以提高对客户的洞察力,参与度和体验水平。随着金融产品和服务的数字化以及客户与数字空间中的品牌或组织互动的趋势不断增加,保险机构有机会提高客户的参与度,并积极改善客户体验,增强客户黏性。有学者认为,这是金融机构利用大数据技术保持领先地位甚至引领竞争的最关键因素。为了实现这一目标,大数据分析技术可以帮助保险机构从社交媒体之类的新型非结构化资源中获取信息。[3] 第二,增加保险市场交易。随着快速执行交易的需求不断增长,金融市场交易已开始演变为数字化空间。利用复杂算法快速进行金融市场的交易,从而利用大数据获

---

〔1〕 参见马宁:《保险人明确说明义务批判》,载《法学研究》2015 年第 3 期。

〔2〕 IBM Institute for Business Value's report, *Analytics: The real-world use of big data in financial services*, IBM , 2013.

〔3〕 See Kazim Hussain & Elsa Prieto, *Big Data in the Finance and Insurance Sectors*, New Horizons for a Data-Driven Economy,2016, p. 209 – 223.

益。市场数据本身可以被视为大数据,它体积大,来源广泛,并以惊人的速度产生。但是,这些大数据并不一定能转化为可操作的信息资源。大数据的真正好处在于可以有效地提取可操作的信息并将此信息与其他来源集成在一起。例如,可以将来自多个市场和地区的数据以及各种资产类别与其他结构化和非结构化资源整合在一起,创建丰富的混合数据集(结构化和非结构化数据的组合)。此种模式提供了市场状态的全面综合视图,可用于各种活动,如信号生成,交易执行,利润和亏损报告以及风险测量,而且这些数据都是实时的,因此可以实现更有效的交易。

随着保险科技的发展,大数据技术的使用为保险人说明义务的个性化转化提供了条件。一方面,大数据技术可以对保险交易对象进行精准划分,从而对不同层次的保险消费者进行有针对性的推送,使保险销售实现从量到质的飞跃。[1] 换言之,保险合同说明义务的履行方式向"个性化"与"定制化"转变,借助大数据技术,保险人可以分析合同主体的个人特点、习惯偏好、信用信息,并通过科学算法对这些数据进行预测分析,从而实现保险人对目标群体包括说明义务在内的差异化供给服务,即精准行销。另一方面,大数据技术使保险人从"了解你的客户"向"了解你的数据"转变。保险公司从大数据技术中可获取的保险数据资源包括三个方面:结构化数据(交易系统、账户系统、市场数据、价格信息、技术指标等)、非结构化数据(每日股价、公司公告、博客、客户反馈等)与半结构化数据(金融产品标记语言、财务资料修订、可扩展业务报告语言等)。[2] 保险人通过数据采集、数据质量分析、数据提取、数据整合(共享),进而作出决策。保险公司对以上数据进行操作,收集并分析保险消费者的行为,预测其潜在需求。同时,大数据库是不断动态变化的,数据可进行自我更新完善。因此,大数据技术为保险公司了解自己的顾客,

---

〔1〕 See Tene et al., *Judged by the Tin Man: Individual Rights in the Age of Big Data*, Journal of Telecommunications and High Technology Law, 2013(11).

〔2〕 See Kazim Hussain & Elsa Prieto, *Big Data in the Finance and Insurance Sectors*, New Horizons for a Data-Driven Economy, 2016, p. 209 – 223.

并为其提供个性化的说明义务创造了条件。

（三）制度层面：引入合理期待原则

面对保险人说明义务“形式判断标准＋实质判断标准”的两难困境，引入合理期待原则或许是因应之道。合理期待原则强调在保险合同发生纠纷时，法官可基于保险消费者客观且合理的期待，最终作出不利于保险公司的判决。[1] 合理期待原则是英美法系国家对不合理的格式条款的主要规制方法。首先，作为保险消费者，其有权在投保时得到按照通常期待所应得到的保障。具体而言，保险消费者基于保单误导、营销模式误导、保险代理人误导、保险产品名称误导、保险广告诱导等而产生的期待，都应属于合理期待的范畴。[2] 例如，许多保险合同条款若不经过仔细推敲委实难以理解，甚至仔细推敲后依然不能确定承保危险的准确外延，此时保险消费者更多仰赖的是通过保险销售人员的说明理解保险合同条款内容，此时保险消费者较易被销售人员误导。又如，投保人只有签订合同，交付首次保险费，保险交易完成，才能拿到保险公司签发的保险单。这意味着投保人从申请购买保险到领受保险单，中间通常存在时间差；换言之，保险人把承保危险的实际生效时间推迟至保单生效之后。此外，这种形式无意中鼓励保单持有人不认真阅读保险单，因为已经付款且保单生效，此时保单持有人再认真阅读保险单明显已意义不大。在这样的情势之下，引入合理期待原则十分必要。在合理期待原则下，即使保险合同中有约定的免责条款，保险消费者仍然能够得到合理客观期待的保护，从而排除免责条款的适用。[3] 其次，合理期待原则是法院基于整体社会利益维护与保险消费者利益的考量而引入司法裁决

---

〔1〕 See Robert E. & Keeton, *Insurance Law Rights at Variance With Policy Provisions: Part One*, 83 Harv. Rev., 961 (1970), p. 15.

〔2〕 参见谢冰清：《保险法中合理期待原则适用规则之构建》，载《法学杂志》2016 年第 11 期。

〔3〕 参见于永宁：《保险人说明义务的司法审查——以〈保险法司法解释二〉为中心》，载《法学论坛》2015 年第 6 期。

的原则。[1] 最后，合理期待原则要求保险人认真履行说明义务，并尽量制定“通俗易懂”的保险合同条款。例如，美国 Sentry 保险公司推出的“普通汽车保单”，就采取简单易懂的语言，对保险消费者而言具有较高的易读性，被形象地称为“如戏剧般引人注目”。[2]

因此，在判断保险人说明义务的履行标准时，一方面，应由保险人在保单上以足以引起投保人注意的醒目方式，标注出保险人的免除责任条款，并要求投保人仔细阅读、充分理解后再签字；另一方面，无论保险合同如何规定，若由保险人承担的危险是保险消费者正当且合理的期待，那么保险消费者的该种期待应得到保护，法院在审理相应保险纠纷时应引入合理期待原则。当然，对合理期待原则的应用要根据实际情况加以判断。[3] 总之，法院将合理期待原则作为解决歧义的解释工具，该原则亦将法院的角色定位为解释保险人与被保险人之间博弈的第三方。[4]

保险合同只有建立在合同当事人之间信息对等的基础上，才能长期发挥保险合同的正面效益。然而因保险产品是由保险人及其所雇佣之精算、商管及法律专家设计的，投保人往往不易理解。因此，为了保护保险消费者的合法权益，我国法律规定了保险人的说明义务。但因其在规范履行方式、适用范围及判断标准方面还存在瑕疵，使得我国保险人说明义务在实践中屡现纠纷。未来我国应从保险人说明义务履行方式标准化转向个性化、大数据技术助力个性化说明义务履行方式，以及引入合理期待原则三个方面对其进行规制，使得保险消费者知情权之保护更加完整。

---

〔1〕 See Kenneth S. & Abraham, *Judge-Made Law and Judge-Made Insurance: Honoring the Reasonable Expectations of the Insured*, 67 Va. L. Rev., 1981, p. 1151.

〔2〕 参见于海纯：《保险消费者权益保护制度研究——以保险人说明义务规制为重点》，对外经济贸易大学出版社 2015 年版，第 60 页。

〔3〕 参见于海纯：《保险消费者权益保护制度研究——以保险人说明义务规制为重点》，对外经济贸易大学出版社 2015 年版，第 61 页。

〔4〕 See David J. Seno, *The Doctrine of Reasonable Expectations in Insurance Law: What to Expect in Wisconsin*, Marquette Law Review Volume 85 Issue 3 Spring 2002, Article 4.

第四节　我国保险消费者自主选择权保护的现在与未来——以投保人冷静期内的合同解除权规制为中心

消费者自主选择权是消费者意思自治的产物，是合同自由的最终体现，也是消费者的一项基本权利。因此，我国《消费者权益保护法》第9条规定了对消费者自主选择权的保护。在保险实务中，由于保险消费者与保险人处于信息不对称的两端，保险消费者处于弱势地位，极容易因保险销售的误导而影响其自主选择权，致使其作出错误的判断并最终损害自身利益。所以，世界各国均规定了投保人的合同解除权，以弥补投保人在合同缔结时不平等地位造成的不利影响。[1] 2015年，国务院办公厅发布《关于加强金融消费者权益保护工作的指导意见》，明确提出要保障金融消费者的自主选择权，由消费者自主选择、自行决定是否购买金融产品或接受金融服务，不得采用引人误解的手段诱使金融消费者购买其他产品。本节主要以投保人冷静期内的合同解除权规制为中心，首先分析投保人冷静期制度的含义及适用价值，并从立法层面、产品层面与司法层面考察冷静期制度在我国保险领域的适用现状，进而将冷静期条款置于制度设计的框架下，进一步分析其存在的局限性与因应措施，最后从保障保险冷静期制度行使的视角对其提出建构路径，从而有力地保护保险消费者自主选择权的实现。

一、投保人冷静期制度的含义及适用价值

一般在缔结契约过程中，依据缔约自由原则，原则上契约双方当事人可以自行斟酌，并于完全了解契约内容后再行订约。唯在使用格式合

---

〔1〕 参见王子晏：《保险合同解除权的规范性质和法律适用》，载《社会科学家》2012年第12期。

同订约时,由于条款是一方当事人预先拟定,通常约款烦琐而相对人不容易于短时间消化理解,此外其内容很有可能有利于拟订条款的一方。[1] 为了使相对人能够有足够的时间了解合同条款,并决定是否订立该合同,各国设立了冷静期制度。冷静期制度最早起源于《美国联邦贸易组织法》中的规定,适用于非固定场所交易的买卖。[2] 卡默勒等建议要为消费者在购买重大商品时设置冷静期,以防止顾客的冲动消费。[3] 2012 年 6 月世界银行发布《金融消费者保护的良好经验》(2012 年版)规定了金融机构的信息披露和销售行为,其中在关键事实说明中,赋予了消费者在冷静期内任意解除合同权,而不用承担责任。现今冷静期制度在保险业中尤其是寿险合同中得到广泛应用。"任何传统的投资或长期人寿合同,在保险人履行信息披露义务后,都必须有一个合理的冷静期,以应对可能的高压销售和不当销售。"[4] 在英国保险商品销售领域称其为"撤销权",在新加坡保险领域将冷静期称为"观望期",德国则称为"撤回权"。冷静期制度的含义,有学者认为,冷静期指的是金融消费者在交易完成后,可在一定期间内任意解除合同,而不用承担违约责任。[5] 也有学者认为,其是"允许客户在合同签订并生效后的特定时间内撤销合同的规则"。[6] 总之,在保险领域,投保人的冷静期是指赋予投保人无任何条件地单方解除长期合同的一定期间。冷静期制度对保护保险消费者的合法权利发挥了重要作用,一方面,在冷静期内,投保人可以随

---

〔1〕 参见叶启洲:《保险消费者权益保护之新发展》,台北,元照出版有限公司 2015 年版,第 211 页。

〔2〕 See Rodolpho Sandoval, *A Critical Analysis of the Cooling-off Period for Door to Door Sales*, Chicano Law Review, 1976, p. 100 – 102.

〔3〕 See Camerer C., *Behavioral Game Theory. Experiments in Strategic Interaction*, Princeton University Press, 2003, p. 89.

〔4〕 Rodney Lester, *Consumer Protection Insurance*, *primer series on insurance issue* 7, Non-Bank Financial Institutions Group, 2009, p. 13.

〔5〕 参见胡大雁:《我国保险领域冷静期制度发展现状、检视与展望》,载《西南金融》2014 年第 11 期。

〔6〕 马忠法:《论金融理财活动中实施"冷静期规则"的可行性》,载《上海财经大学学报》2010 年第 2 期。

时解除合同,无须经保险人同意,也无须经过诉讼或者仲裁,除工本费外基本无解约成本;另一方面,冷静期制度是保险消费者知情权的延伸与自主选择权的体现。在保险交易中,保险人常对保险消费者以电话、短信、上门服务等方式发动猛烈的销售攻势,这使得保险消费者在短时期内很难客观全面地了解保险产品。冷静期制度为保险消费者提供了一段"缓冲期",使其有充分时间了解保险合同的真实信息,从而作出符合自身真意的客观判断。"犹豫期制度的引入在本质上是国家对保险市场的一种规制,是金融消费者保护理念下对消费者知情权、公平交易权的进一步保障,对维护社会公共利益及金融市场的秩序与效率具有重要的意义。"〔1〕

投保人冷静期制度的适用价值主要体现在以下三个方面。

首先,冷静期制度能够扭转信息不对称背景下保险消费者的弱势地位。保险消费者与保险人之间存在严重的信息不对称,具体表现在:第一,保险消费者在签订保险合同时,可能处于一种迷糊的状态,在保险销售人员的怂恿下,非出于自身真实意思表示而作出了决定。〔2〕第二,保险消费者难以掌握保险产品的具体内容,因此常常需要辅以保险代理人的介绍与解说,此过程难免出现对投保人基于自身意志之外的干扰。第三,随着互联网的发展,越来越多的网络保险产品出现在大众视野,消费者打开电脑或是点开手机 App,便能轻松获得各种保险产品的推送广告。通过互联网购买保险的方式虽然使保险消费者更轻松省事,但由此带来的信息不对称情势也越发明显。保险商家通过网络宣传大玩文字游戏,让保险消费者更易陷入销售误导的泥潭中。因此,冷静期制度的实施,可以有效扭转信息不对称背景下的保险消费者弱势地位,赋予保险消费者充分的"验货"时间,是对消费者自主选择权保护的应然需求。

其次,冷静期制度倒逼保险人充分履行说明义务。冷静期制度的推

---

〔1〕 尹迪:《从约定到法定:人身保险犹豫期制度的构建》,载《法商研究》2020 年第 3 期。

〔2〕 参见王春梅:《人身保险合同犹豫期条款分析——以〈保险法修改草案〉为视角的分析》,载《苏州大学学报(哲学社会科学版)》2017 年第 6 期。

行,客观上会增加投保人对保险合同的“解约率”,这并非坏事。析言之,保险人在履行说明义务时,往往通过让保险消费者在“投保人声明”上签字以证明其已履行保险人说明义务,至于投保人是否完全理解格式条款与免责条款的具体内容,则在所不问。而冷静期的存在,会倒逼保险公司认真履行说明义务,以减少保险消费者冷静期内解除合同的行为。[1]因此,冷静期制度下,保险人为了降低投保人的“解约率”,在履行说明义务时,势必会将格式条款及免责条款等关涉保险消费者保险金请求权的内容进行充分讲解,以防止投保人签约时对保险合同不甚了解,却在冷静期内发现有与自己预期不合而行使合同解约权之情事发生。所以,冷静期制度可有效遏制保险人不严格履行说明义务的情况,促进保险人自身经营的职业规范,同时也有利于整个保险行业的健康发展。

最后,冷静期制度体现了签订保险合同的实质平等。冷静期制度赋予消费者在冷静期内随时解除合同的权利,且无任何负担,看似违背公平交易原则,实则是现代私法理念由追求形式上之平等向强调实质上之平等转变。冷静期制度所体现的私法价值,正是实质公平理念下契约自由对社会公正所做的让步,以此保障当事人真正享有意思表示之自由、实现契约缔结过程中的实质平等。[2] 卡尔·拉伦茨曾指出,合同中的当事人只有在势均力敌的状态下,才能真实地体现自己的真意。若不具备这样的条件,那么便只能靠法律创造此种平衡的环境。[3] 冷静期制度便是法律所采取的措施,通过赋予保险消费者在一定期间内无代价的合同解除权,在一定程度上纠正买卖双方地位上的失衡偏差,目的旨在维护保险消费者与保险人之间的平衡态势,这也是学者提出的“保护拥有较少契约

---

〔1〕 参见俞梦睿:《利益平衡视角下的消费者冷静期制度》,载《湖南科技大学学报(社会科学版)》2017 年第 6 期。

〔2〕 参见尹迪:《从约定到法定:人身保险犹豫期制度的构建》,载《法商研究》2020 年第 3 期。

〔3〕 参见[德]卡尔·拉伦茨:《德国民法通论》,王晓晔等译,法律出版社 2013 年版,第 42 页。

自由者的契约自由”[1]的体现,从而实现保险合同当事人的实质平等。[2]

二、冷静期制度在我国保险领域适用的现状

保险消费者在冷静期内,可以任意地解除合同,而不必承担违约责任,这是立法对保险消费者合法权益保护的体现。[3] 但是从我国目前冷静期制度的适用情况来看,远未达到有效保护保险消费者权利的目的。以下从立法层面、保险产品层面和司法层面作进一步分析。

(一)立法层面

目前我国《保险法》中并没有对冷静期进行明确规定,只在原保监会颁布的行政办法等文件中有所涉及。笔者按照颁布的时间顺序整理如表 3 -3 所示。

表 3 -3　我国保险冷静期的规定

年份	发布单位	名称	内容
2000	原保监会	《关于规范人身保险经营行为有关问题的通知》	首次规定犹豫期内容。犹豫期是从投保人、被保险人收到保单并书面签收日起 10 日内的一段时期。在犹豫期内,投保人可以无条件解除保险合同,但应退还保单,保险公司除扣除不超过 10 元的成本费以外,应退还全部保费并不得对此收取其他任何费用。对于投资连结类产品,如在犹豫期内独立账户资产价值发生变化,则保险公司只可扣减投保人资产价值减少的部分以及变现资产的费用,不得扣减销售保单所发生的佣金和费用。投保书或保险条款中应载明投保人在犹豫期内的权利,保险公司员工或代理人在展业以及向投保人、被保险人发送保单时,也应对犹豫期内的权利进行说明

[1] 曾品杰:《论消费者契约之无条件解除权》,载《政大法学评论》2011 年第 123 期。

[2] 施文森教授认为,人寿保险之契约撤销权,为诚信原则在保险法上的正面发展事例之一。参见施文森:《诚信原则与格式条款外之求偿》,载《月旦法学杂志》2010 年第 182 期。

[3] 参见胡大雁:《我国保险冷静期制度发展现状、检视与展望》,载《西南金融》2014 年第 11 期。

续表

年份	发布单位	名称	内容
2001	原保监会	《人身保险新型产品信息披露管理暂行办法》	规定投资连结型保险和万能保险在产品说明书中应包含犹豫期条款
2005	原保监会	《人身保险保单标准化工作指引(试行)》	规定保险期间在一年以上的个人人寿保险合同、个人健康保险合同和个人意外伤害保险合同都应包含犹豫期条款,并应说明设置犹豫期的目的
2006	原保监会	《健康保险管理办法》	长期健康保险产品应当设置合同犹豫期,并在保险条款中列明投保人在犹豫期内的权利。长期健康保险产品的犹豫期不得少于 10 日
2009	原保监会	《人身保险新型产品信息披露管理办法》	将犹豫期的适用范围正式扩展到了投资连结型保险、万能保险、分红型保险和保监会认定的其他产品
2011	原保监会	《关于规范人身保险业务经营有关问题的通知》	将犹豫期的起算点变更为"从投保人收到保险单并书面签收日起 10 日的一段时间"
2014	原保监会 原银监会	《关于进一步规范商业银行代理保险业务销售行为的通知》	商业银行代理销售的保险产品保险期间超过一年的,应在合同中约定 15 个自然日的犹豫期,并在合同中载明投保人在犹豫期内的权利。犹豫期自投保人收到保险单并书面签收之日起计算。规定犹豫期提示语:"您在收到保险合同后 15 个自然日内有全额退保(扣除不超过 10 元的工本费)的权利。超过 15 个自然日退保有损失"
2019	银保监会	《人身保险新型产品信息披露管理办法》	规定投资连结险赋予投保人在犹豫期内享有将保险费转入投资账户选择权的,应当在投保单和保险条款中予以明示,同时明确了投保人在犹豫期内解除合同所享有的权利

从以上文件可以看出,我国对于保险冷静期的规定,正在逐步完善。首先体现在适用险种的范围上,由最初的人身保险扩展至投资连结型保

险、万能险、分红险及保险期间超过一年的保险。其次是在冷静期的期限上，由最初的10天扩展至15天甚至更长。但是，就立法层面而言，保险合同冷静期制度的效力层级较低，均是原保监会的部门行政规定，对保险机构的约束力明显不够。不过令人欣慰的是，2014年施行的《消费者权益保护法》已将冷静期纳入其中，使冷静期制度在传统消费领域上升到新的高度。2015年国务院发布的《保险法修改草案》送审稿中，首次把犹豫期条款写入保险法；2016年《〈保险法〉(第三次重大修订)专家建议稿》的最终成果中，也建议增加规定"人身保险合同的犹豫期"条款，并将犹豫期设定为"不少于20日"。[1] 但令人遗憾的是，以上专家建议稿中关于冷静期条款的规定，由于种种原因未能获得采纳，我国保险合同冷静期制度立法层面不高的缺陷依然存在。

(二)保险产品层面

目前我国保险冷静期制度主要体现在人身保险、投资连结保险、万能险以及分红险中，尤其在人身保险合同中多有适用。《德国保险合同法》规定的冷静期适用范围，并不限于固定险种，只要保险期间为一个月以上的保险合同，不分险种均可以适用。[2] 未来我国可参考德国法律的相关规定，将冷静期制度扩大适用至其他保险产品中，使得购买各类保险产品的保险消费者均能在冷静期内获得合同解除权，从而更好地维护保险消费者的合法权益。

现阶段在我国保险市场中，各类人身保险产品繁多，不同保险公司对人身保险产品冷静期的规定也各不相同。笔者以4家保险公司的保险产品为例做一对比。从表3-4中可以发现，4家公司的保险产品在保险条款中都没有对冷静期的具体含义作出规定，已有条款均是建立在保险消费者已经理解冷静期内容的基础上；冷静期的规定在保险合同中都

---

[1] 参见尹田等：《〈保险法〉(第三次重大修订)专家建议稿》，载尹田主编：《保险法前沿》(第四辑)，知识产权出版社2017年版，205~314页。

[2] 参见叶启洲：《保险消费者权益保护之新发展》，台北，元照出版有限公司2015年版，第242页。

以加粗的黑体字形式提醒投保人;合同解除方式都要求投保人采取书面申请的方式。4家公司保险产品的不同之处在于:冷静期的起算时间不同,有的从保险合同签收之日起计算,有的从保单承保次日起计算。冷静期的天数有10日与15日之区别。在冷静期保险责任承担方面,3家保险公司都规定在冷静期期间发生保险事故,保险公司不承担保险责任,唯有中国平安保险股份有限公司没有规定。

表3-4　4家保险公司保险产品关于冷静期的规定

保险公司	昆仑健康保险股份有限公司	中国平安保险股份有限公司	招商信诺人寿保险有限公司	中国太平洋人寿保险股份有限公司
保险产品	健康保重大疾病保险(2.0版)	平安e生保2020	安享康健重大疾病保险	金佑人生终身寿险(分红型)A款
对冷静期含义的规定	无	无	无	无
冷静期起算时间	投保人签收保险单之日起	保单承保次日起	投保人签收之日起	投保人签收合同之日起
冷静期说明义务	有	有	有	有
冷静期天数	15日	10日	15日	15日
合同解除方式	书面申请	书面申请	书面申请	书面申请
冷静期的保险责任	自投保人书面申请解除合同之日起,合同即被解除,保险公司自始不承担保险责任	无规定	保险合同解除前发生的保险事故不承担给付保险金的责任	保险合同解除前发生的保险事故,保险公司不承担保险责任

(三)司法层面

笔者在“北大法宝”与“中国裁判文书网”中输入关键词“保险冷静期”或“保险犹豫期”,出现上千余件案例,经过进一步筛选与汇总,选出有关保险冷静期的4个代表性案件(见表3-5),以此比较司法实践中保险冷静期制度适用的裁判倾向。

表3-5 我国法院审理的保险冷静期解除保险合同纠纷案

序号	案例名称	审理法院	裁判日期	保险类型	消费者是否在犹豫期内解除合同	法院裁判结果
1	王某英与富德生命人寿保险股份有限公司广东分公司越秀营销服务部人身保险合同纠纷案	广东省广州市中级人民法院	2016年11月22日	人身保险合同	否	原告未在犹豫期内以书面形式通知被告撤销保险合同,其未按合同约定行使撤销权。原告败诉
2	王某华与中国人寿保险股份有限公司衢州分公司保险合同纠纷上诉案	浙江省衢州市中级人民法院	2017年12月29日	两全保险	否	被告不存在利用欺骗手段使原告签订显失公平的涉案保险合同。被告及时向原告送达了书面《保险合同》,在电话回访时亦提醒原告仔细阅读说明书和投保提示内容等并告知原告犹豫期。原告有充分的时间和机会了解自己购买的保险产品及相关权利义务。原告败诉
3	中国人民健康保险股份有限公司吉林市分公司与王某霞保险合同纠纷案	吉林省吉林市中级人民法院	2018年9月7日	个人护理保险	是	无法认定犹豫期从何时起算,人民健康保险公司亦未举证证明被告首次提出疑问的时间,导致无法认定被告是否在犹豫期内要求退保,对此应由人民健康保险公司承担相应不利后果

续表

序号	案例名称	审理法院	裁判日期	保险类型	消费者是否在犹豫期内解除合同	法院裁判结果
4	中国平安人寿保险股份有限公司吉林中心支公司与宣某江人身保险合同纠纷案	吉林省吉林市中级人民法院	2019 年 5 月 13 日	人身保险合同	是	本案的争议焦点是犹豫期何时起算。被告与原告以电子数据交换方式签订合同,但后又形成了书面合同,两份合同以投保人收到哪份合同的日期为投保人提出犹豫日期,合同中未作出明确约定,因投保人所投保的合同属格式条款,在发生争议时,应以有利于投保人的解释规则进行解释,故应以投保人收到书面的纸制合同的日期为犹豫期的起算点。故被告应视为在犹豫期时间段内提出解除合同

从筛选的 4 个案例来看,有 2 个案例中的保险消费者在冷静期内成功维护了自身权益。可见,我国保险合同冷静期制度在司法实践中已逐步被接受。但从保险实践案例也可看出,对冷静期制度适用的纠纷较多,保险消费者能否在冷静期内顺利解除保险合同也存在较大的不确定性。集中体现在:其一,冷静期内解除合同的方式是否必须以书面形式为要件(案例 1)？其二,保险消费者几乎对冷静期制度并不熟悉,甚至从未耳闻,因此是否需要规定保险人针对冷静期制度向投保人详细说明,若需说明,保险人对保险消费者的说明义务应如何落实(案例 2)？其三,保险合同冷静期应该从何时计算(案例 3、案例 4)？其四,在冷静期内发生保险事故时保险公司是否应承担理赔责任？针对以上疑问,后文将展开详细分析。

三、冷静期条款的局限性:基于制度设计的考察

保险合同的冷静期条款在司法实务中是纠纷的“多发区”,除了与冷静期牵涉投保人可随意解除合同这一利益密切相关的原因之外,也表明冷静期的制度设计存在一定的缺陷,使得其目的设置的初衷无法有效达成。

(一)冷静期合同解除的方式是否以书面形式为要件

世界各国通常都规定在冷静期解除保险合同须采取书面形式,口头形式无效。例如,德国法规定,消费者必须以文本形式作出撤回表示。[1]日本的《保险业法》规定,解约权或撤销权行使后的生效期间是合同解除的书面申请发出之时。目前我国保险产品在冷静期解除合同均规定采取书面形式,这是基本要求,无可厚非。但在解除合同时以书面形式为要件之外,是否可存在例外情况,值得探讨。表 3－5 的案例 1 中,双方争议的焦点之一是原告是否在保险合同犹豫期内行使撤销权。原告在冷静期提出解除合同,但因人在外地,且由于交通通信原因导致其身份证未在 10 日冷静期内寄达广州,最后法院判决原告没有依照合同约定在犹豫期内以书面方式通知保险公司,不支持原告关于保险公司同意其撤销合同的主张。由此案观之,若投保人在签订保险合同后,有事去外地,无法及时在犹豫期内提交书面材料表达解除合同的意思,此时是否应一概认定投保人错过冷静期不能解除合同呢？笔者认为不然。设定冷静期制度,就是赋予保险消费者有充分时间无条件解除合同的后悔权利。[2] 若投保人在冷静期内有解除合同的意愿,却由于外部客观原因,如上述案例中的当事人在外地,无法及时赶回;或者投保人签订合同后即突发重病无法思考冷静期问题等情况,此时若机械地认定投保人错过冷静期而使当事人无条件解除合同的权利归于无效,难免偏颇。因此,投保人在

---

〔1〕 参见李军华:《金融消费冷静期规则架构》,载郭锋主编:《金融服务法评论》(2015 年第 7 卷),法律出版社 2015 年版。

〔2〕 参见杨东:《金融消费者保护统合法论》,法律出版社 2013 年版,第 250 页。

行使冷静期解除权利时,应以书面形式为原则,以口头通知为例外。此外,解约还可采取包括采用电子邮件、电话等多种方式。如果因口头通知发生争议,应由保险消费者负举证责任。[1] 事实上,随着网络科技的进步,保险合同的缔约形式由线下转为线上,订约渠道呈多元化趋势。若仍要求投保人解约时只允许书面这一种形式,明显是对保险消费者冷静期内合同解除权的限制,对保险消费者不公平。[2] 此外,对于投保人书面说明的具体履行方式,应进一步具体规定。例如,纸质说明采取送达的方式还是邮寄的方式;送达或邮寄的地点是保险公司的总部还是分部?接收人是保险公司的工作人员还是代理人?等等,这些问题均须明确。

(二)保险人是否对冷静期条款负有说明义务

虽然前面已经论述冷静期制度能倒逼保险人充分履行说明义务,但从法律角度来看,《保险法》并未对保险人向投保人履行冷静期说明义务作出强制性规定,因此,冷静期的说明义务因缺乏较高立法层面上的强制性保障,在实践中,其效果并不理想。详言之,保险交易市场中,保险公司并未对保险消费者在冷静期的权利有相应的说明解释。从表 3 – 4 中可以看出,列出的 4 种保险产品中均未对冷静期的含义作出具体解释。保险人的说明义务多是以“投保人须知”的形式让投保人自行阅读并签字,从而简化保险人履行说明义务的流程。例如,在“投保人须知”中专设一项“已知晓犹豫期事宜”,至于投保人是否理解冷静期条款的内容,如何行使冷静期内的权利等,保险人并未说明,甚至有的保险合同条款中也未注明。[3]

---

[1] 参见范庆荣:《新〈消保法〉对保险领域的影响》,载《保险研究》2015 年第 3 期。

[2] 参见白彦、张怡超:《保险消费者权利保护研究》,中国法制出版社 2016 年版,第 108 页。

[3] 例如,某家保险公司的保险合同“投保人声明”中关于冷静期条款的规定如下:“犹豫期是指对于保险期间为一年期以上的人身保险产品,从投保人收到保单并书面签收之日起 15 个自然日内的一段时期,在这段时间内,投保人可以仔细考虑所购买的产品是否合适,如果所投保的产品与需求不符,投保人可以解除合同,保险公司会在扣除不超过 10 元的工本费后退还已交保险费,超过犹豫期退保有损失,投保人在犹豫期解除合同的,按照合同约定,保险公司对在犹豫期内发生的事故将不承担保险责任。”在这项规定中,就没有注明投保人在犹豫期内以何种方式行使合同解除权。

笔者认为,在规定保险人对格式合同条款与免责条款说明义务的同时,也应将对冷静期条款的说明纳入其中。由于冷静期制度并不适用于所有保险产品,不具有普遍性,因此,保险消费者对冷静期的内容及享有的权利并不了解。所以有必要强制要求保险人向投保人履行冷静期说明义务。冷静期制度的目的在于让保险消费者有充足的时间了解其购买的保险产品,从而弥补其信息不对称的缺憾。因此,只有对冷静期说明义务进行强制性规定,才能使保险消费者的补救机会落到实处,而不是成为空中楼阁。保险人在履行冷静期说明义务时,首先,保险人必须以书面形式,采取通俗易懂的语言向投保人详细说明冷静期的含义、权利行使方式、权利行使期限以及行使后果。其次,说明义务的履行方式,除了书面方式外,还应要求保险人进行详细的口头说明,对其说明义务的回访也由专门的人员负责,而不是由保险代理人自行进行回访,从而避免保险代理人"监守自盗"的违规操作。回访专员在回访时应向投保人就冷静期条款的相关内容再次进行说明,并记录回访情况。至于保险人是否履行说明义务,则可采用举证责任倒置的方式。

(三)冷静期的期限起算时间应如何计算

目前我国对保险冷静期的期限大多规定自投保人签收保险单之日或次日起计算,但没有规定冷静期期限的起算点与保险人说明义务之间的关系,这导致保险人常常有意回避说明义务。针对这一问题可参考国外立法例,如《日本特定商品交易法》中规定:"若经营者对冷静期条款内容不如实告知致使消费者误解;或采胁迫致消费者遭遇困惑,从而导致冷静期'过期'的,消费者仍可适用该规则。在这种情形下,应当自经营者再次交付载有冷静期适用条款的书面文件,且自明确说明的日期起重新计算冷静期。"[1]《德国保险合同法》中也有类似规定,将保险人履行冷静期说明义务作为冷静期期限起算的前提。[2] 关于冷静期的期限,一

---

〔1〕 何颖:《金融消费者权益保护制度论》,北京大学出版社 2011 年版,第 119 页。

〔2〕 参见孙宏涛:《德国保险合同法》,中国法制出版社 2012 年版,第 65 页。

般以投保人签收保险单之日起计算。但考虑到实践中保险人常常规避冷静期的说明义务，又推延签发保单的时间，因此，德国和日本的规定值得我国借鉴，即如果保险人如实履行了冷静期的说明义务，冷静期从保单签收之日起计算，若保险人未履行此义务，则从订约后具体履行说明义务之日起开始计算。当然，考虑到投保人也可能会滥用此项规定而损害保险人的利益，为了体现法律的公正性与对双方利益的均衡保护，[1]还必须规定，若保险人能证明是投保人的原因造成的，则冷静期自合同成立时起计算。

(四)冷静期发生保险事故的保险人是否需承担赔偿责任

从表3－4列举的4家保险公司的保险产品的合同规定可以看出，有3家公司的保险产品都强调保险合同解除前发生的保险事故，保险公司不承担给付保险金的责任。保险公司的此项规定是否合理？有无侵犯保险消费者合法权利的嫌疑？值得探讨。

从《保险法》第13条的规定可知，投保人与保险人之间若无特别约定，合同自成立时生效。这也就意味着，虽然保险合同的冷静期还未开始，但保险合同一旦生效，保险消费者的保险保障便已开始。[2] 所以，应当认定冷静期内发生的保险事故，保险人负有承担保险理赔的责任。我国台湾地区“人寿保险示范条例”第2条第2项规定即采纳了此观点。此外，考虑到在重大疾病等健康险的首次投保中，通常会有90～180天的观察期，在观察期内发生的保险事故，保险人不负有保险金给付责任，因此，规定有观察期的保险合同，在冷静期内发生保险事故的，保险人不需承担赔偿责任。保险人在冷静期对保险事故责任承担如图3－2所示。

---

〔1〕 参见尹田等：《〈保险法〉(第三次重大修订)专家建议稿》，载尹田主编：《保险法前沿》(第四辑)，知识产权出版社2017年版，205～314页。

〔2〕 参见王春梅：《人身保险合同犹豫期条款分析——以〈保险法修改草案〉为视角的分析》，载《苏州大学学报(哲学社会科学版)》2017年第6期。

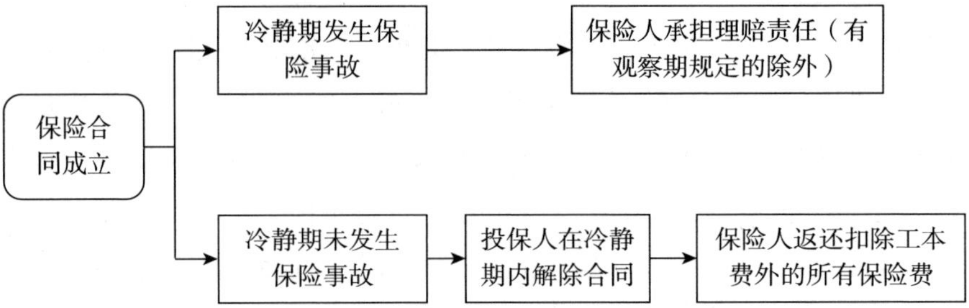

图3-2　保险人在冷静期对保险事故责任承担脉络

综上所述,保险冷静期合同的解除方式,应以书面形式为原则,以口头通知为例外;保险人有对冷静期条款进行说明义务;冷静期的起算期间应与保险人是否履行说明义务挂钩,即保险人对投保人履行了冷静期条款的说明义务,冷静期期限从投保人签收保单之日起计算;如果在签订保险合同时,保险人怠于履行冷静期条款的说明义务,则从订约后保险人实际履行说明义务之日起计算;冷静期发生保险事故,除规定有观察期的保险合同外,保险人需承担赔偿责任。

四、实施保险冷静期的保障机制建构

保险冷静期制度的设计,使人寿保险投保人得以在充分阅读保险单条款之后,决定是否购买该保险商品。但是,若仅研究保险冷静期制度的内容而不“瞻前顾后”,则该制度也很难“立起来”。对于冷静期而言,保障其顺利实施也很重要。

(一)加强保险消费者的保险知识教育

我国《消费者权益保护法》第13条对消费者享有获得与消费相关的知识权利进行了规定,可见,接受消费教育是消费者享有的一项基本权利。“只有接受消费者教育,掌握消费的相关知识和技能,才能提高自我保护的能力,以维护自身权利。”[1]在现实中,保险消费者更是亟须接受

---

[1] 白彦、张怡超:《保险消费者权利保护研究》,中国法制出版社2016年版,第235页。

保险知识教育。前已述及，保险消费者对保险专业知识的匮乏，以及与保险人地位的不平等，造成极严重的信息不对称，因此，在保险纠纷中，保险消费者很难占据优势。正因如此，冷静期制度的适用，赋予保险消费者享有一定期间内的合同解除权。但是，要从根本上促进保险冷静期制度的落实，达成其设立的初衷，还需加强对保险消费者的教育。目前我国保险消费者普遍存在保险意识不高、保险消费不理性、保险消费具有盲目性等缺陷，因此亟待加强对保险消费者的保险知识教育。具体可从以下方面入手：

首先，加强保险消费者保险意识的普及教育。2014 年 8 月发布的《国务院关于加快发展现代保险服务业的若干意见》明确提出，要提升全社会保险意识，加强中小学、职业院校学生保险意识的教育工作。为此，我们应积极推动保险教育进入公众视野，加强金融宣传，2019 年颁布的《中国银保监会关于银行保险机构加强消费者权益保护工作体制机制建设的指导意见》中指出，"组织开展金融知识宣传教育活动……提高消费者金融素养"，进一步强调将加强保险消费者知识教育落到实处。通过对保险消费者保险意识的普及教育，加强保险消费者的风险防范认知，普及包括冷静期在内的保险专业知识，从而奠定我国保险业发展的良好基础。具体可借鉴韩国 2020 年 3 月 5 日颁布的《金融消费者保护法》，该法将金融消费者的教育明确规定为韩国金融委员会的法定职责，并提供适当财政支持。[1]

其次，发展我国保险消费者教育的多种形式。第一是传统的学校教育，其在消费者教育体系中占有重要地位。一方面应加快建立保险业与教育界合作共建的长效机制，将保险教育纳入国民教育体系，使之成为学生素质教育的重要内容，发挥学校教育的基础性作用；另一方面鼓励保险公司积极与学校开展合作，加大对保险职业教育的投入，扶持有条

〔1〕 参见董新义：《一部金融消费者保护强化法案：评韩国〈金融消费者保护法〉》，载《河北法学》2020 年第 8 期。

件的保险职业院校成为全行业的职业教育基地。第二是公共教育,“大众传媒宣传活动可以提升其受众的意识和知识”。[1] 一方面应发挥公众传播渠道对保险的广泛宣传作用,采用大众易于接受、喜闻乐见的方式,如开展金融宣传月、聘请金融形象大使进行宣传等;另一方面有针对性地开展公众保险教育,将保险受教育群体进行划分,以满足不同社会公众的需求。例如,针对老年消费者,保险教育的重点可放在宣传医疗保险、养老保险等有关知识的教育上,针对年轻人,保险教育的重点可放在意外伤害险、重大疾病险、投资连结险等方面的知识。第三是网络教育。随着网络技术的发展,我国的保险消费者教育,应充分利用互联网技术,搭建网络保险消费者教育平台,发挥互联网的优势作用。例如,可采用微信公众号、直播平台等方式向互联网用户开展保险知识宣传,便于保险人与保险消费者的互动交流,问询答疑等。

最后,坚持多方参与、积极协作的教育原则。保险消费者教育不是依靠单个部门就能完成的工作,而是需要所有部门的积极参与、主动配合,全方位、多层次地开展保险教育工作。保险教育需要行业监管者、保险公司、行业组织以及媒体的共同参与,合作分工,相互支持。就行业监管者而言,监管部门应加强监管的引导作用,设立适当的奖惩机制,鼓励保险机构积极参与到保险消费者的教育工作中。就保险公司而言,保险教育其实对保险消费者与经营者具有“双惠”作用,保险公司应将保险教育作为公司的经营理念,在保险产品营销、信息披露、售后服务等方面积极开展对保险消费者教育。就行业组织而言,我国应充分利用保险行业协会等行业组织的优势,如在保险学会中,开展保险消费者教育项目的学术年会研讨。加强保险行业的自律监管,从而有效推动我国保险消费者教育的开展。就媒体而言,媒体主要承担的是传播知识媒介的作用。媒体的教育宣传影响巨大,可是从目前的情况来看,媒体与监管机构、保险公司以及行业组织之间在对保险消费者进行相关信息教育方面往往

---

[1] 王向楠主编:《扶贫济困的保险》,中国社会科学出版社 2020 年版,第 58 页。

缺乏协调与合作。[1] 因此,保险行业监管者、保险公司与行业组织应积极加强与媒体之间的合作,加大保险教育宣传工作,确保保险消费者的合法权利得到维护。

(二)增强保险机构的社会责任感

从20世纪开始,企业对社会的影响逐渐加大,社会对企业的期许也逐渐增加,因此,企业社会责任理论应运而生。我国《公司法》第5条规定企业需承担社会责任,从法律上对企业的社会责任予以明确。2021年实施的《民法典》进一步扩大了承担社会责任的民事主体范围,由企业扩大到营利法人,可见我国法律对企业社会责任理论的认可与决心可见一斑。[2]

保险公司作为金融的"三驾马车"之一,在承担社会责任使命上更是责无旁贷。目前,我国对保险消费者采取倾斜性保护的措施,不仅需要对包括冷静期制度在内的有利于保险消费者利益的规定,更要强调在保险交易中经营者应担负起社会责任。保险机构不应仅以盈利作为企业经营的唯一目标,还应最大限度地保护其他社会利益。[3] 具体而言,第一,保险公司应将企业社会责任融入公司治理规范,如在公司章程中加入与社会责任相关的内容,公司治理过程中注重创造企业整体最大化价值等;第二,加强信息披露制度,从而更好地激发保险公司履行社会责任,如对保险公司的责任报告要求进行强制披露、全面披露及第三方认证等;第三,对保险公司承担社会责任的情况采取奖惩机制,如承担情况好的可对其进行税收优惠等奖励,而承担情况差的则可采取加入负面清单等方式予以惩戒。[4]

---

〔1〕 See Rodney Lester, *Consumer Protection Insurance*, *primer series on insurance issue* 7, Non-Bank Financial Institutions Group, 2009, p. 18.

〔2〕 参见徐胜强、辛世荣:《公司自治与企业社会责任——关于公司法企业社会责任规范的功能与适用》,载《法学杂志》2013年第5期。

〔3〕 参见胡大雁:《我国保险冷静期制度发展现状、检视与展望》,载《西南金融》2014年第11期。

〔4〕 参见华忆昕:《企业社会责任的可持续公司法路径》,载《东北大学学报(社会科学版)》2019年第6期。

保险公司注重自身的社会责任建设将有利于保险市场的健康发展，此举会赢得潜在的保险消费者，促成保险市场的良性循环，在客观上也保护了保险消费者的合法权利。

（三）注重保险消费者的隐私权保护

隐私通常是指不受他人干涉的私人领域。[1] 因此，传统隐私权是一种"消极权利"，通常表现为"不要别人管的权利"。随着现代信息社会的发展，在大数据背景下，"人人得为隐私的被害人，人人亦得为加害人"。[2] 在这种情况下，仅具有"消极权利"色彩的传统隐私权保护已不足以应对信息时代的发展。此种语境下，扩大公民隐私权的保护范围迫在眉睫，应促使传统隐私权向具备"积极权利"特征的现代隐私权转变。该种转变体现在三个方面：第一，在性质方面，隐私权由私法领域向公法领域扩张，由单纯地通过民法手段保护向行政法保护扩展；第二，在权能方面，由被动防范转为主动预防，由被动的事后求偿转变为事前主动积极控制个人信息资料与事后救济相结合的模式；第三，在环境方面，隐私权由传统的个人住宅、私密空间等私人领域向公共记录、互联网、大数据等公共领域延伸。易言之，现代隐私权已不只关涉私人生活范畴，还扩展到社会公共领域。保险消费者的隐私权保护也是建立在以上传统隐私权向现代隐私权转变这一背景之下，注重保险消费者的隐私权保护是保险冷静期保障机制建构的应有内容。观之域外，1979 年美国联邦政府即颁布了《保险信息隐私保护示范法》，有大约 1/3 的州都基于该法对侵犯消费者隐私的行为进行监管。[3]

加强保险消费者的隐私权保护，可从以下方面进行：第一，完善相关立法规定。《中国人民银行关于银行业金融机构做好个人金融信息保护

---

〔1〕 参见房绍坤、曹相见：《论个人信息人格利益的隐私本质》，载《法制与社会发展》2019 年第 4 期。

〔2〕 王泽鉴：《人格权法：法释义学、比较法案例研究》，北京大学出版社 2013 年版，第 177 页。

〔3〕 参见尹优平、盛浙湘：《互联网金融消费者权益保护研究——基于行为金融监管的视角》，中国金融出版社 2017 年版，第 237 页。

工作的通知》中,确定了金融消费者的隐私权的客体范围,可由此类推到包括保险业在内的其他金融领域。此外,还应在保护方式、程度、法律责任等基础性规范方面加强立法。第二,强化保险机构的技术性保护措施。通过采取设置防火墙、人脸识别等手段,从技术层面确保保险消费者的个人信息等隐私不会被黑客攻击、盗取。[1] 第三,还需注重对已解约保险消费者的隐私权保护。不可因保险消费者在冷静期与保险人解约,而降低对其隐私权保护的标准。由于保险信息具有个人性与财产性,因此,保险机构对所有保险消费者的隐私信息都具有永久保密的义务。若因投保人解约,保险机构便随意泄露保险消费者的隐私信息,将会导致社会大众对保险业整体信任感的缺失,最终损害的是保险业全行业的利益。所以,对所有保险消费者的隐私信息都要一视同仁地对待。

对投保人冷静期内的合同解除权进行法律规制,直接关涉我国保险消费者自主选择权保护的现在与未来。在分析投保人冷静期适用价值的基础上,从立法层面、产品层面以及司法层面阐述冷静期制度在我国保险领域适用的现状,同时反思我国保险冷静期制度自身存在的局限性,并对实施保险冷静期的保障机制进行有效建构,才能使我国保险冷静期制度的行使得到有效落实,并最终保证我国保险消费者自主选择权的实现。

第五节　我国保险消费者救济权保护的困境与出路——以惩罚性赔偿在保险业的适用为中心

保险消费者救济权保护,指的是保险消费者自身权益受到侵害后,

---

〔1〕 参见姜承秀:《论金融消费者隐私权的保护》,载《江西财经大学学报》2010 年第 2 期。

能通过法律手段获得救济的权利。[1]《消费者权益保护法》规定了消费者救济权保护,具体而言,体现在第55条惩罚性赔偿的规定中。《消费者权益保护法》于2013年修订后,将保险等金融业纳入调整范围,已逐渐获得理论界与实务界的认可,但针对第55条惩罚性赔偿能否适用于保险业,在司法审判中却屡现分歧。惩罚性赔偿制度发端于美国,具体指"独立于填补性损害赔偿之外的额外负担,其实质是对不法行为(违约、侵权或其他不法行为)的一种惩罚,其目的在于惩罚和抑制不法行为人的不法行为,并警示和教育他人"。[2] 可见,惩罚性赔偿若适用于保险业中,将有利于保险消费者权利尤其是救济权的保护。但是,司法实践中的审判分歧却体现出法院对惩罚性赔偿适用于保险业的正当性还存在怀疑,在适用的具体操作中也存在障碍。为此,本节以惩罚性赔偿在保险业的适用为例,探讨保险消费者救济权保护的法律问题。本节关心的问题是,目前司法实践对惩罚性赔偿是否适用于保险业存在分歧,其分歧背后的深层原因是什么?将来如何在惩罚性赔偿适用于保险业时,消除具体操作中的障碍。为回答以上问题,本节从适用原则、适用要件、适用态度与适用目的的角度进行分析,证明惩罚性赔偿适用于保险业在理论上的正当性。未来惩罚性赔偿在保险业适用的路径规制,应从重构保险人欺诈的证明责任分配规则、量定惩罚性赔偿在保险业中的金额基数及倍数、建立分立式赔偿制度三个方面进行,以期进一步完善我国保险消费者救济权保护的规范体系。

一、司法实践对惩罚性赔偿适用于保险业的分歧

我国各地法院对《消费者权益保护法》第55条惩罚性赔偿适用于保险业时的态度出现分歧,现选取部分典型案例,总结如下。

---

〔1〕 参见焦扬:《保险消费者保护:保险监管的定位与职能》,载《保险研究》2012年第7期。

〔2〕 于海纯:《保险消费者权益保护制度研究——以保险人说明义务规制为重点》,对外经济贸易大学出版社2015年版,第227~228页。

第一,法院不认可《消费者权益保护法》第 55 条惩罚性赔偿适用于保险业。代表性案例为“杨某玲与中国人寿保险股份有限公司西安分公司保险合同纠纷上诉案”。[1] 该案中,法院认为杨某玲依据其已与人寿保险西安分公司解除的保险合同主张适用《消费者权益保护法》赔偿损失,无法律依据,自然无适用惩罚性赔偿的余地。此外,多起案例中,投保人认为自身受欺诈购买保险服务,要求按照购买保险服务价格的 3 倍赔偿损失,均被法院驳回诉讼请求。[2] 可见,以上案例中,法院的裁判结果大多与保险消费者的意愿相违,保险机构惩罚性赔偿责任事实上基本落空;换言之,法院对惩罚性赔偿是否适用于保险业采取的是否定态度。

第二,法院认可保险业适用《消费者权益保护法》第 55 条惩罚性赔偿的规定,但认为应严格遵守惩罚性赔偿以保险人存在欺诈为前提的规定。在“石田某敏案”[3]中,再审法院认为,自然人消费者为生活消费购买保险产品,应当适用《消费者权益保护法》的规定。所以,《消费者权益保护法》第 55 条的惩罚性赔偿应适用于保险业。在“尤某娟诉新华人寿保险股份有限公司、新华人寿保险股份有限公司上海分公司人寿保险合同案”[4]中,审理法院认为,保险消费者在签订保险合同时,因合同中的专业术语较多,常存在保险消费者理解困难的情况。保险公司的工作人员因职业道德参差不齐,如果其出于私心导致恶意欺骗保险消费者行为发生的,更加会损害保险消费者的合法权利。所以,允许惩罚性赔偿规定适用于保险业,有利于遏制保险人的欺骗行为,规范保险业正常的经营秩序,维护保险消费者的合法权利。不过,保险业适用惩罚性赔偿规

[1] 参见杨某玲与中国人寿保险股份有限公司西安分公司人事保险合同纠纷上诉案,陕西省西安市中级人民法院(2016)陕 01 民终 8496 号民事判决书。

[2] 参见湖北省高级人民法院(2016)鄂民申 2656 号民事裁定书;河北省唐山市路南区人民法院(2016)冀 0202 民初 2185 号民事裁判书;河南省郑州市中级人民法院(2017)豫 01 民终 1347 号民事判决书。

[3] 参见石田某敏、阳光人寿保险股份有限公司吉林分公司人寿保险合同纠纷再审案,最高人民法院(2017)最高法民申 1462 号民事裁定书。

[4] 参见尤某娟诉新华人寿保险股份有限公司、新华人寿保险股份有限公司上海分公司人寿保险合同案,江苏省无锡市中级人民法院(2015)锡商终字第 01110 号民事判决书。

定应严格遵守保险人存在欺诈行为这一前提条件，而不是由法院不加甄别地偏袒保险消费者的诉讼请求。在“沈某诉甲银行、乙保险公司服务合同纠纷案”[1]与“马某贤与中国人民人寿保险股份有限公司北京市分公司人身保险合同纠纷案”[2]中，法院虽认可保险业适用《消费者权益保护法》第55条惩罚性赔偿的规定，但因审理过程中认为保险公司不存在欺诈行为，故最终驳回了保险消费者主张惩罚性赔偿的诉讼请求。由此可知，以上案例中法院虽然对惩罚性赔偿适用于保险业持肯定态度，但是将保险人存在欺诈行为作为必要条件。

二、分歧态度的反思：惩罚性赔偿适用于保险业的正当性

司法实践中对惩罚性赔偿是否适用于保险业的态度分歧，与理论界对这一问题未达成一致意见有很大关系。保险消费者是否可以请求惩罚性赔偿，对该问题的答案进行正反两方面的论证，实属必要。

（一）对“惩罚性赔偿适用于保险业”观点之“质疑”

理论界对“惩罚性赔偿适用于保险业”的观点持反对原因的理由，总结为以下三个方面。

第一，惩罚性赔偿违背了保险法上的损失补偿原则。保险法中的损失补偿原则，是指“在补偿性保险合同中，被保险人因保险事故所遭受的损失，应如数获得补偿，以使被保险人在经济上恰好能恢复至保险事故发生以前的状态”。[3] 保险事故发生后，保险消费者只能获得不高于实际损失的保险金，这就阻断了利用保险获得不正当利益的可能性。[4] 但是，惩罚性赔偿使保险消费者获得3倍保险费的高额赔偿，明显违背了

---

〔1〕 参见沈某诉甲银行、乙保险公司服务合同纠纷案，上海市杨浦区人民法院（2014）杨民（五）商初字第934号民事判决书。

〔2〕 参见马某贤与中国人民人寿保险股份有限公司北京市分公司人身保险合同纠纷案，北京市第一中级人民法院（2019）京01民终11025号民事判决书。

〔3〕 樊启荣：《保险法》，高等教育出版社2010年版，第121页。

〔4〕 参见范庆荣：《论〈消费者保护法〉中的惩罚性赔偿在保险领域的适用》，载《保险研究》2019年第9期。

保险法的损失补偿原则,破坏了保险秩序,极易引发道德风险。一旦将惩罚性赔偿适用于保险业,将会刺激人们利用该规则索要高额的赔偿,长此以往,保险业大数法则等平衡成本与对价风险的规则将面临失灵,保险业也将失去赖以生存的基础。

第二,保险人违背诚实信用原则不能等同于《消费者权益保护法》中的欺诈行为。一方面,诚信原则作为"帝王规则"常常被看作民法的最高指导原则,但法律原则通常又规定得过于宽泛,不具有可操作性。因此,保险人诚实信用义务内容的范围模糊不清,不能仅以保险人违背诚实信用原则为由就简单地与欺诈行为画等号。[1] 另一方面,依据《消费者权益保护法》第55条中的"经营者提供商品或者服务有欺诈行为的"规定,需对"欺诈行为"构成要件的该当性进一步分析,而不能简单套用保险人违背诚实信用原则即认定其具备欺诈行为。

第三,惩罚性赔偿会加重保险公司的负担,保险公司会通过提高保费来弥补其损失,最终损害的依然是保险消费者的合法权利。[2] 惩罚性赔偿要求实施欺诈行为的经营者赔偿3倍的费用以示惩罚。对于一般的商品经营者而言,3倍的赔偿金额仍在经营者的承受能力范围之内,但是,保险业作为金融行业,3倍的赔偿金额将是巨大的,长此以往,保险公司将无力负担,轻则发生偿付能力危机,重则破产清算,造成保险公司数量减少。因此,惩罚性赔偿适用于保险业,虽能使保险消费者一时"扬眉吐气",但从长远来看影响保险业的整体稳健运营,此举无异于杀鸡取卵,得不偿失。

(二)对"惩罚性赔偿适用于保险业"质疑观点之"释疑"

任何新事物的出现都伴随着质疑,下面对修订后的《消费者权益保护法》第55条惩罚性赔偿是否适用于保险业的争议,逐一分析反对者提

---

〔1〕 参见张冠群:《对保险人违反诚信行为惩罚性赔偿责任之课加——高等法院台中分院103年度保险上字第9号判决评析》,载《台湾法学杂志》2015年第278期。

〔2〕 参见任以顺:《"保险消费者"概念质疑——以"保险相对人"概念取代"保险消费者"的合理性》,载《法学论坛》2015年第6期。

出的质疑理由,以此对“惩罚性赔偿适用于保险业”之质疑观点予以“释疑”。

首先,从适用原则的角度考量,惩罚性赔偿与损失补偿原则并不冲突,不会增加保险消费者触发道德风险的可能性。保险是一种理财安排,借由风险的不确定性与汇集小额资金,重新分配意外损失成本,以达成分散风险的目的。保险制度将多数曝险单位移转汇集至保险库,此保险库将风险重新组合取长补短,以分散各曝险单位的损失成本。其重新分配损失成本的方法,是借由各参与者交纳的保险费作为转移危险的对价,意外损失发生时,则由保险库所汇集的保险资金补偿损失。[1] 因此,保险中的服务费用即为保险费。从《消费者权益保护法》第55条规定可知,惩罚性赔偿的金额是以商品的价款或服务费用作为基数的。由此可推知,惩罚性赔偿适用于保险业时,其3倍赔偿的基数就是保险费。而损失补偿原则,是在保险事故发生后,针对被保险人所遭受的损失提供补偿或给付保险金。换言之,损失补偿原则的计算基数是保险金。保险费与保险金,虽只有一字之差,内容却完全不同。保险费通常由预期损失以及保险人的经营利润两部分构成,前者是依据概率与大数法则所计算的潜在危险损失,乃是保险制度分散危险的主要财务来源;后者是保险人经营保险库必然发生的若干经营成本,诸如广告促销、销售佣金、行政管理、赋税等。保险金是指保险人承担赔偿或者给付保险金责任的限额。[2] 因此,保险金往往比保险费高出数倍不止,3倍保险费通常也远未超过保险金数额。概言之,惩罚性赔偿的计算基数是保险费,而损失补偿原则的计算基数是保险金,两者的计算基数不同,因此自无惩罚性赔偿违背了保险法损失补偿原则一说。更何况在现实中,单纯从商品的数值来看,3倍保险费的返还诱惑甚至还比不上购买奢侈品、数码产品等贵重商品。因此,惩罚性赔偿适用于保险业会增加保险消费者道德风险

---

〔1〕 参见陈彩稚:《保险学》,台北,三民书局2012年版,第23页。

〔2〕 参见樊启荣:《保险法》,高等教育出版社2010年版,第122页。

的观点经不起推敲。

其次，从适用要件的角度考量，结合《消费者权益保护法》第 55 条第 1 款之内容，应重点分析“消费者”与“欺诈行为”两个关键要件是否具备。保险消费者与一般消费者并无差异，仅是概念上的属种区别。详言之，将《消费者权益保护法》第 2 条中“消费者为生活消费需要购买、使用商品或者接受服务”展开，即“为生活需要”是构成消费者必不可少的条件。但是，在保险市场领域，很难证明投保人购买保险是为了生活需要。这也是司法实践中法院对惩罚性赔偿在保险业的适用采取否定态度的原因之一。然而，对“生活消费”的理解，不应局限于购买者的目的、产品性质，而应做更广义的解释。诚如有学者所言，“为生活消费本身并不局限于衣食住行的生存型消费，还包括了发展型消费以及精神或休闲消费”。[1] 就保险而言，投保人购买保险，其目的在于保障生命和财产安全，是一种满足自身安全需要的消费活动。随着社会的发展，各类风险层出不穷，保险产品的种类也不断推陈出新，投保人购买保险产品，既可以用于个人生活保障，也可以用于企业生产经营，还可以用于社会管理，但最终的目的都是获得对风险的保障和心理上的安全。通过保险理赔，保险消费者既可以获得物质上的赔偿，也可以获得精神上的慰藉，属于发展型消费或者广义解释上的消费者。因此，保险消费并非完全被冠以“生活消费”之名的消费者概念所排斥，而应当将保险消费视为一种生活消费行为。所以，保险消费者属于《消费者权益保护法》第 55 条第 2 款中的消费者范畴，符合权利行使主体的要件要求。

就欺诈行为而言，欺诈的构成要件有三项：(1) 欺诈方实施欺诈行为，即欺诈方将其欺诈故意表示于外部的行为，通常表现为故意陈述虚假事实或故意隐瞒真实情况使他人陷入错误；(2) 欺诈方具有欺诈的故意，即行为人希望通过欺诈使相对人作出意思表示；[2] (3) 被欺诈的一

---

〔1〕 温世扬、范庆荣：《“保险消费者”概念辨析》，载《现代法学》2017 年第 2 期。

〔2〕 参见[德]卡尔·拉伦茨：《德国民法通论》(下册)，王晓晔等译，法律出版社 2013 年版，第 544 页。

方因欺诈而陷入错误认识,并作出了意思表示,即行为人作出意思表示与欺诈方故意实施欺诈行为之间具有因果关系。[1] 因此,保险人违背诚实信用原则并不能等同于《消费者权益保护法》中的欺诈行为。但是,该观点存在偷换概念的嫌疑,如前所述,在司法实务中,法院审理保险消费者的惩罚性赔偿案件时,是严格遵守惩罚性赔偿以保险人存在欺诈行为作为适用前提的。现实中没有法院仅因保险公司违背诚实信用原则,便判定保险公司接受惩罚性赔偿的实例,事实上,法院在审理过程中对保险公司适用惩罚性赔偿的欺诈行为这一要件的审查是十分谨慎严格的。[2] 只有符合法律上认定的欺诈行为,才有惩罚性赔偿制度的适用空间。实务中保险人对保险消费者的欺诈行为屡见不鲜,如投保人因保险销售人员的"花言巧语"而对保险产品产生错误认知,并购买该款保险产品,最终却未能获得预期的保险保障。这当然符合"经营者提供商品或者服务有欺诈行为的"构成要求。因此,从欺诈行为这个要件审查,惩罚性赔偿也完全可以在保险业中适用。

最后,从适用目的角度分析,惩罚性赔偿的目的在保险业同样适用。惩罚性赔偿的目的主要有四个方面:第一是惩罚,顾名思义,惩罚性赔偿是在惩罚加害人,谴责非难其侵害他人的不法行为,使加害人受到惩罚,罪有应得,社会一般人的正义感情获得满足;第二是吓阻,通过 3 倍赔偿吓阻侵害人实施不法行为,旨在事前预防;第三是损害补偿,受害人可将惩罚性赔偿金用于补偿包括律师费、诉讼费在内的各项损失,旨在事后补偿;第四是执行法律,惩罚性赔偿引导私人执行法律,鼓励被害人以"私检察长"的身份,追诉不法的加害行为,以维持法律秩序。[3] 在普通的惩罚性赔偿中,债务人违约的效益,除补偿债权人的损害外,仍须负担超额且不确定的惩罚性赔偿,会使债务人即使为"有效益违约",亦恐其

---

〔1〕 参见王利明、杨立新、王轶、程啸:《民法学》(第 5 版),法律出版社 2017 年版,第 186~187 页。

〔2〕 参见马某贤与中国人民人寿保险股份有限公司北京市分公司人身保险合同纠纷案,北京市第一中级人民法院(2019)京 01 民终 11025 号民事判决书。

〔3〕 参见王泽鉴:《损害赔偿》,北京大学出版社 2017 年版,第 364 页。

效益不足以承担惩罚性赔偿，而不敢违约，吓阻其从事具有更大效益的违约。[1] 简言之，惩罚性赔偿是为了引导经营者诚信经营。同样，在保险业中，惩罚性赔偿的目的也不是加重保险公司的负担，而是督促保险公司规范经营活动。惩罚、吓阻、损害补偿以及执行法律这4个目的在保险业中同样适用，法院通过惩罚性赔偿来惩罚、吓阻保险公司的欺诈行为，使消费者获得损害赔偿，并积极地运用法律维权，从而更好地保护保险消费者的合法权益。

事实上根据RAND公司的报告，美国惩罚性赔偿金85%的判决来自故意侵权与金融侵权这两类案件，金融侵权中保险人侵犯保险消费者权利的频率较高。[2] 这说明惩罚性赔偿适用于保险业在国外早已实施。我国于2013年对《消费者权益保护法》进行了修正，将保险等金融领域纳入调整范畴，意味着将惩罚性赔偿适用于保险业等金融领域已具备合法性，并符合世界立法的发展趋势。

三、惩罚性赔偿在保险业适用的未来出路

2013年修正的《消费者权益保护法》将保险等金融领域纳入惩罚性赔偿的调整范畴，保险业主要适用的是第55条第1款针对经营者的欺诈行为作出的惩罚性赔偿。[3] 因此，下文重点讨论《消费者权益保护法》第55条第1款在保险业的适用路径。

(一)遵循欺诈行为主观故意要件的实践场域

惩罚性赔偿要件中的欺诈，应当建立在保险人主观故意的情形下。观之域外立法例，在美国司法实践中可以将保险人订约时的欺诈性不实

〔1〕 参见王泽鉴：《损害赔偿》，北京大学出版社2017年版，第377页。

〔2〕 See Erik Moller, Nicholas Pase & Stephen Carroll, *Punitive Damages in Financial Injury Jury Verdicts*, 28 Leg. Stud. 283 (1999).

〔3〕 《消费者权益保护法》第55条第2款规定："经营者明知商品或者服务存在缺陷，仍然向消费者提供，造成消费者或者其他受害人死亡或者健康严重损害的，受害人有权要求经营者依照本法第四十九条、第五十一条等法律规定赔偿损失，并有权要求所受损失二倍以下的惩罚性赔偿。"因保险产品是一种保障性合同，其性质不会直接对保险消费者造成死亡或健康损害，故该条款不在本书的讨论范围之内。

说明或缄默欺诈认定为"败德行为"而令其承担惩罚性赔偿的侵权责任。[1] 根据《美国法律整编——侵权行为法》第526条关于"不实说明为欺诈之条件"的规定,在认定是否属于欺诈时,应具备:①保险人知悉或相信事项并非如其所说明;②保险人就其所作说明或其所作陈述所隐含的说明之正确性无信心;③保险人就其所作说明或其所作陈述所隐含的说明,知悉其说明并无依据;④投保人或被保险人对保险人之说明或陈述产生了合理信赖并遭受某种损害。可见,美国在判断不实说明构成欺诈的要件中,是始终贯穿保险人具有主观故意这一要素的。在我国司法实践中,部分法院将惩罚性赔偿适用于保险领域,并严格遵守惩罚性赔偿应以经营者存在欺诈这一前提条件。[2] 针对保险人违背诚实信用原则是否能等同于欺诈行为这一质疑,笔者认为应结合保险人违背诚实信用原则的实践场域,是存在主观故意还是在过失情况下进行综合判断。若是前者,保险人在投保人签订保险合同前,故意隐匿信息或者告知虚假信息,使得投保人基于保险人的描述产生了预期,并进而签订保险合同,此时既违背了保险经营者的诚实信用原则,又构成欺诈。若是后者,保险人履行信息提供义务时虽着眼于"真实而全面",但仍然存在因过失而违背诚实信用原则的可能。例如,保险销售人员未及时更新保险产品的信息,造成说明义务的内容与保险实质情况不相符的情况。[3] 此时,保险人通常不具备欺诈方需为"故意"这一构成要件,故而不能认定为欺诈。

(二)重构保险人欺诈的证明责任分配规则

《最高人民法院关于适用〈中华人民共和国民事诉讼法〉的解释》第

---

〔1〕 参见陈聪富等:《美国惩罚性赔偿金判决之承认及执行》,台北,学林文化事业有限公司2004年版,第42~43页。

〔2〕 参见沈某诉甲银行、乙保险公司服务合同纠纷案,上海市杨浦区人民法院(2014)杨民(五)商初字第934号民事判决书;马某贤与中国人民人寿保险股份有限公司北京市分公司人身保险合同纠纷案,北京市第一中级人民法院(2019)京01民终11025号民事判决书。

〔3〕 参见范庆荣:《论〈消费者保护法〉中的惩罚性赔偿在保险领域的适用》,载《保险研究》2019年第9期。

109 条规定,欺诈行为的证明,人民法院以排除合理怀疑作为标准。在保险消费纠纷中,排除合理怀疑标准无疑对保险消费者证明保险机构存在欺诈行为设置了障碍。众所周知,保险交易中保险人与保险消费者处于信息不对等地位,且保险合同文字冗长艰深,包含法律专业知识,一般社会大众无法完全了解其意义。即使受了高等教育,倘若非保险或法律专业者,有时亦不能理解保险合同的条款与规定。况且保险合同多为保险人单方面研拟,保险人极有可能利用消费者的无知,妄加欺骗或予以不公平对待。[1] 与保险机构相比,保险消费者处于弱势地位,此种情景下,保险消费者要证明保险人存在欺诈行为,难度极大。在司法实践中,如“马某贤与中国人民人寿保险股份有限公司北京市分公司人身保险合同纠纷二审案”,作为保险消费者的马某贤因举证不足最终导致法院判决保险公司不存在欺诈行为,不适用惩罚性赔偿的规定。[2] 由此可知,现行法律规定将保险人欺诈的举证责任分配给保险消费者,在实践中,保险消费者提供保险人的欺诈证据是十分困难的,这使得惩罚性赔偿的设立目的在保险业很大程度上会落空。

为了扭转这一局面,使惩罚性赔偿在保险业得以落实,应重构保险人欺诈的证明责任分配规则,即法律应当将该义务赋予履行成本相对较低的保险机构。[3] 要求欺诈方举证自己存在欺诈行为似乎有违逻辑,我国台湾地区“金融消费者保护法”为此提供了较好的示范,其第 11 条规定,金融服务业者能够证明损害之发生非其未充分了解金融消费者之商品或服务适合度或非因其未说明、说明不实、错误或未充分揭露风险之事项所致者,不在此限。此外,我国台湾地区“金融消费者保护法”中规定,企业经营者有故意或过失,据以计算惩罚性赔偿金的损害额,负举证责任。由此可知,我国台湾地区将保险人的欺诈举证责任与保险人的说

〔1〕 参见陈彩稚:《保险学》,台北,三民书局 2012 年版,第 173 页。

〔2〕 参见马某贤与中国人民人寿保险股份有限公司北京市分公司人身保险合同纠纷二审案,北京市第一中级人民法院(2019)京 01 民终 11025 号民事判决书。

〔3〕 参见阳建勋:《我国金融机构惩罚性赔偿责任落空的反思与制度完善》,载《法律科学(西北政法大学学报)》2019 年第 5 期。

明义务挂钩,将保险人的行为与保险消费者所受损害之间的因果关系的举证责任转换由保险人承担,形成举证责任倒挂机制。[1] 我国大陆地区可借鉴此种做法,规定保险机构承担欺诈行为的反向举证责任。

(三)量定惩罚性赔偿在保险业中的金额基数及倍数

1. 投资型保险惩罚性赔偿金额基数的确定。前已述及,惩罚性赔偿适用于保险业时,其 3 倍赔偿的基数应是保险费,这既符合《消费者权益保护法》第 55 条第 1 款中的"商品的价款或服务费"的规定,又与保险的损失补偿原则不相违背。值得探讨的问题是,惩罚性赔偿适用于保险业时,投资型保险的惩罚性赔偿金额应该如何计算? 众所周知,"惩罚性赔偿的立法目的是期待借助准刑罚的民事制度,处罚、吓阻不法行为,强化对市场秩序的维护,保护消费者权益"。[2] 易言之,惩罚性赔偿旨在加大对消费者为生活消费需要购买商品或接受服务时遭受欺诈所致损失的保护力度。在投资类保险产品中,通常是将保险与储蓄分开,保险的部分仍由保险人根据保险精算结果提供保障,但是对于储蓄的部分,则改为投资形式,并赋予被保险人投资的选择权及自负投资之损益,保险人的角色则转为投资服务机构。由于投资型保险的被保险人有权选择投资标的,因而产生的任何被保险人之投资绩效均与保险公司无关,所以有必要为个别被保险人设立专门的投资账户。由此可知,投资型保险包含保险与投资两部分。若在订立投资型保险时,保险人有欺诈行为,那么,适用惩罚性赔偿时,是否依旧是以投保人所交保险费作为赔偿金额基数? 笔者认为不然。投资型保险中,所交纳的保险费,用于保险的部分属于为生活所需的消费性质,而用于投资的部分,则不属于生活消费,属于财务投资。若将财务投资部分也作为计算基数的标准,将包含投资的风险损失,明显违背惩罚性赔偿设立的初衷。那么在投资型保险中,惩罚性赔偿的金额基数应该如何计算? 笔者认为,法院在审理此种

---

〔1〕 参见邱锦添、胡胜益、林克宪:《金融消费者保护法与案例解析》,台北,元照出版有限公司 2012 年版,第 54 页。

〔2〕 王泽鉴:《损害赔偿》,北京大学出版社 2017 年版,第 377 页。

类型的惩罚性赔偿时,应根据实际情况对保险费做一定程度的折减。至于如何折减,“石田某敏案”为我们提供了思路。在该案中,原告用 67 万元购买的分红型年金人寿保险、万能型年金人寿保险兼具财务投资和生活消费的性质,若将 67 万元作为 3 倍赔偿的金额基数则有违惩罚性赔偿的立法目的。因此,法院判决将 67 万元保险费与《现金价值表》第一年度末保单现金价值 569500 元的差额作为购买保险产品的对价,并以此为基数计算惩罚性赔偿金。[1] 法院根据实际情况对投资型保险的保险费做了一定程度的折减,以此计算惩罚性赔偿金的标准,具有合理性。

综上所述,在投资型保险中,如果为被保险人设立专门的投资账户,如投资连结险,则投资账户中的金额不能作为惩罚性赔偿的金额基数,仅以保障风险的保险费部分作为计算基础;若保险费中没有将保险部分与投资部分进行区分,如分红型保险、万能型保险等,则惩罚性赔偿的金额基数应由法院根据实际情况酌情折减。

2. 惩罚性赔偿金额倍数的确定。在惩罚性赔偿的案例中,就惩罚性赔偿的倍数,有学者曾做过统计,法院审理的 49 起案件中,采用 1.5 倍的最多(19 件),2 倍次之(14 件),3 倍的数量非常少,仅有 2 件。[2] 在保险领域,法院在审理适用惩罚性赔偿的案件时,采用的赔偿金额倍数也各不相同,有按《消费者权益保护法》规定的 3 倍赔偿判决的,[3] 亦有法院审理结果是退还保险费并予以 1 倍赔偿的。[4] 五花八门的赔偿倍数使《消费者权益保护法》的 3 倍赔偿金额成为摆设,有损法律的权威性。笔者认为,法院应严格遵守《消费者权益保护法》的规定,将 3 倍作为惩罚性赔偿金额的倍数。有学者认为,考虑到金融机构的特殊性,应

---

[1] 参见石田某敏、阳光人寿保险股份有限公司吉林分公司人寿保险合同纠纷再审案,最高人民法院(2017)最高法民申 1462 号民事裁定书。

[2] 参见王泽鉴:《损害赔偿》,北京大学出版社 2017 年版,第 408 页。

[3] 参见石田某敏、阳光人寿保险股份有限公司吉林分公司人寿保险合同纠纷再审案,最高人民法院(2017)最高法民申 1462 号民事裁定书。

[4] 参见尤某娟诉新华人寿保险股份有限公司、新华人寿保险股份有限公司上海分公司人寿保险合同案,江苏省无锡市中级人民法院(2015)锡商终字第 01110 号民事判决书。

对金融机构采用1倍至3倍的惩罚性赔偿,其理由为金融服务与生活服务相比价款甚高,极易造成赔偿额过高。[1] 此种观点有待斟酌,惩罚性赔偿之目的旨在处罚、吓阻经营者的不法行为,不能因其赔偿金额过高就对金融业与其他行业予以区别对待,这于无形中已陷入主体身份立法的窠臼。更何况保险费并不见得就一定高于某些消费品,如名牌手表、名牌皮包、数码产品等。

因此,将惩罚性赔偿适用于保险业时,赔偿金额的倍数应严格按照《消费者权益保护法》第55条第1款的规定,将保险费的3倍作为赔偿金额,不足500元的,以500元计。

(四)建立分立式赔偿制度

惩罚性赔偿适用于保险业中的一个争议话题,是将惩罚性赔偿金全部赔付给保险消费者,保险消费者获得意外之财,是否具有正当性。为此,可借鉴美国的做法,建立分立式赔偿制度。分立式赔偿制度,是指将惩罚性赔偿中的一部分赔偿金额,上交法院或相关组织机构,不是全部归保险消费者所有。美国采取分立式赔偿制度的合理性主要体现在:第一,分立式赔偿制度可以合理地分配资源。[2] 通过威慑和惩罚欺诈行为促进社会规范是惩罚性赔偿裁决的主要目的。惩罚性赔偿裁决的分立式赔偿具有两种功能,一方面是使社会能够将惩罚性赔偿金额用于实现更高价值。例如,惩罚性赔偿金中有一部分可以作为公益性质的普通基金,以使整个社会受益。另一方面是因被告的欺诈行径使直接受伤的消费者能获得额外补偿。因此,惩罚性损害赔偿的分立式赔偿制度可以通过补偿社会以及原告的方式而更好地为公众服务。第二,分立式赔偿制度可以避免不必要的诉讼。虽然惩罚性赔偿的主要目的是鼓励原告提起诉讼,但允许原告要求赔偿全部惩罚性赔偿金额会导致当事人寻求风

---

〔1〕 参见阳建勋:《我国金融机构惩罚性赔偿责任落空的反思与制度完善》,载《法律科学(西北政法大学学报)》2019年第5期。

〔2〕 See Clay R. Stevens, *Split-Recovery: A Constitutional Answer to the Punitive Damage Dilemma*, Pepperdine Law Review, 1994, Vol. 21, p. 857 -908.

险行为,这种行为会"刺激过度和不必要的诉讼"。[1] 将惩罚性损害赔偿的一部分分配给原告以外的其他人,分摊惩罚性赔偿金额可以减轻索赔要求并抑制原告提起诉讼的动机,从而阻止那些想要轻率提出惩罚性赔偿要求的人。采取分立式赔偿制度,对原告仍然有一定的激励作用,因为法律规定只拨出一部分惩罚性损害赔偿,剩余的部分依然归原告所有。因此,分立式赔偿制度符合有效的公共政策目的,因为除了将资源分配给公共用途外,还能减少因惩罚性赔偿裁决而引起消费者轻率诉讼的可能性。

我国惩罚性赔偿适用于保险领域,建立分立式赔偿制度的具体路径可包括以下方面。

第一,确定惩罚性赔偿金额交纳的对象。分立式赔偿制度中,立法机构授予谁接受对保险消费者惩罚性损害赔偿的利益至关重要。这种利益的形式可以是为整个社会的利益而设立的普通基金,也可以是旨在减轻可预见的保险人行为导致社会成员遭受伤害的专项基金。我国的保险业惩罚性赔偿,可结合保险案件的具体内容与性质,由法院将分立式赔偿金额指定给相应的社会公益组织或保险保障组织。例如,财产保险的惩罚性赔偿金,法院可要求将其分立式金额上交给保险保障基金,从而更好地促进保险业的稳定发展。再如,对于重疾险欺诈而导致的惩罚性赔偿金,其分立式惩罚性赔偿金可指定给癌症研究基金等。

第二,分配比例规定。分立式赔偿制度需规定惩罚性损害赔偿金的分配比例,美国大部分州的立法机关认为适当的比例为惩罚性损害赔偿金额的 20% ~75% 。有些司法管辖区没有设置固定的百分比,而是由审判法院酌情决定,根据特定案件的事实确定合理的比例。[2] 笔者建议,保险消费者将他们获得的惩罚性赔偿金的 50% 交给保险保障基金或其

---

〔1〕 Scott Dodson, *Assessing the practicality and constitutionality of Alaska's split recovery punitive damages statute*, Duke Law Journal, 2000, Vol. 6, p. 1335 – 1369.

〔2〕 See Clay R. Stevens, *Split-Recovery: A Constitutional Answer to the Punitive Damage Dilemma*, Pepperdine Law Review, 1994, Vol. 21, p. 857 – 908.

他相应的社会公益组织。50%的数值主要考量了两个方面的影响:一方面是不会因设置过高比例而打击保险消费者行使惩罚性赔偿请求权的积极性,从而影响惩罚性赔偿实施目的的实现;另一方面又不会因惩罚性赔偿金额过高而导致保险消费者道德风险的出现,造成不必要的诉讼激增。

第三,明确分立式惩罚性赔偿金的管理细则。接受保险消费者分立式赔偿金的社会组织,应对该款项设立明确的管理细则。分立式惩罚性赔偿金的管理、使用均应符合有利于社会公共利益的目的。对分立式惩罚性赔偿金应单独设立专项基金库,与其他收入有所区分。例如,在保险保障基金中,保险公司缴纳的保险保障基金与保险消费者缴纳的分立式惩罚性赔偿金应分别列出收支明细,不能混合使用。

我国《消费者权益保护法》中惩罚性赔偿规定适用于保险业,并不存在障碍,只需在具体适用过程中把握其"度"即可,从而更好地维护保险消费者的救济权。引入惩罚性赔偿责任,可以平衡保险人与保险消费者之间的失衡状态,防止保险人滥用其优势地位随意侵夺保险消费者的权益。可从四个方面进行建构:一是遵循欺诈行为主观故意要件的实践场域;二是重构保险人欺诈的证明责任分配规则,即规定保险机构要承担欺诈行为的反向举证责任;三是量定惩罚性赔偿在保险业中的金额基数及倍数,惩罚性赔偿金应将投保人所交保险费作为基数,投资型保险仅将保险部分的费用作为计算基数,投资部分不得纳入其中,惩罚性赔偿以保险费的三倍作为赔偿金额;四是建立分立式赔偿制度,法律规定将保险消费者所得的50%惩罚性赔偿金分配给保险保障基金或其他具有公益性质的社会组织,使其更好地为保险业和社会服务。

第四章　我国保险科技监管的法律规制路径

“旅途的开端”正好可以用来描述保险科技目前所处的境遇。〔1〕近年来，在数字化、网络化、智能化为特征的信息化潮流推动下，保险科技通过保险与科技的深度融合发展，在保险领域表现出新的实现方式、服务形态、业务模式，迅速成为一个备受全球瞩目的热点议题。在我国，“金融科技应用的广度、深度和精度不断增强，提升了金融服务质量和效率，惠及了广大金融消费者，在不少领域形成了独特市场优势和规模优势，为服务实体经济、防控金融风险、促进金融改革和开放提供了重要驱动力”。〔2〕与此同时，我国保险科技创新发展也暴露出一系列问题和风险隐患，特别是保险风险防控存在短板、保险消费

---

〔1〕参见［英］苏珊娜·奇斯蒂、萨宾·L. B. 范德林登等：《保险科技权威指南》，卢斌等译，中国人民大学出版社 2020 年版，第 32 页。

〔2〕孙天琦等：《金融秩序与行为监管——构建金融业行为监管与消费者保护体系》，中国金融出版社 2019 年版，第 131 页。

者权益保护不足等问题较为突出。本章从保险科技监管法律规制的角度,结合"保险+人工智能""保险+物联网""保险+区块链""保险+基因诊疗""保险+新能源"等保险科技创新领域,探讨具体的科技监管路径。

第一节 保险科技发展背景下的保险监管现代化转型

随着大数据、云计算、物联网、区块链等技术的应用,保险业逐渐呈现数字化、智能化的发展趋势。"保险+人工智能""保险+区块链""保险+物联网""保险+基因诊疗"等保险科技创新产品的出现,在为人们提供便利保险服务的同时,也对传统保险监管与风险防范带来巨大挑战。本节首先对保险科技的定义进行界定,其次对传统保险监管在保险科技发展背景下呈现的局限性作出分析,提出保险监管现代化转型及其实现路径,以期更好地维护我国保险消费者的合法权益,促进保险业健康稳定发展。

一、什么是保险科技

尽管"保险科技"已经是一个耳熟能详的名词,但"保险科技"的具体定义与内涵到底是什么,仍是"见仁见智"的问题。中国人讲究"名正言顺",对保险科技"名分"的清晰界定,有利于保险科技的发展以及保险科技监管的落地。因此,在本部分笔者拟从保险科技主体是谁,具体做什么以及如何做三个维度,尝试回答什么是保险科技这一问题。

(一)维度一:谁是保险科技领域内部的主体

保险科技,就横向领域而言,最初是由许多经营新科技与保险相结合的企业组成的生态系统。这些企业是新科技的早期使用者,它们专注于数字化,相较于传统的保险企业缓慢地评估、接受,保险科技更早吸纳了大数据、机器学习、云计算和互联网这些创新科技。[1] 这些早期接纳者的优势在于采用数字化默认操作方式，而不用通过传统模式的 IT 系统或者过于复杂的过程和操作为创新赋能。就垂直领域而言，保险科技取决于其在特定业务领域、价值链或客户细分方面的专注程度。现有的许多保险科技企业只专注于特定的业务线，[2] 它们在保险科技领域中寻找小众市场，这使它们在应对挑战或者帮助受限于规模或组织因素的传统企业时具有更高的可信度。因此，在保险科技领域，如果我们建立了保险科技生态系统这个概念，那么在这个生态系统中的主体，便是保险科技的企业或初创公司。但它们不是保险科技领域仅有的参与者，成熟的科技公司或者面临转型的传统保险公司也完全有资格被包括进来。

（二）维度二：保险科技企业在保险科技领域中能做什么

保险科技颠覆了传统保险企业的商业运作模式，提出了能吸引保险消费者的创新性客户价值命题。例如，保险科技可以实现全部保险产品的数字分销。通常来说，保险科技通过提供创新科技和解决方案来提高运营效率和完善现有保险企业的价值链。例如，开发一系列保险科技产品，“保险 + 人工智能”“保险 + 基因诊疗”等。保险科技的主要目标是为保险消费者和保险企业创造价值。当然，创造价值是任何一个新产业想要存活下去，并长期繁荣发展的必要条件。保险科技企业能够聚焦保险消费者，发现现有保险企业不能识别的保险消费者需求，来为其创造价值，或者通过找到现有保险企业无法提高效率的商业或运营模式中的痛点，为传统保险企业创造价值。

（三）维度三：保险科技如何创新保险业务

保险科技致力于创新保险业务，为保险消费者和保险企业创造价

---

〔1〕 参见［英］苏珊娜·奇斯蒂、萨宾·L. B. 范德林登等：《保险科技权威指南》，卢斌等译，中国人民大学出版社 2020 年版，第 5 页。

〔2〕 例如 Lemonade、Trov 和 Oscar 这三家保险科技公司，它们分别专注于家庭、财产和健康保险。

值。保险科技包括具有改变保险业务潜力的各种新型技术和创新业务模式。[1] 现阶段保险科技主要有以下三种:第一,利用最先进的技术。最具创新性的技术是任何保险科技解决方案的核心。保险科技企业是创新技术的早期使用者,并将其运用于保险业。它们将解决方案产品化并提供给传统企业,创新保险业务,如汽车远程信息处理、保险智能合约等。第二,聚焦于改善保险消费者体验。专注于提升体验的保险科技企业,有利于改善保险消费者的投保体验,如保险消费者投保时的智能投保顾问,以及在风险评估中为担保人提供支持等。无论如何,保险科技企业致力于在以用户为中心的前提下改善体验。保险科技企业提出新的保险消费者价值命题,即在清晰性和使用性方面简化保险消费者的适用过程,开发新产品以突出用户的中心地位。第三,利用先进的分析方法作出商业决策。保险科技初创企业通常由年轻的数字原住民、科技驱动型创业者创办。他们更习惯于初创企业的思维而非强大的金融机构思维。他们不惧在精益和敏捷方式下快速发展、测试,并为市场带来创新。他们在日常的管理实践和运营中嵌入先进的分析方法,形成结论并作出商业决策。

综上所述,基于保险科技的三个维度,我们尝试将保险科技的定义归纳为保险科技是以创新为基础的科技初创公司、保险企业等组成的生态系统。这些企业遵循以保险消费者为中心的理念,通过保险价值链,利用精益的科技手段颠覆或者解决问题,为保险消费者或者传统的保险企业创造价值。

二、传统保险监管模式在保险科技发展背景下呈现局限性

保险科技发展带来技术性风险、数据与信息安全风险、系统性风险,使传统保险监管应对乏力,呈现局限性。

---

[1] 参见王向楠:《普惠保险》,中国社会科学出版社2020年版,第218页。

（一）保险科技带来的风险分析

1. 技术性风险

首先是设备运行风险，保险系统设备运行过程中有遭遇黑客攻击、病毒侵染等风险，导致其运行瘫痪。其次是系统操作风险，工作人员在操作过程中的失误、处置不当等也会引发系统操作风险。[1] 例如，在保险智能合约中，基于区块链去中心化的特点，所有操作流程均由系统自动执行。若系统在自动执行指令最初输入过程中便出现错误，将无法识别，系统仍依照其错误指令层层推进。[2] 最后是在线支付风险，保险消费者在线支付保费后，其费用是否进入保险公司系统存在安全隐患。保险消费者输入秘钥或口令并通过网络传输时，在传输过程中有可能被黑客以非法手段截取，并利用截取的信息，进行犯罪活动，使保险消费者蒙受损失。

2. 数据与信息安全风险

保险科技的广泛应用在极大提升保险产品智能化的同时，也带来数据与信息安全方面的诸多风险。一方面，依赖于数据决策的保险科技业务模式体现为对数据本身的真实性要求极高。人们无法控制数据提供者和搜集者本人的偏见和筛选，而针对数据的分析极其依赖数据的数量和质量，在不关注因果关系只强调相关性的模式下，数据中一旦混杂虚假错误的信息就可能导致错误的分析、预测和决策，并由此带来巨大损失。例如，基于大数据的个性化核保过程意味着更多维度数据的埋点、采集与应用，一旦发生数据信息错误，则会造成严重后果。另一方面，数据服务提供商掌控了大量保险消费者的数据信息，该数据信息一旦被数据服务商贩卖，将会泄露保险科技用户的隐私。例如在 UBI 车险中，保险公司或者第三方数据服务商将收集到的被保险人的车载信息与驾驶

---

〔1〕 参见杨东：《监管科技：金融科技的监管挑战与维度建构》，载《中国社会科学》2018 年第 5 期。

〔2〕 参见徐忠、孙国峰、姚前主编：《金融科技：发展趋势与监管》，中国金融出版社 2017 年版，第 240 页。

行为数据予以泄露,或进行违规越权操作等。此外,数据信息安全风险还来自潜在的数据入侵。黑客可以利用大数据同时控制上百万台傀儡机发起攻击,并误导安全检测。随着大数据与保险服务的联系日趋紧密,数据入侵一旦成功,将对保险公司造成巨大的负面影响。

3. 系统性风险

在保险科技的运作框架中,保险公司与科技公司的合作日益紧密。保险公司通过保险科技能够提供高效便捷的保险服务,同时,保险科技的发展使保险业务之间的交叉性增强,尤其是在非传统保险业务中,不同业务平台之间的信息分割,将使信息不对称问题隐藏于不同平台之下,增加了其系统性风险。此外,单个平台发生的金融风险,也将在业务的交叉性作用下,传递到其他平台,从而使风险更具传染性。在保险科技中,若没有对因果关系进行测试,则数据的相关性会增加错误预测的风险。如果算法在系统层面上是错误的,保险科技公司的数据优势将不复存在。那么,保险科技公司达到一定规模,一旦其破产就可能会损害与之相关的公司。[1] 保险科技使风险传播速度变得更快、渗透更深,保险公司、科技公司、中介机构等多种主体参与,跨地域、瞬时性的技术手段应用,均为系统性风险的爆发提供了可能,为事后处理带来重重困难。系统性风险在第二章中已详细论述,此处不再赘述。

(二)传统保险监管模式应对乏力

传统保险监管模式通常是"命令—控制"型监管,即监管者依靠事先制定的规则,监督保险公司的行为,保险公司一旦突破规则红线,将会受到监管者的制裁。[2] 为了实现监管目标,该种监管模式采取"一刀切"的方式,以体现公平和正义。但是,随着保险科技的出现,传统保险监管模式逐渐暴露出弊端。

---

〔1〕 See Dirk A. Zetzsche & Ross P. Buckley, *From FinTech to TechFin: The Regulatory Challenges of Data-Driven Finance*, EBI Working Paper Series, 2017(6).

〔2〕 参见张永亮:《金融监管科技之法制化路径》,载《法商研究》2019 年第 3 期。

1. 静态式监管模式：传统保险监管的固有困境

保险基于风险的客观存在而产生，因风险的变化而变化，所以保险市场是高度动态、情况易变的市场。传统保险监管是一种静态式的监管模式：首先，监管法规滞后于监管实践是客观存在的事实，因为法律法规通常是静态的，而监管实践却常常发生变化，相对静态的法律法规面对动态发展的监管实践，必然无法有效应对。〔1〕因此，监管法规不仅可能缺乏规制效果，甚至会阻碍保险科技创新。诚如有学者所言，"过高之法规障碍，阻碍金融科技新创业者进入金融市场，反有害竞争与创新"。〔2〕其次，传统保险监管通常是"危机型立法"的产物，即"在金融危机后立法机构和监管机构出台加强监管的金融规则"。〔3〕因此，传统保险监管无法解决监管规则与保险科技创新之间的"步调一致"问题。一方面，"危机型立法"是金融危机暴露后对所出现的问题进行的应急性、被动性反应；另一方面，"危机型立法"并未以前瞻性的眼光对保险科技创新产品予以监管。最后，传统保险监管通常依赖保险公司的数据报表——经营情况表、保费收入情况表等监管数据——监督保险公司的偿付能力，这些表格数据反映的不是保险公司当下的情况，而是过去的运营状况。在发现某家保险公司偿付能力不足时，这家保险公司早已发生问题。传统保险监管是一种静态的、事后的监管，现实中，保险科技产品日新月异，传统保险监管采取的是"先发展后监管"的理念，所以极易出现"监管真空"，一些保险科技产品打监管的"擦边球"，甚至进行监管套利。

2. 数据化与技术化缺失：传统保险监管的巨大短板

就数据化而言，第一，保险监管的数据建设远远滞后于保险科技创新。庞大的数据缺口导致严重的"信息不对称"，保险监管者无法准确识别风险，进而评估并制定相应方案。监管者在各项数据滞后乃至缺乏的

---

〔1〕参见张永亮：《金融监管科技之法制化路径》，载《法商研究》2019年第3期。

〔2〕张冠群：《自金融监理原则与金融消费者保护观点论金融科技监理沙盒制度》，载《月旦法学杂志》2017年第7期。

〔3〕周仲飞、李敬伟：《金融科技背景下金融监管范式的转变》，载《法学研究》2018年第5期。

状态下,仍能作出英明决策的可能是微乎其微的。第二,传统保险监管不善于利用数据分析为监管工作提供预警信号,不善于在数据挖掘中发现风险线索以至于使监管工作偏向被动。例如,目前保险业监管系统共有 2 万多个科目数据,但大部分数据都在“沉睡”,常用的只有 5% ~ 10%。[1] 第三,在数据安全监管方面存在漏洞。在智能时代,云计算、区块链等均与数据使用紧密联系,然而,由数据安全引发的风险问题与日俱增。如何在保险监管中加入对数据安全的监控体系,如何做好客户隐私保护与数据利用的平衡,也是传统监管机构面临的重大问题。

就技术化而言,传统保险监管以“人力资源 + 机构监管”为主,技术因素不占主导。然而,随着保险科技的迅速发展,保险公司纷纷采取新的技术手段创新产品,抢占市场。传统保险监管因缺乏保险创新所具备的技术手段而使其监管出现“短板”——其监管方式已不适合具有虚拟化、无时空限制、难以确定管辖权等特点的保险科技产品。简言之,传统保险监管因缺乏充分的技术条件和技术能力而无法对保险科技产品进行有效监管。

3. 监管人才匮乏:传统保险监管的新生痛点

保险科技是技术与保险的融合,其产品设计、流程运作等具有较高的专业性与复杂性,这对监管人才的素质提出了较高要求,他们不仅要熟悉保险业务、相关法律法规,同时也要能熟练运用大数据、云计算等信息技术。例如,在区块链技术应用中,我国现有的监管框架在应对区块链“代码即法律”[2] 的构造特质时已无所适从。面对区块链监管规则,急需“能够用技术解决法律问题的人才和能够用法律服务技术发展并将技术运用于法律的人才”。[3] 现阶段此类复合型监管人才的缺乏,制约着保险监管的发展,成为传统保险监管的新生痛点。

---

〔1〕 参见张雁云、吴晓军等:《大数据对保险业改革创新与保险监管影响研究》,中国金融出版社 2016 年版,第 104 页。

〔2〕 有关区块链“代码即法律”的法律构造内容在本章第三节进行详细阐述。

〔3〕 吴月:《试论我国监管科技的应用困境及路径选择》,载《金融发展研究》2019 年第 5 期。

三、保险监管现代化之逻辑转变:引入“科技型”保险监管

保险科技发展背景下的保险监管,面临传统监管理念、监管手段和监管模式的现代转型。在传统保险监管维度之外,监管机构有必要通过科技手段对保险机构实施监管。“科技型”保险监管是监管与科技结合的产物,是数据化技术手段在监控、监管报告和合规性等方面的应用。[1]

(一)科技治理是“科技型”保险监管的理论基础

科技治理是使用现代科学技术手段,运用垂直层级治理和横向联合治理的方式,强化公共治理的思想、贯彻公共治理的措施,体现协商和治理主体多元化的原则。[2]

首先,科技治理是数据驱动的治理。伴随信息数据技术发展的保险科技,每天都在生成与处理海量数据。监管者围绕各种数据进行收集、存储、分析以便及时发现风险并对其进行规制。此外,科技治理还强调治理者与被治理者之间的数据共享,从而将保险机构向监管机构的单向数据传输转变为双向数据整合。日新月异的技术进步,使得科技本身特别是金融科技已经不仅仅是被监管治理的对象,而是逐渐变为治理的方式,在传统法律监管中留下烙印。

其次,科技治理是“标准—认证—认可”的治理。科技治理的出发点与目标是建构与法律规则功能相一致的技术性标准。因此,保险科技公司可以推动技术标准的制定,将其作为合规的基本要求,并借助外部第三方认证机构将其具体落实,通过监管法律制度加以认可,确保其权威性与可执行性,即“标准—认证—认可”模式。[3] 这一模式已付诸实践,欧盟《一般数据保护条例》中的个人数据跨境认证制度,以及我国《网络安全法》第11条对网络安全行为规范行业标准的授权,均体现了该种治

---

〔1〕 See Douglas W. Arner & Janos Barberis et al., *FinTech and RegTech in a nutshell, and the future in a sandbox*, CFA Institute Research Foundation, 2017.

〔2〕 参见赵胤:《从科技管理走向科技治理》,载《人民论坛》2019年第7期。

〔3〕 参见许可:《从监管科技迈向治理科技——互联网金融监管的新范式》,载《探索与争鸣》2018年第10期。

理思路。

最后,科技治理是"机制设计"的治理。与传统"命令—控制"式监管不同,科技治理从具体决定和内容中适度抽离,侧重于由谁、按何种形式作出决定。换言之,"机制设计"的治理为科技治理提供了整体性的流程指引。监管者面对一项保险科技创新产品时,首先要确定需解决的中心问题与利益相关者,设定监管的政策目标。然后召集所有利益相关者共同商议解决方案,从中选出最优,并征集利益相关者的反馈意见,随后进一步修改和测试解决方案,继续反馈循环,直到找到最合适的解决方案。在这个过程中,"政府得以退回到决定权的分配和再界定上的程序设计中,促使被监管的社会经济关系实现'受规制的自治'"。[1]

(二)"科技型"保险监管使监管从"控制性"转变为"适应性"

传统保险监管通过对被监管者采取强制性要求,以及对违背该要求的被监管者进行处罚,来实现监管目的。此种"控制性"监管理念僵化,手段刚性,方法单一。"科技型"保险监管倡导"适应性"监管理念,即监管方式、监管目标、监管制度应根据监管对象、监管环境等进行灵活调整,监管手段随机应变,迅速适应不同的监管情境。"保险科技发展速度远迅于法律,此时,就时机而言,监管机关介入宜采用适应性监管,即'资料导向监管措施',意味着依保险科技发展程度收集不同资料进行分析后,随时调整监管范围,监管时机及监管密度,以保留弹性。"[2]保险作为金融行业,具有金融的高动态性与高风险性特点,监管规则不可能随时跟上保险创新的步伐。传统保险监管的"控制性"只能作为保险监管一般性、基础性的框架,还应赋予监管者更多的自由裁量权。在面对众多保险科技产品时,"科技型"保险监管可以快速识别产品的潜在风险、叫停违规违约行为,根据保险公司的规模、内部结构、风险水平,实施有

---

〔1〕 许可:《从监管科技迈向治理科技——互联网金融监管的新范式》,载《探索与争鸣》2018年第10期。

〔2〕 Erik Vermeulen et al., *Regulation tomorrow: What happens when technology is faster than the law*, American University Business Law Reviewa (Sept. 22, 2016), vailable at https://ssrn.com/abstract=2834531.

针对性的监管。

（三）"科技型"保险监管使监管从"事后性"转变为"多元性"

传统保险监管手段单一，主要采取"事后监管模式"，即通过实地监管、审核保险公司数据报表等方式。监管机构通过传统监管方式发现保险公司存在偿付能力风险时，通常其问题早已存在。易言之，传统保险监管过程体现"事后性"的特点。保险科技产品日趋复杂，"事后性"监管明显"力不从心"，难以有效应对各种保险科技创新产品。"科技型"保险监管彰显了多元化的监管路径，在传统监管的基础上，采取多种全新的监管手段。具体而言，一是包含人工智能技术、区块链加密技术、机器自动学习技术、大数据技术等在内的自动化监管，该种监管手段具备数据客观、准确，并能对其快速作出自动分析的特点；二是适当性监管，"科技型"保险监管使保险科技生长于既不会"过度放纵"，又不会因严酷监管而扼杀于创新的环境中，从而在维持保险业健康稳定发展的同时鼓励创新；三是事前监管，在风险刚刚出现时便能及时监控，有效预防风险。法律制度的设计，并不是为了"亡羊补牢"，同理，金融监管中、事后救济不是其初衷，而是旨在起到预防作用，防止发生金融风险。[1]

（四）"科技型"保险监管使监管从"人工性"转变为"技术智能性"

传统保险监管主要依靠人工完成，随着保险科技应用的加快，仅依靠人工监管无法与保险公司庞大的信息数据形成同步有效监管。此外，单一的"人工监管"仰赖于个人职业道德与素养，从而易引发道德风险。"科技型"保险监管作为全新的监管模式，具有以技术为中心的智能化特征。具体而言，第一，监管手段以"技术"为核心。以大数据、云计算、人工智能、区块链等为主要内容的技术使监管效率大大提高，并有效避免了个人因受社会关系影响而作出偏颇的监管行为，智能化监管将逐渐实现。第二，数据技术运用造就精准化监管。在多变、复杂且破坏式创新

---

〔1〕 参见黎四奇：《后危机时代"太大而不能倒"金融机构监管法律问题研究》，载《中国法学》2012 年第 5 期。

频发的年代,运用数据化技术,可避免因时间紧迫造成监管者筛选错误的数据并据以监管的局面,从而可实现保险科技监管的精准化。[1] 第三,“科技型”保险监管的动态性。保险监管者在科技型保险监管中,其数据是基于人工智能、大数据等技术手段收集、提炼、分析而来的,具备随时更新、动态监测、实时有效的特点。保险监管现代化转型之逻辑转变如图4-1所示。

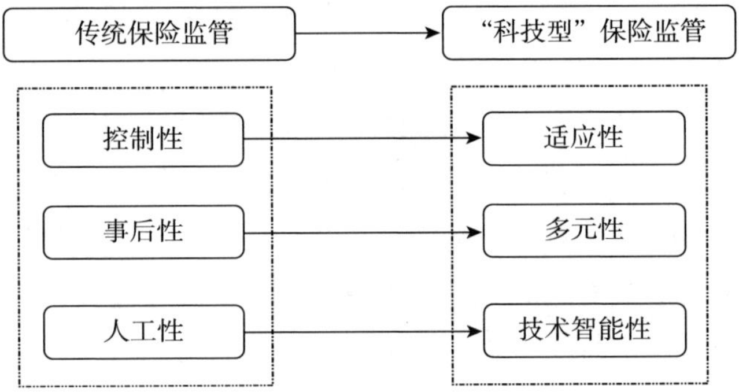

图4-1　保险监管现代化转型之逻辑转变

四、保险监管现代化转型之实现路径

正如有学者所言,“为了确保消费者和保险公司充分受益于数字技术,任何监管框架都应当支持创新”。[2] 保险监管在进行现代化转型时,其监管路径可从以下方面进行调整。

(一)建构以科技为核心的监管体系

1. 成立保险科技监管小组,全方位监控保险科技创新

保险科技监管小组由金融监督管理委员会成立,其主要职责包括两大类:一是科技监管方面。“监管部门掌握并利用新技术实施监管,加大

---

[1] See Erik Vermeulen et al., *Regulation tomorrow: What happens when technology is faster than the law*, American University Business Law Reviewa (Sept. 22, 2016), Available at https://ssrn.com/abstract=2834531.

[2] 王向楠主编:《数字时代的保险消费者保护》,中国社会科学出版社2020年版,前言第6页。

监管科技的投入力度，进而提高监管的科学性、有效性非常必要和紧迫。"[1]具体而言，其一，大数据的审查与监督，保险科技监管小组对保险公司、保险中介机构等大数据运用情况进行专项审查，收集大数据在保险业务领域使用的经验证据并对其进行监督，进而作出相应的决策；其二，云计算监管，保险科技监管小组将评估云服务提供商针对保险的外包监管实践，并发布指南，包括如何评估云外包的重要性、监管机构有权访问云服务提供商的工作场所，或者相关的其他安全问题等；其三，监督算法的融合，以明确日益复杂的保险科技如何最优地监督和与保险消费者沟通；其四，区块链监管，保险科技监管小组将探讨区块链、保险智能合约给保险业务、再保险业务和消费者带来的利益和风险，包括评估区块链创新应用的可能监管障碍等。二是创新引导方面。第一，保险科技监管小组拟定在不同管辖区，如何促进保险科技发挥创新引领者功能，从而以最佳实践的形式建立高效的监管，并酌情发布指导方针；第二，制定当前的保险创新授权和许可要求，并评估比例原则如何在保险创新实践中应用，如将保险科技公司与传统保险公司同等对待；第三，确定有效的监管实践政策，并探究保险创新可能存在的监管障碍；第四，建立保险创新中心，方便众多保险公司进行经验交流和业务合作，促进我国保险科技的发展。

2. 监管机构与企业合力推动"科技型"监管以实现技术治理

"科技型"监管强调风险监控与技术治理相结合，可以避免传统人力监管过程中的过失、偏颇行为，从而有效地提高监管的精确化程度。从实践来看，监管机构在面对层出不穷的保险科技创新产品时，面临缺乏技术能力与技术手段的困境。化解此困境应从与第三方技术企业合作入手，提高监管科技水平。当前监管机构在向"科技型"监管转化的过程中，存在新型监管人才缺乏、技术能力有限等问题。因此，一方面，监管

[1] 李真、袁伟：《美国金融科技最新立法监管动态及对我国的启示》，载《金融理论与实践》2020 年第 4 期。

机构应确保技术人员到位,可考虑采用行业技术外包的方式落实;[1]另一方面,监管者与技术提供者之间需要合作与协调。监管者要使监管科技合规方案获得理想效果,需要法律和计算机专家的密切配合。就技术提供者而言,应将监管科技与法律融会贯通,从而实现技术与规则的智能一体化;就监管者而言,需借助监管科技,实现监管的技术智能性,在海量监管数据中实现监管的自动化分析。[2]

(二)优化数据监管制度

1. 建构数据平台共享机制

数据共享是"科技型"保险监管的基础。加速公安、交通、征信、保险、银行、证券及其他金融行业等跨部门跨行业数据整合的信息平台建设,对于提高部门协同管理效率、丰富管理手段,实施联合监管,具有显著的积极作用。[3] 例如,在车险方面,原保监会依托车险平台与税务机关税源系统的实时交互,建立了"税险同步"的联网征收模式,保险公司在承保交强险时可一并代收代缴车船税。通过联网征收,共享车辆技术信息和纳税人缴税情况,既有利于税务机关对车船税缴税情况的掌握,又为今后车船税政策的改革完善提供了实践数据,还减少了车主提供缴税相关凭证表单等手续,提高了征管效率。今后还应建立保险与汽车产业的数据共享:UBI 车险中的驾驶行为数据、车载信息、用户需求等一系列数据将有利于推动汽车安全设计、道路交通安全以及汽车零配件价格、车辆销售维修价格反垄断等工作。

2. 建立数据安全与信息保护机制

在保险科技时代,数据的重要性不言而喻。数据安全和个人信息保护,成为保险科技监管的重要内容。数据安全,主要是指数据的完整性,

---

[1] See Enriques L., *Financial Supervisors and RegTech*: *Four Roles and Four Challenges*, Faculty of Law Blogs (Oct. 9, 2017), Available at http:// clsbluesky. Law, Columbia. Edu.

[2] 参见李有星、王琳:《金融科技监管的合作治理路径》,载《浙江大学学报(人文社会科学版)》2019 年第 1 期。

[3] 参见邱全俊、王丹:《互联网保险投保风险分析——基于消费者权益保护角度》,载《金融理论与实践》2020 年第 4 期。

即“数据在其生命周期中没有被修改甚至刻意制造，数据在传输、存储过程中，确保数据不被未授权地篡改或能够及时检测到数据被篡改”。[1]在确保数据安全规则方面，可通过加密技术、数字签名技术、访问控制、数据安全性检查、查杀病毒木马技术、密文检索技术等手段予以防止。信息保护又称为隐私保护，在保险科技产品中随处可见。例如，可穿戴设备在应用中搜集到的被保险人的健康状况信息；UBI 车险中用户的驾驶习惯、车载信息、用车需求等均带有强烈的个人属性。如果当事人的隐私无法得到保护，将会对其造成精神或者物质上的损害，更有甚者会构成对人身安全的威胁。基于此，欧盟于 2016 年 4 月通过了《一般数据保护条例》，旨在对用户的数据进行严格保护。只有在获得客户明确的授权后，其他机构才能使用包含个人信息的数据。此外，客户对已授权的信息享有随时处理的权利。[2] 欧盟的上述立法，值得我国借鉴。在信息保护规则方面，明确保险机构对数据的具体使用范围与权限，建立数据二次使用的交易法则，规范保险公司与第三方机构使用涉及用户数据隐私的全部流程，包括数据的收集、存储和使用等，赋予用户对关涉自身数据的处理权。

（三）建立实验性监管机制

实验性监管机制，是指监管机构允许适格的金融科技创新企业于特定期间、特定环境中进行金融新产品或新服务的测试实验。换言之，监管者创造一个安全空间，金融科技创新企业可测试其创新的产品、服务、商业模式等各方面的可行性，而又不需要承担一般违反金融监管法规的责任。保险科技监管之所以需要实验性监管模式，原因在于，保险科技属于新生事物，需要一个开放的环境让保险消费者尝试接受。另外，监管者若对保险科技设置过于严苛的环境，将不利于保险科技的发展。所

---

〔1〕 郑志明、缪绍日、荆丽丽等编著：《金融数据挖掘与分析》，机械工业出版社 2015 年版，第 245 页。

〔2〕 See Athanasios Theofilatos, Dimitrios I. & Tselentis et al., *Willingness-to-pay for Usage-Based Motor Insurance*, Transportation Reasearch Board (TRB) 2017 Annual Meeting.

以适度的法规解除管制与调适，方可实现促进竞争与创新之目标。[1] 在实验性监管模式下，通过豁免其设立及遵守相关监管法规义务的方式，辅以较低的法令，遵循成本优势，使被监管者的测试产品于测试期间取得相关的实证经验，并进行调整，以协助其发展完善。这种模式的主要目的是加强监管当局与金融科技创新企业的沟通交流，提早介入，由传统的“先发展后监管”变为“边发展边监管”，全程了解金融科技的信息并进行政策辅导，从而使监管者与被监管者之间建立良好合作关系，促进高效监管。[2]

发端于英国的金融科技“监管沙盒”制度即实验性监管模式的典型例证。英国的“监管沙盒”包括金融科技创新产品可否进入监管沙盒的评价基准、监管沙盒运作流程、消费者保护措施、金融行为监管局（Financial Conduct Authority, FCA）对测试的终止权以及测试完成后的报告与协助机制，具体流程如图 4－2 所示。英国金融科技沙盒制度有三个核心目标：(1)减少进入市场的时间成本；(2)改善融资渠道；(3)鼓励创新。[3]

我国在发展保险科技创新产品时，可借鉴此种模式，从而减少保险科技创新产品进入市场的时间与潜在成本，同时确保适当的消费者保护监督措施已建置于商品或服务提供过程中。具体而言，我国保险监管者在建立实验性监管模式时应着重考虑三个方面。第一，从作用定位角度，沙盒监管模式应突出对创新企业的政策优惠，从办理手续、准入门槛、政策解读和沟通交流渠道等方面移除政策障碍，缩减创新业务进入测试市场的时间和成本。这种模式将众多主打创新概念的保险业务提前

---

〔1〕 Industrial Technologies Office, *Studying FinTech: Competition and innovation in financial service*, Competition Bureau Canada (March 1, 2017), Available at https://www.canada.ca/en/competition-bureau/news.html.

〔2〕 参见许多奇：《互联网金融风险的社会特性与监管创新》，载《法学研究》2018 年第 5 期。

〔3〕 See Douglas W., Arner & Janos Barberis et al., *FinTech and RegTech in a nutshell, and the future in a sandbox*, CFA Institute Research Foundation, 2017.

1.申请人提出沙盒计划。公司须向FCA递送申请，说明其测试计划，以及为何这个计划符合FCA所订的资格标准

↓

2.FCA评估。FCA对计划进行审查，若符合资格标准，计划通过，FCA将与申请人联系

↓

3.申请人与FCA合作，就测试事项达成协议。FCA与申请人共同制定最佳沙盒策略，订立测试的变数、评估结果及应提出的报告要求，并随时加以监控

↓

4.执行沙盒测试。FCA在协议完成后同意申请人开始测试

↓

5.测试与监控。申请人与FCA共同参与，针对第3步骤协议的内容进行测试

↓

6.申请人对测试结果提交最终报告，FCA加以审查

↓

7.FCA审查最终报告后提出建议，由申请人决定是否走出沙盒在市场上提供该种新服务

图4－2　英国金融科技监管沙盒流程[1]

纳入监管大格局，一方面，监管者对测试的保险产品能有更全面的了解，从而更好地规避风险；另一方面，被监管者能及时掌握监管政策，研发出更加符合监管意图的保险创新产品，降低风险。第二，从监管力度角度，应明确对创新的法律豁免仅限于监管部门自身颁布的规章和制度，不能与上位法相抵触。沙盒监管提供的政策优惠包含两个层面：一是机构准入标准，二是业务规范。我国在引入监管沙盒制度时，原则上应仅放宽业务规范而不放宽机构准入标准，以鼓励企业创新并从真实市场中得到产品反馈，同时保证保险市场的稳定，有效控制风险。第三，从消费者权

〔1〕 笔者根据FCA正式发布的金融科技“监管沙盒”报告整理，https://www.fca.org.uk/publication/research/regulatory-sandbox.pdf。

益保护角度，沙盒监管模式应把保险消费者的知情权、选择权、财产安全权和依法求偿权放在突出位置。[1] 在申请阶段，监管者应对申请机构的资质、业务合规、风险控制、客户退出机制和消费者补偿金准备等方面有明确要求并设立具体的实施标准，不符合资质的企业和不成熟的产品或服务不予接纳。

总之，在保险科技蓬勃发展的时代背景之下，尽管科技监管"小荷才露尖尖角"，在世界范围内还处于起步阶段，但唯有"科技型"保险监管才是保险监管现代化转型的正道，才能克服当下存在的传统监管应对乏力问题。"科技型"保险监管在现阶段的实施路径主要有三：(1)建构以技术为核心的监管体系；(2)优化数据监管制度；(3)建立实验性监管机制。

但是，如何对不同类型的保险科技实施监管，仍值得深入探讨。例如，"保险＋区块链"中，保险智能合约的法律构造是什么？对其风险应该如何防治？"保险＋物联网"中，UBI 车险涉及保险标的转让时，与传统保险标的转让有何不同？其转让规则是否应作相应的调整变化？"保险＋基因诊疗"中，应如何有效应对基因诊疗保险涉及的保险消费者基因信息保护问题？"保险＋新能源"中，新能源汽车专属保险应该如何规范构建？这些问题都还需进一步研究。

第二节　保险＋人工智能：论人工智能机器人责任强制保险立法

人工智能机器人是一切与模拟人类行为或思想以及模拟其他生物的人工智能系统相结合的特定机械或存在于不特定机械内的智能系统。[2] 随着人工智能如火如荼的发展，人工智能机器人若发生侵权事

---

〔1〕 参见张晓燕等：《金融科技行业发展与监管(2018)》，经济科学出版社 2018 年版，第 98 页。

〔2〕 参见任继福、孙晓：《智能机器人的现状及发展》，载《科技导报》2015 年第 21 期。

故,其责任承担主体与赔偿则是立法应关注的重点,这将直接关系到人工智能机器人的未来前景。保险为新科技带来的风险提供了很好的保障措施,也是分散风险的有利手段。[1] 因此,确立人工智能机器人责任强制保险制度显得尤为重要,其可以妥当地解决机器人致人损害时的赔偿问题。然而,目前我国尚无相关法律文件规定人工智能机器人责任保险,传统的责任保险产品对人工智能机器人而言,在适用上已经捉襟见肘。本书认为,基于人工智能机器人发展风险与人们对安全秩序追求之间的矛盾语境,结合当下推行人工智能机器人责任强制保险的宏观审思,应该对人工智能机器人责任强制保险进行立法,从而预防与分散人工智能机器人带来的风险,同时又能平衡维护安全秩序与推动人工智能产业化发展、商业化普及之间的利益。

一、人工智能机器人发展风险与安全秩序之间的矛盾语境

人类生活在风险社会,风险充斥于日常生活中,无处不在,如影随形。随着人工智能技术的发展,新的风险也随之产生。“风险往往来源于产业以及产品本身,人工智能产业的新兴化及人工智能产品所依赖的算法之独特性共同决定了其产品发展风险类别及风险性质之特殊性。”[2]详言之,一方面,人工智能既是前沿新兴产业,又是科技行业,因而风险较高。就前沿新兴产业而言,任何新生事物的发展,都会伴随新兴风险,就像硬币的正反两面。人工智能技术作为当下热门的新兴产业,给我们的工作、教育、生活、娱乐带来了深远影响。可是,科技水平一直处于日新月异的动态发展过程中,而该行业中对该产业的相关制度、标准配套、风险防控等机制尚未达到成熟产业的标准。因此,在这个过程中,产生风险的可能性必然大于一般产业。因此就发展人工智能技术

[1] 参见许中缘:《论智能汽车侵权责任立法——以工具性人格为中心》,载《法学》2019年第4期。

[2] 胡元聪:《人工智能产品发展风险抗辩后的损害救济分摊机制研究》,载《政法论丛》2020年第3期。

而言，生产者依然处于摸索阶段，对未来人工智能机器人带来的风险，难以预料，更遑论如何防控和避免了。[1] 科技风险指的是运用科学技术创造生产力的同时，所伴随而来的负面影响。[2] 科技风险因涉及信息技术、芯片技术等多方面专业知识，风险普遍较高且具有典型的滞后性，因对专业技术要求极高从而导致科技风险的隐秘性。

另一方面，人工智能机器人基于自身大数据运算的特性而具有较高的风险性。人工智能机器人通过海量训练数据进行自我机器学习，运用层层复杂的算法不断演进，在云端形成新的认识，最终解决和处理不断变化的实际问题。人工智能机器人呈现出深度学习、人机协同、跨界融合、自主智能等一系列基于大数据运算而形成的特点，这些特点也因计算数据科技而不可避免地具有较高风险。例如，用于自动承保与理赔的人工智能机器人，可进行基于数字化信息的自动承保与自动理赔，通过多渠道推荐并利用人脸与手势匹配验证真伪预防保险欺诈。[3] 与此同时，人工智能机器人在自动承保与理赔的运用过程中，也可能因程序的数据漏洞而产生重大失误，给保险公司造成严重损失。总之，人工智能机器人因科技发展而导致的风险因其特殊性、潜在性，而具有区别于一般风险的特点，这类风险是伴随科技发展而来的不可避免的风险。

与此同时，人们对社会安全秩序与生俱来的价值追求与人工智能机器人发展所带来的风险之间必然产生矛盾。安全是人类生存于世界上获得财富、自由等一切精神利益与物质利益的前提。[4] 因此，对安全秩序的渴望，是人类与生俱来的心理。在文明世界中，风险与社会秩序相伴相生，尤其在当下的科技社会中，体现得更为明显。人工智能技术的

---

〔1〕 事实上，人们关于未来人工智能机器人会给人类社会带来何种风险的讨论一直方兴未艾，尤其体现在文学和影视作品中，例如，由卡梅隆导演的《终结者》系列电影曾风靡一时，该电影讲述的是未来世界人类反被人工智能机器人控制，并与人工智能机器人发生战争的故事。

〔2〕 参见胡元聪：《人工智能产品发展风险抗辩后的损害救济分摊机制研究》，载《政法论丛》2020 年第 3 期。

〔3〕 参见王向楠主编：《数字时代的保险消费者保护》，中国社会科学出版社 2020 年版，第 53 ~ 54 页。

〔4〕 Christian Bay, *The Structure of Freedom*, Stanford, 1958, p. 19.

发展,就是当代科技社会所带来的发展风险。此时,发展风险与安全秩序之间将不可避免地产生矛盾。安全的生活秩序是当下社会的价值追求,但也应为无处不在的变化留出适当空间。究其缘由,仅仅追求安全稳定、一成不变的社会秩序也会导致社会整体的停滞,使得创新受阻,最终有碍于社会发展。[1] 为此,在人工智能机器人发展风险与安全秩序的矛盾中,或许应该经由法律规制,在最大限度地追求安全秩序的同时,维持人工智能技术的发展,这也是法律应该践履的安全功能之一。本节尝试从设立人工智能机器人责任强制保险立法的角度,促使法律维护安全秩序的价值功能付诸实践。

二、推行人工智能机器人责任强制保险的审思

人工智能被认为是继蒸汽机时代、电器时代和信息时代以后的第四次工业革命。[2] 随着人工智能技术的发展,其带来的风险与机遇并存,人们对于安全秩序的追求与人工智能机器人产业的健康发展之间的矛盾语境,或许通过推行责任强制保险立法能够有效化解。

(一)推行人工智能机器人责任强制保险的审思:宏观上的考证

1. 顺应促进人工智能技术发展的政策导向

近年来,我国大力推进人工智能技术的发展,随着大数据爆发式增长以及深度学习算法的加强,人工智能产业化进程的步伐加快。我国相继出台了一系列政策支持中国的人工智能发展:2015 年,在《国务院关于积极推进“互联网 +”行动的指导意见》中,将人工智能列入重点行动之一;随后 2017 年由国务院印发的《新一代人工智能发展规划》中,对人工智能采取“三步走”战略,要求到 2030 年我国人工智能的理论与技术应用水平跻身世界领先水平;之后每年的政府工作报告中,都强调要注重人工智能技术的研发与应用。由此可见,我国高度重视发展人工智能技

---

〔1〕 参见[美]E. 博登海默:《法理学:法律哲学与法律方法》,邓正来译,中国政法大学出版社 2017 年版,第 323 ~ 324 页。

〔2〕 参见王劲:《无人驾驶汽车,引领第四次工业革命》,载《汽车纵横》2016 年第 6 期。

术。因此,推动人工智能机器人责任强制保险立法是顺应产业发展需要,有利于人工智能机器人长远发展,具有十分重要的现实意义。[1]

2. 预防与分散风险的客观要求

现代社会是风险社会。[2] 风险社会的形成与科技进步、信息发达、企业竞争、消费活动、社会政治经济发展等具有密切关系。现代社会的风险源包括产业的发展及现代科技,如计算机、网络、核能、生物基因工程等带来的新的危害,使现代社会的损害具有大量性、严重性及科技性。人工智能技术存在引发现代社会风险的负面影响,事先不易防范,事后难以承担,因此必须结合国家与社会的力量,进行有效率的风险经营管控,即预防性行为和因应性的制度。[3] 在人工智能技术的发展中,涉及的参与者众多,责任划分往往错综复杂,若缺乏责任保险将其风险进行转移,人工智能机器人的未来市场发展必将受到限制。[4] 责任强制保险旨在为受害人提供赔偿,这也是近代责任保险从"为被保险人提供保障"向"为受害人提供保障"的立法思想的转变。况且因产品生产或操作不当而给他人造成损害的,理应对受损害的第三人进行赔偿,方符合社会正义的价值理论。[5] 责任强制保险恰好能符合此种正义,通过商业保险的形式,基于社会保险的强制性原理,将损失尽可能降到最低,以充分发挥保险分散风险和保障社会的功能。[6]

当前我国并没有建立人工智能机器人责任强制保险制度,因此,在对智能驾驶汽车等人工智能机器人的致害行为分配法律责任时,既有规

---

〔1〕 参见邢海宝:《智能汽车对保险的影响:挑战与回应》,载《法律科学(西北政法大学学报)》2019 年第 6 期。

〔2〕 参见王泽鉴:《损害赔偿》,北京大学出版社 2017 年版,第 1 页。

〔3〕 参见吴汉东:《人工智能时代的制度安排与法律规制》,载《法律科学(西北政法大学学报)》2017 年第 5 期。

〔4〕 See Gillian Yeomans, *Autonomous vehicles Handing Over Control: Opportunities and Risks for Insurance*, London: Lloyd's, 2014, p.4 -5.

〔5〕 参见[德]格哈德·瓦格纳:《侵权责任与保险:比较报告与最终结论》,载[德]格哈德·瓦格纳:《比较法视野下的侵权法与责任保险》,魏磊杰等译,中国法制出版社 2012 年版,第 402 页。

〔6〕 参见郭峰、胡晓珂:《强制责任保险研究》,载《法学杂志》2009 年第 5 期。

则能否有效应对是立法者应当思考的问题。毕竟人工智能机器人与以往的产品设计存在较大区别,它们的行为虽然经过程序设计,但其可在不同情境下通过机器学习,产生相应的反应并进行相应决策,这些行为哪怕是创造者也可能无法预料。此外,在人工智能机器人高速发展的过程中,一些损失与风险也无法避免。例如,2019 年英国一份仓库火灾调查报告显示,火灾的原因是仓库中的智能机器人充电装置起火引起,造成了 1.37 亿美元的损失。人工智能机器人的重要作用已经逐步得到社会认可,但是对于其带来风险的担忧也是切实存在的。[1] 对于人工智能机器人而言,保险是为其"扫清荆棘"的一种重要制度,但传统保险制度在应对人工智能机器人导致的损失赔偿问题时已应接不暇,因此保险制度应随之作出调整,将人工智能发展过程中面临的风险降低、分散、转化以适应发展的需求。面对人工智能机器人带来的各种社会风险,建立具有预防与分散风险的人工智能机器人责任强制保险制度是十分必要的。

3. 保护保险消费者合法权益的价值取向

在责任保险中,一直存在"亲保险人规则"与"亲被保险人规则"之间的博弈,美国《责任保险法重述》再次体现了这点。[2] 在美国各州法院对保险案件的审判中,法官采取何种规则直接决定了能够为被保险人提供多大程度的保护。事实上,《责任保险法重述》制定了大量对被保险人有利的规则,原因在于被保险人通常是保险标的风险的直接关系人,被保险人对预防风险的发生有更强的影响。[3] 正因如此,责任保险立法已由过去的承保被保险人"过失行为责任"向当今的"无过失行为责任"转变,以便更好地保护受害人的利益。[4] 因此,体现在保险法律价值取

---

〔1〕 参见许中缘:《论智能汽车侵权责任立法——以工具性人格为中心》,载《法学》2019 年第 4 期。

〔2〕 参见何启豪、金融:《在商法与消费者法之间寻求平衡的保险法——美国〈责任保险法重述〉评述与启示》,载《保险研究》2020 年第 2 期。

〔3〕 See George L. & Priest, *A Principled Approach toward Insurance Law: The Economics of Insurance and the Current Restatement Project*, 24 Geo. Mason L. Rev. 635, 2017.

〔4〕 参见樊启荣:《保险法》,高等教育出版社 2010 年版,第 152 页。

向上即为保护保险消费者合法权益。

人工智能责任强制保险重在保护保险消费者。目前面对人工智能技术最典型的代表——智能驾驶汽车,英国政府的政策目标是加快事故赔偿速度,保护保险消费者,从而确保智能汽车的使用具有保险保障。[1]我国的保险法也十分注重保护保险消费者的合法权益,如在保险合同解释中引入"不利于合同起草者解释规则",即为明显有利于保险消费者的规则。[2]《机动车交通事故责任强制保险条例》(以下简称《交强险条例》)的宗旨首先是保障机动车交通事故受害人依法得到赔偿,以及《最高人民法院关于适用〈中华人民共和国保险法〉若干问题的解释》一以贯之地坚持注重保险消费者合法权益。因此,面对人工智能机器人的开发和使用,建立人工智能机器人责任强制保险是符合我国保险法律坚持的保护保险消费者合法权益的价值取向的。

(二)推行人工智能机器人责任强制保险的审思:微观上的考究

1.弥补商业责任险投保不足的现实考量

我国商业责任保险的发展现状并不理想。2013~2017年责任保险保费占整个财险市场保费的比重由3.49%增加到4.59%。[3],近年来责任保险虽有增长,但还远低于国际上16%的平均水平。究其缘由,责任保险中,除了大型企业的投保意愿较强外,其他投保人购买责任保险的主动性不强。大型企业基于长期发展目标定位,具备与之相匹配的财力而愿意购买责任保险。中小型企业在面对责任保险时,往往出于成本考虑不愿购买。加之我国责任保险中涉及诉讼举证、因果关系证明等事项,使得责任保险的理赔通常困难重重,因此,出于侥幸心理,这些中小

---

[1] See Centre for Connected and Autonomous Vehicles, *Pathway to Driverless Cars: Proposals to support advanced driver assistance systems and automated vehicle technologies*, London: Department for transport, 2016.

[2] 参见夏庆锋:《保险合同条款争议的中间立场解释方法》,载《保险研究》2019年第11期。

[3] 中国银行保险监督管理委员会官网2020年1月22日,http://www.cbirc.gov.cn/cn/view/pages/ItemDetail.html?docId=887994&itemId=954&generaltype=0。

企业购买责任保险的意愿较低。但是,随着人工智能技术的发展,未来人工智能机器人产品生产主体无论是大型公司还是中小型公司,都有可能发生侵权责任,若公众的损失不能得到有效赔偿,社会对人工智能产品的担忧会影响人工智能技术的进一步发展,商业保险在现阶段其风险保障功能实施效果不理想,有赖于通过其他方式进行弥补。[1] 因此,仅依靠企业自觉购买责任保险难以有效解决未来人工智能机器人的侵权损害赔偿问题。有学者认为,对一些风险较大的行业,应推行强制责任保险,从而进一步促进商业责任保险的发展。[2] 人工智能机器人行业存在较大的不确定风险,为了能够对无辜的受害人进行赔偿,又不会阻碍人工智能机器人技术的发展,针对人工智能机器人提出设立强制责任保险制度,以覆盖产品责任,从而化解风险,减少公众对人工智能机器人引发的侵权风险的担忧,增强公众对人工智能技术的信任。

2. 初步具备的市场基础与法律基础

(1)市场基础。人工智能机器人责任强制保险的市场基础可从责任保险市场与人工智能机器人市场两个角度分析。就责任保险市场而言,虽然目前我国责任保险市场发展还不健全,但随着我国侵权责任法制体系的完善,未来责任保险将会对责任风险起到有利的调节作用,具有较大潜力。人工智能机器人责任强制保险有利于人工智能行业的发展与扩大,任何企业想在人工智能领域持续深耕,除了提升产品的智能性与可靠性这类核心技术指标外,还须具备良好的管理机制与营销策略,以及控制企业风险的能力,而人工智能机器人责任强制保险很好地解决了企业的后顾之忧。人工智能机器人存在侵权的风险,尽管这类风险不会频繁发生,但是,一旦发生将会给企业的产品技术质量与信用声誉带来负面影响,甚至造成无法弥补的损失。随着保险消费者法律意识的觉醒

---

〔1〕 参见王德明:《责任保险在多元化救济体系中的位置及其法律环境分析》,载《保险研究》2014 年第 10 期。

〔2〕 参见胡海滨:《逐步扩大强制保险范围的必要性探讨》,载《保险研究》2007 年第 3 期。

与维权需求的提升，拿起法律武器维护自己权利的消费者越来越多，这是人工智能机器人责任保险的潜在市场基础。其将人工智能机器人因非常态化运行导致的消费者人身损害或财产损失，转嫁给保险公司，由保险公司进行赔偿，从而保护被保险人的合法利益，分散人工智能机器人使用中产生的风险，这一思路具有可行性。

就人工智能机器人市场而言，2018 年中国人工智能领域融资额高达 1311 亿元，增长 677 亿元，增长率为 107%。[1] 可见，中国人工智能市场发展迅速，在世界中居于领先地位，因而无论是从责任保险市场未来发展前景来看，还是从人工智能机器人自身市场的迅猛发展来看，人工智能机器人责任强制保险制度都具备推行的市场基础。

(2)法律基础。一方面，责任保险立法思想的转变为人工智能机器人责任强制保险提供了法律基础。责任保险之缘起，原在填补被保险人因过失侵害第三人权利而为损害所致之损失。[2] 随着经济、技术和社会的进步以及保护被害人法益思想的发展，自 20 世纪 30 年代以来，责任保险立法思想呈转变态势。第一，在诸多领域，责任保险的性质由“任意保险”向“强制保险”发展，机动车交通事故责任强制保险即是该种性质转变的体现。第二，在所承保被保险人行为方面，基于侵权行为归责理论发展的需要，由承保被保险人“过失行为责任”逐步走向承保被保险人之“无过失行为责任”。目前人工智能还处于初级阶段，不具备侵权的主体意识，也不具有承担侵权责任的能力。人工智能侵权还只是表象，本质上仍然是有安全注意义务的被保险人由于过失或意外而未履行相应义务，从而导致人工智能侵权危险的发生。[3] 责任保险承保的保险人从“过失行为责任”向“无过失行为责任”的转变，无疑对因人工智能机器人造成的损害，无论被保险人的行为责任属于“过失”还是“无过失”，都

---

〔1〕《2019 中国人工智能产业发展现状及前景趋势》，载蓝鲸财经 2019 年 5 月 8 日，https://baijiahao.baidu.com/s?id=1632954260923207653&wfr=spider&for=pc。

〔2〕参见樊启荣：《保险法》，高等教育出版社 2010 年版，第 152 页。

〔3〕参见陈全思、张浩、栾群：《人工智能的侵权责任与规则机制》，载《互联网经济》2019 年第 4 期。

将对受害人进行赔偿，有利于受害人权利的保护，也能够减轻社会大众对人工智能机器人技术引发的风险担忧，有利于人工智能机器人的未来发展。第三，在责任保险的功能方面，逐渐由“填补被保险人因赔偿第三人所致之损失”转向以“填补被害人之损失”为目的。[1] 这一责任保险立法思想转变的影响明显，许多国家在立法政策上主张，责任保险人既然已收取保险费，就应逐步禁止或限制其以抗辩被保险人之方法，达到拒绝保险赔偿的目的，以杜绝其规避责任。这种转变在立法上反映为，限制或禁止责任保险的保险人对被保险人行使抗辩权。例如，法国《保险契约法》中规定，禁止责任保险人以“被保险人迟延通知”或以“被保险人未遵循保险契约约定之配合义务”为理由，拒绝保险赔偿。由“填补被保险人因赔偿第三人所致之损失”转变为“填补被害人之损失”，责任保险的此种功能转变，使得能够对无辜的受害者进行赔偿，无疑为人工智能机器人责任强制险的推行扫清了障碍，人工智能机器人责任强制险覆盖产品责任，化解风险，将人们心中对人工智能技术的疑虑与担忧去除。这些立法思想的发展及其法律规定，为我国建立人工智能机器人责任强制保险制度提供了必要的法律基础。

另一方面，2006 年实施的《交强险条例》为人工智能机器人责任强制保险制度提供了可供借鉴的经验。该条例对交强险的基本定义、经营主体、经营原则、投保、理赔、罚则等均作出了规定。时至今日，交强险制度已实施 16 年，其间先后进行了三次修订，虽然目前交强险仍存在对受害人保护不足等问题，[2] 但已在修正与完善，且交强险高效的赔付特点已经产生较好的社会效益，总体而言该项强制保险制度得到了社会认可。交强险制度为人工智能机器人责任强制保险制度的构建提供了可资借鉴的经验与范例。在建立人工智能机器人责任强制保险制度时，可模仿其立法模式，对责任保险的具体内容、合同条款等进行规定，尤其是

---

〔1〕 参见刘荣宗：《保险法》，台北，三民书局 1995 年版。

〔2〕 参见沈小军：《论不健全交强险关系之效力重构》，载《保险研究》2019 年第 5 期。

强制性条款的规范。此外,可学习交强险实务中的具体操作,从而少走弯路,最终落实人工智能机器人责任强制保险制度。

三、人工智能机器人责任强制保险立法的基本原则

人工智能机器人是科技发展的产物,人工智能机器人责任强制保险作为未来有效救济受害人损害的有力手段,日益成为当今社会密切关注的焦点。但人工智能机器人责任强制保险的理论和制度尚未成熟,笔者认为,我国的人工智能机器人责任强制保险在未来立法问题上应坚持以下原则。

第一,遵循侵权责任法基本原理。人工智能机器人责任强制保险是被保险人依法对人工智能机器人使用过程中对第三者造成的损害负赔偿责任时,由保险人承担补偿责任的保险。[1] 可见,责任保险以被保险人对受害人承担的赔偿责任为标的,换言之,由侵权责任构成的赔偿是人工智能机器人责任强制保险的核心内容。因此,在进行人工智能机器人责任强制保险立法时,应遵循侵权责任法的基本原理。一方面,遵循《民法典》中侵权责任首先考虑的倾斜保护受害人的立法意图,通过多种责任承担方式,对受害人提供全面的救济,[2] 正是基于此,当代侵权责任法越来越强调对损害的预防,[3] 人工智能机器人责任强制保险立法即为此种预防的具体方式。前已述及,当代责任保险中体现为从填补被保险人因赔偿第三人所致之损失向"填补被害人之损失"转变。在人工智能机器人责任强制保险中,应进一步明确受害人的范围。另一方面,遵循侵权责任法中的过错责任原则(《民法典》第 1165 条),正如学者所言,侵权责任法的任务在于如何构建法益保护与行为自由之间的矛盾关系。[4]

---

〔1〕 参见樊启荣:《保险法》,高等教育出版社 2010 年版,第 150 页。

〔2〕 参见王利明:《民法典的时代特征和编纂步骤》,载《清华法学》2014 年第 6 期。

〔3〕 See Hans Jonas, *The Imperative of Responsibility: In Search of Ethics for the Technological Age*, University of Chicago Press, 1984, p. 57.

〔4〕 参见[德]马克西米利安·福克斯:《侵权行为法》(第 5 版),齐晓琨译,法律出版社 2006 年版,第 4 页。

今后制定人工智能机器人责任强制保险立法时,应注意保险人的免赔事由与当事人过错责任之间的关系。

第二,尊重保险业的费率厘定习惯。费率厘定主要是针对各险种的各级危险组群,收集相关统计资料,计算其预期损失,并决定各类危险的单位价格。[1] 保险价格毫无疑问是买卖双方共同关切的焦点,价格高低将影响供给与需求的意愿,也将直接关系到人工智能机器人责任强制保险是否能顺利落实。因此,尊重保险业费率厘定的原则、方法并适当考虑例外情况十分重要且必要。

第三,合理规范保险人免赔额事由的实践场域。免赔额,指的是保险标的发生保险事故时,保险公司按照保险事故损失的理赔金额的定量百分比免除赔偿责任的制度。免赔额条款在减少保险理赔费用、制约保险费率、激励被保险人提高风险防范意识等方面发挥了促进作用。[2] 未来在涉及人工智能机器人责任强制保险的案件中,应重点关注以下几个方面的免赔额事由问题:一是因为受害方原因在一定程度上造成了损害发生的,是否属于免赔额事由;二是使用者与所有者在不适宜使用人工智能机器人的情况下依然使用人工智能机器人而造成损失的,是否属于免赔额事由;三是投保人即使用者与所有者未能履行谨慎使用义务的,是否属于免赔额事由。

第四,合理协调社会公共基金对人工智能机器人责任强制保险的救助。在保险业设立社会公共基金有其理论上的正当性。详言之,一是保险业金融脆弱性的"先天不足"。对金融脆弱性的探索始于人们对金融危机的研究,海曼·P. 明斯基从企业角度开启了金融脆弱性理论的现代篇章。他认为,"以商业银行为代表的信用创造机构和借款人的相关特性使金融体系具有天然的内在不稳定性"。[3] 此外,道德风险、信息不

---

〔1〕 参见陈彩稚:《保险学》,台北,三民书局2012年版,第122页。

〔2〕 参见初北平:《船舶保险中的免赔额条款》,载《中国船检》2016年第9期。

〔3〕 [美]海曼·P. 明斯基:《稳定不稳定的经济:一种金融不稳定视角》,石宝峰、张慧卉译,清华大学出版社2015年版,第59页。

对称等因素都造就了金融脆弱性。二是被保险人弱势地位的“后天不良”。诚如有学者指出的,人人平等的社会只存在于人们的理想之中,现实中总会由于个体差异及制度安排等各种原因造成某些人或群体与另外的人或群体相比居于弱者地位。[1] 一般而言,社会弱势群体除了自身条件较差外,主要原因在于他们在社会经济活动中也处于弱势。因此,需要对弱势群体进行特别保护。三是利益相关者的职责所在。利益相关者是指与组织的各项行为与活动相关联的个人或团体,其与组织之间互相影响。[2] 利益相关者可以分为一级利益相关者和二级利益相关者,前者包括企业所有者、客户、员工和供应商,后者包括所有间接利益者,如行政机构、社会等。利益相关者的理论发展,经历了从影响到参与,再到如今的利益相关者共同治理的过程。在该理论之下,利益相关者可以管理者的身份参与企业决策,其身份由之前的管理对象转变为治理主体。[3] 社会公共基金的筹集与使用即为利益相关者共同参与的结果。因此,在人工智能机器人责任强制保险中,通过对社会公共基金的筹集、使用进行明确规定,可以充分发挥社会公共基金的救助功能,从而更好地促进人工智能机器人责任强制保险的发展。

四、我国人工智能机器人责任强制保险发展的制度前瞻

目前人工智能机器人责任强制保险制度的建构,需要法律法规与政府政策的扶持双管齐下,促使其落地实施。[4] 既然我国已具备建构此项制度的市场基础与法律基础,那么未来应制定“人工智能机器人责任强制保险条例”,大体而言,其应然体系架构如图 4－3 所示。

---

〔1〕 参见吴宁:《社会弱势群体权利保护的法理》,科学出版社 2008 年版,第 13 页。

〔2〕 参见[美]约瑟夫 · W. 韦斯:《商业伦理:利益相关者分析与问题管理方法》(第 3 版),符彩霞译,中国人民大学出版社 2005 年版,第 30 页。

〔3〕 参见任建国主编:《保险保障基金参与保险业风险处置与市场退出研究》,中国金融出版社 2014 年版,第 31 页。

〔4〕 参见吴汉东:《人工智能时代的制度安排与法律规制》,载《法律科学》2017 年第 5 期。

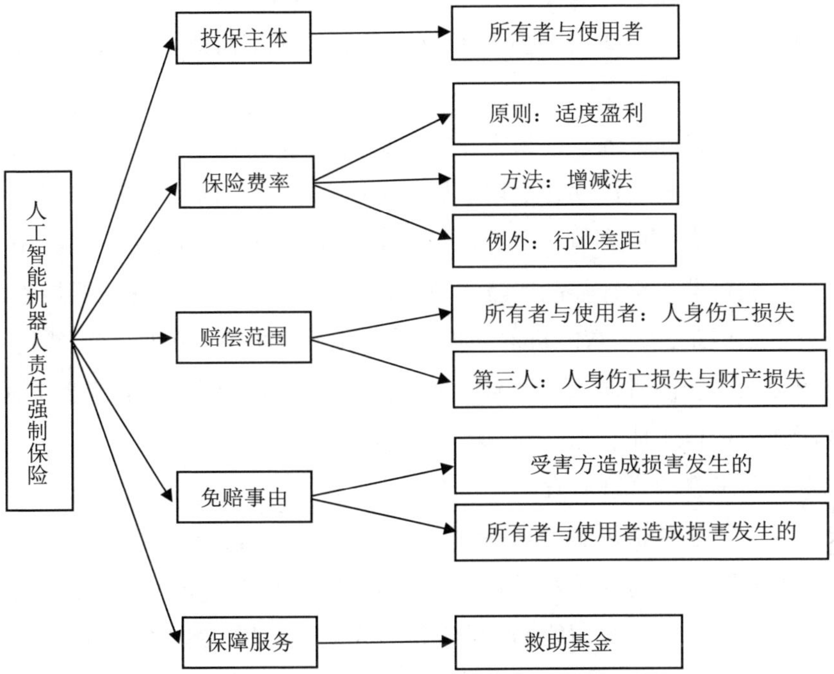

图 4－3 人工智能机器人责任强制保险体系架构

(一)人工智能机器人侵权责任投保主体范围的确定

责任保险投保主体关涉研发者、生产者、所有者与使用者，何者应为投保主体现阶段存在争议。主要有以下几种学说。

其一，生产者责任说。有学者提出，人工智能机器人的生产者应承担有限责任，[1]除非是使用者操作不当导致的损失。[2] 事实上，已经有生产者承认应对人工智能侵权负全部责任，[3]但并非所有生产者都赞同此观点。其二，使用者(所有者)责任说。支持该观点的学者认为，责任

---

〔1〕 See Matthew U. & Scherer, *Regulating Artificial Intelligence Systems*: *Risks*, *Challenges*, *Competencies*, *and Strategies*, Harv. J. L. & Tech. 29, 2016, p. 391－393.

〔2〕 See Jeffrey K. & Gurney, *Sue My Car not me*: *Products Liability and Accidents Involving Autonomous Vehicles*, U. J. L. 13, 2013, p. 247.

〔3〕 沃尔沃公司首席执行官 Samuelsson 在一份新闻稿中承诺在汽车处于自动驾驶模式时，公司将承担全部责任。

的产生在于使用者的操作错误，而非在于人工智能机器人的生产者。人工智能机器人的使用者或所有者对因错误地使用而造成的损害应承担责任。

人工智能机器人致人损害导致的责任问题远比交强险操作困难，原因就在于其侵权主体存在上述争议。按照《交强险条例》第2条的规定，机动车的所有人或者管理人是交强险的投保主体。若将此规定应用于人工智能机器人责任强制保险中，则其投保主体应是人工智能机器人的所有者。但是，人工智能机器人与传统机动车辆相比，更为复杂，需进一步明确人工智能机器人生产与使用过程中各主体之间的权利义务关系，从而确定投保主体。

1. 研发者的合理研发义务

人工智能包括机器学习在内的多项技术。在这些技术的研发过程中，如智能汽车，需要研发者采用GPS、激光雷达、超声波感应等，与运行中的实际路况相结合，从而提高驾驶的安全性。因此，研发者有义务在保证智能汽车智能性的同时确保安全。所以，人工智能机器人所导致的问题可以进一步追及研发者，但是，我们并不能因此认定人工智能机器人的侵权责任必然由研发者承担。因为人工智能产品与传统产品最显著的不同是其在被研发出来之后，能自我学习并作出独立判断，这是研发者不能预判的，故就因果关系的角度而言其已经出现了断裂。因此，让研发者承担侵权责任有失公平，且不利于科技创新。值得注意的是，研发者在研发过程中应承担合理研发的义务，保证人工智能机器人的质量达到可投入使用的标准。

2. 生产者的安全义务

对于人工智能机器人的生产者而言，产品安全是其应承担的重要责任，也是人工智能机器人产品的重要内容之一。具体而言，一是安全保障义务。生产者要承担人工智能机器人使用过程中的风险警示义务，一方面，在复杂环境下的风险应对义务，如恶劣环境中使用人工智能机器人可能导致的故障等；另一方面是人工介入的提醒义务，在个别情况下，人工智能机器人若不能有效识别,应发出相应的警示,提醒人工介入。二是提供履行安全义务的配套措施。这包括两个方面:第一,防止操作错误导致的风险;第二,采取简单且方便的介入措施,如在智能汽车中,驾驶者可以在自动驾驶过程中随时迅速、快捷地夺回驾驶权。

3. 所有者与使用者的谨慎使用义务

人工智能机器人生产的最终目的是为人类服务,创造更加便利的生活条件。因此,人工智能机器人与其所有者与使用者之间联系密切,在操作人工智能机器人的情形下,所有者与使用者承担的是人工智能机器人的谨慎使用义务。

一是注意义务。人工智能机器人按照程序能够完成指定任务,并可通过机器学习不断对周围环境作出判断分析。所有者与使用者需保持一定的注意义务,如智能机器人是否在正常范围内运行,电池电量的情况等。二是适时介入义务。在智能汽车驾驶中,虽驾驶风险比人工驾驶低很多,却仍有判断错误的可能,毕竟现实中的情况千变万化,人工的适当介入是必需的。使用者与驾驶者在发现智能驾驶存在危险或发生危险预警时,应及时介入并对智能汽车进行管控。[1] 三是风险预防义务。人工智能机器人的所有者与使用者,还需做好风险预防,如定期更新软件,检查电量情况等,从而预防因软件滞后或低电量带来的安全隐患。

人工智能机器人的研发者、生产者、所有者与使用者均存在相应义务。那么,在强制责任保险中,应确定由谁作为投保主体?笔者认为,在人工智能机器人的发展中,离不开法律制度的支持。若对人工智能机器人的研发者与生产者苛以过高之法律责任,将有碍人工智能的进一步发展。[2] 故在现阶段,若让人工智能机器人的研发者与生产者均承担无过错责任和连带责任,将会打击研发者与生产者的积极性,不利于创新发

[1] 参见许中缘:《论智能汽车侵权责任立法——以工具性人格为中心》,载《法学》2019年第4期。

[2] 参见许中缘:《论智能汽车侵权责任立法——以工具性人格为中心》,载《法学》2019年第4期。

展。从经济学的角度分析,如果科以研发者和生产者投保义务将导致研发者或生产者的财产减少,一定程度上加重了研发者和生产者的经济负担,很有可能因其法律上责任主体的变化而导致研发者和使用者“畏手畏尾”,甚至不再进行技术创新。排除研发者和生产者对人工智能机器人责任强制保险的投保义务,对研发者和生产者而言具有正向激励效应,可以推动人工智能机器人技术的优化。[1] 简言之,这是技术与“成本—效率”的博弈,最终科以使用人或所有人人工智能机器人责任强制险的投保义务收益大于成本,最经济有效。因此,从法律对新兴科技的支持与保障的角度,在设置人工智能机器人责任强制保险的投保主体时,应将投保主体规定为所有者和使用者。人工智能机器人相关义务主体如图 4 -4 所示。

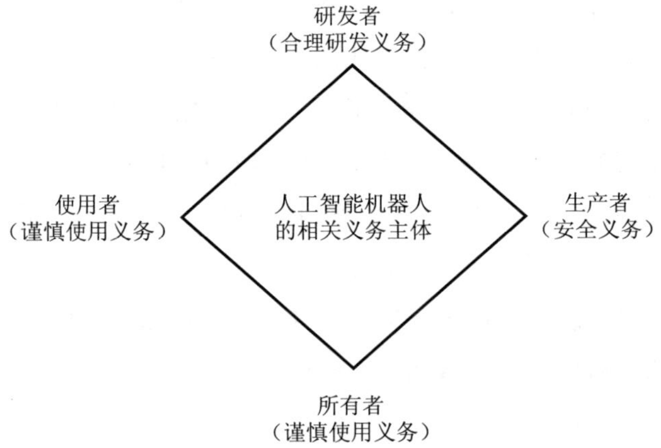

图 4 -4 人工智能机器人相关义务主体

(二)人工智能机器人责任强制保险费率的厘定

费率厘定主要是针对各险种的各级危险组群,收集相关统计资料,计算其预期损失,并决定各类危险的单位价格。[2] 保险价格毫无疑问是

---

〔1〕 参见于海纯、吴秀:《自动驾驶汽车交通事故责任强制保险制度研究——一元投保主体下之二元赔付体系》,载《保险研究》2020 年第 8 期。

〔2〕 参见陈彩稚:《保险学》,台北,三民书局 2012 年版,第 122 页。

投保人和保险人共同关注的焦点，价格高低将影响供给与需求的意愿，也将直接关系到人工智能机器人责任强制保险是否能够顺利落实。因此，有必要对其保险费率厘定进行探讨。

1. 费率厘定之原则：适度盈利

一方面，保险费率的厘定，首先要求必须充分，亦即不得过低。因为保险制度最重要的目标在于补偿损失，而危险损失的赔偿基金来源主要仰赖于保费收入。倘若保费收取不足，届时将无法偿付损失。若费率过低，还会导致保险公司失去承保人工智能机器人责任强制保险的积极性，不利于人工智能机器人责任强制保险的推广。另一方面，保险价格亦不应过高，以免造成保险人追求利润而使保险消费者权益受损。设置人工智能机器人责任强制保险的目的，旨在人工智能机器人自主决策发生保险事故时，保证被侵权人能够在事故发生后及时获得赔偿，并且是为了弥补归责原则不完善与现存法律制度之不足，而不是为了让保险公司创收。若不对保险费率作出规制，保险公司可能借此抬高价格，会不当增加人工智能机器人所有者的购买成本，所以保险费率不应过高。

《交强险条例》中对费率采取的是“总体上不盈利不亏损的原则”，笔者从人工智能机器人责任强制保险得以顺利推行的角度考量，认为费率厘定应采取适度盈利原则，更有利于保险公司承保的积极性，至于适度盈利的标准，则需要精算专家进行计算，并由保险监督管理机构聘请有关专业机构进行评估，还可举行听证会听取公众意见后决定。

2. 费率厘定之方法：增减法

若将各种类别的被保险人等同视之，收取同一费率，忽略个别差异，往往容易遭人诟病，毕竟真正完全相同的被保险人总是少数。正因如此，在费率厘定的方法上宜采取增减法。增减费率之目的，除反映被保险人的差异性，精算出较公平的费率水准外，还具有促进损失控制的效果。详言之，增减法对于损失低于预期水准的客户，给予费率折扣，反之则增加保费。由于近年来损失控制观念备受重视，增减法受到推广，《交强险条例》第 8 条规定的费率可以浮动变化即为增减法的体现。在建构人工智能机器人的责任强制保险制度时引进增减法确定费率可以有效地调动投保人在人工智能机器人运行安全方面的自我监管积极性,防止道德风险,从而降低人工智能机器人事故发生的概率。人工智能机器人事故发生的频率远低于交通事故,因此,增减法适用时,不用参照《交强险条例》中规定的一年,可以根据实际数据进行适度调整。

3. 费率厘定之例外:行业差距

传统的分类法是对同一组群的所有曝险单位采用相同的费率。经由核保人将投保单位依其危险程度分门别类,同一类危险组群内的各投保单位则视为完全相同。任何个别差异则予以忽略,费率即为该组群的平均损失。在这种分类方法下,人工智能机器人责任强制险虽属于一类险种,但其是运用于不同行业,因此,若依然按照传统分类方式厘定费率难免出现不公。人工智能机器人在不同行业使用时,发生事故的概率是不同的,如工业智能机器人与智能驾驶汽车,其事故发生率差距明显。所以,在制定费率与确定赔偿限额时,甚至在赔偿责任的标准上,都应有所区别。

(三)赔偿受害人损失两分赔付体例之确立

人工智能机器人自主造成侵权可分为两种情形:一是对所有者或使用者本人造成侵权;二是对所有者或使用者以外的人造成侵权。显然,在第一种情形中,将人工智能机器人责任强制保险的赔偿损失范围调整扩大至所有者是使用者在价值选择上的必然结果。因为在人工智能机器人的使用过程中,若对使用者与所有者的损害现实“不闻不问”,显然会打击使用者和所有者对人工智能机器人的使用与购买兴趣,也不利于人工智能机器人责任强制保险的落实,长此以往终将会影响人工智能机器人的市场发展。但若将使用者与所有者均予以和第三者一样的等量救济,可能会导致所有者与使用者在使用和操纵人工智能机器人时不注意履行谨慎使用义务,因此,对所有者或使用者的赔付应仅就其最为紧要和迫切的损失部分,即人身损害部分予以救济,财产损失则不在赔付范围。在第二种情形中,显然可以参照交强险的规定,若因使用者或所有者操作不当造成人工智能机器人对第三人的侵权，保险人应向第三人赔偿。若人工智能机器人对第三人的侵权是由于自身产品设计原因造成，那么此时研发者应负有合理的研发义务而且生产者负有安全义务，实务中，人工智能机器人的研发者与生产者通常合二为一，既是研发者又是生产者。[1] 故该种情况下保险公司赔偿了受损第三人后可向研发者与生产者追偿，但必须承担证明研发者与使用者对人工智能机器人侵权之间具有因果关系的举证责任。

总之，在人工智能机器人责任强制保险中，应将受害人的范围扩展至使用者与所有者，并将赔偿范围限定在人身伤亡损失之内，对这两者之外的第三人的损失，则不限于人身伤亡损失或单纯的财产损失。就这一角度而言，人工智能机器人责任强制保险遵循二元赔偿损失范围体例，即人工智能机器人的侵权事故中，使用者与所有者属于受害人且赔偿范围限于人身伤亡损失，对使用者与所有者之外的第三人的赔偿范围包括人身与财产损失两部分。

(四)人工智能机器人责任强制保险的免赔事由及适用限制

人工智能机器人责任强制保险的免赔事由可以规定以下三种情况：一是受害方一定程度造成了损害发生的，可适当减轻保险人应负的赔偿责任。但该种免赔责任是否应界定“受害人过失”中的“受害人”范围，实有讨论的必要。在人工智能机器人发生侵权事故时，“受害人过失”中的受害人是所有人与使用人之外的第三人时，因其与责任保险免赔事由的理由相同，自有适用免赔事由的必要。人工智能机器人的使用人与所有人过失造成损害的，其实质在于所有人与使用人所承担的谨慎使用义务。该义务不因使用的对象是人工智能机器人而消失，因此，若受害人的过失是由所有人与使用人造成的，保险人的免赔事由依然成立。

二是使用者与所有者在不适宜使用人工智能机器人的情况下依然

[1] 2019年中国排名前30的人工智能机器人企业既是研发者，又是生产者，如阿里巴巴、新松、百度、陶云科技等。

使用人工智能机器人而造成损失的,属于保险人的免赔事由范围。但是,该条免赔事由的适用应以研发者与生产者已使投保人明确知晓"不适宜使用人工智能机器人情形",否则保险人不得以此为免赔事由拒绝赔偿。人工智能机器人是由机器学习、系统设计以及功能部件等系列复杂构造组合形成。[1] 这就表明人工智能机器人的使用存在一定风险,应在用户使用手册中非常清楚地告知其使用风险,而不是任其隐匿于复杂说明书中,甚至在购买过程中销售只字不提。因此,在人工智能机器人责任强制保险中,研发者、生产者以及保险人应加强合作,确保用户使用手册及保险合同中的内容与术语足够通俗化,易于被投保人理解,否则,该种情形将不能作为保险人的免赔事由。

三是投保人即使用者与所有者未能尽到谨慎使用义务的,属于保险人的免赔事由范围。前已述及,使用者与所有者负有使用人工智能机器人的谨慎使用义务,若使用者与所有者没有履行谨慎使用义务,保险人可将此作为免责事由。一方面,这样规定能够有效避免被保险人的道德风险,即因其已投保责任保险而在履行谨慎使用义务时产生懈怠情绪;另一方面,前已述及,使用者与所有者的谨慎使用义务包括注意义务、适时介入义务与风险预防义务,具体而言包括但不限于及时更新人工智能机器人的系统软件、保持电量充沛、保持网络通畅等义务。

(五)人工智能机器人侵权责任救助基金之设立

虽然在推行人工智能机器人责任强制保险后可覆盖大部分的智能机器人侵权事故,但在责任保险理赔金不足时,可以通过设立人工智能机器人侵权责任救助基金,补充强制责任保险制度救助之不足。[2] 同时,还应允许受害人向救助基金直接行使请求权,以弥补加害人在赔偿不足时所遭受的损失。[3] 我国在交强险中设立了道路交通事故社会救

---

〔1〕 参见于海纯、吴秀:《自动驾驶汽车交通事故责任强制保险制度研究——一元投保主体下之二元赔付体系》,载《保险研究》2020 年第 8 期。

〔2〕 参见叶启洲:《保险法实例研习》,台北,元照出版有限公司 2013 年版,第 335 页。

〔3〕 参见张力毅:《台湾地区强制汽车责任保险法制化经验的借鉴与反思——写在大陆〈交强险条例〉实施十周年之际》,载《保险研究》2016 年第 12 期。

助基金,并于2010年实施了《道路交通事故社会救助基金管理试行办法》,虽然在受害人给付范围、"分项限额"的赔偿方式等方面还存在不足,使救助效果受到影响而被学者诟病,[1]但不可否认的是,道路交通事故社会救助基金的立法本意是值得肯定的,道路交通事故救助基金也确实在一定程度上达到了填补强制汽车责任保险不足之目的。[2] 因此,在推行人工智能机器人责任强制保险时,应设立人工智能机器人侵权责任救助基金。

1. 救助基金的筹集

人工智能机器人侵权责任救助基金的来源包括但不限于以下几个方面:一是按照人工智能机器人责任强制保险所交纳的保险费的一定比例提取资金;二是地方政府给予承保人工智能机器人责任强制保险的保险公司税收财政补助;三是对未按照规定投保人工智能机器人责任强制保险的人工智能机器人的所有者、使用者的罚款金额;四是社会捐款;五是救助基金的法定孳息。

2. 救助基金的垫付费用

救助基金可在以下范围内垫付使用:一是人工智能机器人无法确定其所有人,例如在人工智能机器人对第三人造成侵权的,无法查询到人工智能机器人的所有者;二是未投保的人工智能机器人侵权,即应负有投保责任的所有者和使用者没有对其进行投保;三是人工智能机器人侵权后其保险人无支付能力。总之,在未投保人工智能机器人责任保险时,救助基金应充当法定的保险人,履行保险人的职责。因而其给付项目与额度都应与人工智能机器人责任强制保险一致,方能实现救助基金充分合理地保护受害人权利的目的。

随着人工智能机器人的发展,未来必定是智能、便捷的美好社会。但是,技术革命也给人类社会带来安全隐患。在商业性人工智能机器人

---

〔1〕 参见余凌云:《改进道路交通事故纠纷的解决机制》,载《清华法学》2017年第1期。

〔2〕 参见施文森、林建智:《强制汽车保险》,台北,元照出版有限公司2009年版,第241页。

产品责任保险的实施效果不够理想、传统的保险不能将人工智能机器人纳入保险体系时,应建构人工智能机器人责任强制保险制度。该制度有利于受害人获得及时充分的赔偿,保障受害人的合法权益;有利于人工智能机器人研发者与生产者优化人工智能系统,降低侵权事故发生的概率;有利于人工智能机器人的使用者与所有者在保险公司的监督下履行谨慎使用义务。制定"人工智能机器人责任强制保险条例",一方面弥补现行商业责任保险保障力度之不足,从制度层面将人工智能机器人责任强制保险确定下来,为人工智能技术的未来发展保驾护航;另一方面倒逼人工智能背景下侵权责任法的完善,这是我国法律面临的重要任务。

第三节 保险 + 区块链:保险智能合约的法律构造与风险防治

区块链技术已成为全球金融创新领域的热点方向,作为金融业之一的保险业也不例外,区块链技术在保险业中的应用已逐渐初现。[1] 目前区块链技术的实施领域之一是完全自动化的合同——智能合约,即在信息技术环境中,智能合约自动执行。保险智能合约即为其中的一种类型,具体指一段根据传统保险合同编写的软件代码,在区块链平台上实现,从而确保保险智能合约条款的自律性和自主性,这些条款由事前设定的保险合同条件触发,并应用于区块链的资产中。这一特征刚好与保险业所尊崇的最大诚信原则的经营前提相契合。"区块链提供的算法信

---

〔1〕 现阶段区块链在保险行业的应用主要集中在产品开发、流程优化和再保险平台建构等领域。产品开发与流程优化方面,如大都会人寿保险公司的"Lifechain",是基于智能合约的人身保险理赔服务平台,可帮助死者的家属和亲人便捷和快速地确认相关保单情况,如是否属于保险责任范围,理赔条件和要求,并自动提出理赔申请。安盛保险的"Fizzy",为航空旅客提供自动航班延迟赔偿,航班延误超过 2 小时时,赔偿机制将会自动执行,赔偿金会被直接发送至投保人的"信用卡"账户中,独立于安盛保险公司的决定。再保险平台建构方面,主要有"ChainThat 区块链再保险解决方案",以及由上海保监局牵头,众安保险、德国通用再保险、汉诺威再保险等共同参与的"区块链再保险试验平台"等。

任,不仅给社会信任体系的重构以可能,也给保险经营管理模式,乃至整个业态的存在以新机遇。"[1] 保险智能合约能够实现理赔处理的自动化,减少人为干预,缩短理赔时间,减少理赔纠纷,有效解决当下我国保险合同纠纷成为保险投诉"重灾区"的困境。[2] 因此,保险智能合约未来存在广泛的应用空间。鉴于此,本书尝试运用法学和区块链的原理、方法与逻辑,以保险智能合约向传统合同提出的数字化挑战,进而导致的法律风险为问题导向,阐释内嵌于区块链技术中的保险智能合约的法律构造,探讨如何从科技监管的视角,通过"科技治理"的理论,为保险智能合约可能造成的法律风险提供较优的防治路径,以保障金融创新与金融安全之间的动态平衡。

一、保险智能合约蕴含的法律风险挑战

保险智能合约是存储于区块链各节点中的一段代码,代码编写的条件触发后将自动执行。[3] 区块链智能合约既是代码技术,又是法律合同,亦反映当事人交易的变动与调整,对当事人的权利义务进行约束。保险智能合约的代码属性向传统合同提出了数字化、单一封闭性以及去中心化的挑战。

(一)三元结构的传统合同向四元结构的代码合同转型

合同是反映交易的法律形式,"合同"一词早在两千年前即已存在。[4] 我国法律将合同定义为一种协议。长期以来,当事人采用书面或口头形式订立合同,通常合同成立是由"要约人—承诺人—协议"的三元

---

〔1〕 王和:《保险的未来》,中信出版社2019年版,第31页。

〔2〕 据中国银保监会办公厅统计,2018年中国银保监会及其派出机构共接收涉及保险公司的保险消费投诉88454件,其中,保险合同纠纷投诉86491件,占投诉总量的97.78%。参见《中国银保监会办公厅关于2018年度保险消费投诉情况的通报》(银保监办发〔2019〕42号),载http://www.cbirc.gov.cn/cn/view/pages/ItemDetail.html? docId=267327&itemId=887&generaltype=1。

〔3〕 See Greenspan G., 2016, *Beware of the Impossible Smart Contract*, Blockchain news, 12 April, http://www.the blockchain.com/2016/4/12/beware-of-the-impossible-smart-contract.

〔4〕 参见周林彬主编:《比较合同法》,兰州大学出版社1989年版,第79页。

结构组成。在保险智能合约中,其本质是写入区块链中的一段代码,该代码不可篡改而且可以自动执行。[1] 这使得传统合同的三元结构发生重大变化,转向"要约人—承诺人—协议—代码"的四元结构。传统合同由交易当事人之间的一致合意构成,合同的执行围绕双方的意志展开,智能合约则反其道而行之,其自动执行的特征使得合同交易方的意志有别于传统合同的形式。[2] 简言之,保险智能合约是合同与代码的结合,合约由代码表示,并由代码自动执行。[3] 智能合约是一种自动履行合同,存储于区块链中的代码会处理所有交易内容(记录保存、审计、监视、执行),使交易减少人为干预去中介化后从而提高效率。[4]

保险智能合约作为内嵌于区块链的代码合同,尚处于初始阶段,技术研发还比较薄弱,不可避免地会存在代码风险。详言之,第一,代码漏洞。开源软件会出现代码漏洞。[5] 区块链是一种将数据区块按时间顺序相连组合而成的块链式数据结构,并以密码学方式保证的不可篡改和不可伪造的分布式账本。[6] 因此,区块链属于算法高频率、高密度的技术,必然会存在代码漏洞的安全隐患。"随着计算能力的不断进步,这些机制的基本弱点更加难以消除。"[7]一旦密码被黑客破解,或存在高级别的漏洞,将带来巨大的负面影响,甚至使区块链整个大厦轰然倒塌。除了人为原因外,使用大量加密算法的区块链在运行中的缺陷是客观存

[1] See Mark Giancaspro, *Is a Smart Contract Really a Smart Idea*? Insights from a Legal Perspective, Computer Law& Security Report, 2017, p. 4.

[2] 参见王延川:《智能合约的构造与风险防治》,载《法学杂志》2019 年第 2 期。

[3] See Tim Swanson, *Great Chain of Numbers*: *A Guide to Smart Contracts*, Smart Property and Trustless Asset Management, 2014, p. 14 – 31.

[4] See Mark Giancaspro, *Is a Smart Contract Really a Smart Idea*? Insights from a Legal Perspective, Computer Law& Security Report, 2017, p. 8.

[5] See Ivica Nikolic, *Finding the Greedy*, *Prodigal*, *and Suicidal Contracts at Scale*, arXiv (Mar. 14, 2018), http:// arxiv. org/pdf/1802. 06038. pdf.

[6] 曹源、张翀、丁兆云等:《DAG 区块链技术:原理与实践》,机械工业出版社 2018 年版,序三。

[7] [美]凯文 · 沃巴赫:《信任,但需要验证:论区块链为何需要法律》,林少伟译,载《东方法学》2018 年第 4 期。

在的，毕竟能将保险合同完全适配于区块链技术的专业人士在现阶段还十分稀缺。事实上代码漏洞风险已经在区块链中出现：2016年在区块链发展史上出现了一次最严重的代码漏洞——“The DAO事件”，智能合约中的一段函数代码存在漏洞，The DAO以太坊合约遭到黑客攻击，造成6000多万美元的损失。该事件表明：第一，有漏洞的代码一旦被发布在区块链上，将无法进行修补；第二，传统的合同文本在签订后一般由交易双方放在公司或者住宅，相对安全，但智能合约的代码是发布在区块链中，全过程都是公开透明的，这就给网络黑客研究代码漏洞创造了条件。

第二，代码瑕疵。一方面，代码可能存在“词不达意”的情况。代码语言比自然语言简单得多，用代码编写的智能合约在实施过程中很难与人的真实意志完美对应。首先，代码的编写需要专门的技术，仰仗于专业的计算机人员对合约自然语言的理解能力，这个过程不可避免地会存在主观判断、解释和决策等因素。若计算机人员对合同转代码的过程存在理解偏差，那么该智能合约在一定程度上将会掩盖或扭曲合同交易双方的真实意志。简言之，这是简单代码与复杂语言之间的冲突。其次，现实世界中交易双方的权利义务关系通常是复杂的，有时在签订合同的过程中尚有一些要求难以确定，因此双方会约定部分开放性或兜底性的条款，以此解释未来可能发生的变化。但是，由代码编写而成的智能合约现阶段还不具备承载此种内容的合约安排。最后，代码编写专业人才的短缺会衍生后续升级难等一系列问题。[1] 另一方面，代码可能是违法的。区块链技术是中立的，但若被有心人利用，智能合约将变成违法合同，且不易被察觉。析言之，首先，代码是计算机语言，即数字符号，且经过加密处理，各节点仅能查询合同交易双方的信息。因此，将其发布在区块链时虽然需要经过各节点的验证，但该验证无法知晓代码的真实内

---

〔1〕 参见徐忠、孙国峰、姚前：《金融科技：发展趋势与监管》，中国金融出版社2017年版，第20页。

容;其次,因为区块链的匿名性,所以各验证节点无法查询真正当事人的身份。在区块链中只要有足够的吸引力让“矿工”来支持(“挖矿”),那么哪怕是违法的代码依然会有系统继续支持运行。[1]

传统合同向代码合同的转型不可避免带来代码风险,可见,有别于传统的“要约人—承诺人—协议”三元结构,对“要约人—承诺人—协议—代码”的四元结构新型合同,保持代码使用的警惕性、中立性与合法性应成为保险智能合约风险防治的应有之义。

(二)合同性质由开放属性向单一封闭属性转变

传统合同具备开放性,此处开放性指的是合同签订后往往可以进行变更、解除、撤销等。保险智能合约一旦写入区块链中,编写的代码是按照“成立—生效”的逻辑执行,在区块链上发生的传输是即时的,随着分布式记账技术和智能编程的进一步完善,即使是最复杂的交易,也可以实现即时结算,故而智能合约体现的是单一封闭属性。具体而言,一是保险智能合约一旦成立即生效。传统合同成立的关注点在于双方当事人之间是否达成一致合意,对合同效力是否产生则在所不问。换言之,若合同违法,那么哪怕合同已经成立,但不发生法律效力。[2] 然而,智能合约使得合同发生效力的过程不再是成立与生效两个阶段,其“代码即法律”的构造使合约一旦编成代码并发布在区块链中,触发条件后便自动执行,这意味着智能合约成立的同时即已经发生效力,不再需要满足传统合同的生效要件,因而也不存在效力待定的智能合约与无效的智能合约两种情形。然而,合同之所以具有法律约束力,源于法律的赋予。换言之,因为合同当事人的意思表示不违背社会公共利益,因此,在私法视域下,充分尊重当事人的意思自治,并对其给予法律上的充分保护。智能合约的特殊法律构造,使其绕过了合同生效的要件,一旦成立即已生效。这意味着智能合约绕过了法律的约束,使传统的私法法律评价体

---

〔1〕 参见王延川:《智能合约的构造与风险防治》,载《法学杂志》2019 年第 2 期。

〔2〕 参见王利明、杨立新、王轶、程潇:《民法学》(第 5 版),法律出版社 2017 年版,第 591 页。

系形同虚设。[1]

二是保险智能合约成立后合同变更权、合同解除权的丧失。作为私法领域的合同法,基于双方当事人的合意可以在合同签订后解除、变更合同,并保障当事人的合法权利。《保险法》第20条规定,投保人与保险人均享有合同变更权。实务中,当事人经常变更保险合同内容,如财产保险中,标的种类的变化、数量的增减等内容变化,以及人身保险中,被保险人职业的变化,保险金额的增减等,都可能引起保险合同的变更。《保险法》第15条规定,投保人可以解除合同,即投保人享有保险合同的解除权,而保险人不得解除合同。第15条旨在保护保险消费者作为弱势方的合法权利。但是,在保险智能合约中,由于将智能合约一旦发布在区块链中,设定的条件触发后便自动执行,该种模式使得当事人的意志一旦写入代码中,在默认情况下智能合约开始运行,投保人将丧失对保险合同的变更权与解除权。智能合约不对交易双方的身份进行区分,只按照编写的代码执行程序,这种封闭式的运行模式,既无法使保险交易双方根据实际情况协商变更合同,也无法将保险消费者弱者保护理论等价值判断植入合同中。

三是保险智能合约单一封闭性导致的漏洞追责问题。智能合约漏洞分为两种情况,一种情况与传统合同责任相似,适用过错理论进行追责即可。例如,智能合约漏洞是由代码编写人员的疏忽造成的,则代码无法执行交易双方约定的内容,此时应由代码编写人员承担赔偿责任。另一种情况是代码漏洞。前已述及,智能合约不可避免地会存在代码漏洞,在"The DAO事件"中,黑客就是利用智能合约的编码漏洞窃取了区块链货币。基于区块链用户的匿名性,黑客的真实身份相较以往互联网平台更是难以查询,因此无法落实责任承担主体。[2] 为此,当下较多的

---

〔1〕 参见王潺、杨辉旭:《智能合约的司法挑战与应对思考》,载《云南社会科学》2019年第4期。

〔2〕 See Scott A., McKinney, Rachel Landy & Rachel Wilka, *Smart Contracts, Blockchain, and the Next Frontier of Transactional Law*, Wash. J. L. Tech. & Arts, 2018, p. 333 – 334.

尝试是在区块链平台上设置一个限定区域,该区域必须是可验证身份的“实名用户”才可使用。[1] 限定区域进行身份验证的方式能够追溯使用主体,确定责任划分,但是这种模式与区块链匿名性、去中心化、高效的本质属性背道而驰,且不利于使用者的隐私保护。[2] 在普通交易中当事人彼此能知悉对方的电话、地址、身份等隐私信息,智能合约仅提供当事人所需的产品或服务即可,并不提供其他信息。“授权模式”虽有利于识别当事人的身份信息,但要求参与者提供完整的资料数据与区块链的匿名性这一本质属性之间存在矛盾。

(三)“命令—控制”型监管向“去中心化”监管转向

传统保险监管模式通常是“命令—控制”型监管,即监管者依靠事先制定的规则,监督保险公司的行为,一旦保险公司突破规则红线,将会受到监管者的制裁。[3] 为了实现监管目标,监管者通常采取“一刀切”的方式,以体现公平和正义。保险智能合约的出现,颠覆了传统保险监管模式,转向“去中心化”的监管。

第一,去中心化与中心机构的矛盾。区块链技术应用于保险机构的首要困难,是前者分散式运行特点如何与后者集中式管理方式相融合。虽然区块链技术能够有效消除保险集中管理方式导致的信息不对称,从而有利于保险消费者权益的保护。但是,与此同时,保险业赖以生存的“大数法则”原理,要求保险机构进行集中管理,这种模式可以保证投保人的投保信心以及出险时进行赔付的能力。然而,分散式的区块链难以实现保险机构的集中管理,而集中管理的保险机构又无法实现其他区块的授权,将这两种特点截然相反的模式进行融合,是未来保险监管的难题。

第二,区块链保险创新应用新增的法律及合规风险与保险智能合约

---

〔1〕 See Enny Cieplak & Simon Leefatt, *Smart Contracts: A Smart Wayto Automate Performance*, I. Geo. L. Tech. Rev, 2017, p.425-426.

〔2〕 参见夏庆锋:《区块链智能合同的适用主张》,载《东方法学》2019 年第 3 期。

〔3〕 参见张永亮:《金融监管科技之法制化路径》,载《法商研究》2019 年第 3 期。

的监管法律和制度缺乏的矛盾。现行金融法规体系对区块链金融的诸多应用尚无明确规定。在保险业中,保险智能合约是否适用《保险法》与《民法典》合同编规定,目前在我国法律体系中语焉不详。易言之,当前我国保险科技的实践是先于理论发展的,因此,对保险智能合约运用引发的技术弊端,若不能得到有效的法律规制,其未来发展前景将会受到公众的质疑。[1] 此外,区块链保险因其去中介、数据应用部署管理分散的特点,有可能造成归责困难的新挑战。对于那些跨越国家地理边界和司法管辖边界部署的区块链金融应用而言,如果没有权威机构而是由松散的自治组织来控制和管理,这种法律责任认定和追责将更加困难。

第三,保险消费者隐私保护与保险欺诈的矛盾。在行为监管方面,如何兼顾保险消费者隐私保护需求和防止保险欺诈的要求,需要监管部门精准把握。不可否认,基于匿名制的区块链技术应用已在实践中增加了监管部门预防保险欺诈的难度。传统监管模式中,后台交易包含的所有数据,都可被调取查看。但在区块链中,传统监管模式已无用武之地,去中心化的特性使得用户数据难以追踪,除非获取秘钥,或者采用复杂的关联性挖掘算法,否则很难了解交易的真实性与合理性。这就极容易被犯罪分子利用,从而带来保险欺诈的问题。随着区块链技术的发展,交易情况基本不可观测,不仅较难及时发现人为故意和软件缺陷引入的错误交易,更是难以甄别保险欺诈等非法行为,与保险监管要求相背离。

二、保险智能合约的"代码即法律"构造

区块链保险智能合约与传统保险合同有较大区别,保险智能合约是由代码编写而成的合同,其"成立—有效—执行"的过程全部由代码在区块链中加以实现,构成了"代码即法律"的新型合同形式。保险智能合约的法律构造如图 4 - 5 所示。

---

〔1〕 参见赵大伟:《区块链技术在互联网保险行业的应用探讨》,载《金融发展研究》2016 年第 12 期。

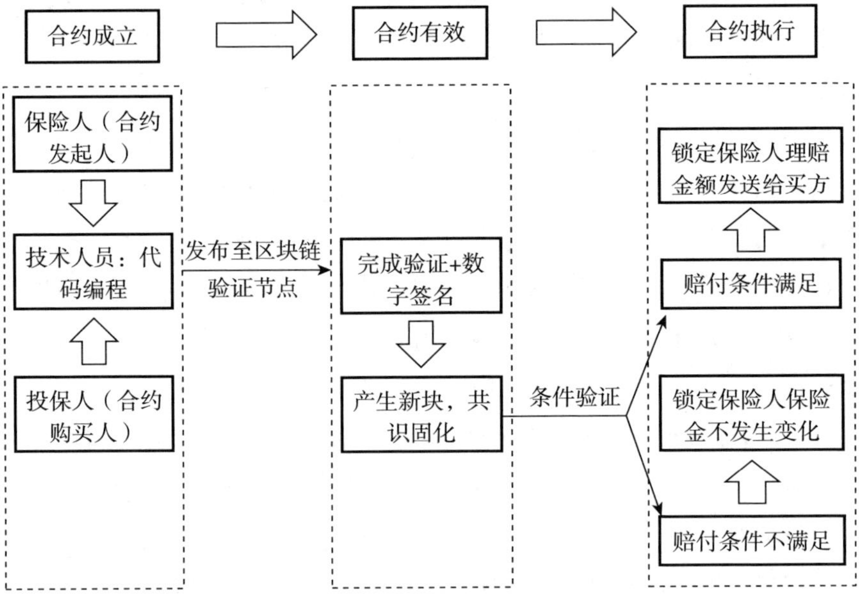

图 4－5　保险智能合约的法律构造

（一）合约成立：代码

智能合约得以成立，首先需要投保人与保险人之间达成合意，确立权利义务关系后，由编程人员将双方的权利义务由自然语言转化为机器语言，即代码。

首先，保险智能合约的成立是依靠代码实现的。智能合约是存储于区块链中的一段代码，该代码一经区块链验证成功后不可篡改且自动执行。[1] 基于私法的"合同自由"原则，由代码体现的智能合约得以存在。[2] 通常保险智能合约采取的是格式合同的形式，最典型的执行代码语言是"If A, then B"，保险智能合约事先设定好的条件一旦触发后，即

〔1〕 See Greenspan G. , 2016, *Beware of the Impossible Smart Contract*, Blockchain news, 12 April, http://www. the blockchain. com/2016/4/12/beware-of-the-impossible-smart-contract.

〔2〕 参见［美］Primavera De Filippi、Samer Hassan：《从"代码即法律"到"法律即代码"——以区块链作为一种互联网监管技术为切入点》，赵蕾、曹建峰译，载《科技与法律》2018 年第 5 期。

自动执行。此外，保险智能合约的成立仅以代码编程的电子形式存在，不可能使用任何其他形式的合同（如口头、书面等形式）。

其次，代码使保险智能合约增加了确定性与信用度。就确定性而言，保险智能合约的核心是代码，其实质是一种具有严格定义语义和语法的计算机语言。代码的逻辑语言可以通过将交易双方的承诺转变为客观可验证的技术规则从而使合同内容变得确定。在传统合同中，其术语的解释由人脑基于主观标准和思维方式执行，因此不可避免地存在模糊性。代码的确定性能有效化解这一问题。尽管代码编程语言中也可能存在模糊性，但这些模糊性比现实世界中的模糊性要小，因为计算机可识别的术语比人类自然语言可识别的术语少得多。[1] 就信用度而言，保险智能合约高于传统合同。一方面，信用度高是因为区块链中的代码是透明的，用户随时可以查看；另一方面，区块链去中心化，需多个节点验证真实性的特质也增强了保险智能合约的可信度。因此，发布在区块链上的数据真实性至关重要，区块链很好地为数据的真实性提供了保障。[2]

最后，代码体现保险智能合约中的各项功能列表。在代码编程设计中，保险智能合约在保险服务器中创建。在创建期间，代码提供附加信息并将其存储在合同上，如合同的持续时间和安装在车辆上的电子设备的地址。在创建过程结束时，代码会为已编写的智能合约分配一个地址，以便将来进行自动交易。一旦保险消费者从个人钱包（为智能合约提供资金）进行交易，就会调用代码函数。该功能识别请求的发送者（顾客钱包的地址）将该信息存储在智能合约上作为保险智能合约的签订人和未来退款的接收者；此外，保险智能合约还记录合同激活时间。保险人将私钥交由被保险人管理，被保险人的密钥存储在电子设备中，此种模式能增加系统的安全性，因为在黑客攻击系统时，只有所有者的钱包

---

〔1〕 See Alexander Savelyev, *Contract law 2.0: Smart contracts as the beginning of the end of classic contract law*, Basic Research Program Working Papers, 2016, p.13.

〔2〕 参见徐忠、孙国峰、姚前：《金融科技：发展趋势与监管》，中国金融出版社2017年版，第9页。

(具有有限的余额)会受到损害,从而最大限度地降低风险。[1]

(二)合约有效:区块链验证

在传统合同中,交易双方达成一致合意后,还需要经过法律的评价才能确定其是否能够成为受法律保护的对象,即根据合同是否违反法律规定而判定其效力。在智能合约中,同样也存在有效性问题,但智能合约的有效性不是通过法律规定,而是须经过区块链的验证程序后方可生效。

首先,智能合约成立的代码需要发布到区块链上,才能成为真正意义上有效的智能合约,即条件触发时能够自动执行。通常智能合约发布者通过 P2P 网络协议建立无中心的网络通信拓扑,拓扑中每个节点在参与智能合约记录的同时,也负责验证其他节点记录结构的正确性,并借助约定的共识协议机制,保证只有全网大部分节点都认为这个智能合约记录正确时,其真实性才算得到全网区块链的认可。例如,在盗窃,火灾和天气事件的保险智能合约激活期间,被保险人需要拍摄车辆的若干张照片,包括车辆正面、背面、两侧和顶部的照片,需显示车牌。保险人提醒顾客在光线充足的地方拍照并避免图片失焦。拍摄完每张照片后,移动应用程序会将其转换为十六进制字符串并将其发送到电子设备上。电子设备运用算法计算十六进制字符串的排列,通过代码函数存储在智能合约中,该函数还会记录相关的保险金和时间戳,作为给定时间图片的存在证明。此外,区块链上的所有节点都可以验证该证明是否真实准确。

其次,智能合约一旦在区块链上经过验证后就变成有效代码,任何人都无法篡改,这也是区块链技术最鲜明的特色之一,上链后的所有代码都无法修改,以确保其真实性,同时,通过共识算法,让每个参与节点都能获得一份完整数据库的拷贝。除非对区块链上的节点数量控制超

[1] See Fabrizio Lamberti & Valentina Gatteschi, *On-demand Blockchain-based Car Insurance Using Smart Contracts and Sensors*, IEEE Consumer Electronics Magazine, 2018(7), p. 72–81.

过一定阈值(通常为51%),否则对区块链上个别节点数据进行更改是做无用功。[1] 所以,保险智能合约一旦经过区块链验证后生效便无法篡改,在智能合约的条件被触发时,由区块链自动执行,合同交易双方不能依自己的意志进行阻拦。

(三)合约执行:自动软件

智能合约生效后,一旦条件触发便自动执行。这意味着合同的履行不再受任何外界因素干扰,尤其是"人为因素"的干扰。"人为因素"可能会由于主观原因或过大的自由裁量权造成错误。在保险业中,智能合约的应用能极大地提高保险理赔的效率,更好地服务保险消费者。例如,在航空延误险中,通过保险智能合约的自动执行,当航班延误超过设定的若干时间时,保险智能合约自动将延误赔偿金转入被保险人的账户,整个过程保险公司无法介入和干预。[2] 智能合约不需要包括执法机构在内的任何法律机构存在,它不是法律规则的主体;换言之,智能合约是一种默认且强制性的合约。[3]

三、科技治理视阈下保险智能合约法律风险防治的时代面向

科技治理指的是"将公共治理的理念和方法运用到科技创新过程当中,注重通过纵向跨层级和横向跨部门跨领域的交流进行治理,强调治理过程中充分协商和治理主体的多元化"。[4] 保险智能合约是"保险+区块链"运用的体现,保险创新与金融安全之间的动态博弈,使得监管者在保险智能合约法律风险防治时,须秉持"不盲从、不排斥"的态度,努力寻求智能合约应用创新与保险防控风险之间的平衡,推动区块链保险监管体系的不断完善。为此,下文将以科技治理为逻辑线索,从科技治理所蕴含与延伸

[1] 参见杜宁、王志峰等:《监管科技:人工智能与区块链应用之大道》,中国金融出版社2018年版,第162页。

[2] See William Mougayar, *The Blockchain: Promise, Practice and Applications of The Next Internet Technology*, Wiley, 2016, p.42.

[3] 参见夏沅:《区块链智能合约技术应用》,载《中国金融》2018年第6期。

[4] 赵胤:《从科技管理走向科技治理》,载《人民论坛》2019年第3期。

出的“技术驱动”、“多元协同”以及“一般原则与特殊工具的统一”三个层面,设计保险智能合约法律风险防治的基本框架。

(一)保险智能合约法律风险防治确立的基础:“技术驱动”的科技治理促进

科技发展通常被认为是专家学者、科研人员所应关注的话题,与普通社会公众相去甚远。社会公众通常是科技发展的受众,他们因欠缺专业知识而只能被动地接受各项科学技术,对科技发展的治理,则更多的是交给政府机构或专家学者来完成。[1] 然而,随着科学技术的发展,现阶段新兴科技集中于信息技术与生命科技领域,这有别于传统的理工类学科,更加与社会大众的个人信息与生命安全相挂钩,甚至会对人类社会的价值体系造成深远影响。在信息技术方面,随着大数据的发展,个人信息泄露、“大数据杀熟”等问题层出不穷,人们的个人隐私将面临新的挑战。在生命科技方面,基因编辑的出现,使人类面临整个基因库的改变,来自生命与伦理的拷问亟待回答。这些关涉人类未来发展、法律、伦理、监管等问题,显然不是单纯的科学技术专家能够解答的。科学技术虽是中立的,但在复杂的社会环境下,会产生各种不可预知的风险。若仅仅依靠专业技术人员对其加以治理,显然收效甚微,会使治理的目标最终落空。[2] 总体而言,科学技术的发展,带来的是影响巨大的“创新性破坏”,具有很大的不确定性,甚至有可能重新配置社会价值体系,从而对社会效应产生难以估量的影响。为此,如何对科学技术未来发展的走向进行规制并思考其可能造成的后果,这显然不是科学技术人员所能完成的任务。所以,很有必要对这些新兴技术进行社会治理,即为科技治理。易言之,科技治理蕴含了各种公共机构与个人共同进行管理的新形式。

---

〔1〕 参见李正风:《从当代科技治理看公民科学素质》,载《科普研究》2020 年第 1 期。

〔2〕 See Kathrin Braun & Cordula Kropp, *Beyond Speaking Truth*: *Institutional Responses to Uncertainty in Scientific Governance*, *Science*, Technology & Human Values, 2010, 35(6), p. 771 – 782.

保险智能合约法律风险防治刚好契合了“技术驱动”的科技治理理念。一方面,伴随信息数据技术发展的保险科技,每天都在生成与处理海量数据。保险智能合约为个性化的定制保险提供了技术条件,理赔条件一旦达到,合同中设置的代码便自动执行,没有任何“扯皮”的空间。此外,基于各种应用场景,保险智能合约能及时关注保险消费者的需求盲区,如在恶劣天气中驾驶汽车,保险消费者可临时调整保险金额,之后再调回原来的风险防控水平。另一方面,保险智能合约的运行模式透明安全,极易获得保险消费者的信赖。[1] 与此同时,保险科技治理者围绕保险智能合约,对各种产品的数据进行收集、存储、分析以便及时发现风险并对其进行规制。“政府通过对技术行为的影响来促进或影响技术创新过程,采用政策措施促进技术创新的产生及其扩散。”[2]同时,科技治理还强调治理者与被治理者之间的数据共享,从而将保险机构向监管机构的单向数据传输转变为双向数据整合。

(二)保险智能合约法律风险防治明晰的指向:“多元协同”的科技治理应对

科技治理在机制设计上强调“多元协同”,与传统“命令—控制”式监管不同,科技治理从决策内容中适度抽离,侧重于由谁、按何种形式作出决定。换言之,“多元协同”的机制设计为科技治理提供了整体性的流程指引。析言之,一是科技治理需要更加完备的知识基础。社会生活正逐渐被各种新科技手段渗透,风险与发展相伴相生。治理者仅依靠单纯的科技知识,难以有效化解各个群体的、个人的复杂社会问题,还需更加完备的社会知识加以辅助。“多元协同”的机制设计,能够有效地将不同学科,不同领域的专业人士联通起来,通过沟通协商,将复杂的社会问题有针对性地加以解决。二是科技治理需要有规范的程序加以引导。科技创新并不只是科学界的内部事情,而是有可能引发“出圈”效应、事关

〔1〕 参见朱进元、刘勇、魏丽:《保险科技》,中信出版社 2018 年版,第 193 页。

〔2〕 陈劲等:《科学、技术与创新政策》,科学出版社 2013 年版,第 28 页。

社会公共利益的大事。社会公共事务关涉大众的公共利益,不能仅依托科学界进行管理,而应建立多元协同的沟通平台,这恰好契合了社会公共事务治理的内在要求,符合治理者在治理程序上的规范目标。在多元协同的治理平台中,存在更加合理、透明的程序规范。各机构、不同个体之间能够针对与自身相关的权利义务进行沟通协调,并进行适当调整,最终达成一个使多方都能较为满意的最优方案。[1] 三是科技治理需要有明智的决策支持。好的决策会带来好的效率,促进整个社会的正向发展。在面对各种科技创新,在科技与社会相互融合的复杂情境下,必须有高效的治理决策。多元协同的平台建设,为决策者获得完备全面的知识,从而进行高效的治理打下了基础。[2]

就保险业而言,在"多元协同"的科技治理语境下,保险监管者面对一项保险科技创新产品时,首先要确定需解决的中心问题与利益相关者。例如,在保险智能合约中,保险监管者首先要确定需解决的中心问题是如何防范智能合约可能带来的金融风险与法律风险,以及新技术对保险市场的长远影响等。关涉其中的利益相关者包括保险公司、保险消费者、区块链技术提供者等。保险监管者从不同利益相关者的角度设定他们的政策目标,比如保险公司的目标是保险产品的火爆销量以及公司利润提升,其关注的是保险风险与保险创新之间是否处于稳定的动态平衡,所产生的风险是否在监管射程范围内;保险消费者则关注于保险产品的保障功能及性价比;区块链技术提供者更加注重在与保险公司合作后,所得的经济回报率以及技术应用程度,等等。保险监管部门可召集所有的利益相关者共同商议解决方案,从中选出最优,并征集利益相关者的反馈意见,汇总后进一步修改和测试解决方案,继续反馈循环,直至找到最合适的解决方案。在这个过程中,"政府得以退回到决定权的分

〔1〕 参见[英]瓦尔·卡尔松、什里达特·兰法尔:《天涯若比邻——全球治理委员会的报告》,赵仲强、李正凌译,中国对外翻译出版公司 1995 年版,第 2 页。

〔2〕 See Guston David H., *Building the capacity for public engagement with science in the United States*, Public Understanding of Science, 2014, 23(1), p. 53 – 59.

配和再界定上的程序设计中，促使被监管的社会经济关系实现‘受规制的自治’”。[1]

（三）保险智能合约法律风险防治理念的突破：一般原则与特殊工具的统一

一方面，科技治理面对的是复杂的科学技术、社会关系、不同的价值观念以及差异化的行动主体等一系列问题。因此，必须建立一套具有明确标准，大家共同遵守的行为规则，从而达成理念共识，形成被多方主体认可的一般原则。科技治理的出发点和目标是建构与法律规则功能相一致的技术性标准。“标准的规范性是基于制定主体之间的协商一致性，在适用中具有公私兼容特点，既可以通过标准化实现一致性，也可以通过标准化保持差异性，从而符合‘多中心’或‘淡中心化’的治理思路。”[2]因此，保险科技公司可以推动技术标准的制定，将其作为合规的基本要求，并借助外部第三方认证机构将其具体落实，通过监管机构的法律加以认可，确保其权威性与可执行性，即“标准—认证—认可”模式。这一模式已付诸实践，欧盟《一般数据保护条例》中的个人数据跨境认证制度，我国《网络安全法》第 11 条对网络安全行为规范这一行业标准的授权，均体现了该种治理思路。另一方面，科技治理需要不断更新治理方式，创造适用新科技场景的治理特殊工具箱。随着科技的发展，静态式、人工式的传统监管模式已然应对乏力，饱受社会非议，亟待监管创新。科学技术持续地创新，而治理却没有与时俱进地紧跟其后，必然会出现治理乱象。为此，只有时时紧跟最新科技发展动态，有针对性地革新治理手段，才能实现科技治理的治理目的。

四、保险智能合约法律风险防治的具体路径

保险智能合约具有提高商业效率、提升服务质量、促进透明度等特

---

〔1〕 许可：《从监管科技迈向治理科技——互联网金融监管的新范式》，载《探索与争鸣》2018 年第 10 期。

〔2〕 许可：《从监管科技迈向治理科技——互联网金融监管的新范式》，载《探索与争鸣》2018 年第 10 期。

征,在给保险消费者带来便利的同时,也可能诱发法律风险,导致规范保险科技的法律规定存在不足。为此,下文将在上述保险智能合约的法律风险与法律构造分析的基础上,通过科技治理的法治化模式架构,以“技术规范—机制设计—智能监管”为核心,以法律风险防范为目的,努力寻求智能合约应用创新与金融安全之间的平衡,推动区块链保险监管体系的不断完善。

(一)建构保险智能合约法律风险防治的技术规范体系

如前所述,保险智能合约是内嵌于区块链技术中的代码合同。代码瑕疵、代码漏洞的存在,均表明包含代码在内的技术是风险防治的关键。“技术应用如果不加以规范就会产生各种风险,进而引发金融危机。”[1]为此,技术标准的统一与兼容是保险智能合约法律风险防治的前提。详言之,第一,在保险智能合约技术运行风险管控方面,应基于分级分类原则,明确构建区块链节点间的网络通信安全要求(专线连接、地址绑定、多运营商冗余、通信加密、网络攻击感知及防护等)、应用安全要求(应用安全可控加密算法、密钥管理、数据脱敏保护、节点身份认证、节点权限管理等)和物理安装要求(联盟链、私有链节点布局、数据中心管理、物理设备管理等)。[2] 既要对高安全等级的保险业务提出更高的安全标准,以更好地防范黑客攻击、信息窃取及安全生产风险;同时也要根据区块链技术物理分散部署的特点,有针对性地调整传统中心化信息系统运行的风险管控标准。

第二,在保险智能合约的“技术—法律”兼容性方面,应规范区块链保险行业应用的参考技术架构与功能视图。在保持功能组件模块灵活可配置的同时,基于效率、资源开销和容错等指标,明确不同类型共识机制及算法在不同规模区块链实施场景中的适用性;确定区块链数据存储

---

〔1〕 张永亮:《金融科技监管的原则立场、模式选择与法制革新》,载《法学评论》2020 年第 5 期。

〔2〕 参见杜宁、王志峰等:《监管科技:人工智能与区块链应用之大道》,中国金融出版社 2018 年版,第 184 页。

结构标准;确定区块链节点通信消息报文标准;确定智能合约语法、语义和语用标准;确定应用程序访问接口标准,以提升区块链技术应用的兼容性。前文提到的智能合约特殊法律构造,使其绕过了合同生效要件问题,可在保险智能合约成立后由具备法律背景的专业人士审查合同合规后再编为代码发布在区块链中,如果表意人的意思被代码编写人错误地编入代码中的,则可适用传统侵权责任解决。在投保人合同变更权、解除权丧失问题上,可采取区块链与法院双层轨道执行模式,即先将保险智能合约的文本用法律术语表达,再将其转换为代码,发布在区块链中。[1] 在混合协议模式下,投保人如果有解除保险合同的意愿,经过法院认定后可实现。在对保险智能合约漏洞的追责问题方面,较为妥当的一种方式是采取“用户信息下限制度”,即不对使用区块链的用户信息作录入要求,以保持区块链的匿名性。但若使用的用户出现异常状态时,或交易信用低于基准要求时,才须提供更详细的用户信息。

第三,在保险智能合约技术应用场景适应性方面,应建立不同保险业务场景下区块链技术应用的指导标准和可用性测评规范,并建立该场景下智能合约条款的审计标准,引导市场根据应用场景的特点,有针对性地应用区块链技术,防止盲目的跟风行为。例如,现阶段接受保险智能合约的通常是年轻的保险消费者,他们更易于接受新生事物,不惧在精益和敏捷方式下快速发展的保险创新产品。因此,在日常的监管中,对保险智能合约嵌入先进的、符合年轻人投保习惯的分析方法,较易有针对性地作出监管决策。

(二)建立保险智能合约法律风险防治的多元协调机制

保险智能合约法律风险防治需建立具备多方协同参与的协调机制,该机制中应包括保险机构、保险消费者、技术提供方、监管方等多方利益主体,从产品设计开发、数据规范应用、智能理赔服务等多方面进行沟通

---

〔1〕 See Primavera De Filippi & Aaron Wright, *Blockchain and the Law: The rule of code*, Harvard University Press, 2018, p. 76 – 78.

协商,寻求彼此间效率最大化的最优路径。多方协同机制旨在通过不同主体之间的对话交流,改变过去监管者单一决策的方式,建立一座不同主体之间沟通的新桥梁,通过这座桥梁,各方利益主体能最大限度地提出自身诉求,并在治理过程中得到落实。[1] 然而现阶段我国缺乏各方主体之间展开对话的平台,未能建立多元协作、共同协商的机制。具体而言,保险科技法律风险防治还缺乏监管者、技术提供者与保险公司之间的交流与合作。监管者具有问题导向意识与法治根基,技术提供者具有专业技术与学科视角,保险公司则具备产品导向与市场导向的特色。通过建立多方协同参与的协调机制,增加对话交流,形成优势互补。

在保险业中,许多保险机构缺乏完整的数据库,在数据分析上具有片面性,而保险监管者虽有较全面的数据信息,但在监管方式方面,往往滞后于保险创新,即监管效率不高。技术供应商徒有技术,却无法与保险业者、保险监管者进行良好的互动。鉴于此,建立一个多方参与、共同合作的协调机制,使得监管者、技术提供者、保险机构与保险消费者围绕共同问题进行沟通对话,为保险科技监管产品在开发阶段制定明确的技术标准,各机构分工协作,技术提供者在软件开发方面具有专业视角,保险机构在保险产品设计上兼顾市场需求,保险消费者从用户体验方面提供建议,并由立法者提出保险科技产品的明确监管指标与触底红线标准,这个协调机制对于促进保险智能合约的监管将产生重大的促进作用,从长远来看也将对保险科技创新整体产生深远影响,有利于保险科技的高效应用。

(三)创设智能化监管制度

智能化监管是保险科技发展背景下的一种全新监管模式,是多样性、数字化、自动化、法制化的监管特殊工具。具体而言,包括但不限于以下方面。

---

〔1〕 See Francesca Musiani, *Practice, Plurality, Performativity, and Plumbing: Internet Governance Research Meets Science and Technology Studies*, Science Technology& Human Values, 2015, 40(2), p. 272 – 286.

第一，强化区块链保险应用的准入管理。技术上的去中心化并不等于监管上的完全去中心化，更不能等于法律责任的分散化。监管部门应强化区块链保险应用的准入管理，加强区块链保险服务提供者的事先审核及账户册备案，限制以开源社区、行业联盟等名义依托区块链开展保险业务的行为，明确必须具备保险业务资质的法人单位才能发起相应保险智能合约的应用，并承担相应的合规责任。

第二，明确区块链保险应用中需加入由监管部门控制监管节点的总体原则与实施方式，以确保监管部门能够在非中心化区块链中有效地履行监管职能。应基于穿透式监管理念，[1] 在参与方身份“前台”匿名保护的前提下，视业务类型向监管节点“后台”公开参与方的实名身份。区块链保险监管主体应向监管节点提供可视化的监管工具，以便监管部门实时掌握系统的技术及应用运行的整体情况，定制化完成监管统计分析工作。

第三，建立实验性监管机制。实验性监管机制，是指监管机构允许适格的金融科技创新企业于特定期间、特定环境中进行金融新产品或新服务的测试实验。换言之，即监管者创造一个安全空间，使金融科技创新企业测试其创新的产品、服务、商业模式等各方面的可行性，而又不需要承担一般违反金融监管法规的责任。保险区块链监管之所以需要实验性监管模式，原因在于，保险科技属于新生事物，需要一个开放的环境让保险消费者尝试接受。另外，监管法规若设置过高的障碍，阻碍保险科技创新者进入保险市场，反而不利于竞争与创新，所以适度地进行法规解除管制与调适，方可实践促进竞争与创新之目标。[2] 在实验性监管模式下，通过豁免其监管法规义务的方式，辅以较低的法令，遵循成本优

---

〔1〕 穿透式监管是按照“实质重于形式”的原则，透过互联网金融产品的表面形态看清业务实质，“打破‘身份’的标签，从业务的本质入手”将资金来源、中间环节与最终投向穿透连接起来，甄别业务性质，根据业务功能和法律属性明确监管规则。

〔2〕 See Industrial Technologies Office, *Studying FinTech: Competition and innovation in financial service*, Competition Bureau Canada (March 1, 2017), Available at https://www.canada.ca/en/competition-bureau/news.html.

势，使被监管者的测试产品于测试期间取得相关的实证经验，并进行调整，以协助其成长并发展完善。这种模式的主要目的是加强监管当局与金融科技创新企业的沟通交流，提早介入，由传统的“先发展后监管”变为“边发展边监管”，全程了解金融科技的信息并进行政策辅导，从而使得监管者与被监管者之间建立可信赖、持续性的良性监管互动，提高监管部门的监管效率。[1]

第四，完善保险智能合约法律条款与区块链保险行业法规。在完善保险智能合约法律条款方面，应在现行电子证据司法认定标准的基础上，研究并明确区块链记录作为数字化资产权属存证及流通的法律效力、保险智能合约作为电子合同的法律效力和争议发生后的证据证明形式（记录智能合约如何作为呈堂证供）、裁决执行方式（裁决结果如何在区块链记录中更新体现）以及诉讼司法管辖权确定方式（匿名性和分布式记账技术特点下如何确定司法管辖地域与冲突规范下的准据法）。在完善区块链保险行业法规方面，应基于功能监管和行为监管原则，在审视原有同质业务法规条件、解决原有条文与区块链技术的适用协调性问题的基础上，进一步对每一类共性区块链保险应用场景明确统一的监管原则，不留监管死角。紧密跟踪区块链保险业态变化，及时设置负面清单，明确不得依托区块链技术开展的保险业务类型。对于不在负面清单中的保险业务类型，也应及时根据业务特点，分别相应地明确统一的业务标准、监管制度和保险消费者保护指南，给予市场明确预期。

第五，加强技术设计人员资质认定与考核体系建设。区块链技术不是完全安全的，毕竟区块链节点的设计是由人力完成的，这可能导致难以发现的技术漏洞。所以，监管部门未来还应规定技术设计人员经过考核，获得相应资质后才可上岗。且资质考核认定应设立动态指标，持证上岗的技术设计人员需定期重新考核。此外，监管部门还应加强对公众

---

〔1〕 参见许多奇：《互联网金融风险的社会特性与监管创新》，载《法学研究》2018 年第 5 期。

关注度高、制度约束不严、炒概念或保险欺诈风险迹象明显的区块链保险业态的整治，避免局部风险扩散影响整个金融秩序的稳定。

随着保险科技的发展，保险创新产品层出不穷，在提高保险服务水平，为保险消费者提供便利的同时，还对现行的保险监管带来巨大挑战。区块链虽然是去中心化的、放权的技术，但其并非完全取代原有的中心化机构，而是促进各领域的多中心化机构达成联盟，由“从上至下的强制性”向“从上至下的协商性”转变。同时，作为“技术驱动”的监管科技，其使命不仅在于对主动的、动态的、分布式的保险智能合约法律风险防治目标的追求，更在于为强化我国保险科技监管，增强保险监管的专业性和穿透性提供法治框架。

第四节　保险 + 物联网：UBI 车险中保险标的转让规则之新检视

一、UBI 车险的发展背景与问题的提出

随着科学技术的发展，保险业也逐渐呈现数字化、智能化的发展趋势。UBI（Usage Based Insurance）车险便是在该趋势下保险科技发展的产物，其是指根据用户的驾驶习惯以及车载信息进行核保、定价的新型智能化汽车保险。相较于传统车险产品，UBI 车险具有明显的优势：对社会而言，可以减少事故发生的频率和降低严重程度，缩短事故响应时间；对环境而言，减少交通拥堵和能源消耗、减少二氧化碳排放；对保险公司而言，将保险费与个人、车辆的数据更加紧密地联系起来，可以使其更加精准地对保险费进行定价，实时监控风险、与客户进行有效的互动，打击欺诈性索赔，确定故障以提高解决索赔的公平性，降低索赔成本等；对保险消费者而言，降低保费的行为提高了低风险消费者的承受能力，也使得一些低收入的消费者有参保的可能。消费者通过养成良好的驾驶习惯、降低驾驶里程等方式可以控制保险费成本，同时减少交通事故、

道路拥堵等问题。另外,保险消费者还能获得一系列增值服务,如车辆诊断,找回被盗车辆,紧急救助服务,新手司机监控等。[1]

基于 UBI 车险的种种优势,国外保险行业已对其进行推广并进行较为广泛的应用。目前我国 UBI 车险尚处于起步阶段,在技术基础方面,我国已成立包括博泰网络、九五智驾网、飞驰镁物等在内的多家保险科技车联网平台供应商,为我国 UBI 车险提供车载信息服务系统研发、车联网服务、产品管理系统等技术。[2] 在政策环境方面,2019 年交通运输部等 12 个部门和单位联合发布的《绿色出行行动计划(2019—2022年)》中明确提出"探索建立小汽车长时间停驶与机动车保险优惠减免相挂钩制度",充分说明我国的政策制定者对 UBI 车险运营模式的社会功效及未来发展的肯定。[3] 在运用推广方面,2016 年,中国人寿财产保险股份有限公司开始涉足 UBI 车险服务。同年,我国太平洋财产保险股份有限公司也宣告加速布局 UBI 商业版图。中国平安财产保险公司推出"平安好车主 APP",设立结合车主驾驶习惯与行车数据结合的 UBI 车险,实现定制化的"一人一车一价"服务。这也宣告中国位列前三的综合性财产保险公司都相继加快、加大布局 UBI 车险市场的步伐。[4] 未来 UBI 车险发展将成为我国汽车保险的大势所趋。

然而,UBI 车险在引入我国的同时,其对保险法传统规则之变革值得检视。本书关心的问题是,财产保险标的转让是保险合同法中的重要制度,车辆保险作为财产保险的主要内容,不可避免地会面临保险标的的转让之情境。在 UBI 车险产品中,其构成的技术架构是什么,与传统车险产品相比,在进行保险标的转让时内涵的逻辑原理是否发生了改变?

---

〔1〕 See Sinisa Husnjak & Dragan Perakovic et al., *Telematics system in usage based motor insurance*, Procedia Engineering, 2015(100), p. 816 – 825.

〔2〕 参见众安金融科技研究院:《新保险时代:金融科技重新定义保险新未来》,机械工业出版社 2019 年版,第 233 页。

〔3〕 参见朱家禛:《车联网下 UBI 车险的数据告知和保护机制研究》,载《金融监管研究》2020 年第 8 期。

〔4〕 参见朱进元、刘勇、魏丽:《保险科技》,中信出版社 2018 年版,第 200 ~ 201 页。

在 UBI 车险中，保险标的转让的法律效果应该如何认定？《保险法》第 49 条规定的保险标的转让“自动变更”规则是否也适用于 UBI 车险中的保险标的转让？如果不适用，如何从法学视角分析 UBI 车险对保险合同法中保险标的转让传统规则的挑战，并对其进行法律调整？笔者拟对上述问题逐一分析，并进行初步探讨，以期为 UBI 车险中保险标的转让规则的有效实施提供些许可靠的理论参考。

二、物联网：UBI 车险的技术架构与逻辑原理

作为一项从互联网延伸出来的技术，物联网（Internet of Things, IoT）为 UBI 车险提供了技术工具，也使得保险标的内涵的逻辑原理由传统的“从车因子”向“从人因子”转向。

（一）“感知层—网络层—应用层”的物联网技术架构

UBI 车险依托物联网技术诞生，物联网的技术架构可分为三个层次：首先是感知层，即通过各种传感技术，将世界中的“物”进行标记，并加以识别。[1] 在 UBI 车险中，对保险标的汽车采取的传感技术通常是 OBD、汽车电子控制等系统。通过汽车总线或诊断接口 OBD 不但可读取诊断信息等车辆状态数据，还可读取汽车电子控制系统产生的其他车辆数据，如驾驶行为（车辆操作）、汽车用量、新能源汽车电池电量数据等。[2] 详言之，驾驶行为数据是驾驶人对车辆进行操作的数据，因而也称驾驶操作数据，如启动、加速踩油门、减速踩刹车、转弯操作方向盘和换挡等；汽车用量数据是反映汽车起始使用时间和时长、起始地点及里程的数据；车辆状态数据是反映发动机、油门、制动踏板、排挡杆、胎压、尾气测定和安全气囊系统等各种汽车工作部件的工作状态和故障的数据；电池电量是反映电动汽车电池剩余电量的数据；基础数据是反映车

〔1〕 高泽华、孙文生：《物联网：体系结构、协议标准与无线通信》，清华大学出版社 2020 年版，第 3 页。

〔2〕 参见王泉：《从车联网到自动驾驶：汽车交通网络化、智能化之路》，人民邮电出版社 2018 年版，第 28 页。

辆基本特征的数据,包括生产厂商、生产年限、车辆型号、车辆识别码VIN、车辆外观尺寸、车辆排放等数据。

其次是中间层传输网络,即网络层:通过现有的互联网、通信网络,实现数据的传输与交换。网络层通过已有的通信系统,能够将感知层搜集到物的信息进行远距离传输,并存储于分类的各项数据库中,实现物与物之间的联动。在 UBI 车险中,车辆数据传送到车联网服务平台,通过大数据分析驾驶行为、汽车用量、车辆状态和电池用量等车辆数据,可以向保险业提供车辆数据信息服务。[1]

最后是上层应用网络,即应用层:通过分析加工获取的数据得到有用的结论并进行监控和控制,可基于现有的手机、PC 等终端进行。应用层是物联网运行的驱动力,其核心功能在于站在更高的层次上管理、运用资源。应用层对从感知层与传输层收集而来物的信息进行分析、处理,进而应用于不同领域,实现物与物之间的最大利用率。应用层是建立在感知层与网络层基础之上,将收集、存储的数据进行分析、处理、计算等操作的技术。就 UBI 车险而言,车辆数据信息服务提供的行业用户是保险公司,保险公司对车辆数据信息进行采集综合,运用大数据、人工智能、云计算等方式将驾驶者的驾驶行为习惯、驾驶技术、车辆信息等数据进行分析处理,建立人、车、路面环境多维度模型,并根据收集的数据采取个性化核保定价,从而实现风险与保费定价的匹配。[2]。UBI 车险物联网技术架构如图 4-6 所示。

---

〔1〕 参见王泉:《从车联网到自动驾驶:汽车交通网络化、智能化之路》,人民邮电出版社 2018 年版,第 33 页。

〔2〕 参见清华大学五道口金融学院、中国保险与养老金研究中心编著:《2018 全球保险科技报告》,清华大学出版社 2018 年版,第 46 页。

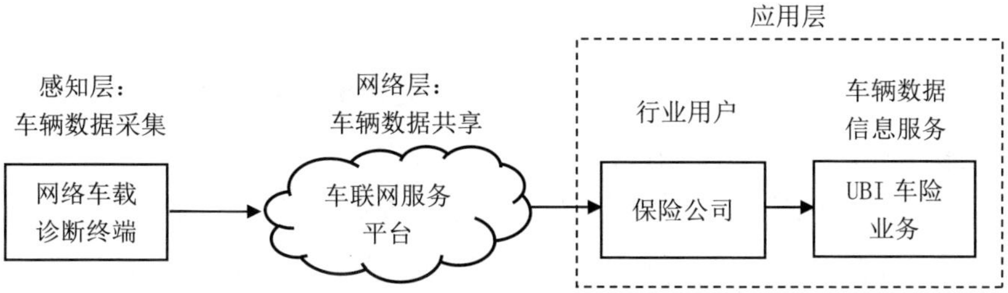

图4-6 UBI车险物联网技术架构

(二)"从车因子"向"从人因子"转向的逻辑原理

上述以"感知层—网络层—应用层"为架构的物联网技术,在为UBI车险提供技术基础的同时,也使其保险标的内涵的逻辑原理发生转向。

传统保险标的内涵存在两种不同学说,分别是保险标的物说和保险利益说。支持保险标的物说的观点认为,保险标的指的是保险标的物,即"保险以其标的为分类,可大别为二:一为财产保险;另一为人身保险。前者以财产或责任为标的,后者以生命或身体为标的。概言之,凡有经济价值并经法律认许之财产,均得为保险标的"。[1] 因此,《保险法》第49条规定的转让客体应为保险标的物,当被保险人将保险标的物所有权转让时,其对该保险标的物之利益亦随同转让于受让人。根据该法条的规定,在此情形下,保险合同原则上仍为受让人之利益存在,并无不妥。例如,投保人甲(被保险人)以其所有的机动车辆向保险人乙投保盗窃险,嗣后将机动车辆的所有权转让与第三人丙,甲对该机动车之利益亦随同转让与丙,此时甲虽对该车辆欠缺保险利益,但该保险合同仍应为丙之利益而存续。支持保险利益说的观点认为,保险标的之转让客体应为保险利益而非保险标的物。因保险合同目的是填补损害,填补损害的范围需在保险合同中明订,该范围即为保险利益,而保险利益是被保险人与特定保险标的物的关系,此关系并不以所有权为限,非具有独立承

〔1〕 江朝国:《保险法逐条释义》(第一卷 总则),台北,元照出版有限公司2012年版,第562页。

保性者,均得以成为保险利益,即标的物的非所有权人,也可能对该标的物具有保险利益,所以《保险法》第 49 条中的保险标的若仅视为保险标的物的转让,无法精准确定被保险人转让之承保内容,实有不妥,因此应将保险标的认定为保险利益,较为妥适。

基于以上两种学说,笔者认为,在 UBI 车险视域下,保险标的的内涵应明确为保险利益,这是由 UBI 车险的特点决定的。析言之,第一,定价模式转变。传统车险定价模式下的保费通常与保险标的——机动车辆——直接相关,保险公司根据投保车辆的品牌、价格、特性以及汽车维修程度等数据确定保费,即传统车险定价模式采取的是“从车因子”的方式。UBI 车险的定价模式不同于传统车险的定价模式,前已述及,通常会以车辆上安装的 OBD 装置所收集的车辆行驶过程的数据,如车辆维护状态、行驶路线以及距离;驾驶员的驾驶行为,如开车的时间频率(白天/夜晚)、开车时急刹、急加速、急减速的次数、分心程度等关键行为驾驶数据作为依据进行定价。具体定价方式会依每辆车、每位车主的评估分数高低而异。同时,UBI 车险鼓励培养良好的驾驶习惯,将驾驶习惯按百分制进行评分,被保险人可以通过手机 App 查看自己每次的驾驶得分,保险公司对驾驶行为表现良好、评分较高的顾客将给予保费折扣。[1]

第二,面向人的个性智能化服务。UBI 车险除了定价模式较传统车险存在巨大差异外,其针对用户的个性智能化服务也是一大变革。在产品种类方面,UBI 车险有多种类型可供保险消费者选择。例如按里程付费保险,用户可根据自己行驶的里程数更加合理地支付保费,保费支出与驾驶里程成正比,因此开车少的用户便可相应地节省保费支出。这种保险模式会鼓励人们多乘公共交通,减少驾驶私家车的频率。又如短期车险,可按小时、天数购买保险产品,该类险种主要于服务开车频率较低或变动较大的群体。再如新手保险,旨在服务于刚刚拿到驾照的车主,

〔1〕 参见众安金融科技研究院:《新保险时代:金融科技重新定义保险新未来》,机械工业出版社 2019 年版,第 157 页。

保险期与短期车险类似,从 1 小时到 30 天不等,保障项目与其他产品基本相同,但是保费相对较高。[1] 在增值服务方面,保险公司可基于物联网的数据,为保险消费者提供个性化、适配性高的服务,增加保险公司与客户的互动频率,与投保人实现深度绑定,为投保人提供包括道路救援、停车罚单警报、车辆诊断等在内的更优化的增值服务。例如,在车辆遭遇事故需要维修时,保险公司可为客户提供每天一定数额的租车补贴;再如,用户的宠物猫或狗在车祸中受伤,保险公司会支付一定数额的治疗费用。[2]

综上所述,UBI 车险中保险标的不仅仅考量投保车辆的单方面因素,还将被保险人“怎么开车”“在哪里开车”“开多少车”等各类个体性因素列入保险标的范围。因此,在 UBI 车险中,因保险标的结合车载信息与被保险人的驾驶行为,而具有强烈的属人性,是特定人对特定客体具有的利害关系,所以保险标的由“从车因子”向“从人因子”发生逻辑原理的转向,保险标的的内涵应为保险利益,而非保险标的物。

三、UBI 保险标的转让规则之法律效果解构

为实现保险标的转让的功能和目标,保险标的转让规则肩负着重要使命,可以表现为确立保险标的转让的根据与标准,也可以表现为对保险标的转让的指引与约束,还可以表现为对保险标的转让人与受让人权益的维护与保障等。保险标的转让规则纷繁复杂,需考察其不同规则导致的法律效果指向。本部分拟从现有的保险标的转让规定出发,分析已有规则在 UBI 车险保险标的转让适用中可能遇到的障碍与后果。

---

〔1〕 参见清华大学五道口金融学院、中国保险与养老金研究中心编著:《2018 全球保险科技报告》,清华大学出版社 2018 年版,第 63 页。

〔2〕 See Peter Handel & Jens Ohlsson et al. , *Smartphone-Based Measurement systems for road vehicle traffic monitoring and Usage-Based Insurance*, IEEE Systems Journal, 2014 (4), p. 1238 – 1247.

（一）传统车险中保险标的转让规则之法律效果："属人主义"抑或"从物主义"

保险合同签订后，在现实生活中难免会发生保险标的转让的情况。因此，让与人在转让保险标的时，就保险标的物所订立的保险合同，是否可以被受让人承受，承受后的效果如何？不同国家规定各异，总体而言，可分为"属人主义"和"从物主义"两种法律效果。

英美法系国家大多采取"属人主义"。由于保险合同为高度属人性之契约，所以保险标的转让并不当然使保险合同随之转让，受让人欲主张保险合同的效力时，需满足"保险人同意"及"保险单需和标的物同时转让"两个条件，前者是指保单上列有一明示条款，若保险标的非基于遗嘱或法律规定所为之绝对转让，除非保险人同意，否则保险合同的效力终止；后者是指保险单转让可以和保险标的同时进行，亦可依双方约定履行，但保险单与保险标的均需移转至同一人，否则有保险单者，无保险利益，保险合同无效。若符合上述两个条件，保险标的物转让完成后，原来被保险人在保险合同下所有的权利义务均转让于受让人，受让人对以后发生的事故有权基于保险合同向保险人请求给付保险金。英美法系的此种立法，称为属人主义，其理由在于，一方面，保险法中的财产合同具有属人性，即保险合同保障的是被保险人与保险标的之间的保险利益，而非遭受财产的损失。诚如江朝国所言，"保险制度所欲保护者应为被保险人对某特定客体之利害关系。此利害关系之连接对象为保险标的物。因此，保险标的实为保险利益"。[1] 另一方面，保险标的一经转让，由于每个人对标的物的照管能力不同，因而危险即发生变动，如要求保险人必须照单全收，显然不合理，应给予保险人重新评估危险的机会。所以一般保险标的物的转让，非经保险人同意，保险人不受拘束。

大陆法系国家大多采取"从物主义"。在该种模式下，受让人受让标

---

〔1〕 参见江朝国：《保险法逐条释义》（第三卷　财产保险），台北，元照出版有限公司2015年版，第562页。

的物的同时，自动获得保险标的物的保单利益。德国《保险合同法》第69条第1款是为避免保险标的物处于无保险的浮动状态，对受让人不利，增加社会成本，不符经济交易的需要而制定的。[1] 此外，德国法规定，保险人得于知悉保险标的物转让时起一个月内通知受让人，经过一个月期间后，终止保险合同。日本通说认为，让与人与受让人是否让与保险债权的意思表示不明确时，考虑一般交易习惯，推定让与人与受让人之间有保险债权之让与，但若有相反证据证明没有保险债权让与的意思，推定不成立。换言之，在日本法中，先推定保险合同所生权利同时转让于受让人，但保险合同的效力会受到危险增加与变更情形的影响。[2] 总之，保险标的转让规则在大陆法系中，赋予了保险人事后评估危险的机会，并非强制保险人照单全收。

我国保险标的转让规则，经历了从“属人主义”向“从物主义”的转变。根据2002年修订的《保险法》第34条的规定可知，保险合同须得到保险人同意后，才发生变更，即“通知变更”，又称为属人主义。“属人主义”因依赖于保险人对保险标的转让后保单的同意而使得受让人处于被动地位，又因在保险人同意前保险合同处于无效状态而存在保险空白期。基于弱者保护理论，即保险合同双方当事人——保险人与保险消费者的——交易能力存在极大的不平衡，保险人明显强于保险消费者，例如，交易力量悬殊，交易信息不对称等。[3] 因此，2009年《保险法》第49条对保险标的转让的规定进行了重大修订，将原来的“通知变更”修改为“自动变更”，其目的在于保护保险标的受让人的合法权益，减少纠纷。“自动变更”即为上述“从物主义”模式，体现了我国对受让人保护力度

〔1〕 德国《保险合同法》第69条第1款规定：“投保人将保险标的物转让者，受让人取得让与人在拥有所有权之期间内，基于保险合同关系所生投保人权利及义务之地位。”

〔2〕 日本《商法》第650条规定：“被保险人让与保险标的时，推定为同时让与保险合同所生之权利。前项保险标的之让与致使危险有显著变更或增加时，保险合同失其效力。”

〔3〕 参见樊启荣：《保险法诸问题与新展望》，北京大学出版社2015年版，第84页。

的加大，却增加了保险人的经营风险，因为保险人不能再次核保。[1] 本书认为，在传统财产保险合同中，保险标的转让时，“从物主义”立法模式值得肯定。2002 年《保险法》第 34 条，带有明显的英美法烙印，可称为“有例外的保险人允诺主义”，2009 年《保险法》第 49 条则实现了由英美法模式向大陆法通例的回归，较好地兼顾了自由、效率与安全等价值。[2] 保险标的的转让，并不必然会造成道德危险增加，且保险合同随同保险标的的转让而转移，对保险人而言并非绝对不利，可避免保险人丧失顾客之虞。与此同时，可以规定保险人在一定期间内终止合同，以维护其风险控制的需求。

（二）UBI 车险中保险标的转让之法律效果：采“属人主义”规则的后果

那么，在 UBI 车险中，保险标的转让的法律效果若采取英美法系国家惯用的“属人主义”，会产生何种后果？对此可作进一步分析。

UBI 车险中保险标的的内涵由“从车因子”向“从人因子”转化，若保险标的转让时采取“属人主义”规则，显然在适用逻辑上更加适配，因为两者均围绕个体的“人”进行。但是，采“属人主义”的法律效果，会对我国的保险标的转让规则产生较大的负面影响。

首先，“属人主义”未能与 UBI 车险完全耦合。前已述及，UBI 车险是对基于驾驶行为与车辆使用数据进行定价保险的统称，其还可进一步细分为基于驾驶行为习惯的保险、按里程付费模式保险、短期车险模式保险、新手驾驶员保险等各种类型。在此种情况下，若采取“一刀切”的方式均适用“属人主义”，难免有违公允。例如，按里程付费模式的保险，其与传统保险标的转让区别不大，除了保险标的让与人在投保时对保险标的里程数设置一个具体的数值外，保险公司在进行核保时的其他数据

---

〔1〕 因此有学者针对该问题对 2009 年《保险法》第 49 条提出质疑，并要求恢复 2002 年《保险法》的相关规定。参见岑敏华、张伟、罗向明：《保险标的转让效力与立法约束研究——兼论〈保险法〉第 49 条之立法缺陷》，载《保险研究》2012 年第 10 期。

〔2〕 参见最高人民法院民事审判第二庭编著：《最高人民法院关于保险法司法解释（四）理解与适用》，人民法院出版社 2018 年版，第 72 页。

都与传统车险无异。虽然里程数可能因个体差异需求会有所不同,但受让人完全可以在承继所得的保险合同期限届满后,再根据自身对里程数的要求重新投保。在此种情况下,若适用“属人主义”的法律效果,让保险公司对其进行重新评估,将会造成保险标的处于“空窗期”状态,有可能使受让人产生损失。

其次,采取“属人主义”会导致与我国现有立法相冲突的后果。前已述及,我国保险立法,在保险标的转让规则上,经历了从“属人主义”向“从物主义”的转变。因此,现阶段我国在保险标的转让规则上是采取的“从物主义”,若因UBI车险而将其转让规则又改为“属人主义”,难免给人儿戏之感,有损司法的权威性,同时也有违法律的秩序价值。秩序被认为是法律最基本的价值之一,秩序价值是法律其他价值得以实现的前提。[1] 因此,在法律的秩序价值面前,其他价值应让步。保险标的转让规则因一种新型车险的出现就又从“从物主义”改回“属人主义”,使得法律秩序处于紊乱状态,对于保险人与保险消费者而言,亦处于惶惶不安中,从而破坏了法律关系的安定秩序。

(三)UBI车险中保险标的转让之法律效果:采“从物主义”规则的后果

在UBI车险中,保险标的转让的法律效果若遵循现有立法不变,依然采取“从物主义”的法律效果,虽可节约立法成本,但“从物主义”明显与UBI车险中保险标的内涵“从人因子”的逻辑原理相冲突。其最大的负面影响是违背了保险法的重要原则——对价平衡原则。

对价平衡原则,指的是保险人所承担的危险与其所收取的保费处于平衡状态,[2]亦即保险人与投保人双方都付出了等值的对价。但是保险人与投保人之间并不是简单的利益对抗关系,而是唇亡齿寒的依附关系。析言之,若对价平衡原则无法在单个保险合同中体现,那么整个保

---

〔1〕 参见周旺生:《论法律的秩序价值》,载《法学家》2003年第5期。

〔2〕 参见王鹏鹏:《论网约车危险显著增加与保险法应对》,载《重庆大学学报(社会科学版)》2021年第2期。

险业赖以生存的大数法则原则也将无法维持,最终维系危险共同体风险分散的根基也将被打破。因此,对价平衡原则不仅体现在保险人与保险消费者签订的单个合同中,还会关涉整个保险业的可持续发展。[1] 相较于传统车险,UBI 车险更是将对价平衡原则践行到底,其根据投保人的驾驶习惯与车载数据进行核保定价的新型模式,使得投保人单个的危险评估更加准确客观,体现了公平性。

然而,若 UBI 车险采取“从物主义”的法律效果,则恰恰又违背对价平衡原则,使得 UBI 车险中对价平衡原则的功能目的落空。前已述及,UBI 车险是具有强烈个人特征的新型汽车保险,若依然适用《保险法》第 49 条的规定,保险合同中的权利和义务直接自动变更为受让人,那么对保险人与受让人均不公平。就保险人而言,其与被保险人订立的保险合同是建立在被保险人自身驾驶行为数据之上,若直接将保单变更给受让人,受让人与被保险人的驾驶行为存在差异,这会导致原保险合同的风险状况发生显著变化,而“从物主义”的立法模式限制了保险人重新评估风险的权利,使保险人对此无能为力,显然违背了合同的公平性。就受让人而言,承继了被保险人带有强烈“属人性”的保险合同,该合同与受让人自身驾驶行为数据参数完全不匹配,受让人却不得不接受,无异于“削足适履”,反而对其造成负担。

(四)UBI 车险中保险标的转让之法律效果:采“危险增加通知义务”的后果

学理上一般认为,被保险人危险增加通知义务的理论基础有三个,分别为对价平衡原则、最大诚信原则和情事变更原则。[2] 在 UBI 车险中,涉及保险标的的转让问题,恰好符合这三大原则。《最高人民法院关于适用〈中华人民共和国保险法〉若干问题的解释(四)》第 4 条也明确

---

〔1〕 参见武亦文、杨勇:《保险法对价平衡原则论》,载《华东政法大学学报》2018 年第 2 期。

〔2〕 参见张力毅:《被保险人危险增加通知义务司法适用之检讨——基于 277 个案例的裁判文书之分析》,载《政治与法律》2019 年第 6 期。

规定“保险标的使用人或者管理人的改变”是法院认定“危险程度显著增加”应当考虑的因素之一。那么,是否可以在不改变现有保险标的转让规则的前提之下,适用《保险法》第52条“危险增加通知义务”判断合同是继续履行或是解除？本书认为,“危险增加通知义务”不能有效解决UBI车险保险标的转让问题,至少会产生以下两个方面的困扰。

第一,受让人很难了解危险增加构成要件是否全部满足。学理上通常认为,被保险人的危险增加通知义务构成要件包含显著性、持续性和不可预见性。[1] 显著性,是指危险增加由量变引起质变,即可能违背法律上签订合同的公平原则。[2] 对于保险合同而言,即为保险标的危险增加的程度必须达到足以打破合同对价平衡原则,使得保险人不得不重新评估保险风险的程度。持续性,是指这种危险增加的状态是在今后一直持续存在,并不是突发且短暂的。不可预见性,是指在保险合同订立时并不能预测到这种危险增加的状态在将来会出现,如果在订立合同时就能预测到未来可能会遭受的危险,就不符合危险增加的构成要件。由此可知,在UBI车险的保险标的转让中,危险增加的持续性和不可预见性是基本符合的,因为受让人受让车辆后,变为保险车辆的所有人驾驶保险车辆,且这种投保主体的变更在保险合同签订时具有不可预见性,毕竟在UBI车险中,保险标的是否会发生转让具有随机性。但是,就显著性而言,UBI车险中,保险标的的受让人很难对其进行准确把握。一方面,目前我国立法对危险增加的“显著”程度并无明确说明,仅在《保险法》第52条中有所提及,现实司法裁判尺度并不统一,使得人们对显著性的判断标准存在疑惑;另一方面,对UBI车险中的受让人而言,他们很难评估受让后的车辆危险程度是否显著增加。毕竟他们对保险车辆出让人的驾驶行为习惯、车载数据等情况一无所知,即使了解,也很难客观

---

〔1〕 参见樊启荣:《保险法》,北京大学出版社2011年版,第90~91页;温世扬主编:《保险法》(第3版),法律出版社2016年版,第154~155页;邹海林:《保险法》,社会科学文献出版社2017年版,第343页。

〔2〕 参见樊启荣:《保险法》,北京大学出版社2011年版,第91页。

准确地判断其危险程度是否显著增加。

第二,采“危险增加通知义务”将产生消极导向作用,且不利于保护受让人的合法权利。根据我国《保险法》第52条对危险增加通知义务的规定可知,假如被保险人(我们讨论的UBI车险中保险标的的受让人)在知道受让标的危险显著增加的情况下,履行了通知义务,那么他面临的结果只有两种:一是增加保险费;二是解除合同。对于受让人而言,增加保险费和解除合同都不是他愿意接受的结果。现有规定意味着,被保险人在保险标的危险显著增加的情况下,责无旁贷地负有通知保险人的义务。保险人则享有增加保险费或解除合同的权利。若被保险人未履行上述义务,保险人在保险事故发生时不承担给付保险金的责任。[1] 该条规定若适用于UBI车险中,受让人的保险标的危险程度到底是增加还是减少尚未可知。因此,必然导致的结果是,若适用“危险增加通知义务”,保险标的受让人缺少主动联系保险人的动力,毕竟通知后产生的结果不利于自己。那么,最终危险增加通知义务在UBI车险保险标的转让中的功能将会落空,使得该条规定形同虚设。此外,适用“危险增加通知义务”,是建立在现有的保险标的转让规则不变的基础上,即“从物主义”原则,那么,在UBI车险中,保险标的转让后,受让人出于不了解危险是否显著增加的原因,或者基于危险增加通知义务的消极后果导向性而没有通知保险人。在将来发生保险事故时,保险人可以根据《保险法》第52条的规定,认定被保险人未履行危险增加通知义务,因而不承担赔偿保险金的责任。在UBI车险中,保险公司通常是掌握车主驾驶行为与车辆数据更多的一方,在这种极端信息不对称的情况下,若还将信息提供义务、危险增加通知义务均附加给受让人,从而使保险人摆脱可能不利影响之情境,明显有加重受让人负担之嫌疑,不利于保护受让人的合法权利,有违法律的公平性,实不足采。

---

〔1〕 参见张力毅:《被保险人危险增加通知义务司法适用之检讨——基于277个案例的裁判文书之分析》,载《政治与法律》2019年第6期。

由此可知,随着保险科技的发展,从传统车险到 UBI 车险的变革,是由过去的“从车因子”向“从人因子”变化的过程。在该种变革之下,保险标的转让显然已经不适用《保险法》第 49 条“从物主义”立法模式的规定。若采取“属人主义”、或者“危险增加通知义务”,均存在违反法理或造成一系列负面影响之后果。UBI 车险与传统车险相比已发生较大改变,若无视它们的差异仍视为同一物而适用,则不可避免地会产生矛盾,故而以上三种规则均存在局限性。

四、“矛盾特殊性”哲学理论视角下的 UBI 车险保险标的转让规则之重构

“属人主义”“从物主义”“危险增加通知义务”都无法有效因应 UBI 车险保险标的转让带来的问题。因此,从“矛盾特殊性”哲学理论的视角来看,未来应采取“条件性从物”原则,即在现有规定的框架下,具体问题具体分析,有条件地适用“从物主义”。“法学关心的不仅是明确性和法的安定性,还致力于在细节上逐步落实‘更多的正义’。”〔1〕为此,下文将基于“矛盾特殊性”的哲学理论视角,以 UBI 车险的三种主要模式,即驾驶行为定价模式(Pay-As-How-You-Drive)、按里程付费模式(Pay-As-You-Drive)和短期车险模式(Short Term Insurance)为核心,进一步设计“条件性从物”规则的具体路径。

(一)作为方法论的矛盾理论

矛盾理论是非常重要的方法论,矛盾的普遍性表明任何事物和发展过程都存在各种矛盾,并以不同形态贯穿始终。与矛盾普遍性相对的,是矛盾的特殊性,表示事物矛盾的差别性和个性的哲学范畴,不同的事物有不同的矛盾,以及矛盾的每一个侧面各有其特点。〔2〕因此,我们在探究 UBI

〔1〕［德］卡尔·拉伦茨:《法学方法论》(第 6 版),黄家镇译,商务印书馆 2020 年版,第 253 页。

〔2〕参见刘敬东、张玲玲:《〈实践论〉〈矛盾论〉导读》(增订版),中国民主法制出版社 2017 年版,第 99～100 页。

车险保险标的转让规则时,可运用“矛盾特殊性”的方法,对其进行分析。

第一,“矛盾特殊性”是构成事物特殊本质的根据。正所谓“透过现象看本质”,那么,本质是由什么决定的?它是由事物内部的特殊矛盾构成。每一种社会现象,每一思想形式的背后均有其特殊的矛盾,它们也都有自己特殊的本质。本质决定现象,就这个意义而言,本质又是事物外部表现形态的根据。所谓根据,指的就是事物内部的特殊矛盾,即根本原因,是事物运动的源泉。[1] UBI 车险是对根据驾驶人行为习惯与车载数据进行定价的新型保险的统称,其又可以进一步根据保险消费者的不同需求发展成若干种具有个性化定制特征的车辆保险,虽然它们统称为 UBI 车险,但在 UBI 车险中,又可细分为不同种类,如驾驶行为定价保险、新手司机保险、按里程付费保险等,这体现了矛盾普遍性与矛盾特殊性,而矛盾特殊性恰好是构成 UBI 车险内部特殊本质的根据。

第二,“矛盾特殊性”是认识发展的正常秩序。人类认识事物的过程,通常是先认识不同事物的特殊性,再逐渐从不同的特性之中总结提炼出共性,进而由特殊事物变为一般事物。人类的认识发展便是经历了由特殊到普通的过程。认识发展的过程呈现“特殊——一般—特殊”的规律秩序。在保险科技发展的背景下,UBI 车险是新出现的事物,因而,对其认识的发展秩序也应遵循“特殊新事物—逐渐取得一般认识—对一般认识的深化”这一发展秩序,随着保险科技的发展,未来 UBI 车险也将变为普罗大众耳熟能详的产品,关涉 UBI 车险的法律问题也将经历“特殊——一般—特殊”的认识发展秩序。

第三,“矛盾特殊性”要求不同质的矛盾要用不同质的方法解决。人们认识世界的目的,在于改造世界。毛泽东的《矛盾论》在指出特殊矛盾是事物特殊本质的根据,指出从特殊到一般,再从一般到特殊这一正常的认识秩序后,接着论述了不同质的矛盾要用不同质的方法去解决,[2]

---

〔1〕 参见赵士发、张昊:《〈矛盾论〉与新时代中国社会主要矛盾问题探析》,载《湖南社会科学》2018 年第 2 期。

〔2〕 参见《毛泽东选集》(第 1 卷),人民出版社 1991 年版,第 311 页。

这是解决问题的基本原则，即“具体问题具体分析”。所谓不同质的矛盾，就是区别不同的事物，区别不同发展阶段的事物的内在规定性或差异性。既然不同质的矛盾是不同事物的内在根据，那么它就必须要求用不同的方法解决。[1] 前已述及，在UBI车险中，保险标的内涵的逻辑原理虽然都是保险利益，但是不同类型的UBI新型汽车保险，其保险利益在保险标的转让时会呈现出不同的特点，即不同质的矛盾，因而，在转让规则的建构上应采用不同质的方法去解决。

综上所述，“矛盾特殊性”的方法论中，从彼此相关的三个方面，即“矛盾特殊性”是构成事物特殊本质的根据，是人类认识的起点和根据，只有运用不同的方法解决不同性质的矛盾，才能成功地解决问题。将该种世界观方法论运用到我们法学规则的建构中，同样是解决实践问题的方法与经验。

（二）采取“条件性从物”规则的具体设计路径

在“矛盾特殊性”的哲学理论视角下，未来在UBI车险保险标的转让规则的建构上，若仍无差别地适用当下“自动变更”的“从物主义”规则，显然不符合UBI车险中“从人因子”的特殊性特征，将使保险人与受让人承担有违对价平衡的不利后果，不具可行性且有失公平。因此，应完善《保险法》第49条，为何种保险适用“从物主义”预留解释空间，即可采取“条件性从物”规则，以区分UBI车险与传统保险的保险标的转让。具体而言，可从UBI车险的分类模式上进行路径设计。

1. 基于驾驶行为定价模式的保险标的转让法律效果

（1）有条件变更合同

该类UBI车险保险标的转让时，因保险合同完全建立在被保险人对车辆驾驶行为的评估基础上，带有强烈的“属人性”。所以，对保险标的进行转让，其保险合同效果应采用“属人主义”的立法模式，这种模式是

[1] 参见杨春长：《论矛盾特殊性》，载《中国特色社会主义研究》2015年第2期。

将保险合同看作个人属性极强的合同,被保险人与保险利益息息相关。[1] 因此,在转让保险标的时,只有经过保险人同意后,保险合同才发生变更。此外,为了有效地保护受让人在保险人考虑期间的合法权益,规定保险人在行使合同解除权之前应提前告知受让人,使其有充分的时间重新订立保险合同。

(2)受让人的解除权及其限制

在保险人同意变更保险合同后,受让人成为保险合同新的被保险人,那么其是否享有保险合同的解除权?根据契约自由原则,本书对此持肯定态度。详言之,保险消费者有选择保险公司进行投保的自由,保险合同的缔结应基于保险消费者与保险公司的合意,因此,保险合同在发生变更后,新的保险消费者也应有重新签订合同的自由。[2] 赋予受让人保险合同的解除权是契约自由原则的体现——受让人有权决定与谁缔约、如何缔约。《保险法》第 15 条也赋予投保人解除合同的权利,在保险合同经保险人同意变更后,受让人即成为投保人,可以行使解除合同的权利。此外,依据民法原理,解除权属于形成权,是可依照权利人单方面意思表示即发生法律关系改变的权利,为维护法律关系的稳定,应从法律上对受让人的解除权设立除斥期间。

2. 按里程付费模式的保险标的转让法律效果

(1)自动变更合同

该种模式的 UBI 车险主要由基础费用和按里程变动费用两部分组成。基础费用部分与传统车险费用相似,包括车型、车辆价格等因素。按里程变动费用部分以每公里为单位进行收费,里程数越多,风险就越大,保费也就越贵。被保险人可以根据自己的里程数更加合理地支付保费。按里程付费模式与传统车险在保险标的转让时区别不大,虽然里程

---

〔1〕 参见岑敏华、张伟、罗向明:《保险标的的转让效力与立法约束研究——兼论〈保险法〉第 49 条之立法缺陷》,载《保险研究》2012 年第 10 期。

〔2〕 参见[英]克拉克:《保险合同法》,何美欢等译,北京大学出版社 2002 年版,第 174 页。

数可能因个体差异需求会有所不同,但受让人完全可以在承继所得的保险合同期限届满后,再根据自身对里程数的要求重新投保。因此,按里程付费的 UBI 车险保险标的转让时,可适用现行《保险法》第 49 条“从物主义”立法模式,即自动变更合同。

(2)保险人和受让人的合同解除权

保险标的转让后,保险合同自动变更,此时受让人享有保险合同的解除权,原因前已论述,此处不再赘述。就保险人的合同解除权而言,在保险合同自动变更后,应赋予保险人对保险合同的终止权,并在行使终止权之前,提前一段时间告知受让人。按里程付费模式的 UBI 车险,虽与传统车险类似,但在里程数计量方面仍然存在“属人性”,这种性质使保险的权利义务转移时,“盖个人之道德水准不一,甚有可能因要保人之转换而提高主观危险,或产生保费给付能力之变动”。〔1〕 在采用“从物主义”立法模式的前提之下,保险人对保险合同的变更效力“无权干涉”,但依照契约自由原则,保险人不愿因合同主体发生变动而继续承保的,应赋予其合同终止权。所以,《保险法》第 49 条第 3 款规定了保险人对保险合同的终止权,殊值肯定。但该条款没有充分考虑受让人的合法利益,未给受让人提供一个可重新投保的“缓冲期”。因此,在未来修法时应补充规定保险人在行使合同终止权之前应提前告知受让人,使其有重新订立保险合同的时间差。

3. 短期车险模式的保险标的转让法律效果

该种模式以快捷方式购买按小时计价车险为主要内容,具有灵活简便的特点。被保险人通常根据自己的开车时间需求在保险公司开发的手机应用程序上一键购买保险,如购买 3 小时的短期车险;又如,租车驾驶行为中,租车人为自己未来租车的时间购买相应的短期保险,既节省了保费,又获得了有效保障。在短期车险模式中,一般不存在保险标的

---

〔1〕 参见江朝国:《保险法逐条释义》(第一卷　总则),台北,元照出版有限公司 2012 年版,第 583 页。

转让之可能，被保险人即使购买了短期车险后转让保险标的，经过车辆转让出售、过户等一系列程序后，通常其保险合同因时间较短已经到期。

综上，UBI 车险中保险标的转让的法律效果，应依据不同模式，具体问题具体分析，采取“条件性从物”规则。在基于驾驶行为定价模式的车险中，保险合同应有条件地变更，即只有经过保险人同意后，保险合同才发生变更，并赋予受让人保险合同解除权。在按里程付费模式的车险中，保险合同可自动变更，并赋予保险人与受让人都对保险合同享有解除权。

我国银保监会于 2020 年发布的《关于实施车险综合改革的指导意见（征求意见稿）》中提到丰富商车险产品，开发机动车里程保险（UBI）等创新产品。未来我国 UBI 车险市场潜力巨大，伴随保险科技的发展，与此相伴而生的法律风险也不容小觑，为此，未来除了应与时俱进加大保险产品创新和服务创新力度，积极为数字经济提供保障外，还应注重加强和完善保险科技监管体系，尤其是保险科技创新产品对传统法律带来的风险挑战，积极寻求因应对策，从而在保险创新与金融安全、保险消费者保护之间寻求动态平衡。

第五节　保险 + 基因诊疗：论保险消费者的基因信息保护路径

就个人角度而言，基因诊疗保险使保险消费者可以准确掌握自己存在高风险的疾病种类，进行个性化体检和预防治疗，选择合适的保险产品。就保险公司角度而言，基因诊疗有利于保险公司更好地掌握客户的身体健康状况，提供更具个性化的保险产品，从而提高市场竞争力。随着基因诊疗技术的发展，将其应用于保险产品中已成为未来保险产品发展的趋势之一。[1] 然而,基因保险是一把"双刃剑",在为保险公司与保险消费者带来便利的同时,也使得保险消费者的基因信息保护面临严峻挑战。目前我国保险业中基因信息保护之路困难重重,将保险消费者基因信息保护置于《民法典》人格权的保护视域或许是充满希望之径。在保险科技发展的背景下,建构基因信息保护路径对于未来"保险 + 基因诊疗"产业的发展,以及维护保险消费者权益具有重大意义。职是之故,本节旨在针对该问题从保险消费者基因信息保护的危机、现状、基因信息之法律属性及具体保护路径的角度进行分析。

一、保险科技时代保险消费者基因信息保护的危机

(一)缘起:基因诊疗保险的兴起

早在 1985 年,美国科学家就率先提出了人类基因组计划,旨在解开人体内约 2.5 万个基因的密码并绘制出人类基因图谱。1990 年此计划正式启动,在多国科学家的跨学科参与下,已于 2005 年完成了测序工作,并为包括基因诊疗在内的延伸领域提供了数据基础和跨国合作基础。随后各国也纷纷发起基因组计划,其中以 2015 年美国投入 2.15 亿美元启动的"精准医疗计划"最为著名。基因诊疗是基因诊断和基因治疗两个概念的集合,前者重在预防,后者重在治疗。[2]

我国对基因诊疗的态度,也从过去的消极怀疑转变为现在的积极鼓励。[3] 随着基因诊疗技术的进步,其与保险的合作力度也在逐渐加强。除了针对个人消费者的基因检测外,保险公司与基因诊疗的结合还在向机构间的科研合作延伸。我国首款基因诊疗保险产品(肿瘤检测及诊疗

---

〔1〕 参见武亦文:《基因信息在保险核保中的应用及其限度》,载《北方法学》2020 年第 1 期。

〔2〕 See Erlich, Yaniv, Narayanan & Arvind, *Routes for breaching and protecting genetic privacy*, Nature Reviews Genetics, 2014.

〔3〕 参见宋凌巧、Yann Joly:《重新审视"基因歧视":关于伦理、法律、社会问题的思考》,载《科技与法律》2018 年第 4 期。

用药保险)已由中国人寿保险公司与至本医疗科技公司联合推出。[1] 此外,2015年,富德生命人寿出资打造了肿瘤早期预测中心、心脑血管检测中心和女性抗衰老中心。[2] 众安保险、平安寿险等保险公司也纷纷与各地的公立和私立医院开展各种基因诊疗保险的合作。[3] 虽然目前看来我国的基因保险诊疗合作模式还处于初级阶段,但是在未来基因诊疗与保险之间,存在许多深度合作机会,基因保险将会如火如荼地继续发展。

(二)议题:保险消费者基因信息保护的伦理、法律与社会歧视

基因诊疗被应用于保险业,亦引发一系列复杂的伦理、法律与社会歧视问题。保险公司可能将基因检测结果作为对保险消费者核保的参考,对携带"不良"基因的投保人实施"理性的精算歧视"或者予以区别对待。[4] 这些可预测疾病的基因测试,也可能被保险公司用于确定哪些消费者应当"被价格排斥"。[5] 由于基因信息是高度敏感的个人信息,保险公司未经同意的获取和利用是对保险消费者隐私权的极大威胁。由于基因信息具有家族遗传特性,泄露保险消费者基因缺陷信息还可能给其家庭乃至更大范围的族群带来污名化风险。基于临床发现,有些患者会根据基因检测结果盲目放弃现有的明确有效的治疗,转向采取未经严格检测的治疗方法。此外,目前接受检测的人群普遍面临很大的心理风险,检测结果乐观固然皆大欢喜,而一旦发现有高风险罹患某种疾病的可能,因为涉及父母的基因信息,还会在一定程度上影响生育决定。

---

〔1〕 参见《至本医疗推出中国首款肿瘤检测及诊疗用药保险》,载中国基因网,https://www.cnjiyin.com/zixun/20190227_7710.html。

〔2〕 参见朱进元、刘勇、魏丽:《保险科技》,中信出版社2018年版,第209页。

〔3〕 例如,众安保险联合华大基因推出的"知因保";"海豚保宝"与美佳基因推出的瘦身、美颜基因检测保险,并将在下一步推出慢病预防领域(主要是针对糖尿病)的保险基因产品。

〔4〕 参见武亦文:《基因信息在保险核保中的应用及其限度》,载《北方法学》2020年第1期。

〔5〕 王向楠主编:《数字时代的保险消费者保护》,中国社会科学出版社2020年版,第36页。

是否和家庭成员分享,如何在余生面对癌症阴影,都成为检测结果带来的心理问题。[1] 大数据和人工智能的兴起又使得保险消费者基因信息面临风险的扩大化。[2] 保险人借助人工智能等技术对保险消费者的信息收集趋于自动化,使保险消费者的个人意志直接被忽略。保险消费者基因信息如何保护的问题,成为当前最具时代性的议题之一,也是法律应对科技进步所带来的挑战缩影。

社会歧视方面,世界上已有国家出现因基因信息导致保险公司拒绝承保的案例。例如,保险公司对一名 30 多岁的健康女性的父亲进行了亨廷顿舞蹈症的基因检测,发现其父亲是该病症的基因携带者后,拒绝该女性一年后的失能保险投保请求。[3] 再如,一名血色素沉着症的基因携带者,该名基因携带者投保时没有任何症状,但依然先后遭到了三家保险公司拒保。三家保险公司给出的拒保理由均是"无症状的基因状况代表了一种既存的疾病情形,因而没有购买人寿保险的资格"。[4] 显然,上述案例中均涉及保险公司利用基因信息差别对待保险消费者,严重侵犯了保险消费者的合法权益。

(三)挑战:《民法典》视阈下基因信息的法律保护

保险消费者基因信息保护是《民法典》视阈下个人信息保护的子议题,与其他的个人信息保护相比尤具特殊性。该特殊性至少表现在以下三个方面:一是基因信息是高度的敏感个人信息。详言之,(1)基因信息不仅涉及基因所有人自身,通常还涵盖其整个家族的基因信息,有时甚至会影响几代人甚至整个族群。因此,《世界生物伦理与人权宣言》第 16 条规定:"应当充分重视生命科学对后代的影响,包括对他们遗传基因的影响。"(2)基因信息具有未来的预示能力,此种预示能力的价值通常

---

〔1〕 参见朱进元、刘勇、魏丽:《保险科技》,中信出版社 2018 年版,第 214 页。

〔2〕 参见田野:《雇员基因信息保护的私法进路》,载《法商研究》2021 年第 1 期。

〔3〕 See Wendy L. & McGoodwin, *Genetic Testing in Life and Disability Insurance: A New Challenge for Public Policy*, 28 Brief, 1998, p. 27.

〔4〕 Wendy L. & McGoodwin, *Genetic Testing in Life and Disability Insurance: A New Challenge for Public Policy*, 28 Brief, 1998, p. 27.

可能大于当时在获取基因信息时的估计。(3)基因信息蕴含的价值可能超越现阶段基因科技水平所能达到的程度,如对个人和群体的整体或综合意义。二是基因信息具有商业价值。基因信息是指DNA分子上载有的信息,有研究表明,每个人的基因组与其他人只有0.1%的区别。[1]这一特质使得基因资源具有稀缺性,能够产生巨大的商业价值。随着基因诊疗技术的发展,基因保险的出现就是基因信息具有商业价值的体现。三是基因信息可能对人类个体尊严造成负面影响。基因检测技术可以对受测人员的基因进行分析,从而发现某些个体携带的致病基因、缺陷基因,该类信息对基因所有人而言无疑是不利的,不仅会加重他们的心理负担,一旦这类基因信息泄露,还将在就业、婚姻等方面受到歧视,甚至影响他们的正常社交。关于基因歧视的案件早已在我国出现,[2]若法律不对其进行有效规制,那么作为自然人的民事主体的人格尊严将会受到巨大冲击,人们在社会生活中将会缺乏安全感,长此以往不利于社会稳定。因此,对人格权的保护任务变得十分重要和迫切。[3]鉴于此,在《民法典》视阈下,经由私法为保险消费者基因信息提供保护是充满希望的,保险消费者基因信息的具体法律保护路径应如何设计,是当下必须直面的重要现实问题。

二、保险消费者基因信息保护的现状检讨

(一)保险人的知情权与被保险人基因信息保护的冲突

一方面,保险人同保险消费者一样,也享有知情权。[4] 保险人的知情权体现为在充分了解信息后,对保险标的的风险进行合理客观的评

---

[1] See Bregman Eschet & Yael, *Genetic databases and biobanks: Who controls our genetic privacy?* Santa Clara Computer & High Technology Law, 2016.

[2] 周某等诉广东省佛山市人力资源和社会保障局公务员体检监测地中海贫血基因侵犯隐私权案。

[3] 参见庄世同:《法治与人性尊严——从实践到理论的反思》,载《法制与社会发展》2009年第1期。

[4] 参见洪伟、胡艳丽:《基因隐私权保护所面临的问题探析》,载《福建论坛(人文社会科学版)》2013年第10期。

估,从而更好地确定保费。[1] 在商业保险中,保险人与投保人信息不对等,保险制度能够持续运作的前提是保险人可以充分获取有关保险标的或被保险人的全部风险信息,保险法中规定的投保人如实告知义务即为此意旨而设。试想,在基因检测技术发展之下,保险消费者在投保前可先自行进行基因检测,在得知检测结果后可针对未来最有可能罹患的某种疾病进行投保,即造成投保人的逆选择,而保险人若不能获得投保人基因信息的知情权,就会造成严重的信息不对等。假如保险人对投保人的身体状况等这类健康风险不享有知情权,这将对保险制度尤其是人寿保险造成致命打击——保险人无法对那些已进行过基因检测,存在基因缺陷的高风险人群进行有效识别,而是按照一般风险进行精算,投保人能够以低于他们实际风险的价格购买保险产品,获得保险保障。长此以往,保险消费者的逆选择进一步凸显。[2] 逆选择的最终结果是导致保险市场失灵,[3] 保险人为了维持经营,必然会提高保费,这会导致没有"基因瑕疵"的保险消费者放弃购买保险,最终保险人承保的必然都是那些未来罹患疾病可能较大的消费者,即"劣币驱逐良币"的原理,久而久之,这种情况将会削弱保险制度分散风险的功能,保险的意义也将不复存在。

另一方面,被保险人的基因信息因具有高度敏感的个人信息等特殊性而应得到尊重和保护。对于保险消费者而言,如果保险公司知悉他们的基因信息,就很有可能导致"基因歧视"。"基因歧视"指的是根据个体的基因差别,在工作、生活、学习等各方面进行差别对待。[4] 然而,基

---

〔1〕 参见项剑、谷振勇:《基因检测技术与基因隐私权法律保护》,载《科技与法律》2009年第5期。

〔2〕 参见牛菁华:《基因科学时代对寿险的影响及发展策略》,载《金融发展研究》2015年第7期。

〔3〕 See A. Nill, G. Laczniak & P. Thistle, *The Use of Genetic Testing Information in the insurance Industry: An Ethical and Societal Analysis of Public Policy Options*, J. Bus Ethics (2017), https: //link. Springer. com/ article/ 10. 1007 /s10551 – 017 – 3554 – y.

〔4〕 See Pfeffer N. L., McCarthy Veach P. & LeRoy B. S., *An Investigation of Genetic Counselors' Discussions of Genetic Discrimination With Cancer Risk Patients*, 12 J. Genet Couns, 2003, p. 419 – 438.

因信息具有先天性,个体自身无法更改,如果要求带有某种基因缺陷的个人为自身无法控制的基因问题负责,显然是不公平的。[1] 保险公司一旦掌握了保险消费者的基因信息,那么很有可能会对存在基因缺陷的保险消费者拒保。事实上,这会使那些仅仅在未来有可能罹患某种疾病、含有某种基因缺陷但现实中健康的人们丧失投保的机会,或者加重他们投保的经济负担。前述两个案例表明“基因歧视”在保险公司核保时确实存在。简言之,“保险人对其进行不合理的差别对待,则仅仅是基于其体内潜伏着能够暗示其未来可能罹患某种疾病的基因信息”。[2] 这明显是对被保险人合法权利的侵犯,更有甚者还会对整个家族成员基因信息的保护造成负面影响,使得更多人丧失投保的机会或是加重投保负担,有违保险制度设立的初衷。

(二)缺乏对DTC基因检测模式的有力监管,从而导致保险消费者基因信息受到侵害

目前市面上的基因检测产品采取的是直接面对消费者的形式(Direct to Consumer Genetic Test, DTC),即消费者直接通过互联网就可以订购关于自己基因信息的各类产品。在我国,DTC的基因检测产品随处可见,如在淘宝网上花费几百元就可以购买一份基因检测产品,其内容涵盖民族、血型、身高、耐酒精度等各类精准信息。从目前来看,DTC基因检测产品鱼龙混杂,价格参差不齐,市场比较混乱。一方面,基因检测技术需要专业人员进行操作,具有先进性与复杂性,但专业人员的职业道德应该如何规范,我国法律却未具明文。此外,DTC模式下,与第三方检测机构合作的保险公司也没有任何防止基因信息泄露的措施与规定,基因信息很容易被黑客通过互联网窃取,且被盗取后保险公司应当承担什么法律责任也是语焉不详。可见,个人的基因信息存在很高的泄

[1] See I. Ngueng Feze, S. Salman & Y. Joly, *Implications for Health and Life Insurances and Other Legal Aspects of Genetic Testing*, In S. Schneider, J. Bras Movement Disorder Genetics, Springer, Cham, 2015, p. 500.

[2] 王康:《基因平等权:应对基因歧视的私法政策》,载《东方法学》2013年第6期。

露风险,且遭泄露后的救济与保障规定也是付之阙如,即个人基因信息被他人泄露、利用等造成的侵权问题并未得到解决。毫不夸张地说,当事人的基因信息保护处于"裸泳"状态,极易造成对当事人甚至整个家族成员的负面影响。另一方面,基因检测机构众多,缺乏监管标准。直接造成市场上没有统一的服务技术标准和费用标准,例如,同一项目的价格可能因检测机构不同而相差10倍。DTC模式使得基因检测机构和保险公司轻而易举地就能掌握基因所有人的基因信息,但基因之上人性尊严、人格利益等问题还未引起监管部门的重视。仅关注基因检测带来的便利,却忽视基因检测背后关涉的诸多法律与伦理、道德等问题,无异于杀鸡取卵,得不偿失。我国对DTC的监管还处于比较混乱的灰色地带,有关基因所有人的基因信息保护、基因信息的不知情权、有限知情权等内容都未纳入法律规定,这些表明对基因信息保护的监管任重而道远。

（三）我国对保险消费者基因信息保护的立法逐渐加强但仍存在不足

目前我国已加快对个人信息保护的立法进程。但是,已有法律条文均是针对个人信息保护的一般性规定,没有体现基因信息保护的特殊性,我国现行法律体系中关于基因信息保护的相关规定主要如表4-1所示。

表4-1 我国关于基因信息保护的相关规定

颁布时间	名称
1998年	《人类遗产资源管理暂行办法》
2013年	《信息安全技术、公共及商用服务信息系统个人信息保护指南》
2019年	《健康保险管理办法》
2019年	《人类遗传资源管理条例》
2020年	《民法典》
2021年	《个人信息保护法》

由表4-1可知,1998年颁布的《人类遗产资源管理暂行办法》是我国第一部涉及基因信息的专门规定,但该规定一是十分简陋,二是法律

位阶较低。此外,《人类遗产资源管理暂行办法》不是以保护基因信息为目的,而是为防止人类遗产资源向外流失。因此,它并不是专门的基因信息保护法。[1] 2013 年我国发布了《信息安全技术、公共及商用服务信息系统个人信息保护指南》,该规定在个人敏感信息中明确列出了基因信息,肯定了国家对个人基因信息的保护。2019 年由银保监会发布的《健康保险管理办法》,首次明确在健康保险中禁止使用基因信息。第 38 条明确规定禁止保险人在健康保险中非法搜集、获取被保险人的基因检测资料,并明确规定基因检测不得作为核保条件。2019 年颁布实施的《人类遗传资源管理条例》,是我国基因隐私权保护的重大进步。《人类遗传资源管理条例》从采集和保藏、利用和对外提供、服务和监管等方面进行分环节规制,保护与利用并举,完善了监管机制,设置了较严厉的法律责任。[2] 由我国关于基因信息保护的相关规定脉络可知,我国对基因信息保护立法逐渐加强,《人类遗传资源管理条例》的问世是法律与科技俱进之举,利国利民。2021 年正式实施的《民法典》,是关于基因信息保护法律位阶最高的民事立法,《民法典》更加贴近基因技术前沿及实践中亟待解决的问题,现实感更强。[3] 第 1009 条直接对基因信息保护作了规定,可谓一大进步。与《民法典》同年实施的《个人信息保护法》明确了个人信息的"告知同意"规则,并将生物识别信息纳入敏感个人信息,予以特别保护。在肯定我国基因信息保护进步的同时,还应注意:以上规定虽是对人类遗传资源进行的管理规范,但其中仍存在措施不够细化的窠臼。例如,在《健康保险管理办法》中,未对基因检测类型作出区分,而是笼统地规定基因检测信息。实际上,基因检测可分为"预测性"和"诊断性"两类,这两类基因检测存在巨大区别:"预测性"基因检测用于

---

〔1〕 参见项剑、谷振勇:《基因检测技术与基因隐私权法律保护》,载《科技与法律》2009 年第 5 期。

〔2〕 参见田野:《生物科技时代的立法因应:〈人类遗传资源管理条例〉要点解读》,载《上海法治报》2019 年 6 月 19 日。

〔3〕 参见郭少飞:《作为物质型人格权之"基因权"的理论证立与法律保护》,载《求是学刊》2020 年第 5 期。

预测受测者未来的健康状况,具有较大的不确定性,基因检测者在现实中是健康的。“诊断性”基因检测与一般的临床检测无异,主要用于确诊罹患某类疾病。当前国际上的通行做法是禁止将“预测性”检测用于保险精算,而将“诊断性”基因检测视为普通的监测,与体检无异。此观点在《人权与生物药学公约》第 11 条中有所体现,该公约仅禁止了“预测性”基因检测。[1] 此外,目前我国仅规定健康保险中不得使用基因检测信息,但在人寿保险中却没有规定,因此,这项限制的适用范围明显具有局限性。《民法典》中虽然将基因信息写入人格权编中,但依然存在遗憾,第 1009 条与基因信息保护直接相关,却规定得较为笼统,完全交由公法及特别法调整,而未严明私权基础,难谓完满。《个人信息保护法》对敏感个人信息的处理规则进行了较为详细的规定,但依然没有针对基因信息的特殊性予以特别保护,还有进一步完善的空间。

三、保险消费者基因信息上的人格权构造

保险消费者的基因信息作为个人信息的一种类型,理应受到《民法典》人格权编的保护。但是基因信息究竟享有何种人格权,尚待更细致的讨论。在大陆法系惯常的权利基础思维下,明确保险消费者基因信息上的人格权构造是完善保险消费者基因信息保护路径的前提。

(一)具体人格权:基因信息的本质人格权属性

基因信息因具备个人信息所具有的个人性、隐秘性、识别性和客观性,因此属于个人信息的一种类型。[2] 而个人信息归属于具体人格权,因此,基因信息是具体人格权。详言之,基因信息的个人性,指基因信息的主体限于自然人,法人与非法人组织不存在基因信息。基因是人体中 DNA 分子片段,具备高度的个人识别性,如通过基因信息可以分析当事

---

〔1〕 参见宋凌巧、Yann Joly:《重新审视“基因歧视”:关于伦理、法律、社会问题的思考》,载《科技与法律》2018 年第 4 期。

〔2〕 参见王利明主编:《民法》(下册)(第 8 版),中国人民大学出版社 2020 年版,第 376 页。

人的肤色、血型、健康状况、体质特点等。基因信息的隐秘性,指的是基因中包含的个人信息,只要不危害公共利益,就应当将其视作隐私权,对其进行保密。基因信息的识别性,通常指的是基因信息与特定个人相关联,可以据此直接或间接地识别某人。如果纯粹是不特定人的信息,或无法确定归属的信息,在发生侵害时,也不能确定权利主体,则不能作为个人信息予以保护。基因信息具有强烈的个人识别性。基因信息的客观性,指的是基因信息本质上仍是信息,大多可以被固定和保存,也能够存储和传播。

《民法典》第1034条规定自然人的个人信息受法律保护,并在后面对个人信息的解释中将生物识别信息、健康信息纳入个人信息范畴。基因信息的科学含义是组成脱氧核糖核酸的碱基对的排列顺序,显然具有生物属性,并能够据此识别特定自然人,就这个意义上而言,基因信息可归属于生物识别信息。[1] 从另一个角度看,基因信息存在于自然人的组织、器官和细胞中,人体的毛发、皮肤、身体状况等均能反映自然人的健康情况,因此,基因信息与健康信息也存在交叉。[2] 事实上,经中国法学会民法学研究会草拟的《中华人民共和国民法典人格权法编专家建议稿(征求意见稿)》第70条曾特别规定了保险消费者基因信息保护,即"禁止任何人非法检测、获取、存储、公开自然人的生命信息和基因图谱信息。用人单位、保险公司等不得根据自然人的基因信息采取歧视性对待"。但是最终该条未能纳入《民法典》中。笔者认为未被纳入的原因之一是当下许多保险公司已经与基因检测公司开展合作,积极研发基因保险类产品,若将保险公司禁用自然人的基因信息写入《民法典》中,相当于给"保险+基因诊疗"类保险科技创新产品画上了休止符,这种"一刀

---

〔1〕 参见田野:《雇员基因信息保护的私法进路》,载《法商研究》2021年第1期。

〔2〕 有些国家或地区将基因信息与生物识别信息做了区分,例如欧盟《通用数据保护条例》,该条例第4条规定生物识别信息主要包含指纹、虹膜、声纹、人脸信息等,没有包含基因信息。美国《基因信息反歧视法》考虑到基因信息比一般健康信息具有更高的敏感性和重要性,对其予以特别保护。总体而言,以上国家和地区的做法都是将基因信息纳入个人信息保护中,只是保护程度上有所不同。

切”的做法过于绝对，也不利于保险创新。此外，也有学者曾对基因信息在保险核保领域的限制运用提出了质疑。[1] 在立法过程中该条争议较大，最终该规定未被采纳。

(二)基因隐私权：保险消费者可享有的隐私权类型

隐私与个人信息之间存在交叉，隐私涉及的是当事人不愿被外人所知的信息，而基因信息应被纳入隐私的范畴。[2] 现代隐私权保护已经发生转变，详言之，隐私通常是指不受他人干涉的私人领域。[3] 因此，传统隐私权是一种“消极权利”，表现为“不要别人管的权利”。随着现代信息社会的发展，在大数据背景下，“人人得为隐私的被害人，人人亦得为加害人”。[4] 在这种情况下，仅具有“消极权利”色彩的传统隐私权保护已不足以应对信息时代的发展。所以，扩大公民隐私权保护范围迫在眉睫，促使传统隐私权向具备“积极权利”特征的现代隐私权转变。该种转变体现在两个方面：第一，在权能方面，由消极防御向积极控制转变，从过去的隐私权受到侵害后请求救济的思维模式转变为事前主动积极控制个人信息资料与事后救济相结合的模式；第二，在环境方面，隐私权由传统的个人住宅、私密空间等私人领域向公共记录、互联网、大数据等公共领域延伸。[5] 易言之，现代隐私权不但包含了传统隐私权强调的“个人独处权”，同时还将保护范围扩大到个人信息领域，而基因信息正是个人信息领域中的重要组成部分。

基因信息是隐私权保护的一种类型，简称为基因隐私权。学界目前

---

〔1〕 参见武亦文：《基因信息在保险核保中的应用及其限度》，载《北方法学》2020 年第 1 期。

〔2〕 参见武亦文：《基因信息在保险核保中的应用及其限度》，载《北方法学》2020 年第 1 期。

〔3〕 参见房绍坤、曹相见：《论个人信息人格利益的隐私本质》，载《法制与社会发展》2019 年第 4 期。

〔4〕 王泽鉴：《人格权法：法释义学、比较法、案例研究》，北京大学出版社 2013 年版，第 177 页。

〔5〕 See Rodney Lester, *Consumer Protection Insurance*, *primer series on insurance issue* 7, Non-Bank Financial Institutions Group, 2009, p. 16.

对基因隐私权的界定尚未统一，有学者认为，基因隐私权就是基因信息的隐私权。[1] 还有学者认为，基因隐私权是建立在不违背公共利益基础上的对自身基因信息受到法律保护的权利。[2] 基因隐私权是一般隐私权的延伸，包含利用权、维护权、支配权。[3] 可以看出，尽管学界对基因隐私权尚缺乏统一定义，但学者们对其概念的解析都围绕基因信息展开。笔者认为，基因隐私权包含基因处置不同阶段的多种权利类型。析言之，首先，基因隐私权体现为基因信息的自主独占权。该权利是指基因所有人了解自身基因构成状况且独占该信息并不被他人知悉的权利。在基因信息处理的不同阶段，自主独占权主要表现在：采集阶段的基因咨询权；处理阶段的查询权；使用阶段的用途变更权；保存阶段的销毁请求权等。其次，基因隐私权体现为基因信息的排除使用权。排除使用权是由基因所有人排除他人未经本人授权而任意使用自身基因信息的权利。[4] 具体包括撤销同意权、禁止权等。最后，基因隐私权体现为基因信息的不知情权。不知情权指的是基因所有人拒绝知晓其自身基因信息的权利。基因信息的不知情权，是基因隐私权与一般隐私权最大的不同，随着人体基因检测技术的发展，人类可以对很多不可治愈的疾病提前做出预测，由此造成被检测者极大的心理负担，鉴于此，基因受测者享有对自身基因信息不知情的权利。[5]

（三）一般人格权：保险消费者基因信息的其他人格利益归属

保险消费者对基因信息享有的不能纳入具体人格权保护的其他人

---

〔1〕 See Mark A. Rothstein, *Genetic Secrets: Protecting Privacy and Confidentiality in the Genetic Era*, Yale University Press, 1997, p. 33.

〔2〕 参见廖晨歌：《基因技术发展背景下的隐私权研究》，载《中国卫生事业管理》2017 年第 12 期。

〔3〕 参见项剑、谷振勇：《基因检测技术与基因隐私权法律保护》，载《科技与法律》2009 年第 5 期。

〔4〕 See Karen L. , *Genetic Privacy: No Deal for the Poor. In Genetics*, Issues of Social Iustice, the Pilgrim Press, 1998, p. 241.

〔5〕 参见袁治杰：《基因技术发展背景下的不知情权研究》，载《政治与法律》2016 年第 5 期。

格利益,可归入一般人格权,最典型的体现为基因平等。基因平等是人格平等的具体表现,也是人格尊严的间接要求。[1] 一般人格权的解释功能与补充功能都很好地证明了保险消费者基因信息的其他人格利益归属是一般人格权。就解释功能而言,一般人格权凸显以人为本的理念,明确了人格权立法的目的与宗旨,对于进一步明确个别人格权的保护目的、保证各具体人格权制度的正确适用,具有积极的启发和指导作用。保险消费者的基因信息所产生的其他人格利益保护,正是体现了一般人格权以人为本的价值理念。就补充功能而言,在社会实践中,有利于既有的具体人格权之外的人格利益大量存在,当该类人格利益受到侵害时,便需要发挥一般人格权的补充功能,弥补法律对之保护的不足。保险消费者的基因信息所产生的其他利益恰好是游离于具体人格权之外的人格利益,这类利益被侵害时,可基于一般人格权的规定寻求法律保护。前述基因平等的对立面便是基因歧视,在保险业中,保险公司将收集得到的基因信息作为核保依据而对投保人区别对待时,就侵犯了保险消费者的基因平等权。虽然《民法典》中未规定基因平等权,但第 1034 条中的"生物识别信息"应包含基因信息,即基因信息也能受到《民法典》的保护,这就通过民法路径迂回地解决了保险消费者基因歧视的难题。

四、完善保险消费者基因信息保护的路径选择

在保险科技时代,保险消费者的基因信息不可避免会被保险公司使用,我们尽量勾勒一幅保险公司能够合理使用基因信息,保险消费者的基因信息作为人格权可以得到妥善保障的理想图景。那么,如何在现实中具体落实,显然是关键一环。保险公司是具有商业性质的经营主体,逐利性是它的本质属性,因此,其在使用基因信息的过程中难免产生诸多不规范行为,而其中牵涉的保险消费者基因信息保护的重要问题,更

[1] 参见王利明:《民法》(下册)(第 8 版),中国人民大学出版社 2020 年版,第 363 页。

是需要给予特别关注。为实现保险消费者的基因信息保护与保险公司科技创新之间的平衡,笔者提出以下路径,以便为基因信息在保险科技运用中的妥当适用提供现实出路。

(一)立法模式选择:采取"特别立法模式"

世界各国针对基因的立法模式可分为两类:以美国为代表的"特别立法模式"与以欧盟为代表的"统合立法模式"。"特别立法模式"是指专门为基因信息保护进行规定,如美国的《反基因歧视法》(2008)。"统合立法模式"是指将基因信息保护归类在个人信息保护中,不再单独进行立法。欧盟的《个人数据自动处理中的个人保护公约》与《欧洲人权和生物医学公约》中都将基因信息视为个人信息的具体类别予以保护。"统合立法模式"有利于个人信息保护的系统性,[1]但该种模式往往忽视了基因信息的高度个人敏感性、族群关联性、高度辨识性等特殊性质。此外,"统合立法模式"对立法技术要求较高,立法难度较大。

本书建议我国采取"特别立法模式",即制定专门的基因法,以便更好地保护基因信息。其原因有三:第一,制定专门的基因法。可以充分考虑基因信息与一般个人信息的区别,有针对性地进行立法,专业性强,规范全面。同时,专门的基因法还可以有效防止基因信息过度商业化、经济化,从而造成基因信息的泄露;防止公权力对基因信息的介入与侵害,有利于基因科学技术的健康发展。第二,制定基因特别法是我国当下个人隐私保护制度不健全的现实选择。目前我国虽已颁布《个人信息保护法》,但尚未出台专门的隐私法,个人信息保护法也在酝酿之中。2019 年颁布的《人类遗传资源管理条例》虽涉及基因信息的保护,但该法更多强调的是维护公众健康、国家安全和社会公共利益,且该规定以"条例"的形式颁布,法律位阶较低。就严格意义上而言,我国针对个人隐私权保护的法律基本是滞后的,对基因信息保护的法律较少。因此,

---

[1] 参见洪伟、胡艳丽:《基因隐私权保护所面临的问题探析》,载《福建论坛(人文社会科学版)》2013 年第 10 期。

就我国法律体系的现实角度而言,存在制定基因特别法的实践需求。第三,“特别立法模式”比较符合我国国情。“统合立法模式”有较高的立法技术要求,需对社会不同层次的个人信息有全面的掌握与了解,还要对未来的发展趋势进行预测,并且需要较成熟的隐私权法律保护理论支撑,而这些都不是短时间内能完成的。现阶段对基因信息保护立法迫在眉睫,特别立法模式的立法技术较为简单,难度较小,基因法能较快出台,以此解决当前我国基因信息保护不够完善的窘境。

我国采取“特别立法模式”,即制定专门的基因特别法,立法可从以下几个方面加以建构:一是基因信息保护。主要是对基因资源开发、研究、利用、管理、专利权等方面进行法律规定。二是基因隐私权保护。可根据基因隐私权不同处理阶段的权利进行分别配置,如可分为采集阶段、处理阶段、使用阶段和保存阶段等,各阶段可搭配包含同意权、撤销同意权、知情权、不知情权、查询权、用途变更权、利益共享权、销毁请求权等在内的多种权利。三是确认国家干预原则。国家确定专门的机构对基因资源进行保护,对基因技术的研究机构、包括保险公司在内的企业的基因技术应用进行监管,建立动态的长效监管机制。四是对违反基因保护信息、侵害基因隐私权等行为进行法律责任方面的规定。

(二)寻求利益平衡:赋予保险人有限基因知情权

1.“绝对基因隐私权保护主义”与“有限基因隐私权保护主义”。保险人的知情权与被保险人的基因隐私权之间的冲突,是基因保险面临的一大难题。基因组是人类的遗传基础,针对基因信息与基因隐私权保护的问题引发了学界的广泛争议。一种观点认为,法律应明确禁止一切使用基因信息的行为,这种观点称为“绝对基因隐私权保护主义”;[1]另一种观点则认为,基因技术为人类健康事业做出了巨大贡献,对基因科技应看作硬币之两面,对其法律规制也不应过于绝对,而是留有余地。此为“有限基因隐私权保护主义”的观点。

---

〔1〕 秦天宝、虞楚箫:《基因隐私的法律保护限度》,载《江西社会科学》2015 年第 9 期。

2. 严格禁止模式与有限禁止模式。世界各国针对基因保险中基因信息保护的规定,可分为两种模式:严格禁止模式与有限禁止模式,恰是“绝对基因隐私权保护主义”与“有限基因隐私权保护主义”的体现。严格禁止模式规定被保险人没有向保险人披露基因信息的义务,保险人也不得将基因检测结果应用于缔结保险合同。该种模式的代表国家是比利时。有限禁止模式分为两种类型:根据保险金额划分以及根据保险险种划分。前者以荷兰为代表,荷兰的《医疗检测法》规定,对于保险金额不超过30万荷兰盾的保险业务,保险人不得使用被保险人的基因信息。后者以美国为代表,美国大部分州均通过了健康保险领域的反基因歧视方案。2008年颁布的《反基因歧视法》为基因歧视设定了最低保护标准,规定不得将基因信息应用于健康保险。在寿险、失能收入保险以及长期护理保险方面许多州已经允许使用基因检测信息。世界典型国家针对保险业基因隐私权保护的法律规定如表4-2所示。

表4-2 世界典型国家针对保险业基因隐私权保护的法律规定

类型	国家或组织	法律法规	颁布时间
严格禁止	比利时	《保险合同法》	1992年
	挪威	《生物技术医学应用法》	1994年
	奥地利	《基因技术法》	1994年
	欧洲理事会	《人权与生物医学公约》	1997年
	中国	《健康保险管理办法》	2019年
有限禁止	荷兰	《医疗检测法》	1998年
	英国保险人协会	《基因检测守则》	1998年
	美国	《反基因歧视法》	2008年
	德国	《基因检测法》	2010年

3. 赋予保险人有限基因知情权。我国于2019年颁布实施的《健康保险管理办法》对健康保险中的基因信息应用采取的是严格禁止模式。严格禁止模式可以有效防止“基因歧视”,但会助长被保险人进行逆选

择,因此存在弊端。保险人的知情权与保险消费者的基因隐私权发生冲突时,到底何者更重要,似乎没有明确答案。[1] 本书主张对基因隐私权采取有限度保护的观点,以此寻求保险人与被保险人之间利益的平衡。基因隐私权的保护应与相关研究、鉴定相协调,而不应武断地“一刀切”式的立法。在处理保险人知情权与被保险人基因隐私权的关系上,首先,应明确基因所有人是基因隐私权的权利主体,未经同意,其他人无权获知其基因信息。具体而言,保险公司无权对保险消费者进行强制预测性基因检测。预测性基因检测主要是一种预防性的基因诊疗,检测主体此时身体状况是良好的,只是为了预测未来罹患某种疾病的可能,以便积极预防。[2] 基因诊疗的另一种模式是诊断性基因检测,这种检测通常是主体已患病,用基因检测的方式进行诊断有利于后期的治疗。这种模式下,诊断主体已知自身状况,此时不存在保险消费者对基因信息不知情的需要,故保险公司可以适当要求保险消费者进行诊断性基因检测。事实上已有国家对此进行规定,如德国《基因检测法》规定预测性基因检测是严格禁止的,但诊断性基因检测未被禁止。奥地利维也纳宪法法院也认为,对保险公司应用保险消费者的基因信息情况不加区分地全面禁止,是没有法律依据的。

其次,保险公司在使用基因信息时,可以主张有限知情权,如上文提到的诊断性基因检测,但必须经过合法的程序。第一,保险公司选择合作的基因检测机构应当具备相应的资格。正规的基因检测机构能够确保基因检测的准确性,因此,应由政府部门对合规且具有资质的检测机构给予认证,并形成一套规范的基因检测费用、人员资质、行业标准等,从而保证基因检测的准确性。第二,为防止保险公司在使用基因信息时恣意妄为,应要求保险公司将使用基因信息的保险产品在银保监会备

---

〔1〕 参见秦天宝、虞楚箫:《基因隐私的法律保护限度》,载《江西社会科学》2015 年第 9 期。

〔2〕 参见[日]實原隆志:《遺伝子情報の扱いをめぐる日独の法状況》,载《長崎国際大学論叢》第 8 卷,第 1 ~ 2 页。转引自武亦文:《基因信息在保险核保中的应用及其限度》,载《北方法学》2020 年第 1 期。

案,并经银保监会审核同意后方可使用。所有保险消费者都可在银保监会的官网上查询该类保险产品清单。第三,保险公司对保险消费者的基因信息负有妥善保管、严格保密的义务,未经保险消费者同意不能提供给任何第三人。在保险合同终止时,保险消费者的基因信息应及时销毁,否则将承担相应的泄密法律责任。对此,今后保险法律法规中可以加以明确,以使所有基因获取程序符合法律规范。

最后,保险公司询问基因信息与投保人如实告知义务的有效衔接。《保险法》第16条对投保人的如实告知义务进行了规定,其是保险法中最大诚信原则的体现。那么,投保人的如实告知义务中是否包含针对基因信息的告知义务呢?这一点从第16条中似乎无法直接推导得出。但基于保险法中的最大诚信原则,将基因信息列入如实告知内容范畴,并未违反《保险法》第16条的规范意旨。只是有些内容需加以明确:一是保险人须遵守严格询问告知义务。仅在保险人向保险消费者的基因信息作出具体的询问时,保险消费者才须履行告知基因信息的义务,否则,保险消费者不向保险人主动告知,也不会构成对如实告知义务的违反。二是基因信息告知义务的范围仅限于保险消费者已知的范畴;换言之,保险消费者仅需告知其在投保前的基因检测中获取的基因信息,那么在保险消费者投保后再进行的基因检测,保险消费者无须再次告知。[1]

(三)义务职责法定:规定保险公司的基因信息保护义务、信息披露义务及第三方检测机构的咨询建议职责

《个人信息保护法》中,对个人信息处理者的义务进行了明确规定。在今后颁行的基因特别法中,可依照此种思路,规定基因信息处理者的法定义务与职责。析言之,使用了保险消费者基因信息的保险公司,应当承担保护保险消费者基因信息的责任和义务。保险公司在收集基因信息时应秉承合规原则,依法、依规地收集基因信息。保险公司应建立

---

〔1〕 See T. Lemmens & P. Bahamin, *Genetics in Life, Disability and Additional Health Insurance in Canada: A Comparative Legal and Ethical Analysis*, in B. Knoppers (Ed.) Socio-Ethical Issues in Human Genetics, Cowansville (Quebec), 1998, p. 108.

良好的基因信息存储空间,保障其安全。[1] 保险公司依据保险消费者的基因信息,最终作出拒保的决定时,保险公司应将拒保的具体理由告知保险消费者。唯有如此,公众对保险公司在核保中合法使用基因信息才能建立信心。[2] 具体而言,一方面保险公司在履行信息披露义务时,必须以保险消费者能够理解其披露的内容为目标。众所周知,保险费率是根据大数法则原理,经过专业人士的精算后分析得出。因此,保险公司在履行披露义务时,不应将大量原始、专业的统计学或精算数据直接披露给保险消费者,而是应将其处理加工后转换为能让保险消费者易于理解的内容。另一方面,应将保险公司的信息披露义务规定为被动模式,即保险公司只在保险消费者提出需要知道拒保理由时才需履行,这是因为若所有拒保行为都需保险公司履行信息披露义务,保险公司的成本过高,加大了保险公司的经营成本。更为重要的是被动履行模式有利于保护保险消费者的不知情权。基因信息通常牵涉发病率、死亡率等敏感信息,保险消费者很有可能并不愿知晓。因此,应尊重保险消费者的意愿,只有在保险消费者主动向保险公司申请披露拒保理由时,保险公司方需履行。

对第三方基因检测机构中的技术人员,应设立从业资格标准,该标准除包含必要的技术要求外,还应将对技术人员的职业道德规定一并列入。在监管条例中,应当明确保险公司、第三方基因检测机构在侵害了保险消费者基因隐私权时,应承担相应的法律责任。此外,还需规定第三方基因检测机构为公众提供基因咨询与建议服务的职责。第三方基因检测机构应当对保险消费者采取十分谨慎的态度,因为任何不准确的基因检测信息都可能会对保险合同产生法律上的不同效力。例如,在保险消费者负有基因信息告知义务的法域,因保险消费者告知的基因信息

---

〔1〕 参见黎四奇、苗羽亭:《大数据背景下金融隐私权的保护》,载《财经理论与实践》2019年第4期。

〔2〕 See David Weisbrot & Brian Operskin, *Insurance and Genetics: Regulating a Private Market in the Public Interest*, in Michela Betta (Ed.), The Moral, Social, and Commercial Imperatives of Genetic Testing and Screening: The Australian Case, Springer, 2006, p. 148.

不正确,最终可能导致保险合同的解除。[1] 因此,为避免此类情况的出现,应当对第三方基因检测机构的咨询和建议义务的内容和法律后果加以明确。具体可从以下方面落实:一是明确规定第三方基因检测机构提供的咨询服务种类,如较易被“基因歧视”的险种介绍等。二是对第三方基因检测机构中的基因咨询师的专业素质进行培训,避免出现不同机构基因咨询师素质良莠不齐的现象,切实满足保险消费者对基因咨询的需求。

(四)事后救济保障:健全保险消费者基因信息保护的救济途径

保险消费者的基因信息受到侵害时能够通过有效的纠纷解决机制维护其合法权益,是事后救济的重要体现。例如,当保险公司的拒保理由无法使保险消费者信服时,保险消费者必然会进一步寻求救济。但囿于保险公司“既当球员又当裁判”的现状,为保证纠纷处理结果的公平公正,保险公司的投诉解决部门显然难堪重任。因此,需要引入外部纠纷解决机制。通常而言,保险消费者若通过法律诉讼的方式寻求救济,虽然诉讼不失为救济方式之一,但因诉讼周期长且举证困难,故诉讼方式不是解决保险消费者基因信息保护的最优选项。因此,未来可建立保险消费纠纷多元解决机制。例如,瑞典建立了相关第三方争端解决机构处理保险公司与保险消费者的基因歧视问题;同时还设立了审查委员会,该委员会具备中立的地位,以保持裁决的公正。[2] 结合我国国情,为了更好地解决纠纷,未来应当充分发挥银保监会、地方银保监局、保险行业协会等组织在第三方调解、仲裁中的协调作用,对于保险公司因基因信息使用而导致的侵权行为,保险消费者可选择以上任一机构寻求救济,最终协调均无果时,支持保险消费者向人民法院提起诉讼以解决纠纷。

---

〔1〕 See I. Ngueng Feze, S. Salman & Y. Joly, *Implications for Health and Life Insurances and Other Legal Aspects of Genetic Testing*, In S. Schneider, J. Brás (Ed.) Movement Disorder Genetics, Springer, Cham, 2015, p. 510.

〔2〕 See David Weisbrot & Brian Operskin, *Insurance and Genetics: Regulating a Private Market in the Public Interest*, in Michela Betta (Ed.), The Moral, Social, and Commercial Imperatives of Genetic Testing and Screening: The Australian Case, Springer, 2006, p. 155.

另外,还可借鉴澳大利亚法律改革委员会和澳大利亚健康伦理委员会的做法,对争端解决机构提出包括申诉处理应及时高效、熟知保险法律法规、申诉结果对双方具有约束力、申诉费用适宜等建议,[1]从而使保险消费者维权机构能更好地履行职责。同时,银保监会还可对保险机构使用基因信息的行为进行信用评价,建立保险机构基因信用评价体系,并将信用结果定期公布,以此约束保险公司的基因信息使用行为。

在信息与生物技术叠加飞速发展的时代,对个人基因信息的处理无处不在。保险消费者对自己的基因信息享有丰富的人格权,而法律的高度涵摄性足以保护保险消费者的基因信息。保险公司使用保险消费者的基因信息并非均是非法的,合理的收集、使用行为应被严格限制在保险消费者同意、基因信息保护法律健全、保险人及第三方检测机构义务职责明确,以及保险消费者基因信息救济渠道完善的法律制度内。在《民法典》时代,保险消费者基因信息保护对于保险科技发展、金融风险防范,以及个人信息保护均具有重要的启示意义。

第六节　保险 + 新能源:新能源汽车专属保险的规范构建

一、我国新能源汽车的兴起与新能源汽车保险的发展

随着我国汽车产业转型升级和绿色低碳发展,加之国家政策的大力扶植,新能源汽车已逐渐被广大消费者接受,并成为汽车行业的"明日之星"。我国新能源汽车自 2015 年起,连续 5 年产销量居世界首位。中国汽车工业协会最新发布的数据显示,2021 年上半年新能源汽车的产量与销量均同比增长 2 倍以上,1 ~6 月的新能源汽车总销量已超过 2019 年

〔1〕 参见武亦文:《基因信息在保险核保中的应用及其限度》,载《北方法学》2020 年第 1 期。

全年的销量水平。[1] 截至2021年年底，我国新能源汽车的保有量达784万辆。[2] 然而，我国新能源汽车在快速发展和急剧扩张的过程中却一度没有与之匹配的专属保险条款，新能源汽车承保只能使用传统车险条款和费率。众所周知，新能源汽车与传统燃油汽车存在较大差异，因其特殊结构而造成新的潜在风险，如电池故障、充电桩故障、充电自燃等风险都未在传统车险中体现。僵化地套用传统车险条款，只会削足适履，无法满足新能源汽车车主风险保障的需求。为此，设立新能源汽车专属保险的工作在实践层面不断展开，2020年《中国银保监会关于印发实施车险综合改革指导意见的通知》中强调要丰富商车险产品，支持行业制定新能源车险等创新产品。随后，中国保险行业协会于2021年8月发布《新能源汽车商业保险专属条款(2021版征求意见稿)》(以下简称《专属条款征求意见稿》)与《新能源汽车驾乘人员意外伤害保险示范条款(2021版征求意见稿)》，在推出新能源汽车专属保险方面加快了步伐，截至2021年年底，各大保险公司已纷纷推出新能源汽车专属保险产品。

针对新能源汽车设立专属保险也是世界发展趋势，具有深刻的全球背景。英国针对新能源车险制定了专门的评级机制用于核算保险费率，评级的标准包括年龄、驾龄、车型、居住地等因素。一些新能源汽车公司还与保险公司合作，将专属保险配套打包，直接售卖给新能源汽车车主。例如，英国 Plug insure 保险公司与特斯拉公司展开双向合作，共同向购买保险的欧洲车主提供汽车抛锚救援、智能系统维护等拓展服务。[3] 美国的新能源车险中，特别注重当事人之间的责任风险，在专属保险中，车主必须购买责任险。若在家中安装充电桩，将会对该家庭的房屋险保费

---

〔1〕 参见中国汽车工业协会发展部:《"十四五"汽车产业发展建议》，载中国汽车工业协会官网2021年7月12日，http://www.caam.org.cn/chn/5/cate_68/con_5234196.html。

〔2〕 参见《2021年中国新能源汽车保有量达784万辆 同比增长59.25%》，2022年7月25日，https://t.ynet.cn/baijia/32039613.html。

〔3〕 See M. Liedtke & T. Krisher, *Tesla says it will offer insurance for its cars*, Greenwire, 2019.

产生影响。日本的新能源汽车保险会结合汽车情况,给保险消费者一定程度的优惠政策,但可享有这些优惠的仅为具有较短车龄的新能源汽车(13~37个月)。此外,还有保险公司在全球都设有新能源汽车专属保险业务,如法国安盛保险公司,其在新能源汽车专属保险中,将充电设备故障等风险都纳入保障范围。[1]

尽管各个国家对新能源汽车保险的设置有所不同,但也有着基本共识:新能源汽车与传统燃油车存在显著区别,推行专属于新能源汽车的保险条款势在必行。然而,由于新能源汽车尚属于新生事物,各个国家对新能源汽车的专属保险还在摸索中。如何完善符合中国新能源汽车发展需要的专属保险,亟待进行研究。本书通过梳理和分析新能源汽车专属保险的基本特征,以新能源汽车专属保险的守正与创新为视角,尝试对中国新能源汽车专属保险条款的规范进行维度建构,以期进一步完善我国车险综合改革的规范体系。

二、新能源汽车专属保险的基本特征

新能源汽车专属保险作为新能源汽车量身打造的专门保险,天然受新能源汽车整体特征的深刻影响,并形成了自身的基本特征。

(一)新能源汽车的特征

与传统燃油汽车相比,新能源汽车具有鲜明特征,其中与保险有着密切关联的特征主要是构造、性能及新型潜在风险等,这些特征使得新能源汽车保险与传统汽车保险存在较大差异。

1. 新能源汽车主要呈现构造、性能等方面的鲜明特征。现阶段新能源汽车主要包括纯电动汽车、混合动力汽车和燃料电池电动汽车三种类型。新能源汽车与传统燃油车在构造上明显存在差异:新能源汽车没有发动机,其动力系统取决于电池充电的能力,因此,它依托于配电网、充

---

〔1〕 See Laurent Dupont et al., *Understanding user representations, a new development path for supporting Smart City policy: Evaluation of the electric car use in Lorraine Region*, Technological Forecasting & Social Change 142 (2019), p. 333 - 346.

电桩等支持该技术的充电站、公共基础设施等。[1] 在使用性能上，新能源汽车搭载智能系统，全车均由高科技智能系统控制。例如，通过手机App 即可远程启动汽车，开启车载空调、打开全车摄像头将实时画面传输至手机，便于用户观察汽车停放四周的环境状况等。搭载了自动辅助驾驶功能的新能源汽车，还能在手机上操作汽车自动驾驶至指定位置，等候驾驶员上车。

2. 新能源汽车具有电池故障、智能软件故障、充电故障等新型潜在风险。首先，新能源汽车具有电池故障风险。新能源汽车的动力来源于电能，而新能源汽车中的电能则来源于车载电池。在电池工作、存放等过程中，其自燃风险高于传统燃油车。[2] 这其中大部分是因电池故障导致的起火。其次，新能源汽车具有智能软件故障风险。新能源汽车通过智能软件控制汽车，智能软件有死机、黑屏、升级后出现漏洞等风险。[3] 事实上，国内已有新能源汽车车主在驾驶过程中遭遇车载系统死机（屏幕黑屏）的状况，虽然汽车还可以正常运行，但所有需要智能系统控制的操作都无法进行，如因智能软件死机无法启动雨刮器等，这无疑给驾驶者增大了安全隐患。更有甚者，智能系统中的辅助驾驶功能若出现故障，会直接威胁驾驶者的生命。[4] 最后，新能源汽车具有充电故障的风险。新能源汽车需要在续航里程用尽之前及时充电，这个过程中可能存在外部电网故障、自用充电桩故障等风险，传统燃油车显然不存在此类风险。当然，目前新能源汽车仍然受总体保有量小、车型迭代快、产业化时间短等特点的制约，因此潜在风险可能并未完全显露，有待未来持续

---

[1] See Laurent Dupont et al., *Understanding user representations, a new development path for supporting Smart City policy: Evaluation of the electric car use in Lorraine Region*, Technological Forecasting & Social Change 142 (2019), p. 333 – 346.

[2] See P. Finn, C. Fitzpatrick & D. Connolly, *Demand side management of electric car charging: Benefits for consumer and grid*, Energy, 2012(42), p. 358 – 363.

[3] See Ivica Nikolic, *Finding the Greedy, Prodigal, and Suicidal Contracts at Scale*, arXiv (Mar. 14, 2018), http://arxiv.org/pdf/1802.06038.pdf.

[4] 参见《从特斯拉到蔚来的致死事故是自动驾驶与人性弱点的对抗》，载凤凰网 2021 年 8 月 16 日，https://tech.ifeng.com/c/88lCqLRABpn。

关注。

（二）新能源汽车专属保险的特征及其创新属性

新能源汽车的上述特征，使其不能适用传统车险，必须设立专属于新能源汽车的保险，为此，新能源汽车专属保险也具备独具特征的创新属性。

首先，“三电”系统（电池、电机、电控）成为新能源汽车专属保险的关键要素。这是传统车险中没有的内容，因此，新能源汽车专属保险条款中，通常会包括投保人最关注的“用电安全”与“火灾事故”，重点明确“三电系统”故障、车辆起火等事故的保险责任。此外，由于新能源汽车主要依靠充电方式维持电能充足，其专属保险条款中不可避免地须扩充新场景下车险外责任，如外部电网故障、智能系统故障、自用充电桩故障等保险。这些标的通常并不是新能源汽车自身，而是使用场景中必然会用到的配套设施，因此通常采取附加险的形式。

其次，新能源汽车专属保险会分散多种新型潜在风险。详言之，一是保险理赔将前述新能源汽车的电池故障和充电故障等造成的损失均涵盖其中。此外，“新能源汽车还存在由于零件的大量故障而导致全车系统性事件发生的可能性”。[1] 因此，新能源汽车专属保险专门针对“三电系统”等主要部件与其他零配件，完善细化相关产品责任险。二是解决新能源车主真正的保障需求，从用户使用痛点出发，对新能源汽车驾驶过程中较易出现故障的智能系统故障、辅助驾驶故障、电池耗尽等风险，设置相匹配的具体险种，如智能辅助驾驶软件损失补偿险等。

最后，新能源汽车专属保险保费定价依赖数据信息。在大数据广泛应用的今天，数据的重要作用不言而喻。[2] 新能源汽车专属保险的保费厘定也必须依托数据信息，根据投保人、车型、此前出险状况频率等诸多

---

〔1〕 Jenna Cooke, Scott Duncan & Catherine Weston, *Hybrid, Electric and Driverless Cars: Innovation Driving Change in Motor Insurance*, General Insurance Seminar Insuring Tomorrow, 2014.

〔2〕 参见孙晋：《数字平台的反垄断监管》，载《中国社会科学》2021 年第 5 期。

信息,计算并制定符合大数法则的保险费率。这种方式有利于驾驶员养成良好的驾驶习惯,因为驾驶习惯直接影响保险费的高低。驾驶习惯好的车主,保险费优惠的力度就大。数据导向的定价模式既能引导驾驶员安全驾驶,从而有效减少交通事故,又能使保险消费者的利益得到保障,避免保费高、赔付少等现象。此外,基于新能源汽车的独特性,制定保险费时还需考量包括电池信息、智能系统数据在内的诸多因素,这些因素在传统车险中是未曾出现过的。就电池信息而言,应重点关注电池的消耗、储电、安全性等。[1] 就智能系统数据而言,其死机或重启的次数,辅助驾驶的使用频率,系统升级后产生的漏洞等,都将对保险公司的保费定价产生影响。

基于上述新能源汽车专属保险的特性,"三电"系统构造、新型潜在风险以及保费定价对数据信息的依赖,构成了新能源汽车专属保险的创新属性。此处的创新性是针对传统车险而言的,传统燃油车险不具备以上特征,如果机械地将新能源汽车套用传统车险的方式将会使保险消费者的利益受损,既不利于新能源汽车的长远发展,也有害于保险市场的风险保障功能。我国新能源汽车专属保险的出现有效地解决了上述问题。

三、新能源汽车专属保险的守正与创新

新能源汽车专属保险的守正与创新是保险业成长过程中不可忽视的一组关系,分析守正与创新的辩证关系,是推动新能源汽车专属保险规范发展的理论基础。坚持守正与创新的统一,可以使新能源汽车保险朝着良好的方向发展;正视守正与创新之间的差异,则可以明晰影响保险业发展的不同因素。新能源汽车专属保险的守正是创新的基础,在保险法维度,守正意味着遵从保险法的现代性、公平性与规律性。

---

〔1〕 See Michael H. & Westbrook, *The Electric Car: development and future of battery, hybrid and fuel-cell cars*, IET Digital Library, 2001, p. 43.

(一)新能源汽车专属保险守正与创新的辩证关系

新能源汽车专属保险的守正与创新呈现出对立统一的辩证关系。就新能源汽车专属保险本身的发展而言,守正与创新相辅相成,使保险市场与新能源汽车市场能够良性发展;就保险创新与保险监管的动态张力而言,守正与创新因保险监管与保险发展的不同利益目标而呈现相互对立的状况。

1. 新能源汽车专属保险中守正与创新的统一性

保险创新是促进保险业推陈出新的关键手段,新能源汽车专属保险是保险创新之一,专属保险的推出可以使保险市场充满新的活力,提升保险公司的市场竞争力,同时能够有效解决新能源汽车消费者的保险需求。在该阶段,守正与创新在实现新能源汽车专属保险的最终目标的过程中体现了统一性。详言之,新能源汽车专属保险能有效分散新能源汽车的潜在风险,与此同时,新能源汽车也为保险公司的创新提供了舞台。保险公司不仅需开发专属于新能源汽车的保险,还需开发涉车类应用场景的保险,如充电桩故障险等。新能源汽车专属保险的发展,反过来也会促进新能源汽车市场的发展,为新能源汽车的消费者彻底打消理赔顾虑,从而解除购买新能源汽车的最后一丝担忧。新能源汽车市场的蓬勃发展,又有利于保险公司收集大量新能源汽车数据,从而更精准地确定保费。由于保费制定在前,而成本发生于后,因此本年度保单之保费定价标准,通常是以过往之损失经验为基础,并非当期被保人所发生之损失成本。因此于该年度结束后,必然发现保费收入与实际损失之估计误差。[1] 目前我国新能源汽车市场的规模还较小,尚处于发展的初期。因此,保险公司在制定保险费时,新能源汽车在数据方面的支撑还较为薄弱,使得保险费厘定存在一定障碍。这也正是当前保险公司对推出新能源汽车专属保险不太积极的原因之一。但是,随着未来新能源汽车市场的发展,保险公司在掌握了大体量的数据后,新能源汽车专属保险的保

---

〔1〕 参见陈彩稚:《保险学》,台北,三民书局2012年版。

费定价会渐趋合理。新能源专属车险的发展是一个渐进的过程,对于保险公司而言风险仍在可控范围内,即使出现大额赔偿,基于车险一年期的短期保险属性,下一年也可以及时调整条款及费率。新能源汽车专属保险与新能源汽车市场的渐进式演进方式(新能源汽车专属保险的制定→有利于新能源汽车市场发展→有利于保险公司收集数据精准定价,优化新能源汽车专属保险)其实可视为守正与创新的内在平衡,这也可以保证保险市场与新能源汽车市场持久延续的生命力。

2. 新能源汽车专属保险守正与创新的对立性

保险创新促进保险市场变革。然而,如果从创新与稳定的关系视角审视新能源汽车专属保险,则会发现,守正与创新在保险监管与保险发展中呈现出对立面。一方面,保险作为金融业之一,需要国家的监管。历史上发生的金融危机与市场失灵已充分证明监管的正当性。[1] 新能源汽车专属保险是新型保险产品,属于创新的产物,在诞生之初,就伴随着承保范围、保费定价、保险责任等多方争议。例如,就消费者的视角而言,保险公司收取的保费是按照车辆补贴前的价格计算的,但在出险后理赔却是按照补贴后的价格进行赔偿,致使新能源汽车补贴越高,保险费越贵。发生保险事故后,理赔金额却低于燃油车,出现高保低赔的现象。即使有保险公司按补贴后的售价计算保费,也会增加一些条件和项目。在此种情境之下,消费者很难对投保新能源汽车有良好的感观。此时,需要保险监管部门针对新能源汽车专属保险出台相应的监督措施。另一方面,随着保险市场的发展,科技的进步,保险也需要创新,如大数据、云计算、物联网、区块链等技术的运用,都敦促保险业紧跟时代潮流,积极开发各类新型保险产品。新能源汽车专属保险便是在此背景下诞生的创新产物。但是,保险创新带来了诸如技术性风险、数据与信息安全风险、系统性风险等潜在风险,[2] 又使保险监管不能放松监管要求。

---

〔1〕 参见宋晓燕:《论有效金融监管制度之构建》,载《东方法学》2020 年第 2 期。

〔2〕 参见赛铮:《保险科技发展背景下的保险监管现代化转型》,载《金融理论与实践》2020 年第 10 期。

然而,在对保险创新加强监管的同时,"过高之法规障碍,阻碍金融科技新创业者进入金融市场,反有害竞争与创新"。[1] 与此同时,还可能会陷入过去"一放就乱,一管就死"的困局。因此,保险监管与保险创新之间的动态张力便逐渐显现,形成类似于几何学中有名的悖论——"潘洛斯阶梯"般的"保险创新—爆发风险—加强监管—保险停滞—放松监管—保险创新"无限往复循环模式。[2]

(二)新能源汽车专属保险创新的起点:守正

新能源汽车专属保险的守正与创新是对立统一的,我们应坚持,守正是新能源汽车专属保险创新的起点。新能源汽车专属保险的守正意味着遵从保险法的现代性,崇尚保险法的公平性和遵循保险法的规律性。

1. 遵从保险法的现代性

首先,保险法的现代性意味着必须承认保险法起源与发展历程所秉具的基本特征。现代性是文艺复兴以来一个极有争议且十分复杂的问题。依据丹尼尔·贝尔的理解,"界定现代的内容是这样一种感觉:拥抱变革,超越时空,认可社会与地理的流动性,以及迫不及待准备迎接新事物"。[3] 易言之,社会性所描绘的是传统社会向现代社会的转变。哈贝马斯则认为,现代性是区别新旧世界的标杆,它既印刻着"历史烙印",又对未来社会抱持着开放的态度。[4] 虽然贝尔和哈贝马斯对现代性的理解存在分歧,但他们的见解中都认可现代性在承认过去文化、历史、社会的基础上,具有"开放与兼容的特征"。因此,笔者认为,保险法在遵循保险制度基本规则的基础上,适应时代要求所进行的改革与优化,都属于

---

[1] 张冠群:《自金融监理原则与金融消费者保护观点论金融科技监理沙盒制度》,载《月旦法学杂志》2017 年第 7 期。

[2] 参见杨东:《监管科技:金融科技的监管挑战与维度建构》,载《中国社会科学》2018 年第 5 期。

[3] [美]丹尼尔·贝尔:《资本主义文化矛盾》,严蓓雯译,人民出版社 2010 年版,第 4 页。

[4] 参见[德]于尔根·哈贝马斯:《现代性的哲学话语》,曹卫东译,译林出版社 2008 年版,第 18~19 页。

保险法现代性的范畴。

其次,保险法的现代性意味着应当遵从行业健康发展与有利于保险消费者的秩序构建思维,这也是保险法现代性的内在要求。以新能源汽车专属保险的出现为例,随着新能源汽车市场的发展,过去的传统车险已经无法满足新能源车主的投保需求,此时应积极鼓励保险公司开发研制适合新能源汽车的专属保险产品。通常而言,保险公司对于新的风险都抱持观望或者谨慎态度,因此,保险监管部门或行业协会应积极发挥监管前瞻性和谦抑性的功能,在维护保险市场有序发展的限度内,积极鼓励与包容创新,给新能源汽车专属保险提供指导并规范其发展轨道,从而真正满足广大保险消费者的合理需求。

最后,保险法的现代性意味着回应已有的社会需求。新能源汽车属于近年来出现的新事物,现阶段其市场保有量相对较低,但未来新能源汽车必然是汽车行业的主流发展趋势。国务院在印发的《新能源汽车产业发展规划(2021~2035年)》中提到,2025年新能源汽车新车销售量达到汽车新车销售总量的20%左右。因此,新能源汽车专属保险也将存在巨大的空间,面对新能源汽车已逐渐形成的市场,需要保险法积极回应新的保险标的主体所形成的新型保险规范需求。

2. 崇尚保险法的公平性

守正体现在新能源汽车专属保险的第二层含义是崇尚保险法的公平性。保险是一种无形商品的交易,不同于一般的商品买卖,消费者在购买保险时无法先行试用或检查。事实上消费者仅是购买了一份承诺,因此保险的价值来自保险人未来执行"诺言"的确定性。保险人给予消费者关于其诺言的凭证即为保险合同,而贯穿这份保险合同的核心公平价值即为保险法的对价平衡原则,也有学者称其为"保险营业背景下公平理念的独特要求"。[1] 对价平衡原则中的对价,是指签订合同双方所付出的有价值事物,在保险合同中,保险人承诺万一未来发生危险事故,

---

〔1〕 武亦文、杨勇:《保险法对价平衡原则论》,载《华东政法大学学报》2018年第2期。

则由其负责赔偿损失，倘若未发生危险事故，保险人则依约不必履行任何义务。保险合同中的对价平衡通常涉及两个方面：一是投保人之对价，投保人为获得不确定经济损失的保障，必须付出若干代价以取得保险人提供保障的承诺，这种代价即体现为保险费。二是保险人之对价，保险人因收取保险费而有潜在责任，因此必须付出若干代价作为契约的对价，保险人的对价即为提供保障的承诺。保险人承诺倘若被保险的危险事故发生，则保险人将依保单规定补偿被保险人之经济损失，实现保险合同所约定的义务。对价平衡原则要求投保人之对价与保险人之对价处于平衡状态，“精算技术的运用使得被保险人所面临的危险因素能被客观估算，这使保险法背景下的交换公平有了客观等价性”。[1] 在新能源汽车专属保险中，应遵从保险法的公平性，即积极遵守对价平衡原则。而目前车险市场存在的现状是，传统燃油车在多数情况下明确以汽车实际成交价格核算保险费，而新能源汽车则是以补贴前的指导价核算保险费。这就意味着，消费者购买新能源汽车保险是根据补贴前标的车价来制定的保险费，造成当下我国新能源车险出现补贴力度越大投保就越吃亏的现象。显然，这一定价模式违背了对价平衡原则，侵害了保险消费者的利益，有违保险法的公平性。因此，新能源汽车专属保险应贯彻保险法中的对价平衡原则，这既是对守正的坚持，也是对保险法公平性的追求。

3. 遵循保险法的规律性

守正还意味着遵循保险法的规律性，使新能源汽车专属保险符合保险的规范需求和发展趋势。

第一，遵循保险法的规律性，严格实施保险利益原则，保险利益指的是投保人与被保险人对保险标的具有法律上承认的利益，因此，在保险事故发生后，其赔偿数额能得到确定。在新能源汽车保险中，现阶段对保险利益的认定存在分歧：一种认定方法是根据新能源汽车补贴后的价

〔1〕 马宁：《保险合同法的体系化表达》，载《南大法学》2021 年第 3 期。

格制定保费,即投保人实际支付的车辆购买金额;另一种认定方法则是依据新能源汽车的官方指导价制定保费。显然两种认定方式最终会导致不同的保费金额,实践中已经出现关于保险利益认定而诉至法院的案例。[1] 从对“保险利益强调投保人在保险标的上的有所得失,因标的之存在而获益,因标的之毁损而蒙受损失”[2]的理解,笔者认为,保险利益应仅指投保人在保险事故中实际遭受的损失。保险合同的要点之一,在于保险人的赔偿金额与保险消费者的实际损失具有直接相关性。换言之,新能源汽车专属保险的保险利益仅指官方指导价减去国家财政补贴后的价格,即车主实际支付的购车费用。保险事故发生后,事故的理赔金额也仅限于车主实际遭受的损失。

第二,依据保险事故发生后的客观现实,遵循损失补偿原则。保险制度的原始目的在于损失补偿,因此,损失补偿原则成为保险法上诸多制度的基石。损失补偿原则的两大目的主要体现在:一方面,损失补偿原则保证保险制度最大的经济功能得以实现,即对于被保险人因保险事故造成的保险标的的损害,进而带来的实际损失,保险人应当予以经济补偿,借此恢复正常的生产生活;另一方面,损失补偿原则保证了损失补偿只限于保险标的损失的实际价值,不得对超出实际损失的部分进行赔偿,以及被保险人不得因保险事故的发生而获得额外的利益。此前我国没有专门的新能源汽车保险,而是套用的燃油车保险条款,新能源汽车最重要的“三电”系统,未被包含在保险保障范围内。这导致了尴尬的局面,例如,因暴雨导致泡水的新能源汽车,车主虽投保了涉水险(全称“发动机特别损失险”),但因为新能源汽车的车身结构中不包含发动机,因此保险公司以此为理由拒绝赔偿。显然,此种做法未能遵循损失补偿原则,违背了保险法的规律性。因此,未来出台的新能源汽车专属保险,只有严格贯彻落实损失补偿原则,方能符合守正对新能源汽车专属保险的

---

〔1〕 北京市顺义区人民法院民事判决书,(2017)京0113民初第13054号。
〔2〕 桂裕:《保险法论》,台北,三民书局1993年版,第59页。

要求。

四、新能源汽车专属保险的规范维度选择

通过对新能源汽车专属保险基本特征的分析，结合新能源汽车专属保险守正与创新的要求，未来在规范新能源汽车专属保险的过程中，其建构维度在于：内容上明确新能源汽车专属保险的保障范围；方向上转向大范围扩容新能源汽车专属保险的保险责任；机制上构建新能源汽车专属保险保费定价机制；方法上重视设置突出新能源汽车专属保险保障特点的附加险。

（一）内容上明确新能源汽车专属保险的保障范围

首先，应明确新能源汽车具体包含的车型种类。现阶段新能源汽车不仅包括纯电动汽车，还包括插电式混合动力（含增程式）汽车以及燃料电池汽车。此次出台的《专属条款征求意见稿》对新能源汽车的定义显然涵盖了以上车型，值得肯定。其次，应明确将新能源汽车的“三电”系统纳入保障范围。“三电”系统一直是当下新能源汽车理赔的焦灼之处。新能源汽车中，成本最高的部分就是“三电系统”，在“三电系统”中，电池的“含金量”最高。电池又恰好是新能源汽车起火的关键原因之一。2020 年公开报道的新能源汽车起火事故有 124 起，相较于传统燃油车，新能源汽车的起火率明显高于燃油车。[1] 新能源汽车的电池设备在充电、运转及静止状态，都可能发生自燃。一旦发生自燃，将对驾驶人的生命、财产及周围的建筑物造成极大损害。自身高额的电池成本加上较高的自燃概率，使新能源汽车保险费高于传统燃油车险，但保障的内容却没有覆盖新能源汽车的新型风险，引起了市场对于新能源汽车理赔条件的不满。因此，一方面，新能源汽车的“三电”系统，包括电池及储能系统、电机及驱动系统、其他控制系统，都应属于新能源汽车的专属保险责

---

〔1〕 参见谢亦欣、郑利鹏：《新能源汽车专属保险：定价仍是难点，风险尚属可控》，载《中国经营报》2021 年 8 月 6 日，https://baijiahao.baidu.com/s?id=1707392179421770940&wfr=spider&for=pc。

任范围;另一方面,新能源汽车因自燃造成的损失也应归入保障范围。最后还应设计新能源汽车所搭配的充电桩、车载系统等设备的保障条款,确保对新能源汽车的风险全覆盖。新能源汽车专属保险只有将新能源汽车的风险全方位纳入保障范围,才能与新能源汽车的基本特征相匹配,从而让新能源车主的风险保障需要真正得到满足。

(二)方向上转向大范围扩容新能源汽车专属保险的保险责任

此次《专属条款征求意见稿》对新能源汽车专属保险的保险责任进行了大范围扩容。《专属条款征求意见稿》规定,新能源汽车商业保险主要分为主险与附加险两个部分,涵盖车辆损失、第三者责任、车上人员责任、充电桩损失、外部电网故障损失、智能辅助驾驶软件损失等风险。不过稍显遗憾的是,《专属条款征求意见稿》中,未对"车电一体"与"车电分离"的保险责任条款进行明确细分,没能把解决电池问题单作为单独项投保予以考量。在新能源汽车中,一是电池的寿命对用户而言至关重要,不同地区、不同气候对电池的衰减影响有可能差异巨大,而电池的衰减速度明显快于新能源汽车的其他部件。二是不同品牌、不同成分的电池的衰减程度也存在差异,从而影响新能源专属保险的定价。三是实务中,部分新能源汽车采取的是电池租赁模式,车辆价格可能会存在波动,但保费目前无法体现这一特点。因此,未来的新能源汽车专属保险应针对这一特点进行完善。例如,新能源汽车的零部件使用寿命较短且使用成本过高,保险公司在进行核保时,可采取"包干制",即折算一个与零部件实际价值相当的金额,保险公司的赔偿以该金额作为上限。目前,将电池与汽车其他零部件视为一个整体作为保险标的,其保险设计的科学性上明显不如"车电分离"模式。在未来,随着新能源汽车研发技术水平的日甄成熟,应考虑逐步出台"车电分离"的保险专属条款。

(三)机制上构建新能源汽车专属保险保费定价机制

1. 严格遵守保费定价中的保险利益原则,严防"高保低赔"现象。前文已述,遵循保险法的规律性,贯彻保险利益原则。在新能源汽车专属保险的制定中,应确定新能源汽车的实际价值:仅指官方指导价减去国家财政补贴后的价格,即车主实际支付的购车费用。这样的方式能够解决当下新能源汽车保险"高保低赔"的现象。一方面,能够有效防止保险公司将国家补贴金额也算作保险利益,借机收取较高保费;另一方面,投保人投保时将实际支付的金额作为保险利益价值,在发生保险事故后,保险公司根据被保险人的实际损失进行理赔,这样既符合保险法的损失补偿原则,也能防止"高保低赔"现象发生。

2. 科学合理地厘定新能源汽车专属保险费率。第一,将折旧率作为定价因素。《专属条款征求意见稿》给出了相应的参考折旧系数表,为今后新能源汽车专属保险的折旧率计算提供了依据,值得肯定。确定折旧率,有利于保险消费者续保时保费的合理计算,析言之,新能源汽车的折旧率与燃油车折旧率存在较大区别,通常前者的折旧率更高,因而在续保时,若依照燃油车的折旧率计算下一年的保险费,明显对新能源汽车的续保人不公平。[1] 第二,将驾驶人的驾驶习惯、车载信息等作为定价因素。新能源汽车专属保险通过评估每个用户的驾驶行为估算驾驶员的风险,然后通过预购评分模型为客户提供更公平的车险保费标准。[2] 例如,车主在第一年投保时,保险公司根据新能源汽车的品牌、车型、车载智能系统安全等级等信息,制定保费标准。在第二年续保时,保险公司应综合考虑车辆的行驶里程、车载驾驶数据、开车频率、折旧费等,给予投保人一定的费率优惠。换言之,此种方式有利于引导驾驶员养成良好的驾驶习惯,驾驶习惯越好的投保人,保险费的优惠力度越大,从而形成良性循环。第三,保险公司在厘定保险费时,在获取数据信息方面,需加强对信息进行处理和应用的能力。保险公司通过对车辆数据信息进行采集综合,运用大数据、人工智能、云计算等方法将驾驶者的驾驶行为习惯、驾驶技术、车辆信息等数据进行分析处理,建立人、车、路面环境的

---

〔1〕 参见康雷闪、刘永志:《我国新能源汽车保险的法律检视与发展对策》,载《中国石油大学学报(社会科学版)》2020 年第 4 期。

〔2〕 参见[英]苏珊娜·齐斯蒂等:《保险科技权威指南》,卢斌等译,中国人民大学出版社 2020 年版,第 80 页。

多维度模型,并根据收集的数据进行个性化的核保定价,从而实现风险与保费定价的匹配。

3. 对新能源汽车专属保险进行适当补贴。目前同等价位的燃油车与新能源汽车,后者的保险费要高于前者。为使新能源汽车得到更为广泛的运用,相关部门可对新能源汽车专属保险提供相应的倾斜政策。具体而言,首先,可适当减免推出新能源汽车专属保险公司的纳税额度,如新险种的税率可适当低于传统险种,以此控制新能源汽车专属保险的投保成本,鼓励保险公司积极推广新能源汽车专属保险。其次,政府也可出台专用财政补贴政策,使新能源汽车的专属保险费用明显降低,构建为发展新能源汽车提供支持的政策体系。新能源汽车专属保险若能获得国家的财政补贴,取得价格优势,将会更有利于新能源汽车市场与车险市场的发展。至于具体的补贴标准,可参照目前我国对新能源汽车的补贴模式。当前我国对新能源汽车的补贴标准是根据车型(纯电动乘用车、插电式混合动力乘用车)与用车领域(公共领域、非公共领域)而发放不同层次的补贴金额。因此,在新能源汽车专属保险的补贴标准中,一方面可对不同车型及用途的保险进行分层补贴,另一方面还可与新能源汽车的购置价格以及续航里程进行挂钩,设定补贴标准。

(四)方法上重视设置突出新能源汽车专属保险保障特点的附加险

在新能源汽车专属保险中,还应基于新能源汽车的基本特征,推出满足客户需求的场景类保险,此类保险可以以附加险的方式出现。此次《专属条款征求意见稿》对新能源汽车专属保险设置了包括外部电网故障损失险在内的6种新型附加险以及增值服务。增值服务包括道路救援服务、车辆安全检测、代为驾驶服务、代为送检服务等。《专属条款征求意见稿》较好地根据新能源汽车在构造、性能等方面的鲜明特征,将电池故障、智能软件故障、充电故障等新型潜在风险涵盖其中。在附加险中,可以看到,外部电网故障损失险、自用充电桩损失险以及自用充电桩责任险都不是针对汽车标的本身的附加险,而是属于非车险范畴,说明新能源专属车险不局限于保险本身的变化,而是重视设置突出新能源汽车专属保险保障的特点。此外,该趋势还将指导我国汽车产业走向电气化、智能化、共享化的车险模式。未来还应基于“车电分离”模式进一步设计以电池模组作为对象的附加险,从而有助于新能源汽车专属保险解决投保人的消费痛点,提升新能源汽车专属保险的保障能力,有利地维护新能源汽车市场与保险市场的长远健康发展。

未来的汽车市场是新能源汽车的市场,各大保险公司已陆续推出新能源汽车专属保险。在我国新能源汽车快速发展的背景下,保险市场在抓住“商机”的同时,应冷静思考“新能源汽车专属保险应该如何规范构建”的关键问题。新能源汽车专属保险可吸取原有的商业汽车保险的经验,并在此基础上设计专门针对新能源汽车基本特征的保险。保险市场需要确立守正与创新的理念,在遵从保险法的现代性、公平性与规律性的基础上,从内容、方向、机制与方法 4 个维度构建新能源汽车专属保险,推动新能源汽车专属保险的健康发展。

第五章　建设现代化经济体系背景下的我国保险监管未来方案设计

建设现代化经济体系背景下的我国保险监管法律制度建构是一个系统工程，本书在前述内容中已经有较多研究，本章在前述研究的基础上，从保险宏观审慎监管、保险行为监管、保险科技监管三个方面进行制度的构建和完善，具体的监管对策主要基于如何守住不发生系统性区域性金融风险的底线，如何加强保险消费者合法权益保护以及如何推进监管体系和监管能力现代化建设的问题展开。

第一节　修改《保险法》与制定“保险业监督管理法”

目前，立法机关已意识到修改《保险法》的必要性，现行《保险法》自实施以来，已分别于2002年、2009年、2014年、2015年历经4次修订。但是,无论是在关涉保险合同条款的私法方面,还是在关涉保险监管规则的公法方面,现行《保险法》尚存在一些问题。事实上,很多学者都曾对我国《保险法》采取保险合同法与保险监管法合并立法模式提出了质疑,认为保险合同法与保险监管法性质不同,规范对象不同,所持原则也存在差异。〔1〕还有学者认为两法合并的立法体例,已在很大程度上成为我国修订和完善保险法的制约因素。〔2〕基于本书的前述研究,笔者赞同以上学者们的观点。笔者认为,有必要对我国保险法进行彻底解构与重构。由合并式立法改为分离式立法,分别针对保险合同与保险监管制定《保险法》与"保险业监督管理法"。对不同性质的保险领域实行有针对性的调整与规范。较理想的做法是在《保险法》中仅保留保险合同法的规制内容,将保险业监管部分从《保险法》中拆分出来,制定"保险业监督管理法",从而形成保险合同法与保险业监管法的公私法二元法律体制,这样有利于最终实现保险业的稳健发展(具体立法建议汇总详见附录一与附录二)。

一、从制度上防范与消解保险风险

2017 年 7 月,在第五次全国金融工作会议上,习近平总书记多次提及"金融安全",强调要"着力完善金融安全防线和风险应急处置机制"。〔3〕保险风险作为金融安全的重要一环,保险监管的重要性自不待言。《保险法》的数次修订,都十分注重保险监管立法,〔4〕意味着我国立法机构对金融安全的重视。但是,现有《保险法》中的保险业监管条款仅

---

〔1〕 参见林勋发:《保险法论著译作选集》,1991 年自版发行,第 3 页;施文森:《保险法论文》(第 1 集),台北,三民书局 1985 年版,第 55 页。

〔2〕 参见樊启荣:《中国保险立法之反思与前瞻——为纪念中国保险法制百年而作》,载《法商研究》2011 年第 6 期。

〔3〕 参见习近平:《深化金融改革　促进经济和金融良性循环健康发展》,载新华网,http://www.xinhuanet.com//politics/2017-07/15/c_1121324747.htm。

〔4〕 有学者曾统计,《保险法》的数次修订,都主要着墨于保险监管条款的修订,对保险合同法的修订幅度较小,保险合同条款的比例仅占《保险法》所有条款的 31%。参见樊启荣:《中国保险立法之反思与前瞻——为纪念中国保险法制百年而作》,载《法商研究》2011 年第 6 期。

调整传统保险风险,未能紧跟现代化经济发展背景下产生的各类新型保险风险,已经落伍。前已述及,笔者主张未来将保险监管与保险合同部分分别拆分立法,制定专门的"保险业监督管理法",从而更好地发挥保险监管的法律功能,也使保险法立法体系更甄逻辑自洽。

本书上述的主要创新观点和制度设计是和现行《保险法》已实施的部分基本接轨的。《保险法》自 1995 年制定以来,一直采取的是保险合同部分与保险监管部分合并立法模式,意味着将《保险法》拆分为保险合同法与保险业监管法,没有大的制度障碍。当然,在这个过程中,由于相关具体制度进行调整,保险监管路径建构会产生不同的宏观和微观成本。如何比较这些差异,且进行路径成本分析抉择,确保法律修改成本最小化,而效率最大化,是本书希望和梦想的创新之一。笔者主张,将《保险法》修改为"保险合同法",专门调整保险合同当事人之间的权利义务关系,"保险业监督管理法"则专注于对保险市场的监管,防范与化解保险风险,从而保障保险业的有序运作,促进保险业的健康发展。

保险监管的长远目标是防范与化解保险风险,维护社会经济秩序和社会公共利益,促进保险事业的健康发展。在此前提下,未来建立现代化经济体系背景下的保险监管法律制度,具体路径都要围绕该目标展开。所以,结合当下保险业发展的现状与实情,本书建议建构基于防范保险系统性风险需要的保险宏观审慎监管制度,完善保险消费者合法权益保护需要的保险行为监管制度,推进监管体系和监管能力现代化建设要求的保险科技监管制度。落实好上述法律制度的设计和执行,才能科学防范与化解建设现代化经济体系背景下的保险风险。

二、《保险法》缺少与现代化经济体系建设相符的保险监管规则

现行《保险法》虽然对保险公司、保险经营规则、保险代理人和保险经纪人、保险业监督管理均进行了规定,对我国保险业的稳健运营起到了一定的促进作用。但是,金融市场瞬息万变,保险风险也层出不穷。事实上,无论是现在还是未来,都不可能完全避免保险风险的出现。《保

险法》不是专门管理保险风险的法律,缺少对保险风险防范与化解的措施规定,尤其是当下我国正在全力建设现代化经济体系,在此背景下,保险风险呈现出不同于以往的多种新型风险,如保险系统性风险、保险科技监管风险等,而《保险法》对这类风险的监管规则付之阙如。换言之,从根本上对这类保险风险监管的法律条款在我国还处于起步阶段。

本书认为,制定"保险业监督管理法"必须在总体监管目标的指导下,分类处理保险风险,坚持实事求是,尊重保险制度规则和保护保险消费者合法权益的基本方针。将现有《保险法》中关涉保险监管部分的内容划入"保险业监督管理法",并参考《银行业监督管理法》的立法结构,分别设计第一章总则、第二章监督管理机构、第三章监督管理职责、第四章监督管理措施、第五章法律责任与第六章附则。另外,将保险宏观审慎监管与保险科技监管条款依据的具体内容分别增订在各章节中。保险行为监管中的保险消费者权益保护内容因与具体的保险合同条款设计相关,故将具体的修订内容放在《保险法》中。关于保险宏观审慎监管、保险行为监管与保险科技监管的条款设计,必须特别注意将有关规则尽可能地细化,使监管措施能真正落到实处。保险监管的实体性规范和操作程序的具体设定,详见后文分析。

三、修法过程中与保险监管相关的难点与焦点

(一)保险宏观审慎监管的制度设计

保险宏观审慎监管旨在预防保险系统性风险,目前我国的保险监管制度虽已逐渐将保险系统性风险纳入监管范围,但现有的监管措施过于简陋,难以有效地防范化解系统性风险。为此,保险宏观审慎监管法律制度建构的重难点是厘清保险系统性风险的内生性根源与制度性根源,反思我国保险系统性风险既有的监管规则之不足,并在此基础上提出我国保险系统性风险监管的应然诉求,进而制定与之相匹配的宏观审慎监管制度。

(二)保险行为监管条款的增订

本书对保险行为监管的研究,重点放在保险消费者权益保护方面,

并主要研究当下纠纷较多的保险人说明义务,即保险消费者知情权保护;投保人的冷静期制度,即保险消费者的自主选择权保护;惩罚性赔偿在保险业中的运用,即保险消费者的救济权保护。我国《保险法》对保险人的说明义务已有规定,但还存在不足,投保人冷静期制度及惩罚性赔偿在保险业中目前没有明确立法,因此,在未来修改《保险法》时,这部分内容应在《保险法》中进行增订。

(三)保险科技监管规则的明确

针对保险科技创新,保险监管立法应旨在建立包容审慎的创新监管机制。坚持"科技型"保险监管才是保险监管现代化转型的正道,在制定保险科技监管规则时,应注意以下几点:一是确定监管的底线,不论何种保险创新,监管底线绝对不容触碰;二是确定柔性边界,注重保险市场发展中的效率与安全之间的平衡,确保保险消费者与保险公司之间的协调,鼓励保险消费者适当参与保险公司的科技创新;三是预留创新空间,为保险科技提供适当的"试错空间",从而激励更多的保险公司加入保险科技创新的队伍,为保险市场带来活力,更好地服务保险消费者。

第二节 《保险法》和"保险业监督管理法"相关条文修改建议

一、保险宏观审慎监管立法建议

未来在制定"保险业监督管理法"时,将保险宏观审慎监管立法规则编入"第四章 监督管理措施"中。综合本书前述的研究内容,就"保险业监督管理法"中关于保险宏观审慎监管的相关内容提出以下立法建议。

第××条 【对保险系统性风险的监控】

国务院保险监督管理机构应当建立防范与化解保险系统性风险监

管体系，加强宏观审慎管理，对保险公司的系统性风险实施监控。

第××条　【对保险公司采取的系统性风险检查措施】

保险监督管理机构依法对保险公司进行系统性风险检查，包括下列内容：

（一）衍生品交易量是否符合规定；

（二）包括股东权益、投资资产、总保险费收入、资产回报率、股本回报率等在内的保险业稳健指标是否符合规定；

（三）保险公司之间风险敞口是否符合规定；

（四）偿付能力状况是否良好；

（五）核心负债比是否符合规定；

（六）其他与保险系统性风险相关的内容。

第××条　【对保险公司采取的系统性风险预防与化解措施】

对存在保险系统性风险的保险公司，保险监督管理机构应当将其列为重点监管对象，并可以根据具体情况依次采取下列措施：

（一）根据收集、分析、比对、识别和确定的保险公司系统性风险信息编制调查报告；

（二）依据调查报告内容要求保险公司整改；

（三）对严重威胁金融稳定的保险公司，经保险监督管理机构主要负责人批准，责令停止开展新业务，进行强制拆分，调整负责人及有关管理人员；

（四）接管；

（五）保险监督管理机构认为必要的其他监管措施。

第××条　【保险监督管理机构协调合作机制】

国务院保险监督管理机构应当与保险公司建立协调合作机制。

上述保险宏观审慎监管立法建议仅是针对保险业监管法。当然，系统性风险的防范不能仅靠保险业监管，还须联合银行业、证券业等其他金融行业，因此未来在制定国务院金融稳定发展委员会工作条例、中国人民银行下设的宏观审慎管理局监管规定时，应进一步规定宏观审慎监管的整体金融框架,细化识别系统性风险并进行风险预警、发布金融稳定报告、维护金融消费者合法权益以及增强金融机构抗风险能力等全局性的金融监管工作细则,切实落实宏观审慎监管。

二、保险行为监管修改建议

前述保险行为监管的研究主要围绕保险消费者的合法权益展开,重点研究保险消费者的知情权、自主选择权与救济权,因与保险合同条款关系密切,因此这部分的修改建议主要针对《保险法》中的保险合同条款内容。现行《保险法》中保险合同条款存在不少欠缺,综合本书的研究,就相关内容提出以下立法建议。

第××条 【保险消费者】

保险消费者是为获得保险保障而购买保险产品或接受保险服务的个人或机构。

保险消费者包括投保人、被保险人、受益人、财险合同转让标的物所有权的受让人与继承人、人身保险中保险金的继承人与合同转让后的受让人。

购买主要以获得保险保障为目的的投资型保险产品的投保人,属于保险消费者。购买主要以获得利润为目的的投资型保险产品的投保人,不属于保险消费者。

第××条 【保险人信息提供义务】

订立保险合同前,保险人应将合同内容的相关信息,以清楚且可理解的文字形式通知投保人。

合同内容相关信息包括:

(一)投保人对保险合同的变更权、解除权;

(二)保险人对保险合同的义务及责任;

(三)投保人应缴纳的费用及违约金;

(四)保险合同有无受保险保障基金或其他相关保障机制保障;

(五)因保险合同产生纠纷后的处理渠道。

第十七条 【保险人说明义务】

订立保险合同,采用保险人提供的格式条款的,保险人向投保人提供的投保单应当附格式条款,保险人应当按照投保人的要求说明合同的内容。

对保险合同中免除保险人责任的条款,保险人在订立合同时应当在投保单、保险单或者其他保险凭证上作出足以引起投保人注意的提示,并对该条款的内容以书面或者口头形式向投保人作出说明;未作提示或者说明的,该条款不产生效力。

第三十条第二款 【争议条款解释】

采用保险人提供的格式条款订立的保险合同,保险人与投保人、被保险人或者受益人对合同内容的解释有争议的,人民法院或者仲裁机构应当以投保人、被保险人或者受益人对合同缔约目的的客观合理期待进行解释。

第××条 【保险冷静期】

保险冷静期是保险期间为一年期以上的人身保险产品,从投保人收到保单并书面签收之日起数日内的一段时期,在此期间投保人可以提出解除保险合同的申请,保险人扣除工本费后退还其所缴全部保险费。

保险人应当向投保人说明冷静期内容,未作说明的,投保人不受冷静期时间限制,享有任意的合同解除权,冷静期期间从保险合同签订后保险人实际履行说明义务之日起计算。

冷静期发生保险事故,除规定有观察期的保险合同外,保险人需承担赔偿责任。

第××条 【惩罚性赔偿】

保险人提供保险商品或者服务有欺诈行为的,应当按照保险消费者的要求增加赔偿损失,增加赔偿的金额为保险消费者缴纳保险费金额的三倍。增加赔偿的金额不足五百元的,为五百元。法律另有规定的,依照其规定。

在投资型保险中,保险消费者设立专门投资账户的,惩罚性赔偿的金额基数以保障风险的保险费部分为计算基础;保险消费者未设立专门投资账户的,惩罚性赔偿的金额基数应由人民法院根据实际情况酌情折减。

保险人能证明保险消费者的损失不是因其未说明、说明不实、说明错误或未充分揭露风险事项导致的,不在此限。

人民法院应当将保险消费者所得惩罚性赔偿金的百分之五十分配给保险保障基金。惩罚性赔偿金为五百元的,不再另外分配给保险保障基金。

三、保险科技监管立法建议

未来在制定"保险业监督管理法"时,将保险科技监管立法规则编入"第四章　监督管理措施"中。结合前述的研究内容,本书的保险科技监管涉及人工智能责任强制保险、保险智能合约、UBI保险标的转让、基因诊疗保险、新能源汽车专属保险,部分内容与保险合同条款密切相关,因此相关立法建议亦针对《保险法》。现就相关内容提出以下立法建议。

第××条　【保险科技监管措施】

保险科技是以创新为基础的保险公司,利用科技手段结合保险价值链,为保险公司或保险消费者创造价值的方式。

对推行保险科技的保险公司,保险监督管理机构可以根据具体情况采取下列措施:

(一)制定保险创新授权和许可要求;

(二)大数据审查与监督;

(三)访问云服务提供商的工作场所;

(四)监督算法的融合;

(五)建构数据平台共享机制;

(六)建立数据安全与信息保护机制;

(七)建立实验性监管机制;

(八)保险监督管理机构认为必要的其他监管措施。

第××条　【保险智能合约监管内容】

保险智能合约是存储于区块链各节点中的代码，根据代码编写的条件触发后自动执行的代码合同。

对推行智能合约的保险公司，保险监督管理机构可以根据具体情况进行检查监督，包括下列内容：

（一）区块链节点间的网络通信安全要求是否符合规定；

（二）区块链应用安全要求是否符合规定；

（三）区块链物理安装要求是否符合规定；

（四）不同类型共识机制及算法在不同规模区块链实施场景中的适用性是否符合规定；

（五）区块链数据存储结构标准、应用程序访问接口标准是否符合规定；

（六）区块链节点通信消息报文标准、智能合约语法、语义和语用标准是否符合规定；

（七）区块链技术应用的指导标准、审计标准是否符合规定；

（八）区块链可用性测评是否良好；

（九）区块链保险服务提供者的账户册备案是否符合规定；

（十）限制以开源社区、行业联盟等名义依托区块链开展保险业务的行为；

（十一）技术设计人员资质认定与考核体系执行是否有效；

（十二）其他与保险智能合约监管相关的内容。

第四十九条第一款　【保险标的转让】

保险标的转让的，保险标的的受让人承继被保险人的权利和义务。基于驾驶行为定价的保险合同经保险人同意继续承保后，变更保险合同。

第一百一十六条　【保险业务行为禁止】

保险公司及其工作人员在保险业务活动中不得有下列行为：

（一）欺骗投保人、被保险人或者受益人；

（二）对投保人隐瞒与保险合同有关的重要情况；

(三)阻碍投保人履行本法规定的如实告知义务,或者诱导其不履行本法规定的如实告知义务;

(四)给予或者承诺给予投保人、被保险人、受益人保险合同约定以外的保险费回扣或者其他利益;

(五)拒不依法履行保险合同约定的赔偿或者给付保险金义务;

(六)故意编造未曾发生的保险事故、虚构保险合同或者故意夸大已经发生的保险事故的损失程度进行虚假理赔,骗取保险金或者牟取其他不正当利益;

(七)挪用、截留、侵占保险费;

(八)委托未取得合法资格的机构从事保险销售活动;

(九)利用开展保险业务为其他机构或者个人牟取不正当利益;

(十)利用保险代理人、保险经纪人或者保险评估机构,从事以虚构保险中介业务或者编造退保等方式套取费用等违法活动;

(十一)以捏造、散布虚假事实等方式损害竞争对手的商业信誉,或者以其他不正当竞争行为扰乱保险市场秩序;

(十二)泄露在业务活动中知悉的投保人、被保险人的个人信息和商业秘密;

(十三)违反法律、行政法规和国务院保险监督管理机构规定的其他行为。

第××条 【保险消费者基因信息保护】

保险人使用保险消费者基因信息的,应当取得保险消费者的单独同意。

最后,必须强调的是,期望通过法律的一次修订就能解决一切问题的愿望是良好的,但任何法律面对快速发展且充满变化的保险行业,规则滞后将是常态。除了适时对法律进行修订以缓解这个矛盾之外,根据实际需要出台相应规则规范保险监管实属必要。例如,本书前述人工智能机器人责任强制保险的研究内容,建议今后颁布“人工智能机器人责任强制保险条例”;保险消费者基因信息保护的具体路径也应在“保险消费者基因信息保护办法”中详细落实；今后还应对新能源汽车专属保险进行进一步规范，可在“新能源汽车商业保险专属条款”中进行规定。法律的生命在于实施，再完备的规则也需要通过良好的监管实践才能发挥作用，二者密不可分，“以良法善治保障新业态新模式健康发展”，[1]这是保险监管在当下及未来应长期努力及坚持的方向。建设现代化经济体系背景下的保险监管，不应当片面理解为扩大监管范围，加大监管力度，加重法律责任，而应在健全保险监管规则实现“良法”的基础上，依循保险宏观审慎监管、保险行为监管与保险科技监管的理念落实监管转型与创新，最终实现“善治”。

---

〔1〕 习近平：《坚定不移走中国特色社会主义法治道路　为全面建设社会主义现代化国家提供有力法治保障》，载《求是》2021 年第 5 期。

附录一　保险业监督管理法
(建议稿)

目　　录

第一章　总　　则

第一条　为了加强对保险业的监督管理,规范监督管理行为,防范和化解保险业风险,维护保险活动当事人的合法权益,促进保险业健康发展,制定本法。

第二条　国务院保险监督管理机构负责对全国保险机构及其业务活动监督管理的工作。

本法所称保险机构,是指在中华人民共和国境内设立的保险公司、保险专业代理机构、保险经纪机构、保险公估机构。

国务院保险监督管理机构依照本法有关规定,对经其批准在境外设立的保险机构在境外的业务活动实施监督管理。

第三条　保险监督管理的目标是促进保险业的合法、稳健运行,维护公众对保险业的信心。

保险监督管理应当保护保险业的公平竞争,提高保险业的竞争能力。

第四条　保险监督管理机构对保险业实施监督管理,应当遵循依法、公开、公正和效率的原则。

第五条　保险监督管理机构及其从事监督管理工作的人员依法履行监督管理职责,进行监督检查、调查时,受法律保护。地方政府、各级政府部门、社会团体和个人不得干涉。

第六条　国务院保险监督管理机构应当与金融稳定发展委员会、中国人民银行、国务院其他金融监督管理机构建立监督管理信息共享机制。

第七条　国务院保险监督管理机构应当与保险公司建立协调合作机制。

第八条　国务院保险监督管理机构可以和其他国家或者地区的保险监督管理机构建立监督管理合作机制,实施跨境监督管理。

第二章　监督管理机构

第九条　国务院保险监督管理机构根据履行职责的需要设立派出机构。国务院保险监督管理机构对派出机构实行统一领导和管理。

国务院保险监督管理机构的派出机构在国务院保险监督管理机构的授权范围内,履行监督管理职责。

第十条　保险监督管理机构从事监督管理工作的人员,应当具备与其任职相适应的专业知识和业务工作经验。

第十一条　保险监督管理机构的工作人员,应当忠于职守,依法办事,公正廉洁,不得利用职务便利牟取不正当的利益,不得在保险机构等企业中兼任职务。

第十二条 保险监督管理机构的工作人员,应当依法保守国家秘密,并有责任为其监督管理的保险机构及当事人保守秘密。

国务院保险监督管理机构同其他国家或者地区的保险业监督管理机构交流监督管理信息,应当就信息保密作出安排。

第十三条 国务院保险监督管理机构应当公开监督管理程序,建立监督管理责任制度和内部监督制度。

第十四条 保险监督管理机构在处置保险机构风险、查处有关保险违法行为等监督管理活动中,地方政府、各级有关部门应当予以配合和协助。

第十五条 国务院审计、监察等机关,应当依照法律规定对国务院保险监督管理机构的活动进行监督。

第三章 监督管理职责

第十六条 国务院保险监督管理机构依照法律、行政法规制定并发布对保险机构及其业务活动监督管理的规章、规则。

第十七条 国务院保险监督管理机构依照法律、行政法规规定的条件和程序,审查批准保险机构的设立、变更、终止以及业务范围。

第十八条 设立保险公司应当经国务院保险监督管理机构批准。

国务院保险监督管理机构审查保险公司的设立申请时,应当考虑保险业的发展和公平竞争的需要。

第十九条 关系社会公众利益的保险险种、依法实行强制保险的险种和新开发的人寿保险险种等的保险条款和保险费率,应当报国务院保险监督管理机构批准。国务院保险监督管理机构审批时,应当遵循保护社会公众利益和防止不正当竞争的原则。其他保险险种的保险条款和保险费率,应当报保险监督管理机构备案。

保险条款和保险费率审批、备案的具体办法,由国务院保险监督管理机构依照前款规定制定。

第二十条 未经国务院保险监督管理机构批准,任何单位或者个人不得设立保险机构或者从事保险机构的业务活动。

第二十一条 国务院保险监督管理机构对保险机构的董事和高级管理人员实行任职资格管理。具体办法由国务院保险监督管理机构制定。

第二十二条 保险机构的审慎经营规则,由法律、行政法规规定,也可以由国务院保险监督管理机构依照法律、行政法规制定。

前款规定的审慎经营规则,包括再保险业务、保证金、责任准备金、公积金、保险保障基金、偿付能力、资金运用、风险集中、关联交易、资产流动性等内容。

保险机构应当严格遵守审慎经营规则。

第二十三条 保险公司未依照本法规定提取或者结转各项责任准备金,或者未依照本法规定办理再保险,或者严重违反本法关于资金运用的规定的,由保险监督管理机构责令限期改正,并可以责令调整负责人及有关管理人员。

第二十四条 国务院保险监督管理机构应当在规定的期限,对下列申请事项作出批准或者不批准的书面决定;决定不批准的,应当说明理由:

(一)保险机构的设立,自收到申请文件之日起六个月内;

(二)保险机构的变更、终止,以及业务范围和增加业务范围内的业务品种,自收到申请文件之日起三个月内;

(三)审查董事和高级管理人员的任职资格,自收到申请文件之日起三十日内。

第二十五条 保险监督管理机构应当对保险机构的业务活动及其风险状况进行非现场监管,建立保险机构监督管理信息系统,分析、评价保险机构的风险状况。

第二十六条 保险监督管理机构应当对保险机构的业务活动及其风险状况进行现场检查。

国务院保险监督管理机构应当制定现场检查程序，规范现场检查行为。

第二十七条 保险监督管理机构对国务院金融发展委员会提出的检查保险机构的建议，应当自收到建议之日起三十日内予以回复。

第二十八条 国务院保险监督管理机构应当建立保险公司偿付能力监督管理评级体系和风险预警机制，根据保险公司偿付能力的评级情况和风险状况，确定对其现场检查的频率、范围和需要采取的其他措施。

第二十九条 国务院保险监督管理机构应当建立保险业突发事件的发现、报告岗位责任制度。

保险监督管理机构发现可能引发系统性保险业风险、严重影响社会稳定的突发事件的，应当立即向国务院保险监督管理机构负责人报告；国务院保险监督管理机构负责人认为需要向国务院报告的，应当立即向国务院报告，并告知国务院金融发展委员会、中国人民银行、国务院财政部门等有关部门。

第三十条 国务院保险监督管理机构应当会同金融发展委员会、中国人民银行、国务院财政部门等有关部门建立保险业突发事件处置制度，制定保险业突发事件处置预案，明确处置机构和人员及其职责、处置措施和处置程序，及时、有效地处置保险业突发事件。

第三十一条 国务院保险监督管理机构负责统一编制全国保险机构的统计数据、报表，并按照国家有关规定予以公布。

第三十二条 国务院保险监督管理机构对保险业自律组织的活动进行指导和监督。

保险业自律组织的章程应当报国务院银行业监督管理机构备案。

第三十三条 国务院保险监督管理机构可以开展与保险业监督管理有关的国际交流、合作活动。

第四章 监督管理措施

第三十四条 保险公司使用的保险条款和保险费率违反法律、行政法规或者国务院保险监督管理机构的有关规定的,由保险监督管理机构责令停止使用,限期修改;情节严重的,可以在一定期限内禁止申报新的保险条款和保险费率。

第三十五条　国务院保险监督管理机构应当建立健全保险公司偿付能力监管体系,对保险公司的偿付能力实施监控。

第三十六条　对偿付能力不足的保险公司,国务院保险监督管理机构应当将其列为重点监管对象,并可以根据具体情况采取下列措施:

(一)责令增加资本金、办理再保险;

(二)限制业务范围;

(三)限制向股东分红;

(四)限制固定资产购置或者经营费用规模;

(五)限制资金运用的形式、比例;

(六)限制增设分支机构;

(七)责令拍卖不良资产、转让保险业务;

(八)限制董事、监事、高级管理人员的薪酬水平;

(九)限制商业性广告;

(十)责令停止接受新业务。

第三十七条　国务院保险监督管理机构应当建立防范与化解保险系统性风险的监管体系,加强宏观审慎管理,对保险公司的系统性风险实施监控。

第三十八条　保险监督管理机构依法对保险公司进行系统性风险检查,包括下列内容:

(一)衍生品交易量是否符合规定;

(二)包括股东权益、投资资产、总保险费收入、资产回报率、股本回报率等在内的保险业稳健指标是否符合规定;

(三)保险公司之间的风险敞口是否符合规定;

(四)偿付能力状况是否良好;

(五)核心负债比是否符合规定;

(六)其他与保险系统性风险相关的内容。

第三十九条 对存在保险系统性风险的保险公司,保险监督管理机构应当将其列为重点监管对象,并可以根据具体情况依次采取下列措施:

(一)根据收集、分析、比对、识别和确定的保险公司系统性风险信息编制调查报告;

(二)依据调查报告内容要求保险公司整改;

(三)对严重威胁金融稳定的保险公司,经保险监督管理机构主要负责人批准,责令停止开展新业务,进行强制拆分,调整负责人及有关管理人员;

(四)接管;

(五)保险监督管理机构认为必要的其他监管措施。

第四十条 保险科技是以创新为基础的保险公司,利用科技手段结合保险价值链,为保险公司或保险消费者创造价值的方式。

对推行保险科技的保险公司,保险监督管理机构可以根据具体情况采取下列措施:

(一)制定保险创新授权和许可要求;

(二)大数据审查与监督;

(三)访问云服务提供商的工作场所;

(四)监督算法的融合;

(五)建构数据平台共享机制;

(六)建立数据安全与信息保护机制;

(七)建立实验性监管机制;

(八)保险监督管理机构认为必要的其他监管措施。

第四十一条 保险智能合约是存储于区块链各节点中的代码,根据代码编写的条件触发后自动执行的代码合同。

对推行智能合约的保险公司,保险监督管理机构可以根据具体情况进行检查监督,包括下列内容:

(一)区块链节点间的网络通信安全要求是否符合规定;

(二)区块链应用安全要求是否符合规定;

(三)区块链物理安装要求是否符合规定;

(四)不同类型共识机制及算法在不同规模区块链实施场景中的适用性是否符合规定;

(五)区块链数据存储结构标准、应用程序访问接口标准是否符合规定;

(六)区块链节点通信消息报文标准、智能合约语法、语义和语用标准是否符合规定;

(七)区块链技术应用的指导标准、审计标准是否符合规定;

(八)区块链可用性测评是否良好;

(九)区块链保险服务提供者的账户册备案是否符合规定;

(十)限制以开源社区、行业联盟等名义依托区块链开展保险业务的行为;

(十一)技术设计人员资质认定与考核体系执行是否有效;

(十二)其他与保险智能合约监管相关的内容。

第四十二条　国务院保险监督管理机构有权要求保险公司股东、实际控制人在指定的期限内提供有关信息和资料。

第四十三条　保险公司的股东利用关联交易严重损害公司利益,危及公司偿付能力的,由国务院保险监督管理机构责令改正。在按照要求改正前,国务院保险监督管理机构可以限制其股东权利;拒不改正的,可以责令其转让所持的保险公司股权。

第四十四条　保险监督管理机构根据履行监督管理职责的需要,可以与保险公司董事、监事和高级管理人员进行监督管理谈话,要求其就公司的业务活动和风险管理的重大事项作出说明。

第四十五条　保险公司在整顿、接管、撤销清算期间,或者出现重大风险时,国务院保险监督管理机构可以对该公司直接负责的董事、监事、高级管理人员和其他直接责任人员采取以下措施:

(一)通知出境管理机关依法阻止其出境;

(二)申请司法机关禁止其转移、转让或者以其他方式处分财产,或者在财产上设定其他权利。

第四十六条 保险监督管理机构依法履行职责,可以采取下列措施:

(一)对保险公司、保险代理人、保险经纪人、保险资产管理公司、外国保险机构的代表机构进行现场检查;

(二)进入涉嫌违法行为发生场所调查取证;

(三)询问当事人及与被调查事件有关的单位和个人,要求其对与被调查事件有关的事项作出说明;

(四)查阅、复制与被调查事件有关的财产权登记等资料;

(五)查阅、复制保险公司、保险代理人、保险经纪人、保险资产管理公司、外国保险机构的代表机构以及与被调查事件有关的单位和个人的财务会计资料及其他相关文件和资料;对可能被转移、隐匿或者毁损的文件和资料予以封存;

(六)查询涉嫌违法经营的保险公司、保险代理人、保险经纪人、保险资产管理公司、外国保险机构的代表机构以及与涉嫌违法事项有关的单位和个人的银行账户;

(七)对有证据证明已经或者可能转移、隐匿违法资金等涉案财产或者隐匿、伪造、毁损重要证据的,经保险监督管理机构主要负责人批准,申请人民法院予以冻结或者查封。

保险监督管理机构采取前款第(一)项、第(二)项、第(五)项措施的,应当经保险监督管理机构负责人批准;采取第(六)项措施的,应当经国务院保险监督管理机构负责人批准。

保险监督管理机构依法进行监督检查或者调查,其监督检查、调查的人员不得少于二人,并应当出示合法证件和监督检查、调查通知书;监督检查、调查的人员少于二人或者未出示合法证件和监督检查、调查通知书的,被检查、调查的单位和个人有权拒绝。

第五章　法律责任

第四十七条　保险监督管理机构从事监督管理工作的人员有下列情形之一的,依法给予行政处分;构成犯罪的,依法追究刑事责任:

(一)违反规定批准机构设立的;

(二)违反规定进行保险条款、保险费率审批的;

(三)违反规定进行现场检查的;

(四)违反规定查询账户或者冻结资金的;

(五)泄露其知悉的有关单位和个人的商业秘密或个人隐私的;

(六)违反规定实施行政处罚的;

(七)滥用职权、玩忽职守的其他行为。

第四十八条　违反本法规定,擅自设立保险公司、保险资产管理公司或者非法经营商业保险业务的,由保险监督管理机构予以取缔,没收违法所得,并处违法所得一倍以上五倍以下的罚款;没有违法所得或者违法所得不足二十万元的,处二十万元以上一百万元以下的罚款。

第四十九条　违反本法规定,擅自设立保险专业代理机构、保险经纪人,或者未取得经营保险代理业务许可证、保险经纪业务许可证从事保险代理业务、保险经纪业务的,由保险监督管理机构予以取缔,没收违法所得,并处违法所得一倍以上五倍以下的罚款;没有违法所得或者违法所得不足五万元的,处五万元以上三十万元以下的罚款。

第五十条　保险公司违反本法规定,超出批准的业务范围经营的,由保险监督管理机构责令限期改正,没收违法所得,并处违法所得一倍以上五倍以下的罚款;没有违法所得或者违法所得不足十万元的,处十万元以上五十万元以下的罚款。逾期不改正或者造成严重后果的,责令停业整顿或者吊销业务许可证。

第五十一条　保险公司违反本法规定,有下列行为之一的,由保险监督管理机构责令改正,处五万元以上三十万元以下的罚款:

(一)超额承保,情节严重的;

（二）为无民事行为能力人承保以死亡为给付保险金条件的保险的。

第五十二条 违反本法规定，有下列行为之一的，由保险监督管理机构责令改正，处五万元以上三十万元以下的罚款；情节严重的，可以限制其业务范围、责令停止接受新业务或者吊销业务许可证：

（一）未按照规定提存保证金或者违反规定动用保证金的；

（二）未按照规定提取或者结转各项责任准备金的；

（三）未按照规定缴纳保险保障基金或者提取公积金的；

（四）未按照规定办理再保险的；

（五）未按照规定运用保险公司资金的；

（六）未经批准设立分支机构；

（七）未按照规定申请批准保险条款、保险费率的。

第五十三条 保险代理机构、保险经纪人违反本法规定，有下列行为之一的，由保险监督管理机构责令改正，处二万元以上十万元以下的罚款；情节严重的，责令停业整顿或者吊销业务许可证：

（一）未按照规定缴存保证金或者投保职业责任保险的；

（二）未按照规定设立专门账簿记载业务收支情况的。

第五十四条 违反本法规定，聘任不具有任职资格的人员的，由保险监督管理机构责令改正，处二万元以上十万元以下的罚款。

第五十五条 违反本法规定，转让、出租、出借业务许可证的，由保险监督管理机构处一万元以上十万元以下的罚款；情节严重的，责令停业整顿或者吊销业务许可证。

第五十六条 违反本法规定，有下列行为之一的，由保险监督管理机构责令限期改正；逾期不改正的，处一万元以上十万元以下的罚款：

（一）未按照规定报送或者保管报告、报表、文件、资料的，或者未按照规定提供有关信息、资料的；

（二）未按照规定报送保险条款、保险费率备案的；

（三）未按照规定披露信息的。

第五十七条 违反本法规定，有下列行为之一的，由保险监督管理机构责令改正，处十万元以上五十万元以下的罚款；情节严重的，可以限制其业务范围、责令停止接受新业务或者吊销业务许可证：

（一）编制或者提供虚假的报告、报表、文件、资料的；

（二）拒绝或者妨碍依法监督检查的；

（三）未按照规定使用经批准或者备案的保险条款、保险费率的。

第五十八条　保险公司、保险资产管理公司、保险专业代理机构、保险经纪人违反本法规定的，保险监督管理机构除分别依照本法第五十条至第六十一条的规定对该单位给予处罚外，对其直接负责的主管人员和其他直接责任人员给予警告，并处一万元以上十万元以下的罚款；情节严重的，撤销任职资格。

第五十九条　个人保险代理人违反本法规定的，由保险监督管理机构给予警告，可以并处二万元以下的罚款；情节严重的，处二万元以上十万元以下的罚款。

第六十条　外国保险机构未经国务院保险监督管理机构批准，擅自在中华人民共和国境内设立代表机构的，由国务院保险监督管理机构予以取缔，处五万元以上三十万元以下的罚款。

外国保险机构在中华人民共和国境内设立的代表机构从事保险经营活动的，由保险监督管理机构责令改正，没收违法所得，并处违法所得一倍以上五倍以下的罚款；没有违法所得或者违法所得不足二十万元的，处二十万元以上一百万元以下的罚款；对其首席代表可以责令撤换；情节严重的，撤销其代表机构。

第六十一条　拒绝、阻碍保险监督管理机构及其工作人员依法行使监督检查、调查职权，未使用暴力、威胁方法的，依法给予治安管理处罚；构成犯罪的，依法追究刑事责任。

第六十二条　违反法律、行政法规的规定，情节严重的，国务院保险监督管理机构可以禁止有关责任人员一定期限直至终身进入保险业。

第六章　附　　则

第六十三条　保险公司以外的其他依法设立的保险组织经营的商

业保险业务,适用本法。

第六十四条 中外合资保险公司、外资独资保险公司、外国保险公司分公司适用本法规定;法律、行政法规另有规定的,适用其规定。

第六十五条 本法自××××年×月×日起施行。

附录二 《保险法》相关规定修改建议表

我国《保险法》关于行为监管中的保险消费者保护的规定有许多亟待完善之处，科技监管中也涉及具体保险合同条款规定的修正，结合本书前述论证，以下将修改的建议加以汇总，并按照条文顺序整理如下表。

	现行《保险法》之规定	建议修改（增订）内容	修改理由	对应章节
新增条款		保险消费者是为获得保险保障而购买保险产品或接受保险服务的个人或机构。保险消费者包括投保人、被保险人、受益人、财险合同转让标的物所有权的受让人与继承人、人身保险中保险金的继承人与合同转让后的受让人。购买主要以获得保险保障为目的的投资型保险产品的投保人，属于保险消费者。购买主要以获得利润为目的的投资型保险产品的投保人，不属于保险消费者	增加保险消费者的定义，从立法上明确保险消费者的概念、内涵与外延	第三章第一节

续表

	现行《保险法》之规定	建议修改(增订)内容	修改理由	对应章节
新增条款		在第17条之前增订以下规定:"订立保险合同前,保险人应将合同内容相关信息,以清楚且可理解的文字形式通知投保人。合同内容相关信息包括:(一)投保人对保险合同的变更权、解除权;(二)保险人对保险合同的义务及责任;(三)投保人应缴纳的费用及违约金;(四)保险合同有无受保险保障基金或其他相关保障机制保障;(五)因保险合同产生纠纷后的处理渠道。"	增加保险人信息提供义务,落实保险人说明义务履行方式个性化的转变	第三章第二节
第17条第1款	订立保险合同,采用保险人提供的格式条款的,保险人向投保人提供的投保单应当附格式条款,保险人应当向投保人说明合同的内容	订立保险合同,采用保险人提供的格式条款的,保险人向投保人提供的投保单应当附格式条款,保险人应当按照投保人的要求说明合同的内容	将"保险人应当向投保人说明"改为"保险人应当按照投保人的要求说明"的个性化说明方式	第三章第三节
第17条第2款	对保险合同中免除保险人责任的条款,保险人在订立合同时应当在投保单、保险单或者其他保险凭证上作出足以引起投保人注意的提示,并对该条款的内容以书面或者口头形式向投保人作出明确说明;未作提示或者明确说明的,该条款不产生效力	对保险合同中免除保险人责任的条款,保险人在订立合同时应当在投保单、保险单或者其他保险凭证上作出足以引起投保人注意的提示,并对该条款的内容以书面或者口头形式向投保人作出说明;未作提示或者说明的,该条款不产生效力	将第2款中的两处"明确"删除,"明确"本应是"说明"的应有之义,"明确说明"一词有叠床架屋之弊端	第三章第三节

续表

	现行《保险法》之规定	建议修改(增订)内容	修改理由	对应章节
新增条款		在第30条增订第2款:“采用保险人提供的格式条款订立的保险合同,保险人与投保人、被保险人或者受益人对合同内容的解释有争议的,人民法院或者仲裁机构应当根据投保人、被保险人或者受益人对合同缔约目的的客观合理期待进行解释。”	增加合理期待原则,以最大限度保护保险消费者的利益	第三章第三节
新增条款		保险冷静期是保险期间为一年期以上的人身保险产品,从投保人收到保单并书面签收之日起数日内的一段时期,在此期间投保人可以提出解除保险合同的申请,保险人扣除工本费后退还其所缴全部保险费。保险人应当向投保人说明冷静期内容,未作说明的,投保人不受冷静期时间限制,享有任意的合同解除权,冷静期起算期间从保险合同签订后保险人实际履行说明义务之日起计算。冷静期发生保险事故,除规定有观察期的保险合同外,保险人需承担赔偿责任	增加保险冷静期的规定,以最大限度保护保险消费者的利益	第三章第四节

续表

	现行《保险法》之规定	建议修改(增订)内容	修改理由	对应章节
新增条款		保险人提供保险商品或者服务有欺诈行为的,应当按照保险消费者的要求增加赔偿损失,增加赔偿的金额为保险消费者缴纳保险费金额的三倍。增加赔偿的金额不足五百元的,为五百元。法律另有规定的,依照其规定。在投资型保险中,保险消费者设立专门投资账户的,惩罚性赔偿的金额基数以保障风险的保险费部分为计算基础;保险消费者未设立专门投资账户的,惩罚性赔偿的金额基数应由人民法院根据实际情况酌情折减。 保险人能证明保险消费者的损失不是因其未说明、说明不实、说明错误或未充分揭露风险事项导致的,不在此限。人民法院应当将保险消费者所得惩罚性赔偿金的百分之五十分配给保险保障基金。惩罚性赔偿金为五百元的,不再另外分配给保险保障基金	增加惩罚性赔偿的规定,以最大限度保护保险消费者的利益	第三章第五节
第49条第1款	保险标的转让的,保险标的的受让人承继被保险人的权利和义务	保险标的转让的,保险标的的受让人承继被保险人的权利和义务。基于驾驶行为定价的保险合同经保险人同意继续承保后,变更保险合同	增加基于驾驶行为定价模式的车险中,保险合同应有条件变更的规定	第四章第四节

续表

	现行《保险法》之规定	建议修改(增订)内容	修改理由	对应章节
第116条	保险公司及其工作人员在保险业务活动中不得有下列行为:(一)欺骗投保人、被保险人或者受益人;(二)对投保人隐瞒与保险合同有关的重要情况;(三)阻碍投保人履行本法规定的如实告知义务,或者诱导其不履行本法规定的如实告知义务;(四)给予或者承诺给予投保人、被保险人、受益人保险合同约定以外的保险费回扣或者其他利益;(五)拒不依法履行保险合同约定的赔偿或者给付保险金义务;(六)故意编造未曾发生的保险事故、虚构保险合同或者故意夸大已经发生的保险事故的损失程度进行虚假理赔,骗取保险金或者牟取其他不正当利益;(七)挪用、截留、侵占保险费;(八)委托未取得合法资格的机构或者个人从事保险销售活动;(九)利用开展保险业务为其他机构或者个人牟取不正当利益;	保险公司及其工作人员在保险业务活动中不得有下列行为:(一)欺骗投保人、被保险人或者受益人;(二)对投保人隐瞒与保险合同有关的重要情况;(三)阻碍投保人履行本法规定的如实告知义务,或者诱导其不履行本法规定的如实告知义务;(四)给予或者承诺给予投保人、被保险人、受益人保险合同约定以外的保险费回扣或者其他利益;(五)拒不依法履行保险合同约定的赔偿或者给付保险金义务;(六)故意编造未曾发生的保险事故、虚构保险合同或者故意夸大已经发生的保险事故的损失程度进行虚假理赔,骗取保险金或者牟取其他不正当利益;(七)挪用、截留、侵占保险费;(八)委托未取得合法资格的机构从事保险销售活动;(九)利用开展保险业务为其他机构或者个人牟取不正当利益;(十)利用保险代理人、保险经纪人或者保险评估机构,从事以虚构保险中介业务或者编造退保等方式套取费用等违法活动;(十一)以捏造、散布虚假事实等方式损害竞争对手的商业信誉,或者以其他不正当竞争行为扰乱保险市场秩序;(十二)泄露在业务活动中知悉的投保人、	在禁止的保险业务行为中增加泄露投保人、被保险人个人信息的规定	第四章第五节

续表

	现行《保险法》之规定	建议修改(增订)内容	修改理由	对应章节
	(十)利用保险代理人、保险经纪人或者保险评估机构,从事以虚构保险中介业务或者编造退保等方式套取费用等违法活动;(十一)以捏造、散布虚假事实等方式损害竞争对手的商业信誉,或者以其他不正当竞争行为扰乱保险市场秩序;(十二)泄露在业务活动中知悉的投保人、被保险人的商业秘密;(十三)违反法律、行政法规和国务院保险监督管理机构规定的其他行为	被保险人的个人信息和商业秘密;(十三)违反法律、行政法规和国务院保险监督管理机构规定的其他行为		
新增条款		保险人使用保险消费者基因信息的,应当取得保险消费者的单独同意	增加对保险消费者基因信息保护的规定	第四章第五节

参考文献

一、中文类

（一）中文著作

[1]吴晓求等:《中国金融监管改革:现实动因与理论逻辑》,中国金融出版社 2018 年版。

[2]寇业富主编:《保险蓝皮书:中国保险市场发展分析(2016)》,中国经济出版社 2016 年版。

[3]孟昭亿主编:《国际保险监管文献汇编(专题卷)》,中国金融出版社 2008 年版。

[4]孙国峰:《金融科技时代的地方金融监管》,中国金融出版社 2019 年版。

[5]贾林青、朱铭来、罗健主编:《保险法》(第 2 版),中国人民大学出版社 2020 年版。

[6]武长海、涂晟、樊富强:《互联网保险的法律规制研究》,中国政法大学出版社 2016 年版。

[7]郑济世:《保险监管之理论与实务》,保险事业发展中心 2014 年版。

[8]何剑锋:《互联网金融监管研究》,法律出版社 2019 年版。

[9]孙天琦:《金融业行为监管与消费者保护

研究》,中国金融出版社 2017 年版。

[10]廖世昌、郭姿君、洪佩君:《保险监理实务》,台北,元照出版有限公司 2014 年版。

[11]曾祥华:《行政立法的正当性研究》,中国人民公安大学出版社 2007 年版。

[12]胡滨主编:《中国金融监管报告(2020)》,社会科学文献出版社 2020 年版。

[13]张士杰、蔡政宪:《从学术理论到监理实务》,保险事业发展中心 2009 年版。

[14]李国安主编:《国际金融监管法制现代化研究》,法律出版社 2016 年版。

[15]赛铮:《我国保险公司破产法律制度完善研究》,武汉大学出版社 2019 年版。

[16]孟昭亿:《中国保险监管制度研究》,中国财政经济出版社 2002 年版。

[17]孙天琦等:《金融秩序与行为监管——构建金融业行为监管与消费者保护体系》,中国金融出版社 2019 年版。

[18]黄溪:《保险公司与基金公司逆周期监管研究——基于宏观审慎监管框架》,中国社会科学出版社 2012 年版。

[19]朱衡:《保险业系统性风险:根源、传染与监管》,西南财经大学出版社 2020 年版。

[20]舒国滢等:《法学方法论问题研究》,中国政法大学出版社 2007 年版。

[21]廖岷、孙涛、丛阳:《宏观审慎监管:研究与实践》,中国经济出版社 2014 年版。

[22]崔建远:《合同解释论:规范、学说与案例的交互思考》,中国人民大学出版社 2020 年版。

[23]卓武扬、彭景:《金融创新、道德风险与法律责任——全球金融

监管体制变革的一个理论维度》,北京大学出版社 2017 年版。

[24]袁宗蔚:《保险学——危险与保险》,首都经济贸易大学出版社 2000 年版。

[25]温树英:《国际金融监管改革中的消费者保护法律问题研究》,中国人民大学出版社 2019 年版。

[26]曹凤岐等:《金融市场全球化下的中国金融监管体系改革》,经济科学出版社 2012 年版。

[27]陈彩稚:《保险学》,台北,三民书局 2012 年版。

[28]白彦、张怡超:《保险消费者权利保护研究》,中国法制出版社 2016 年版。

[29]郭丹:《金融服务法研究——金融消费者保护的视角》,法律出版社 2010 年版。

[30]樊启荣:《保险法》,高等教育出版社 2010 年版。

[31]苏文斌、林宏诚、陈明国:《保险学》,华立图书股份有限公司 2015 年版。

[32]孙立娟:《保险公司破产与危机预测问题研究》,经济科学出版社 2016 年版。

[33]施文森:《伤害保险:示范条例及判决例之研析》,台北,三民书局 1992 年版。

[34]应飞虎:《信息、权利与交易安全:消费者保护研究》,北京大学出版社 2008 年版。

[35]王利明、杨立新、王轶、程啸:《民法学》(第 5 版),法律出版社 2017 年版。

[36]郑成良:《法律之内的正义:一个关于司法公正的法律实证主义解读》,法律出版社 2002 年版。

[37]吴宁:《社会弱势群体权利保护的法理》,科学出版社 2008 年版。

[38]余少祥:《弱者的权利——社会弱势群体保护的法理研究》,社

会科学文献出版社 2008 年版。

[39]叶启洲:《保险消费者权益保护之新发展》,台北,元照出版有限公司 2015 年版。

[40]张海棠主编:《保险合同纠纷》,法律出版社 2010 年版。

[41]中国社会科学院语言研究所词典编辑室编:《现代汉语词典》,商务印书馆 1983 年版。

[42]潘庆云:《中国法律语言论衡》,汉语大词典出版社 2004 年版。

[43]江朝国:《保险法基础理论》,中国政法大学出版社 2002 年版。

[44]杨心忠等:《保险合同纠纷裁判精要与规则适用》,北京大学出版社 2016 年版。

[45]于海纯:《保险消费者权益保护制度研究——以保险人说明义务规制为重点》,对外经济贸易大学出版社 2015 年版。

[46]杨东:《金融消费者保护统合法论》,法律出版社 2013 年版。

[47]何颖:《金融消费者权益保护制度论》,北京大学出版社 2011 年版。

[48]孙宏涛:《德国保险合同法》,中国法制出版社 2012 年版。

[49]王泽鉴:《人格权法:法释义学、比较法案例研究》,北京大学出版社 2013 年版。

[50]尹优平、盛浙湘:《互联网金融消费者权益保护研究——基于行为金融监管的视角》,中国金融出版社 2017 年版。

[51]陈聪富等:《美国惩罚性赔偿金判决之承认及执行》,台北,学林文化事业有限公司 2004 年版。

[52]王泽鉴:《损害赔偿》,北京大学出版社 2017 年版。

[53]邱锦添、胡胜益、林克宪:《金融消费者保护法与案例解析》,台北,元照出版有限公司 2012 年版。

[54]徐忠、孙国峰、姚前主编:《金融科技:发展趋势与监管》,中国金融出版社 2017 年版。

[55]张雁云、吴晓军等:《大数据对保险业改革创新与保险监管影响

研究》,中国金融出版社 2016 年版。

[56]王向楠主编:《数字时代的保险消费者保护》,中国社会科学出版社 2020 年版。

[57]郑志明、缪绍日、荆丽丽等编著:《金融数据挖掘与分析》,机械工业出版社 2015 年版。

[58]张晓燕等:《金融科技行业发展与监管(2018)》,经济科学出版社 2018 年版。

[59]刘荣宗:《保险法》,台北,三民书局 1995 年版。

[60]叶启洲:《保险法实例研习》,台北,元照出版有限公司 2013 年版。

[61]施文森、林建智:《强制汽车保险》,台北,元照出版有限公司 2009 年版。

[62]王和:《保险的未来》,中信出版社 2019 年版。

[63]周林彬主编:《比较合同法》,兰州大学出版社 1989 年版。

[64]曹源、张翀、丁兆云等:《DAG 区块链技术原理与实践》,机械工业出版社 2018 年版。

[65]杜宁、王志峰等:《监管科技:人工智能与区块链应用之大道》,中国金融出版社 2018 年版。

[66]朱进元、刘勇、魏丽:《保险科技》,中信出版社 2018 年版。

[67]陈劲等:《科学、技术与创新政策》,科学出版社 2013 年版。

[68]众安金融科技研究院:《新保险时代——金融科技重新定义保险新未来》,机械工业出版社 2019 年版。

[69]高泽华、孙文生:《物联网:体系结构、协议标准与无线通信》,清华大学出版社 2020 年版。

[70]王泉:《从车联网到自动驾驶:汽车交通网络化、智能化之路》,人民邮电出版社 2018 年版。

[71]清华大学五道口金融学院、中国保险与养老金研究中心编著:《2018 全球保险科技报告》,清华大学出版社 2018 年版。

[72]江朝国:《保险法逐条释义》(第一卷　总则),台北,元照出版有限公司2012年版。

[73]江朝国:《保险法逐条释义》(第三卷　财产保险),台北,元照出版有限公司2015年版。

[74]樊启荣:《保险法诸问题与新展望》,北京大学出版社2015年版。

[75]温世扬主编:《保险法》(第3版),法律出版社2016年版。

[76]邹海林:《保险法》,社会科学文献出版社2017年版。

[77]刘敬东、张玲玲:《〈实践论〉〈矛盾论〉导读》(增订版),中国民主法制出版社2017年版。

[78]王利明主编:《民法》(下册)(第8版),中国人民大学出版社2020年版。

[79]岳彩申、盛学军主编:《金融法学》(第3版),中国人民大学出版社2020年版。

(二)中文译著

[1][德]弗里德里希·卡尔·冯·萨维尼:《论立法和法学的当代使命》,中国法制出版社2001年版。

[2][美]E.博登海默:《法理学:法律哲学与法律方法》,邓正来译,中国政法大学出版社2017年版。

[3][美]约翰·罗尔斯:《正义论》(修订版),何怀宏、何包钢、廖申白译,中国社会科学出版社2009年版。

[4][美]罗伯特·考特、托马斯·尤伦:《法和经济学》(第6版),史晋川等译,格致出版社、上海三联书店、上海人民出版社2012年版。

[5][德]魏德士:《法理学》,丁晓春、吴越译,法律出版社2005年版。

[6][西班牙]泽维尔·弗雷克萨斯等:《系统性风险、危机与宏观审慎监管》,王擎等译,中国金融出版社2017年版。

[7][美]加里·斯特恩、罗恩·菲尔德曼:《大而不倒:如何让大银

行建立有效的风险防范机制》(监管实践版),钱睿等译,中国人民大学出版社 2014 年版。

[8][德]维尔纳·弗卢梅:《法律行为论》,迟颖译,法律出版社 2013 年版。

[9][美]乔治·E. 瑞达:《风险管理与保险原理》(第 10 版),刘春江、王欢译,中国人民大学出版社 2010 年版。

[10][美]詹姆斯·R. 巴斯、小杰勒德·卡普里奥、罗斯·列文:《金融守护人——监管机构如何捍卫公众利益》,杨农等译,三联书店 2014 年版。

[11][美]理查德·伊波利托:《给精英律师的 12 堂经济学课》,刘启译,法律出版社 2009 年版。

[12][英]戴维·M. 沃克:《牛津法律大辞典》,李双元等译,法律出版社 2003 年版。

[13][美]小哈罗德·斯凯博等:《国际风险与保险:环境——管理分析》,荆涛、高蒙等译,机械工业出版社 1999 年版。

[14][英]彼得·斯坦、约翰·香德:《西方社会的法律价值》,王献平译,中国人民公安大学出版社 1990 年版。

[15][美]罗伯特·希勒:《金融与好的社会》,束宇译,中信出版社 2012 年版。

[16][德]卡尔·拉伦茨:《德国民法通论》,王晓晔等译,法律出版社 2013 年版。

[17][英]苏珊娜·奇斯蒂、萨宾·L. B. 范德林登等:《保险科技权威指南》,卢斌等译,中国人民大学出版社 2020 年版。

[18][德]格哈德·瓦格纳:《比较法视野下的侵权法与责任保险》,魏磊杰等译,中国法制出版社 2012 年版。

[19][瑞典]瓦尔·卡尔松、[圭]什里达特·兰法尔主编:《天涯成比邻——全球治理委员会的报告》,赵仲强、李正凌译,中国对外翻译出版公司 1995 年版。

［20］［英］克拉克：《保险合同法》，何美欢等译，北京大学出版社2002年版。

［21］［美］肯尼斯·S. 亚伯拉罕：《责任的世纪：美国保险法和侵权法的协同》，武亦文、赵亚宁译，中国社会科学出版社2019年版。

［22］［德］卡尔·拉伦茨：《法学方法论》（第6版），黄家镇译，商务印书馆2020年版。

（三）中文论文

1. 论文类

［1］姚庆海、李连芬：《保险业历史性的跨越》，载《中国金融》2018年第21期。

［2］黄辉：《中国金融监管体制改革的逻辑与路径：国际经验与本土选择》，载《法学家》2019年第3期。

［3］王绪瑾、王浩帆：《改革开放以来中国保险业发展的回顾与展望》，载《北京工商大学学报（社会科学版）》2020年第2期。

［4］纪文芳：《从银保监会的政策文件看保险监管新动向》，载《中国保险》2018年第11期。

［5］原凯：《金融正义视阈中的我国普惠金融立体规制研究》，载《暨南学报（哲学社会科学版）》2019年第7期。

［6］张二芳：《罗尔斯和哈贝马斯正义与合法性之争的深层解读》，载《理论探索》2012年第2期。

［7］黎四奇：《金融机构高管薪酬治理：基于公平性正义的立场》，载《法商研究》2021年第1期。

［8］黄韬：《“金融安全”的司法表达》，载《法学家》2020年第4期。

［9］冯辉：《金融整治的法律治理——以“P2P网贷风险专项整治”为例》，载《法学》2020年第12期。

［10］杜一华、尹鑫鹏：《金融监管规章影响合同效力的公序良俗通道研究》，载《河北法学》2020年第11期。

［11］赵桂芹、吴洪：《保险体系的系统性风险相关性评价：一个国际

视角》,载《保险研究》2012 年第 9 期。

[12]靳文辉:《金融风险预警的法制逻辑》,载《法学》2020 年第 11 期。

[13]马驰:《法律认识论视野中的法律渊源概念》,载《环球法律评论》2016 年第 4 期。

[14]刘志伟:《金融法中混业“但书”规定之反思》,载《法学研究》2019 年第 6 期。

[15]杨东:《监管科技:金融科技的监管挑战与维度建构》,载《中国社会科学》2018 年第 5 期。

[16]刘立新、李鹏涛:《金融供给侧结构性改革与系统性金融风险的防范》,载《改革》2019 年第 6 期。

[17]孙德超、高锐:《指标治理视角下“防风险”与“促发展”协同推进的路径探讨》,载《福建论坛(人文社会科学版)》2020 年第 12 期。

[18]陈建奇:《习近平关于防范化解金融风险重要论述的核心要义》,载《理论视野》2020 年第 10 期。

[19]鲁玉祥:《宏观审慎政策框架的制度模式研究》,载《新金融》2016 年第 3 期。

[20]宋亚辉:《营利概念与中国法人法的体系效应》,载《中国社会科学》2020 年第 6 期。

[21]李华:《金融科技创新中保险消费者权益保护机制之完善》,载《南京社会科学》2018 年第 11 期。

[22]王子晏:《保险合同解除权的规范性质和法律适用》,载《社会科学家》2012 年第 12 期。

[23]许中缘:《论智能汽车侵权责任立法——以工具性人格为中心》,载《法学》2019 年第 4 期。

[24]王向楠、王超:《保险系统性风险及其监管:文献述评》,载《金融评论》2018 年第 2 期。

[25]王超、黄英君:《中国保险宏观审慎监管指标框架构建研究》,

载《经济社会体制比较》2017 年第 5 期。

[26]王超、王向楠:《保险系统性风险的宏观审慎监管体系探讨》,载《新金融》2016 年第 12 期。

[27]黎四奇:《后危机时代"太大而不能倒"金融机构监管法律问题研究》,载《中国法学》2012 年第 5 期。

[28]王敏:《关于完善中国金融机构市场退出机制的思考》,载胡滨、全先银主编:《中国金融法治报告(2007)》,社会科学文献出版社 2007 年版。

[29]王萍:《保险公司接管制度的原理阐释》,载《中国政法大学学报》2021 年第 1 期。

[30]卜林、赵航:《宏观审慎政策的有效性与协调性研究》,载《金融理论与实践》2020 年第 4 期。

[31]许成钢:《法律、执法与金融监管——介绍"法律的不完备性"理论》,载《经济社会体制比较》2001 年第 5 期。

[32]霍学文:《不完备法律与互联网金融发展》,载许多奇主编:《互联网金融法律评论》(2015 年第 1 辑),法律出版社 2015 年版。

[33]青彤、岳彩申:《域外宏观审慎监管协调模式及其对中国的启示》,载《社会科学家》2019 年第 11 期。

[34]张亮、周志波:《完善中国宏观审慎金融监管框架研究——基于德英日三国的比较分析》,载《宏观经济研究》2018 年第 2 期。

[35]尹继志:《宏观审慎管理制度:理论与实践》,载《经济体制改革》2012 年第 1 期。

[36]傅钧文:《日本金融宏观审慎监管体制建设及其启示》,载《世界经济研究》2013 年第 12 期。

[37]于震、张超磊:《日本宏观审慎监管的政策效果与启示——基于信贷周期调控的视角》,载《国际金融研究》2015 年第 4 期。

[38]王刚、徐暮紫:《美国金融稳定监督委员会组织架构及运作情况介评》,载《金融法苑》2011 年第 2 期。

[39]唐波、李秦:《系统性金融风险监管主体制度改革的国际实践与借鉴》,载《湖南社会科学》2019 年第 6 期。

[40]陈玲:《国际金融危机后的欧盟金融体制改革改革研究》,载《上海经济研究》2010 年第 10 期。

[41]许均平、李孟来:《欧盟中央银行参与宏观审慎监管及对我国的启示》,载《金融与经济》2013 年第 4 期。

[42]王达:《宏观审慎监管的大数据方法:背景、原理及美国的实践》,载《国际金融研究》2015 年第 9 期。

[43]徐玖玖:《协调与合作:我国金融监管模式选择的重估》,载《现代经济探讨》2018 年第 11 期。

[44]李敏:《金融科技的系统性风险:监管挑战及应对》,载《证券市场导报》2019 年第 2 期。

[45]李婧:《金融稳定视角下宏观审慎监管与货币政策协调制度研究》,载《国际经济法学刊》2020 年第 3 期。

[46]邢会强:《国务院金融稳定发展委员会的目标定位与职能完善——以金融法中的“三足定理”为视角》,载《法学评论》2018 年第 3 期。

[47]王春丽、李琪:《宏观审慎监管体系的国际比较与启示》,载《江汉论坛》2019 年第 9 期。

[48]张冠群:《自金融监理原则与金融消费者保护观点论金融科技监理沙盒制度》,载《月旦法学杂志》2017 年第 7 期。

[49]许多奇:《互联网金融风险的社会特性与监管创新》,载《法学研究》2018 年第 5 期。

[50]朱小川:《我国金融市场基础设施管理:现状、难点和立法路径》,载《西南金融》2020 年第 4 期。

[51]宋晓燕:《论有效金融监管制度之构建》,载《东方法学》2020 年第 2 期。

[52]任碧云、许高庆:《关于强化行为监管完善我国金融监管体系的

若干思考》,载《经济纵横》2020 年第 3 期。

[53]任以顺:《“保险消费者”概念质疑——以“保险相对人”概念取代“保险消费者”的合理性》,载《法学论坛》2015 年第 6 期。

[54]李游:《台湾地区投资型保险的保险定性与投资权益的保护进路》,载《台湾研究集刊》2019 年第 3 期。

[55]曹琦:《论“保险消费者”概念的不合理性》,载《时代金融》2012 年第 3 期。

[56]邢楠:《对保险消费者概念的商榷——兼论保险相对人权益保护范式的选择》,载《上海商学院学报》2012 年第 1 期。

[57]王利明:《消费者的概念及消费者权益保护法的调整范围》,载《政治与法律》2002 年第 2 期。

[58]屈茂辉、胡蔷薇:《我国消费者权益保护法调整范围的修正》,载《湖南师范大学社会科学学报》2013 年第 2 期。

[59]温世扬、范庆荣:《“保险消费者”概念辨析》,载《现代法学》2017 年第 2 期。

[60]范庆荣:《新〈消保法〉对保险领域的影响》,载《保险研究》2015 年第 3 期。

[61]中国保监会保险消费者权益保护局课题组:《保险消费者权益问题的思考》,载《保险研究》2012 年第 9 期。

[62]胡文韬:《保险消费者概念的法律厘定》,载《华侨大学学报(社会科学版)》2017 年第 6 期。

[63]罗俊玮:《论保险人资讯提供义务》,载《财产法与经济法》第 24 期(2010 年)。

[64]罗俊玮:《英国 2012 年消费者保护(告知即说明)法之立法例评析》,载《中正财经法学》第 5 期(2012 年)。

[65]罗俊玮:《论保险监理与保险消费者之保护》,载《万国法律》第 6 期(2013 年)。

[66]覃有土、韩桂君:《略论对弱势群体的法律保护》,载《法学评

论》2004 年第 1 期。

[67]马宁:《消费者保险立法的中国愿景》,载《中外法学》2019 年第 3 期。

[68]李华:《金融科技创新中保险消费者权益保护机制之完善》,载《南京社会科学》2018 年第 11 期。

[69]王家骏:《互联网保险明确说明义务问题研究——基于司法判例争议的分析》,载《保险研究》2017 年第 8 期。

[70]李玉泉:《〈民法典〉与保险人的说明义务》,载《保险研究》2020 年第 10 期。

[71]夏庆锋:《保险合同条款争议的中间立场解释方法》,载《保险研究》2019 年第 11 期。

[72]温世扬:《保险人订约说明义务之我见》,载《法学杂志》2001 年第 2 期。

[73]陈群峰:《保险人说明义务之形式化危机与重构》,载《现代法学》2013 年第 6 期。

[74]叶启洲:《从德国保险人资讯义务规范论要保人之资讯权保障》,载《政大法学评论》第 4 期(2012 年)。

[75]马宁:《保险人明确说明义务批判》,载《法学研究》2015 年第 3 期。

[76]王静:《保险人明确说明义务的司法审查》,载《法律适用》2013 年第 1 期。

[77]梁鹏:《新〈保险法〉下说明义务之履行》,载《保险研究》2009 年第 7 期。

[78]蔡大顺:《论大数据时代保险法上信息义务履行方式的改进——由标准化转向个性化》,载《湖北社会科学》2019 年第 6 期。

[79]谢冰清:《保险法中合理期待原则适用规则之构建》,载《法学杂志》2016 年第 11 期。

[80]于永宁:《保险人说明义务的司法审查——以〈保险法司法解

释(二)〉为中心》,载《法学论坛》2015 年第 6 期。

[81]王子晏:《保险合同解除权的规范性质和法律适用》,载《社会科学家》2012 年第 12 期。

[82]胡大雁:《我国保险领域冷静期制度发展现状、检视与展望》,载《西南金融》2014 年第 11 期。

[83]马忠法:《论金融理财活动中实施“冷静期规则”的可行性》,载《上海财经大学学报》2010 年第 2 期。

[84]尹迪:《从约定到法定:人身保险犹豫期制度的构建》,载《法商研究》2020 年第 3 期。

[85]王春梅:《人身保险合同犹豫期条款分析——以〈保险法修改草案〉为视角的分析》,载《苏州大学学报(哲学社会科学版)》2017 年第 6 期。

[86]俞梦睿:《利益平衡视角下的消费者冷静期制度》,载《湖南科技大学学报(社会科学版)》2017 年第 6 期。

[87]曾品杰:《论消费者契约之无条件解除权》,载《政大法学评论》第 123 期(2011 年)。

[88]施文森:《诚信原则与格式条款外之求偿》,载《月旦法学杂志》第 182 期(2010 年)。

[89]尹田等:《〈保险法〉(第三次重大修订)专家建议稿》,载尹田主编:《保险法前沿》(第四辑),知识产权出版社 2017 年版。

[90]李军华:《金融消费冷静期规则架构》,载郭锋主编:《金融服务法评论》(2015 年第 7 卷),法律出版社 2015 年版。

[91]董新义:《一部金融消费者保护强化法案:评韩国〈金融消费者保护法〉》,载《河北法学》2020 年第 8 期。

[92]徐胜强、辛世荣:《公司自治与企业社会责任——关于公司法企业社会责任规范的功能与适用》,载《法学杂志》2013 年第 5 期。

[93]华忆昕:《企业社会责任的可持续公司法路径》,载《东北大学学报(社会科学版)》2019 年第 6 期。

[94]房绍坤、曹相见:《论个人信息人格利益的隐私本质》,载《法制与社会发展》2019 年第 4 期。

[95]张建文:《基因隐私权的民法保护》,载《河北法学》2010 年第 6 期。

[96]姜承秀:《论金融消费者隐私权的保护》,载《江西财经大学学报》2010 年第 2 期。

[97]焦扬:《保险消费者保护:保险监管的定位与职能》,载《保险研究》2012 年第 7 期。

[98]张冠群:《对保险人违反诚信行为惩罚性赔偿责任之课加——高等法院台中分院 103 年度保险上字第 9 号判决评析》,载《台湾法学杂志》2015 年第 278 期。

[99]陆青:《论消费者保护法上的告知义务——兼评最高人民法院第 17 号指导案例》,载《清华法学》2014 年第 4 期。

[100]范庆荣:《论〈消费者保护法〉中的惩罚性赔偿在保险领域的适用》,载《保险研究》2019 年第 9 期。

[101]阳建勋:《我国金融机构惩罚性赔偿责任落空的反思与制度完善》,载《法律科学(西北政法大学学报)》2019 年第 5 期。

[102]张永亮:《金融监管科技之法制化路径》,载《法商研究》2019 年第 3 期。

[103]周仲飞、李敬伟:《金融科技背景下金融监管范式的转变》,载《法学研究》2018 年第 5 期。

[104]吴月:《试论我国监管科技的应用困境及路径选择》,载《金融发展研究》2019 年第 5 期。

[105]赵胤:《从科技管理走向科技治理》,载《人民论坛》2019 年第 7 期。

[106]许可:《从监管科技迈向治理科技——互联网金融监管的新范式》,载《探索与争鸣》2018 年第 10 期。

[107]李真、袁伟:《美国金融科技最新立法监管动态及对我国的启

示》,载《金融理论与实践》2020 年第 4 期。

[108]李有星、王琳:《金融科技监管的合作治理路径》,载《浙江大学学报(人文社会科学版)》2019 年第 1 期。

[109]邱全俊、王丹:《互联网保险投保风险分析——基于消费者权益保护角度》,载《金融理论与实践》2020 年第 4 期。

[110]任继福、孙晓:《智能机器人的现状及发展》,载《科技导报》2015 年第 21 期。

[111]胡元聪:《人工智能产品发展风险抗辩后的损害救济分摊机制研究》,载《政法论丛》2020 年第 3 期。

[112]王劲:《无人驾驶汽车,引领第四次工业革命》,载《汽车纵横》2016 年第 6 期。

[113]邢海宝:《智能汽车对保险的影响:挑战与回应》,载《法律科学(西北政法大学学报)》2019 年第 6 期。

[114]吴汉东:《人工智能时代的制度安排与法律规制》,载《法律科学(西北政法大学学报)》2017 年第 5 期。

[115]郭峰、胡晓珂:《强制责任保险研究》,载《法学杂志》2009 年第 5 期。

[116]何启豪、金融:《在商法与消费者法之间寻求平衡的保险法——美国〈责任保险法重述〉评述与启示》,载《保险研究》2020 年第 2 期。

[117]王德明:《责任保险在多元化救济体系中的位置及其法律环境分析》,载《保险研究》2014 年第 10 期。

[118]胡海滨:《逐步扩大强制保险范围的必要性探讨》,载《保险研究》2007 年第 3 期。

[119]陈全思、张浩、栾群:《人工智能的侵权责任与规则机制》,载《互联网经济》2019 年第 4 期。

[120]沈小军:《论不健全交强险关系之效力重构》,载《保险研究》2019 年第 5 期。

[121]于海纯、吴秀:《自动驾驶汽车交通事故责任强制保险制度研究——一元投保主体下之二元赔付体系》,载《保险研究》2020 年第 8 期。

[122]张力毅:《台湾地区强制汽车责任保险法制化经验的借鉴与反思——写在大陆〈交强险条例〉实施十周年之际》,载《保险研究》2016 年第 12 期。

[123]余凌云:《改进道路交通事故纠纷的解决机制》,载《清华法学》2017 年第 1 期。

[124]王延川:《智能合约的构造与风险防治》,载《法学杂志》2019 年第 2 期。

[125][美]凯文·沃巴赫:《信任,但需要验证:论区块链为何需要法律》,林少伟译,载《东方法学》2018 年第 4 期。

[126]王潺、杨辉旭:《智能合约的司法挑战与应对思考》,载《云南社会科学》2019 年第 4 期。

[127]赵大伟:《区块链技术在互联网保险行业的应用探讨》,载《金融发展研究》2016 年第 12 期。

[128][美]Primavera De Filippi、Samer Hassan:《从"代码即法律"到"法律即代码"——以区块链作为一种互联网监管技术为切入点》,赵蕾、曹建峰译,载《科技与法律》2018 年第 5 期。

[129]夏沅:《区块链智能合约技术应用》,载《中国金融》2018 年第 6 期。

[130]李正风:《从当代科技治理看公民科学素质》,载《科普研究》2020 年第 1 期。

[131]张永亮:《金融科技监管的原则立场、模式选择与法制革新》,载《法学评论》2020 年第 5 期。

[132]朱家禛:《车联网下 UBI 车险的数据告知和保护机制研究》,载《金融监管研究》2020 年第 8 期。

[133]武亦文、杨勇:《保险法对价平衡原则论》,载《华东政法大学

学报》2018 年第 2 期。

[134]武亦文:《基因信息在保险核保中的应用及其限度》,载《北方法学》2020 年第 1 期。

[135]田野:《雇员基因信息保护的私法进路》,载《法商研究》2021 年第 1 期。

2. 论文集类

[1]林勋发:《保险法论著译作选集》,自版,1991 年版。

[2]施文森:《保险法论文》(第 1 集),台北,三民书局 1985 年版。

[3]尹田主编:《保险法前沿》(第三辑),知识产权出版社 2015 年版。

[4]尹田主编:《保险法前沿》(第四辑),知识产权出版社 2017 年版。

[5]王宝敏主编:《保险法评论》(第七卷),法律出版社 2019 年版。

3. 学位论文类

刘先良:《中国银行业宏观审慎监管法律制度研究》,江西财经大学 2015 年博士学位论文。

二、英文类

(一)英文著作

[1] Anthony Sebok, *Punitive Damages in the United States, in Punitive Damages: Common Law and Civil Law Perspectives*, Helmut Koziol & Vanessa Wilcox eds., 2009.

[2] Barth, James, Gerard Caprio, and Ross Levine, *Rethinking Bank Regulation: Till Angels Govern*, Cambridge University Press, 2006.

[3] Brunnermeier, Markus, Thomas M. Eisenbach, and Yuliy Sannikov, *Macroeconomics with financial frictions: A survey. In Advances in Economics and Econometrics*, Cambridge University Press, 2013.

[4] Bryan A. Garner, *Black's Law Dictionary*, Eighth Edition, West

Group, 2004.

[5] Camerer C., Behavioral Game Theory, *Experiments in Strategic Interaction.* Princeton University Press, 2003.

[6] Christian Bay, *The Structure of Freedom*, Stanford, 1958.

[7] Freixas, Xavier, and Jean-Charles Rochet, *Microeconomics of Banking*, Cambridge: MIT Press, 2008.

[8] Gillian Yeomans, *Autonomous vehicles Handing Over Control: Opportunities and Risks for Insurance*, London: Lloyd's, 2014.

[9] Greene M., J. Trieschmann and S. Gustavson, *Risk and Insurance*, 8th ed., South-Western Publishing Co, OH, 1992.

[10] Gabriela Gheorghiu, *Consumer Protection-Worth lessness or Necessity*, Lap Lambert Academic Publishing, 2012.

[11] Iain Ramsay, *Consumer Protection: Text and Materials*, Weidenfeld and Nicolson, 1989.

[12] Karen L., *Genetic Privacy: No Deal for the Poor*, *In Genetics*, Issues of Social Iustice, Ohio: the Pilgrim Press, 1998.

[13] Mark A. Rothstein, *Genetic Secrets: Protecting Privacy and Confidentiality in the Genetic Era*, Yale University Press, 1998.

[14] Meinrad Dreher, *Insurance Supervisory Law and Consumer Protection*, Published by Springer-Verlag Berlin Heidelberg, 2015.

[15] Primavera De Filippi, Aaron Wright, *Blockchain and the Law: The rule of code*, Harvard University Press, 2018.

[16] William Mougayar, *The Blockchain: Promise, Practice and Applications of The Next Internet Technology*, Wiley, 2016.

(二)英文期刊

[1] A. Nill, G. Laczniak & P. Thistle, *The Use of Genetic Testing Information in the insurance Industry: An Ethical and Societal Analysis of Public Policy Options*, J. Bus Ethics (2017).

[2] *A Case Study of the Impact of Consumer Legislation: the Elimination of Negotiability*, 78 the Yale Law Journal, 1969.

[3] Baranoff E. G. & Sager T. W. , *The impact of mortgage-backed securities on capital requirements of life insurers in the financial crisis of 2007 – 2008*, Geneva Papers on Risk and Insurance, 2009,34(1).

[4] Baluch F. et al. , *Insurance, systemic risk and the financial crisis*, The Geneva Papers on Risk and Insurance-Issues and Practice, 2011, 36(1).

[5] Brewer E. , Carson J. M. , Elyasiani E. , Mansur I. & Scott W. L. W. , *Interest rate risk and equity values of life insurance companies: A Garch-M model*, The Journal of Risk and Insurance, 2007(2).

[6] Browne M. J. , and R. E. Hoyt ,*Economic and Market Predictors of Insolvencies in the Property-Liability Insurance Industry*, Journal of Risk and Insurance, 1995, No. 62.

[7] Billio M. et al. , *Econometric measures of connectedness and systemic risk in the finance and insurance sectors*, Journal of Financial Economics, 2012, 104(3).

[8] Brian R. Brown,*Chasing the Same Signals: How Black-Box Trading Influences Stock Markets from Wall Street to Shanghai*, Singapore, 2010.

[9] Borio, Claudio & Matthias Drehmann, *Towards an operational framework for financial stability: Fuzzy measurement and its consequences.* In R. Alfaro and D. Gray, eds. , *Financial Stability, Monetary Policy, and Central Banking*, 2009, Vol. 15. Central Bank of Chile Series on Central Banking, Analysis, and Economic Policies.

[10] Bregman Eschet, Yael, *Genetic databases and biobanks: Who controls our genetic privacy?* Santa Clara Computer & High Technology Law, 2016. 2.

[11] Clement P. ,*The term "Macroprudential": Origins and Evolution*,

BIS quarterly review, 2010(3).

[12] Clay R. Stevens, *Split-Recovery: A Constitutional Answer to the Punitive Damage Dilemma*, Pepperdine Law Review, 1994, Vol. 21.

[13] Centre for Connected and Autonomous Vehicles, *Pathway to Driverless Cars: Proposals to support advanced driver assistance systems and automated vehicle technologies*, London: Department for transport, 2016.

[14] David J. Seno, *The Doctrine of Reasonable Expectations in Insurance Law: What to Expect in Wisconsin*, Marquette Law Review Volume 85 Issue 3 Spring 2002, Article 4.

[15] David Weisbrot & Brian Operskin, *Insurance and Genetics: Regulating a Private Market in the Public Interest*, in Michela Betta (Ed.), The Moral, Social, and Commercial Imperatives of Genetic Testing and Screening: The Australian Case, Springer, 2006.

[16] Douglas W. Arner, Janos Barberis et al., *FinTech and RegTech in a nutshell, and the future in a sandbox*, CFA Institute Research Foundation, 2017.

[17] Donato Masci, *Regulating the Regulators: The changing face of financial supervision before and after the crisis*, European Company Law, 2009(10).

[18] Douglas J. Elliott, Greg Feldberg & Andreas Lehnert, *The history of cyclical Macroprudential Policy in the United States*, Office of Financial Research Working Paper, 2013.

[19] De Bandt O. & P. Hartmann, *Systemic Risk: A Survey*, European Central Bank Working Paper, 2000.

[20] Durante F. et al., *A spatial contagion measure for financial time series*, Expert systems with applications, 2016, 41(8).

[21] Dylan Le Valley, *Comment*, *Autonomous Vehicle Liability-*

Application of Common Carrier Liability, 36 Seattle U. L. Rev. 5, 2013.

[22] Eling M. D. Pankoke, *Systemic Risk in the Insurance Sector: A Review and Directions for Future Research*, Risk Management and Insurance Review 2016, (19).

[23] Elizabeth Brown, *E Pluribus Unum-Out of Many, One: Why the United States needs a Single Financial services agency*, University of Miami Business Law Review, Vol. 14, No. 1(2005).

[24] Erik Moller, Nicholas Pase & Stephen Carroll, *Punitive Damages in Financial Injury Jury Verdicts*, 28 Leg. Stud. 283(1999).

[25] Enny Cieplak & Simon Leefatt, *Smart Contracts: A Smart Way to Automate Performance*, I. Geo. L. Tech. Rev, 2017.

[26] Erlich, Yaniv, Narayanan, *Arvind*, *Routes for breaching and protecting genetic privacy*, Nature Reviews Genetics, 2014.

[27] Fabrizio Lamberti, Valentina Gatteschi, *On-demand Blockchain-based Car Insurance Using Smart Contracts and Sensors*, IEEE Consumer Electronics Magazine, 2018(7).

[28] Francesca Musiani, *Practice, Plurality, Performativity, and Plumbing: Internet Governance Research Meets Science and Technology Studies.* Science Technology & Human Values, 2015, 40(2).

[29] Geneva Association, *Considerations for identifying systemically important financial institutions in insurance*, 2011.

[30] George A. Akerlof, *The market for lemons: Quality, Uncertainty and Market Mechanism*, Journal of Economics, 1970.

[31] Giese et al., *How could Macroprudential Policy Affect Financial System Resilience and Credit?* Lessons from the Literature, Financial Stability Paper No. 21, 2013.

[32] Goodhart C. A. & Perotti E., *Preventive Macroprudential Policy*, Journal of Financial Management, Markets and Institutions, 2013, 1.

[33] George L. Priest, *A Principled Approach toward Insurance Law: The Economics of Insurance and the Current Restatement Project*, 24 Geo, Mason L. Rev. 635, 2017.

[34] Guston David H., *Building the capacity for public engagement with science in the United States*, Public Understanding of Science, 2014, 23(1).

[35] Helbing D., *Systemic Risks in Society and Economics*, Springer, 2012.

[36] Jean Piager, *The Moral Judgment of the Child*, 47 (3). The American Journal of Psychology, 1935.

[37] Jeffrey K. Gurney, *Sue My Car not me: Products Liability and Accidents Involving Autonomous Vehicles*, U. J. L. 13, 2013.

[38] J. Locke, *Of Civil Government* (*Everyman's Library ed.*, 1924), BK. Ⅱ. ch. vi. sec. 57.

[39] Julien Bengui, Javier Bianchi & Louphou Coulibaly, "*Financial Safety Nets*", *National Bureau of Economic Research*, Working Paper 22594, September 2016, Revised October 2017.

[40] Jean Beetz, *Reflections on Continuity and Change in Law Reform*, 22 University of Toronto Law Journal 129 (1972).

[41] Jaime Caruana, *Systemic Risk: How to deal with it*, Bank for International Settlements, 2010.

[42] Kazim Hussain, Elsa Prieto, *Big Data in the Finance and Insurance Sectors*, New Horizons for a Data-Driven Economy, 2016.

[43] Kathrin Braun & Cordula Kropp, *Beyond Speaking Truth: Institutional Responses to Uncertainty in Scientific Governance*, Science, Technology & Human Values, 2010, 35(6).

[44] Kenneth S. Abraham, *Judge-Made Law and Judge-Made Insurance: Honoring the Reasonable Expectations of the Insured*, 67 Va. L.

Rev. , 1981.

[45] I. Ngueng Feze, S. Salman & Y. Joly, *Implications for Health and Life Insurances and Other Legal Aspects of Genetic Testing*, In S. Schneider, J. Bras Movement Disorder Genetics, Springer, Cham, 2015.

[46] Matthew U. Scherer, *Regulating Artificial Intelligence Systems: Risks, Challenges, Competencies, and Strategies*, Harv. J. L. & Tech, 29, 2016.

[47] Nancy G. Dragutsky, *Note, Walking the Invisible Line: TXO Production Corp. v. Alliance Resources Corp.*, 113 S. Ct 2711 (1993), 21 Pepp. L. Rev. , 909 (1994).

[48] Paul G. Roberts, *Insurance Company Insolvencies and Insurance Guaranty Funds: A Look at the Nonduplication of Recovery Clause*, Iowa Law Review, 1989.

[49] Peter Handel, Jens Ohlsson et al. , *Smartphone-Based Measurement systems for road vehicle traffic monitoring and Usage-Based Insurance*, IEEE Systems Journal, 2014(4).

[50] Rosa M. Lastra, *Systemic risk and macroprudential supervision*, The Oxford handbook of financial regulation, 2015(11).

[51] Pfeffer N. L. , McCarthy Veach P. & LeRoy B. S. , *An Investigation of Genetic Counselors' Discussions of Genetic Discrimination with Cancer Risk Patients*, 12 J. Genet Couns, 2003.

[52] Ronald Coase, *The Problem of Social Cost. Journal of Law and Economics* 3, 1960.

[53] Rodney Lester, *Consumer Protection Insurance*, primer series on insurance issue 7, 2009.

[54] Robert E. Keeton, *Insurance Law Rights at Variance with Policy Provisions: Part One*, 83 Harv. Rev, 961 (1970).

[55] Rodolpho Sandoval, *A Critical Analysis of the Cooling-off Period*

for Door to Door Sales, 3 Chicano Law Review, 1976.

[56] Rodney Lester, *Consumer Protection Insurance*, *primer series on insurance issue* 7, Non-Bank Financial Institutions Group, 2009.

[57] Sinisa Husnjak, Dragan Perakovic et al., T*elematics system in usage based motor insurance*, Procedia Engineering, 2015(100).

[58] Scott E. Harrington & Ph. D., *The Financial Crisis*, *Systemic Risk*, *and the Future of Insurance Regulation*, 2009, A Public Policy Paper of the National Association of Mutual Insurance Companies.

[59] Scott Dodson, *Assessing the practicality and constitutionality of Alaska's split recovery punitive damages statute*, Duke Law Journal, 2000.

[60] Scott A. McKinney, Rachel Landy & Rachel Wilka, *Smart Contracts*, *Blockchain*, *and the Next Frontier of Transactional Law*, Wash. J. L. Tech. & Arts, 2018.

后　记

本书是作者近六年就建设现代化经济体系背景下的保险监管法律问题这一研究工作的总结，完成它也是我一直以来的心愿，很高兴经过近六年的踌躇准备，终于到了写后记这一刻，如今结集付梓，不胜欣慰。

本书撰写的六年时间，恰好也是我从中南财经政法大学博士毕业入职桂林电子科技大学法学院工作的时间，在完成单位日常安排的教学等工作之余，还须兼顾家庭，照料幼儿。此种情境下还能每日坚持思考，形成文字，最终凝练成论文，实在是一件既艰难又幸福的事情。在此特别感谢我的父母、先生及儿子，他们是我心生疲惫、萌生退意时坚强的后盾。

承蒙全国哲学社会科学规划办公室和法律出版社厚爱，本书是国家社会科学基金资助项目的结项成果并最终确定由法律出版社编辑出版。感谢国家社会科学基金及桂林电子科技大学法学院的资助，使得本书得以顺利出版。众多匿名评审专家的宝贵意见，让本书的逻辑结构和思路主线更加明晰。桂林电子科技大学法学院的硕士生杨继开、曹亚迪、卢璐、李庆盛参与了书稿的部分校对工作。法律出版社似玉编辑及其同事们为本书的进一步优化和顺利出版做了大量辛苦且烦琐的工作。在此一并致以衷心的感谢!

转眼又到了桂林满城桂花飘香的季节,不知不觉在这座西南小城生活了十余年。桂林山水甲天下,桂林山水同样也治愈人心。在这山美水美的地方,从事喜爱的工作,舒适惬意地生活,实乃人生幸事!期待本书的出版能够抛砖引玉,为推动保险法学理论和实践的发展略尽绵力。对于书中的谬误与不当之处,敬请读者方家批评指正!

赛 铮

2023 年 10 月于桂林象山